perfektion Band 2: Gemüse

America's Test Kitchen
Guy Crosby

übersetzt von Michael Schickenberg

perfektion

DIE WISSENSCHAFT
DES GUTEN KOCHENS

BAND 2
GEMÜSE

VORWORT ZU BAND ZWEI
DER DEUTSCHEN AUSGABE

Der zweite Teil der dreibändigen Reihe „Perfektion – Die Wissenschaft des guten Kochens" widmet sich den perfekten Zubereitungsmethoden rund um Zucchini, Bohnen, Kartoffeln und Co. Auch Experimente für Eierspeisen, für die richtige Art Lebensmittel zu frittieren oder Käse optimal zum Schmelzen zu bringen sind mit dabei. Ganz nebenbei erfahren Sie alles Wichtige für den richtigen Umgang mit Zwiebeln, Knoblauch, Kräutern und Gewürzen.

Die Reihe ist in den USA in einem Band unter dem Titel „The science of good cooking" erschienen. In diesem Werk sind zentrale Erkenntnisse aus „America's Test Kitchen" versammelt. America's Test Kitchen ist eine 230 Quadratmeter große Laborküche, in der mehr als drei Dutzend Köche, Wissenschaftler und Redakteure mit einem Ziel arbeiten: die ultimativ besten Rezepte für die beliebtesten Gerichte zu entwickeln. Dafür werden in aufwendigen Testreihen und Experimenten Zubereitungsmethoden, Zutatenkombinationen sowie Temperaturen und Kochzeiten mehrfach überprüft und optimiert. Die Tester wollen genau verstehen, wie und warum ein Rezept funktioniert. Alle Experimente basieren dabei auf wissenschaftlichen Fakten, die unter der Leitung des Harvard-Dozenten und Lebensmittelchemikers Guy Crosby eingebracht werden.

Die wichtigsten Kochverfahren werden jeweils in einem Theorie- und einem Praxisteil dargestellt. Jedes „Konzept" beginnt mit einer Beschreibung der „Wissenschaft dahinter". Die anschließenden Experimente am Herd zeigen, welche Erkenntnisse die Wissenschaft für die Küche liefert. Anhand der zahlreichen Rezepte mit und ohne Fleisch können Sie die Erkenntnisse aus den Experimenten selbst anwenden.

Die grundlegenden Erklärungen wie zur Wissenschaft von Zeit und Temperatur sowie die Empfehlungen zur Küchenausstattung finden Sie auch in diesem Band – so sind alle Bände unabhängig voneinander verständlich.

Das Buch wurde für den deutschen Markt gründlich überarbeitet und in handlichere Bände unterteilt. Viele Rezepte wurden neu fotografiert. Für Zutaten, die in deutschen Supermärkten nur schwer erhältlich sind, werden Alternativen angegeben.

INHALT

VORWORT

Auch wenn es Katzen sind, denen man nachsagt, neugierig zu sein (und dadurch bisweilen zu Tode zu kommen), so ist es doch der Mensch, der sich durch seine Neugier von allen anderen Säugetieren unterscheidet. Vor 100 Jahren haben die meisten Köche zwar nur über eine begrenzte Zahl von Rezepten und Zutaten verfügt, dafür aber über jede Menge Erfahrung in deren Zubereitung, sodass diese Rezepte stets zuverlässig klappten. Heute stellt sich die Situation anders dar: Viele sind an der Kunst des Kochens zwar brennend interessiert, doch fehlt ihnen die jahrelange Praxis, die einen guten Koch ausmacht.

Wie lässt sich dieses moderne Dilemma lösen? Die Antwort erinnert ein wenig an den Physiker Lawrence Krauss, der den Mysterien unseres Universums nachspürt. Um den Kosmos und unseren Platz darin zu verstehen, sagt er, muss man nach dem Wie und Warum fragen. Hat man diese Fragen gestellt, kann man Experimente entwickeln, die die Theorien entweder bestätigen oder widerlegen.

Allen, die an diesem Buch mitgearbeitet haben, dürfte das sehr bekannt vorkommen. Wir stellen uns tagtäglich Fragen. Schmeckt Fleisch intensiver, wenn man es mit Knochen gart? Warum wird Speiseeis im Gefrierschrank zwar fest, gefriert aber nicht hart? Um solche Fragen zu beantworten, denken wir uns Kochexperimente aus. Ziel ist dabei immer, dass die Rezepte in der heimischen Küche zuverlässig gelingen und das Essen besser schmeckt.

Einige Beispiele: Die These, es sei besser, bei der Zubereitung von Omelettes dem Ei kleine gefrorene Butterstücke hinzuzufügen, haben wir überprüft, indem wir ein 900 Gramm schweres Angelblei auf die fertigen Omelettes gelegt haben. (Das luftigere Omelette konnte das Gewicht nicht halten.) Um zu zeigen, dass man Fleisch nach dem Garen am besten noch etwas ruhen lässt, haben wir einen frisch aus dem Ofen kommenden Braten in Scheiben geschnitten und die ausgetretene Flüssigkeit gemessen: Es waren 10 EL. Bei einem zweiten Braten haben wir mit dem Schneiden 10 Minuten gewartet – prompt reduzierte sich der Flüssigkeitsverlust auf 4 EL. Und spielt es für Brownies wirklich eine Rolle, wie man die Teigzutaten vermengt? Wir haben den Vergleich gemacht und drei Brownie-Teige zubereitet: Für den ersten haben wir die Zutaten nur leicht vermischt, sodass noch einige Mehlschlieren sichtbar geblieben sind. Den zweiten Teig haben wir so gründlich gemischt, dass das Mehl komplett eingerührt war. Für den dritten Teig schließlich haben wir eine Küchenmaschine verwendet. Das Ergebnis: Nur die Brownies aus dem leicht verrührten Teig waren perfekt, alle anderen hatten eine unangenehm zähe Konsistenz.

Das ist sicher alles interessant und unterhaltsam, aber unser eigentliches Ziel ist es, Sie in Ihrer eigenen Küche zu einem besseren Koch zu machen. Den Unterschied zwischen den zwei Stärkeformen Amylose und Amylopektin zu kennen, ist gut und schön, nützlich wird dieses Wissen allerdings erst, wenn man es einsetzen kann, um die Konsistenz von Kartoffelpüree zu verbessern. Hilfreich ist auch zu wissen, wie die Hitze von der Oberfläche eines Bratens ins Innere gelangt, denn so wird klar, dass man große Fleischstücke besser langsam und bei niedriger Temperatur gart. Die äußere Schicht bleibt auf diese Weise saftig, bis das Fleisch ganz bis nach innen durchgegart ist.

An dieser Stelle fällt mir die Geschichte von einem alten Ladenbesitzer in Vermont ein, den ein Kunde fragt, ob er ein besonders begehrtes Produkt bald wieder reinbekäme.

„Nein", antwortet der Alte.

„Wieso nicht?", will der Kunde wissen.

„Weil es dann eh gleich wieder ausverkauft ist!"

Auch die Wissenschaft des Kochens folgt oft einer etwas verqueren Logik. Zunächst ergibt etwas gar keinen Sinn, aber wenn man länger darüber nachdenkt, versteht man es plötzlich. Wer mit den wissenschaftlichen Grundlagen vertraut ist, durchschaut nach und nach die Vorgänge beim Kochen und lernt, dieses Wissen zu nutzen. Beim nächsten Mal, wenn Sie den Teig für einen Pie, also einen gedeckten Obstkuchen oder eine würzige Pastete, machen, werden Sie vielleicht wie selbstverständlich die Hälfte des Wassers durch Wodka ersetzen. Dadurch wird der Teig geschmeidig und nach dem Backen schön mürbe. Oder Sie werden Bohnen vor dem Kochen in Salzlake einlegen und geschnittene Früchte zuckern.

Also: Wenn es ums Kochen geht, werden Sie in diesem Buch und den beiden weiteren Bänden „Perfektion – Die Wissenschaft des guten Kochens" auf die meisten Ihrer Fragen eine Antwort finden, besonders auf jene, die mit Warum beginnen – dem wichtigsten Fragewort überhaupt.

CHRISTOPHER KIMBALL
Gründer und Verleger
America's Test Kitchen

REZEPTE

EINLEITUNG

Gelingen und Misslingen liegen beim Kochen oft dicht beieinander. Erfolgreiches Kochen hängt davon ab, ob man in der Lage ist, schnell zu reagieren und die richtigen Anpassungen vorzunehmen. Auch wenn es Sie überrascht: Lebenslange Erfahrung ist keine Grundvoraussetzung, um ein guter Koch zu sein (aber natürlich schadet es nicht).

Wissen ist allerdings unerlässlich. Ein guter Hobbykoch versteht die Grundprinzipien des guten Kochens und wendet sie fast instinktiv an.

Aber welche Prinzipien sind das und wie erlernt man sie? Wir befassen uns seit 20 Jahren damit, zu erklären, wie Kochen funktioniert – und warum Rezepte manchmal eben nicht klappen. Dabei haben wir gelernt, dass ohne fundierte Techniken und Wissen gutes Kochen unmöglich ist.

Natürlich spielt Kreativität eine Rolle – bei der Kombination von Zutaten, dem dekorativen Anrichten usw. –, aber gutes Kochen beginnt zunächst mit guter Wissenschaft und Empirie. Man muss die Grundlagen verstehen, die harten Fakten kennen – zum Beispiel, dass Fleisch bei niedriger Gartemperatur saftiger bleibt oder dass salzige Marinaden Fleisch mürber machen als saure Marinaden –, bevor man sich an die Kunst wagen darf.

Aber wie eignet man sich die grundlegenden Kochprinzipien und die wissenschaftlichen Konzepte, auf denen sie beruhen, an? Ein Leben lang Erfahrung sammeln ist eine Möglichkeit. Ein aufmerksamer Koch wird sich seine Fehler merken und aus ihnen lernen, bis er ganz automatisch bei seiner Arbeit auf diese Lehren oder Prinzipien zurückgreift.

Aber genauso gut kann man die Prinzipien gezielt erlernen. Es ist leichter als Sie glauben, die wissenschaftlichen Grundlagen zu verstehen, die jedem Erfolg oder Misserfolg in der Küche zugrunde liegen. Vertrauen Sie uns.

Die Wissenschaft des guten Kochens macht Sie mit 50 grundlegenden Konzepten vertraut, die jeder gute Koch beherrschen sollte. Die wissenschaftlichen Grundlagen werden dabei in einfachen Worten und praxisbezogen dargestellt, damit Sie sie wirklich verstehen und beim Kochen berücksichtigen können. Stellen Sie sich dieses Buch einfach als Bedienungsanleitung für Ihre Küche vor.

Am besten lesen Sie zuerst die folgenden Grundlagenkapitel. Vergessen Sie nicht, einen Blick in den Anhang zu werfen, wo Sie Informationen über Küchenausstattung, Zutaten und Lebensmittelsicherheit finden.

Noch ein letzter Rat: Bleiben Sie neugierig. Machen Sie sich stets bewusst, was Sie beim Kochen gerade tun und warum Sie es tun. Das ist die wichtigste Lektion, die die Wissenschaft Sie lehren kann.

DIE WISSENSCHAFT VON ZEIT UND TEMPERATUR

ZEITANGABEN KÖNNEN TRÜGEN

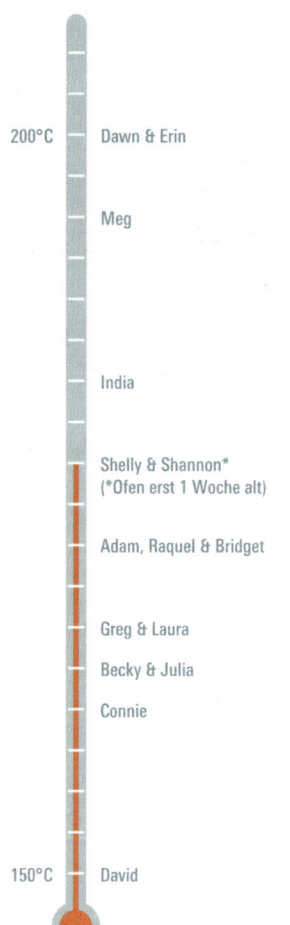

TEMPERATURGENAUIGKEIT VON BACKÖFEN
15 unserer Köche stellten ihre Backöfen daheim auf 175 °C. Die tatsächlich gemessenen Temperaturen lagen zwischen 150 und 200 °C.

200°C — Dawn & Erin

Meg

India

Shelly & Shannon*
(*Ofen erst 1 Woche alt)

Adam, Raquel & Bridget

Greg & Laura

Becky & Julia

Connie

150°C — David

Zeitangaben sind nützlich fürs Kochen, aber oft wird ihnen zu viel Bedeutung beigemessen. Unsere Rezepte enthalten sowohl Zeitangaben als auch weitere Hinweise, um abschätzen zu können, wann die einzelnen Zubereitungsschritte abgeschlossen sind. Die angegebenen Zeiten sollten Ihnen als grobe Orientierung für die Planung der Mahlzeit dienen (schließlich ist es nicht unerheblich, ob ein Braten eine Stunde braucht oder zwei) und nicht als exakte Anweisung, die es genau zu befolgen gilt. Vertrauen Sie auf Ihre fünf Sinne, um zu entscheiden, ob ein Teilschritt abgeschlossen oder das ganze Rezept fertig ist. Sieht das Essen aus wie beschrieben? Wenn im Rezept steht, dass Sie etwas garen sollen, bis es „fest" ist, prüfen Sie die Konsistenz mit den Fingern. Genauso, wenn das Rezept sagt, man solle etwas kochen, bis es „aromatisch duftet". Verlassen Sie sich lieber auf diese sensorischen Hinweise als auf die Zeitangaben.

Letztere sind deshalb nicht besonders zuverlässig, weil die Eigenschaften der benutzten Gerätschaften und Zutaten variieren können. Die Heizleistung von Grills und Kochfeldern unterscheidet sich von Gerät zu Gerät, und ebenso beeinflussen das Gewicht und der Durchmesser Ihrer Töpfe die Garzeit.

Auch Ihr Backofen ist nicht so zuverlässig, wie Sie vielleicht glauben. Woher wir das wissen? In unserer Versuchsküche haben wir mehr als zwei Dutzend Backöfen, und in jedem von ihnen steht ein Ofenthermometer, damit wir sicher sein können, dass sie noch genau kalibriert sind. Anders formuliert: Erreichen und halten sie wirklich die eingestellte Temperatur? Unserer Erfahrung nach klaffen die eingestellte und die tatsächliche Temperatur eines Ofens nach wenigen Monaten intensiver Nutzung weit auseinander, sodass wir ihn vom Fachmann neu einstellen lassen müssen. In der heimischen Küche geht dieser Prozess sicher langsamer vonstatten, aber die Wahrscheinlichkeit ist hoch, dass Ihr Backofen nicht 175 °C heiß ist, selbst wenn die Skala am Drehknopf das anzeigt. Um das zu überprüfen, haben wir 15 unserer Köche ein hoch präzises Ofenthermometer mit nach Hause gegeben, um dort ihre Backöfen zu testen. Sie haben das Gerät auf 175 °C eingestellt und es eine halbe Stunde heizen lassen, dann haben sie die tatsächliche Temperatur gemessen und notiert. Die Messergebnisse haben zwischen 150 und 200 °C geschwankt. Für einen Kuchen, der bei 175 °C gebacken werden soll, kann es einen erheblichen Unterschied machen, ob der Ofen 25 °C heißer oder kälter ist. Es liegt auf der Hand, dass die notwendige Backzeit sich ändert, aber auch auf die Farbe und Konsistenz des Teigs hat eine höhere oder niedrigere Temperatur Auswirkungen. Was fangen wir nun mit diesem Wissen an?

Zunächst sollten Sie nicht davon ausgehen, dass die Temperatur ihres Backofens akkurat stimmt, und das Essen besser schon eine Weile vor Ablauf der angegebenen Garzeit im Auge behalten. Kaufen Sie sich außerdem ein Ofenthermometer (auf Seite 227 finden Sie einige Empfehlungen). Dieser Einkauf könnte die Qualität der Speisen, die Sie in Ihrem Ofen zubereiten, dramatisch verbessern. Sollte Ihr Ofen wirklich deutlich heißer oder kälter sein als die eingestellte Temperatur (sagen wir 25 oder 30 °C), sollten Sie sich überlegen, ob Sie ihn nicht von einem Fachmann neu einstellen lassen.

Eine geringe Abweichung dagegen ist ganz normal. Ein Backofen heizt nämlich nicht einfach hoch, bis er die gewünschte Temperatur erreicht hat und hält diese dann. In den meisten Modellen kennen die Heizelemente nur zwei Zustände: aus und an. Um die gewünschte Temperatur zu halten, werden die Heizelemente entsprechend der vom Hersteller festgelegten Automatik zyklisch ein- und ausgeschaltet; sie heizen den Ofen bis knapp über die Wunschtemperatur und schalten sich dann ab, bis er wieder knapp unter diese abgekühlt ist. So haben unsere Messungen genau im Zentrum eines auf 175 °C vorgeheizten Elektrobackofens ergeben, dass die Temperatur zyklisch zwischen 168 und 183 °C geschwankt hat . Auch in einem Gasbackofen haben wir entsprechende Messungen durchgeführt; hier lag die Schwankung zwischen 173 und 182 °C.

Die simple Schlussfolgerung lautet: Beurteilen Sie Ihren Ofen nicht nach einer einzigen Messung und machen Sie sich keine Sorgen, falls die abgelesenen Temperaturen 5 oder 6 °C zu hoch oder zu niedrig sind – das liegt im Normbereich. Ist Ihr Ofen allerdings immer deutlich, d. h. 15 °C oder mehr, zu heiß oder zu kalt, haben Sie ein Problem.

ENTSCHEIDEND IST IMMER DIE TEMPERATUR

Die spezifischen Eigenschaften der verwendeten Geräte beeinflussen zwar die Garzeit, doch lassen sich diese Variablen nur schwer bestimmen. Woher soll man schließlich wissen, ob die eigene Pfanne schneller heiß wird als die, die wir in unserer Versuchsküche verwenden? Die zweite variable Größe, die Einfluss auf die Garzeit hat, ist dagegen leichter zu fassen.

Die Ausgangstemperatur der Zutaten spielt für viele Rezepte eine wichtige Rolle. Wie entscheidend sich diese Temperatur auf die Garzeit auswirken kann, zeigt das folgende Beispiel:

Grillen Sie zwei große Steaks, wobei Sie das eine direkt aus dem Kühlschrank auf den Grill geben und das andere erst eine Weile zum Anwärmen auf der Arbeitsplatte liegen lassen. Dabei werden Sie feststellen, dass die Garzeiten erheblich voneinander abweichen. Wir haben dieses Experiment mit zwei 900-Gramm-Rindersteaks aus der Keule durchgeführt, von denen jedes knapp 4 cm dick war. Das erste ist direkt aus dem Kühlschrank gekommen; die Temperatur hat etwa 4,5 °C betragen, als es auf den Grill gekommen ist, und es hat 22 Minuten gedauert, bis die gewünschte Kerntemperatur von 49 °C erreicht war. Das zweite Steak wurde in Frischhaltefolie eingeschlagen und eine Stunde in einen Eimer mit Wasser gegeben, bis es 21 °C warm war. Dieses Steak hat auf dem Grill nur 13 Minuten gebraucht, um dieselbe Kerntemperatur zu erreichen. Kalte Lebensmittel brauchen demnach länger zum Garen als jene mit Zimmertemperatur. Verlangt ein Rezept explizit eine gekühlte Zutat oder eine, die Zimmertemperatur hat, so sollten Sie diese Anweisung ernst nehmen.

Die Ausgangstemperatur der Zutaten beeinflusst nicht nur die Garzeit, sondern auch die Beschaffenheit des fertigen Gerichts. Wenn die Butter für Ihren Mürbeteig nicht richtig kalt ist, wird das Ergebnis zäh und ledrig anstatt schön locker und mürbe. Gekühlte Eier lassen sich besser trennen, weil das Eiklar dann dickflüssiger ist. Bitte beherzigen Sie die folgenden Hinweise zur Temperatur von Zutaten:

KALIBRIERUNG EINES DIGITAL-THERMOMETERS
Ein digitales Bratenthermometer ist nur dann sinnvoll, wenn es auch genau misst. Daher sollten Sie die Messgenauigkeit direkt nach dem Kauf prüfen und die Prüfung in regelmäßigen Abständen wiederholen. Dazu gehen Sie folgendermaßen vor:

HERSTELLUNG EINES WASSER-EIS-GEMISCHS
Füllen Sie ein Glas oder eine Schüssel mit einer Mischung aus Eis und möglichst kaltem Leitungswasser und lassen Sie das Ganze zwei Minuten stehen, damit die Temperatur sich stabilisiert. Tauchen Sie nun die Sonde des Thermometers in das Gemisch, ohne dass sie die Wände oder den Boden des Gefäßes berührt. Wenn die angezeigte Temperatur nicht 0 °C beträgt, setzen Sie die Kalibriertemperatur mit dem entsprechenden Knopf auf 0 °C. Haben Sie ein analoges Thermometer mit Zeiger, stellen Sie diesen auf die Null-Grad-Position (die Vorgehensweise unterscheidet sich von Modell zu Modell; eventuell müssen Sie mit einer Zange eine kleine Stellschraube auf der Rückseite betätigen).

Thermometer müssen nicht nur richtig kalibriert sein, man muss auch wissen, wie man sie richtig verwendet. Hier einige Tipps zur Handhabung:

→ Die Messsonde tief ins Innere des Lebensmittels stecken; auf keinen Fall darf sie irgendwo herausragen.

→ Die Sonde sollte weder Knochen noch das Kochgeschirr berühren und nicht in Hohlräume ragen (z. B. in einem Truthahn oder Hähnchen) – das verfälscht das Messergebnis.

→ Um die Temperatur von Steaks, Koteletts und anderen eher dünnen Lebensmitteln zu messen, das Gargut mit einer Zange aus der Pfanne oder vom Grill nehmen und die Sonde seitlich einstechen.

→ Besser mehrere Messungen vornehmen, besonders bei großen Bratstücken und ganzen Geflügelbraten. Für Letztere empfiehlt es sich, die Temperatur auf beiden Seiten des Brustbeins sowie in beiden Schenkeln zu messen, da je nach Lage im Backofen die eine Seite schneller gart als die andere.

→ Den Nachgareffekt berücksichtigen, wenn man den Garzeitpunkt bestimmt (siehe Buch 1, Konzept 1.4).

GARSTUFEN FÜR FLEISCH, GEFLÜGEL UND FISCH

Da die Kerntemperatur von Fleisch (Rind, Schwein und Lamm) durch Ruhenlassen nach dem Garen noch weiter ansteigt (Nachgareffekt), sollte man es aus dem Ofen, vom Grill oder aus der Pfanne nehmen, wenn die Temperatur noch 3 bis 6 °C unter der gewünschten Serviertemperatur liegt. (Genaueres zu diesem Phänomen ist in Buch 1, Konzept 1.4 nachzulesen.) Der Nachgareffekt tritt bei Geflügel und Fisch nicht auf (ihr Fleisch speichert Wärme nicht so gut wie das dichte Muskelgewebe beim Rind, Schwein und Lamm), deshalb sollte man diese tatsächlich bis zur gewünschten Serviertemperatur erhitzen. Der folgenden Tabelle ist zu entnehmen, bei welcher Temperatur man den Garprozess am besten beendet.

LEBENSMITTEL		KERNTEMPERATUR
RIND/LAMM	Blutig/rare	46 bis 49 °C (49 bis 52 °C nach dem Ruhen)
	Rosa/medium rare	49 bis 52 °C (52 bis 54 °C nach dem Ruhen)
	Halb durch/medium	54 bis 57 °C (57 bis 60 °C nach dem Ruhen)
	Halb durch/medium well	60 bis 63 °C (63 bis 66 °C nach dem Ruhen)
	Durch/well-done	66 bis 68 °C (68 bis 71 °C nach dem Ruhen)
SCHWEIN	Halb durch/medium	60 bis 63 °C (63 bis 66 °C nach dem Ruhen)
	Durch/well done	66 bis 68 °C (68 bis 71 °C nach dem Ruhen)
HÄHNCHEN/PUTE	Helles Fleisch	71 °C
	Dunkles Fleisch	79 °C
FISCH	Blutig/rare	43 °C (nur Thunfisch)
	Glasig/medium rare	52 °C (Thunfisch und Lachs)
	Halb durch/medium	60 °C (Fisch mit weißem Fleisch)

Zimmertemperatur entspricht in der Regel etwa 21 °C.

Gekühlt (aus dem Kühlschrank) sind Zutaten, wenn sie eine Temperatur zwischen 1,5 und 4,5 °C aufweisen. Ist Ihr Kühlschrank wärmer als 4,5 °C, können Lebensmittel verderben. Liegt die Temperatur bei 0 °C oder darunter, gefrieren Ihre Lebensmittel.

Tiefgefroren bedeutet in der Regel –18 bis –12 °C. Ihr Gefriergerät sollte –18 °C kalt sein.

Mehl und Getreide sollten zum Zeitpunkt der Verarbeitung Zimmertemperatur haben. Wenn Sie Vollkorn- und Maismehl im Gefrierschrank lagern, damit es nicht ranzig wird (was eine gute Idee ist, sollten Sie es nicht innerhalb weniger Monate aufbrauchen), bringen Sie es erst auf Zimmertemperatur, bevor Sie damit backen. Kaltes Mehl lässt den Teig nicht so gut aufgehen, und das Backwerk wird unnötig fest. Um Mehl und Getreide schnell anzuwärmen, verteilen Sie es in einer dünnen Schicht auf einem Backblech und lassen es eine halbe Stunde stehen.

Eier werden stets gekühlt verarbeitet, es sei denn, im Rezept steht ausdrücklich etwas anderes. Sollen sie doch Zimmertemperatur haben und es muss schnell gehen, legen Sie sie fünf Minuten in eine Schüssel mit warmem Wasser (natürlich mit intakter Schale).

Butter ist ebenfalls gekühlt zu verarbeiten, solange nichts anderes angegeben ist. Weiche Butter ist zwischen 16 und 20 °C warm. Versuchen Sie auf keinen Fall, Butter in der

GARTEMPERATUREN FÜR ANDERE LEBENSMITTEL

Außer für Fleisch, Geflügel und Fisch lässt sich auch für viele andere Lebensmittel der Garpunkt oder der richtige Weiter-verarbeitungszeitpunkt mithilfe der Temperatur bestimmen. Die folgende Tabelle listet einige Beispiele auf.

LEBENSMITTEL	GARTEMPERATUR
Öl (zum Frittieren)	160 bis max. 180 °C
Zucker (um ihn zu karamellisieren)	175 °C
Hefeteigbrot (herzhaft, eher leicht)	95 bis 100 °C
Hefeteigbrot (süß, eher schwer)	90 bis 95 °C
Eier (für Eis)	82 °C
Eier (für Englische Creme oder Lemon Curd)	77 bis 82 °C
Gebackene Eier (z. B. Crème brûlée oder Crème caramel)	77 bis 80 °C
Käsekuchen	65 °C
Wasser (zum Brotbacken)	40 °C (in einigen Fällen bis 45 °C)

Mikrowelle weichzumachen, da sonst unweigerlich ein Teil davon schmilzt. Stellen Sie die Butter stattdessen auf die Arbeitsfläche und lassen Sie sie langsam warm werden (dauert circa eine Stunde). Um die Sache zu beschleunigen, nehmen Sie die Butter aus dem Papier und zerteilen Sie sie in kleinere Stücke. Abgekühlte zerlassene Butter sollte immer noch flüssig und handwarm (29 bis 32 °C) sein.

Fleisch, Geflügel und Fisch sind, wenn nicht anders angegeben, gekühlt zu verarbeiten. Beachten Sie, dass sich ab 4,5 °C in allen verderblichen Lebensmitteln Bakterien vermehren. Dies gilt ganz besonders für Fleisch und Geflügel sowie Fisch. (Mehr zum Thema „Lebens-mittelsicherheit" steht auf Seite 232.)

Um die Temperatur wirklich genau bestimmen zu können, empfehlen wir den Kauf ei-nes digitalen Bratenthermometers. Neben hochwertigen Messern und Töpfen ist ein gutes Thermometer womöglich das wichtigste Utensil in jeder Hobbyküche.

GARZUSTAND PER TEMPERATUR BESTIMMEN

Nicht nur die Ausgangstemperatur der Zutaten ist wichtig, wir messen die Temperatur auch, um zu bestimmen, wann Speisen gar sind. Schneiden Sie Lebensmittel nicht ein, um zu sehen, ob sie „durch" sind, sondern verwenden Sie lieber ein Bratenthermometer. Auf diese Weise lässt sich kinderleicht prüfen, ob der Festtagsbraten schon auf den Tisch kann (siehe auch Tabelle oben).

DIE WISSENSCHAFT VON WÄRME UND KÄLTE

WAS IST WÄRME UND WAS BEWIRKT SIE?

Was genau passiert eigentlich beim Kochen? Was geschieht, wenn man Lebensmittel über einem heißen Feuer erhitzt? Zunächst ein kurzer Exkurs in die Geschichte des Kochens.

Die Beherrschung des Feuers gehört zu den wichtigsten Entdeckungen in der Evolutionsgeschichte. Es hat den Menschen in die Lage versetzt, Lebensmittel zu garen. Warum war das so entscheidend? Vor der Entdeckung des Feuers haben unsere Urahnen den Großteil ihres Tages damit verbracht, durch hartnäckiges Kauen zähe Pflanzennahrung so zu zerkleinern, dass sie sie schließlich hinunterschlucken und verdauen konnten. In seinem faszinierenden Buch „Feuer fangen – Wie uns das Kochen zum Menschen machte" (2009) führt der Primatenforscher Richard Wrangham die immense Vergrößerung des menschlichen Gehirns auf die Entdeckung des Feuermachens zurück. Garen habe die Verdauung von hochwertigem – besonders tierischem – Eiweiß erleichtert, was wiederum die Entwicklung des Gehirns begünstigt habe. Gleichzeitig sei durch den Garvorgang die Nahrung leichter kaubar geworden, wodurch der Mensch nicht mehr den ganzen Tag aufs Essen verwenden musste. Die plötzlich frei gewordene Zeit habe man fortan auf andere Tätigkeiten wie Jagen, Erkunden und Bauen verwenden können – kurz, um zu dem Menschen zu werden, der wir heute sind.

Auch wenn es einfach zu verstehen ist, wie Kochen uns zu Menschen gemacht hat, wissen nur die wenigsten, was tatsächlich in Lebensmitteln vor sich geht, wenn man sie erhitzt. Wärme ist eine Form von Energie. Der Begriff gibt die Geschwindigkeit von Molekülen in einer Substanz wie Luft oder Wasser an; je höher die Temperatur, desto schneller bewegen sich die Moleküle und desto mehr Energie (= Wärme) enthalten sie.

Bei der Wärmeübertragung von einer Substanz auf eine andere kollidieren schnelle Moleküle mit langsamen und beschleunigen diese. Die Gasmoleküle eines Feuers, die Metallatome einer heißen Pfanne oder die Luftmoleküle eines heißen Backofens stoßen also mit den langsamen Molekülen – besonders Wassermolekülen – des Essens zusammen und bringen sie in Fahrt.

Die Beschleunigung der Moleküle im Essen hat eine ganze Reihe von Reaktionen zur Folge. Durch Gase, die aus dem heißen Essen austreten, oder wärmebedingte chemische Reaktionen kann sich die Farbe des Essens ändern. Von den Molekülen gebundenes Wasser wird freigesetzt, wodurch das Essen Flüssigkeit verliert. Zellwände, die dem rohen Lebensmittel ihre Stabilität geben, lösen sich auf – das Essen wird so weicher. Was im Einzelfall tatsächlich geschieht, hängt vom jeweiligen Lebensmittel, der Intensität der Wärme, der Art der Wärmeübertragung und der Zeit, die die Wärme auf das Essen einwirkt, ab. Wärme sorgt dafür, dass viele Lebensmittel besser schmecken, manchmal jedoch verschlechtert sich der Geschmack, z. B. wenn Fette oxidieren oder Bitterstoffe freigesetzt werden.

Beim Kochen sind mehrere Arten der Wärmezufuhr möglich; die üblichsten – Wärmeleitung (Konduktion), Wärmeströmung (Konvektion) und Wärmestrahlung (Radiation) –

WARUM SCHMECKT WARMES ESSEN BESSER?

Dafür gibt es zwei Erklärungen: Erstens haben Forscher herausgefunden, dass unsere Geschmackswahrnehmung von bestimmten mikroskopisch kleinen Proteinen in den Geschmacksknospen verstärkt wird. Diese sogenannten TRPM5-Kanäle sind sehr temperaturempfindlich und bei höheren Temperaturen wesentlich leistungsfähiger als bei niedrigeren. Studien zeigen, dass sich die Kanäle beim Verzehr von Essen, das auf 15 °C oder kälter abgekühlt wurde, so gut wie gar nicht öffnen und so die Geschmackswahrnehmung stark gehemmt bleibt. Erwärmt man das Essen aber auf knapp 37 °C, öffnen sich die Kanäle und die TRPM5-Sensitivität steigt um den Faktor 100. Speisen schmecken so deutlich intensiver.

Zweitens wird unser Schmecken stark vom Geruch des Essens mitbestimmt, den wir als winzige Moleküle einatmen. Je heißer das Essen, desto mehr Energie haben diese Moleküle und desto wahrscheinlicher ist es, dass sie den Weg vom Tisch hinauf in unsere Nase finden.

Was lernen wir daraus? Gerichte, die eigentlich heiß gegessen werden, sollte man immer aufwärmen, und Gerichte zum kalten Verzehr, wie Gazpacho und Kartoffelsalat, sollte man extra kräftig würzen, um den Aromaverlust bei niedrigen Temperaturen auszugleichen.

sind in Buch 1, Konzept 1.1 näher beschrieben. Die meisten Garverfahren, z. B. Braten, Grillen oder Frittieren, sind eine Kombination aus mehreren Arten der Wärmezufuhr und -übertragung. Ein Braten beispielsweise, der in einem Metallbräter im Backofen gegart wird, wird durch Wärmeleitung erhitzt (Wärme wird im Fleisch von Molekül zu Molekül übertragen), durch Wärmeströmung (die heiße Ofenluft erhitzt den Bräter und dieser wiederum das Fleisch) sowie durch Wärmestrahlung (die Heizelemente strahlen Wärme ab, die vom Essen absorbiert wird).

KÄLTE UND WAS SIE BEWIRKT

Genau wie Wärme Lebensmittel verändern kann, hat auch Kälte eine Wirkung. Viele natürliche Prozesse kommen durch Kälte zum Erliegen. Beispielsweise verhindert eine Lagertemperatur unter 4,5 °C in Pfirsichen die Aktivität bestimmter Enzyme, die während des Reifens das Pektin der Zellwände abbauen. Werden diese Enzyme deaktiviert, bevor die Frucht reif ist, bleibt das Pektin intakt und der Pfirsich bekommt eine mehlige Konsistenz.

Dagegen ist Kälte bei der Lagerung anderer Lebensmitteln sehr anzuraten. Milchprodukte und Fleisch verderben bei Temperaturen über 4,5 °C deutlich schneller. (Daher sollten sie in der kältesten Zone des Kühlschrankes im unteren Fach über dem Gemüsefach bei 2 bis 4 °C gelagert werden.) Diese Lebensmittel enthalten von Natur aus Bakterien, deren Aktivität unterhalb von 4,5 °C gehemmt wird. Ist die Temperatur höher, geraten die Speisen in die „kritische Zone" (zwischen 4,5 und 60 °C), in der sich die meisten Mikroben rapide vermehren. Das Essen verdirbt dann möglicherweise, und der Verzehr kann gesundheitsschädliche Folgen haben. Übrigens wird auch durch Erhitzen und Garen die Bakterienaktivität häufig zum Stillstand gebracht. (Mehr zum Thema „Lebensmittelsicherheit" findet sich auf Seite 232.)

TIEFKÜHLEN

Ab 0 °C beginnt die in Lebensmitteln enthaltene Flüssigkeit zu gefrieren, wobei sich Eiskristalle bilden. Diese Kristalle reißen in frischen Lebensmitteln, z. B. Gemüse und Obst, Zellwände und Zellorganellen auf und setzen so Enzyme frei, die vorher eingeschlossen waren. Werden die Lebensmittel später wieder aufgetaut, bewirken diese Enzyme, dass sie mitunter unangenehm schmecken oder braun und matschig werden.

In Gemüse kann man diese Enzyme durch vorheriges Blanchieren, also kurzes Überbrühen, unschädlich machen. Deshalb sieht tiefgefrorener Brokkoli aus dem Supermarkt so saftig grün aus – er wurde während der Herstellung blanchiert. Wer schon einmal zu Hause rohen Brokkoli ohne Blanchieren eingefroren und ihn dann gekocht hat, der kennt den schwefeligen Geschmack, die matschige Konsistenz und die unschöne Farbe.

Im Gegensatz zu Gemüse verträgt Obst leider kein Blanchieren, deshalb versetzen die Hersteller es vor dem Frosten mit Zucker. Dadurch werden die Kristalle nicht so groß und richten weniger Schaden an. Manchmal wird auch Ascorbinsäure beigegeben – sie schaltet die Enzyme aus, die für die unschöne Braunfärbung verantwortlich sind.

WARUM WIRD SPEISEEIS NICHT HART WIE EIS?

Wieso sind Eiswürfel eigentlich steinhart, während Speiseeis weich ist und sich mit dem Löffel portionieren lässt, selbst wenn beides im selben Gefrierschrank lagert? Zucker – wie jede andere wasserlösliche Substanz – verschiebt den Gefrierpunkt von Wasser. Je mehr Zucker im Wasser ist, desto tiefer sinkt der Gefrierpunkt.

GARMETHODEN

Wenn es darum geht, wie eine bestimmte Speise zu garen ist, findet sich in Kochbüchern eine ganze Reihe verschiedener Fachbegriffe.
Auch dieses Buch macht da keine Ausnahme. Im Folgenden werden die Begriffe kurz erklärt.

METHODE	KURZDEFINITION	BESCHREIBUNG
BRATEN IN DER PFANNE (KURZBRATEN)	Garen mit wenig Fett in der Pfanne	Dieses Garverfahren eignet sich am besten für kleinere, relativ dünne Lebensmittel wie Steaks, Koteletts und Schnitzel sowie für Speisen, die aus kleineren Teilen bestehen, z. B. geschnittenes Gemüse, Shrimps oder Muscheln.
BRATEN IM BACKOFEN (LANGZEITBRATEN)	Garen in Kochgeschirr im Backofen	Geeignet für eine breite Palette von Speisen, von großen Rinderbratenstücken über ganze Geflügelbraten bis zu Kartoffelscheiben.
FRITTIEREN	Garen mit einer größeren Menge Fett in Topf oder Pfanne	Das Gargut schwimmt im Fett oder wird teilweise davon umschlossen. Für die erste Methode werden ein großer Topf und 1–2 Liter Fett benötigt. Für die zweite Methode reichen meist eine Pfanne und weniger Fett (etwa 250 ml). Viele Lebensmittel, die sich zum Kurzbraten in der Pfanne eignen, können auch frittiert werden; frittierte Speisen sind oft paniert oder im Teigmantel.
KOCHEN	Garen in siedender Flüssigkeit	Auf Meereshöhe siedet Wasser bei 100 °C; der Siedepunkt sinkt pro 300 Höhenmeter um ca. 1 °C. Ist der Siedepunkt erreicht, wallen große Blasen in der Flüssigkeit auf und durchbrechen in schneller, regelmäßiger Folge die Oberfläche. Diese Garmethode ist günstig für Nudeln, Getreide und Gemüse.
KÖCHELN	Garen in Flüssigkeit knapp unter dem Siedepunkt	Je nach gewünschter Garintensität liegt die Temperatur der Flüssigkeit zwischen 82 und 96 °C. Wenn eine Flüssigkeit köchelt, steigen in unregelmäßigen Abständen vereinzelte kleinere Blasen an die Oberfläche. Viele Getreidearten, darunter Reis, gart man am besten köchelnd. Für Brühen, Suppen und Saucen ist Köchelnlassen unabdinglich.
POCHIEREN	Garen in Flüssigkeit deutlich unter dem Siedepunkt im geschlossenen Topf	Pochieren ähnelt dem Köcheln, allerdings ist die Temperatur niedriger (es steigen keine Blasen auf). Man pochiert im Allgemeinen mit Deckel, um die Temperatur möglichst konstant zu halten und das Essen schonend zu garen. Eignet sich besonders für empfindlichen Fisch und Früchte.
DÄMPFEN	Garen über schwach siedender Flüssigkeit im geschlossenen Topf (meist mit Dämpfeinsatz)	Dämpfen ist eine besonders schonende Garmethode. Im Gegensatz zu anderen feuchten Garverfahren bleibt das Aroma der Lebensmittel gut erhalten. Dämpfen ist die Methode erster Wahl für Gemüse, Fisch und empfindliche Speisen wie Klöße.
SCHMOREN	Garen durch Anbraten und anschließendes Zugeben von Flüssigkeit und Köchelnlassen im geschlossenen Topf	Ideal für eher feste Fleischstücke, die eine lange Garzeit benötigen, um zart zu werden, z. B. Rinderschmorbraten.
SCHMORTOPF	Eine Form des Schmorens (Anbraten mit anschließendem Köcheln)	Für einen Schmortopf werden Lebensmittel meist nicht im Ganzen, sondern zerkleinert geschmort.
DIREKTES GRILLEN	Garen auf dem Rost über offenem Feuer	Auch wenn „grillen" häufig für jede Form von Garen über offenem Feuer verwendet wird, beschränkt sich der Begriff in diesem Buch meist auf das relativ kurze Garen von Steaks, Koteletts, Gemüse, Fisch, Krustentieren etc.
INDIREKTES GRILLEN	Garen auf dem Rost über mäßig starkem Feuer in einem geschlossenen Grill, wobei das Grillgut nicht direkt über der Wärmequelle liegt	Durch den geschlossenen Deckel des Grills ähnelt dieses Garverfahren dem Braten im Backofen, besonders, wenn das Grillgut nicht direkt über dem Feuer liegt und dadurch nur langsam bräunt. Am besten geeignet für große, dicke Fleischstücke, die eine lange Garzeit bei niedriger Temperatur brauchen, z. B. ganze Hähnchen oder Braten.
GRILLEN IM RAUCH	Garen auf dem Rost über schwachem, stark rauchendem Feuer in einem geschlossenen Grill, wobei das Grillgut nicht direkt über der Wärmequelle liegt	Das klassische US-amerikanische Barbecue (BBQ), wenn auch nicht unbedingt im Smoker. Diese Grillmethode funktioniert im Prinzip wie indirektes Grillen, jedoch ist das Feuer kleiner und man verwendet zusätzlich Holz, was dem Grillgut ein rauchiges Aroma verleiht. Am besten geeignet für eher zähes Fleisch (z. B. Rinderbrust oder Rippchen), das lange garen muss, um zart zu werden.

Beim Einfrieren von Fleisch, Geflügel und Fisch ist Flüssigkeitsverlust das größte Problem. Die Eiskristalle beschädigen die Zellstruktur, wodurch Tiefkühlfleisch beim Garen mehr Flüssigkeit verliert als frisches Fleisch. Außerdem wird der Fleischoberfläche beim Einfrieren Wasser entzogen. Um den Flüssigkeitsverlust zu messen, haben wir drei 200-Gramm-Proben Rinderhack (15 % Fettanteil) auf mittlerer bis großer Flamme in einer kleinen Pfanne gebraten. Die erste Probe war frisch, die zweite tiefgefroren und aufgetaut, die dritte zweimal tiefgefroren und aufgetaut. Wir haben die jeweils ausgetretene Flüssigkeit aufgefangen und die Menge bestimmt, dann haben wir das Experiment mit weiteren Fleischproben wiederholt.

Während das frische Hackfleisch im Durchschnitt ¾ TL Flüssigkeit verloren hat, sind beim einmal tiefgefrorenen Fleisch 2 TL und beim zweimal tiefgefrorenen Fleisch sogar 1 EL verloren gegangen. Anders betrachtet: Ein Burger mit 200 g frischem Hackfleisch enthält 1¼ TL mehr Fleischsaft gegenüber einem Burger mit Hack aus der Tiefkühltruhe. Das Ergebnis: Hier ein saftiger, zarter Burger, dort ein Burger, der schmeckt wie trockenes Brot.

Ein weiterer Nachteil des Einfrierens hängt mit der Aufbewahrung im Gefrierschrank zusammen. Idealerweise halten Gefriergeräte konstant eine Temperatur von −18 °C. In Wirklichkeit schwankt diese Temperatur aber oft, besonders, wenn das Gerät häufig geöffnet und geschlossen wird. Jedes Mal erwärmen sich die Lebensmittel ein wenig und kühlen anschließend wieder ab, was die Schädigung durch Eiskristalle verschlimmert. Als sichtbare Folge häufigen Antauens und Wiedereinfrierens bildet sich eine Eiskristallschicht auf dem Lebensmittel, der sogenannte Gefrierbrand.

DIE WISSENSCHAFT DER SINNE

DIE FÜNF GESCHMACKSQUALITÄTEN

Keine Frage, zum Kochen braucht man seine fünf Sinne: sehen, riechen, tasten, schmecken und hören. Sieht das Hähnchen schon knusprig braun aus? Fühlt sich der Kuchenteig fest an? Klumpt die Sauce oder ist sie schön glatt? Riecht der Knoblauch intensiv und aromatisch? Ist das Gericht gut abgeschmeckt?

Bleiben wir zunächst beim Geschmackssinn. In der Schule haben wir gelernt, dass es vier primäre Geschmackswahrnehmungen gibt: süß, sauer, salzig und bitter. In den letzten Jahren hat sich in der Wissenschaft die Auffassung durchgesetzt, dass es noch eine fünfte Geschmacksqualität gibt: umami. Am ehesten lässt sich diese als „fleischig", „herzhaft" und „vollmundig" beschreiben. Der Geschmack wird durch eine natürlich vorkommende Aminosäure hervorgerufen: Glutamat (genauer: Glutaminsäure). Glutamat kommt in freier Form in relativ hoher Konzentration in bestimmten Früchten (z. B. Tomaten), Gemüsen und Käsesorten (besonders Parmesan) vor. Außerdem ist es als Baustein der meisten Proteine in Fleisch und Milchprodukten vorhanden. Auch Pilze erhalten ihren typisch fleischigem Geschmack durch einen hohen Glutamatgehalt. Allgemein eignet sich Umami-Aroma gut, um Speisen würziger und schmackhafter zu machen. (Siehe auch die Tabelle mit den Glutamatwerten verschiedener Lebensmittel in Buch 1 auf Seite 237.)

Im Geschmacksverstärker Mononatriumglutamat (MNG), der durch das Züchten bestimmter Bakterien auf Zucker bzw. Melasse und Mais gewonnen wird, zeigt sich die ganze Würzkraft der Glutamate. Unsere Versuche beweisen, wie stark MNG das Aroma von Speisen intensivieren kann: Nachdem wir unserer Rindfleisch-Gemüse-Suppe Glutamat (aus dem Supermarkt) hinzugefügt hatten, schwärmten unsere Koster von dem „vollen und superintensiven Rindfleischaroma". (Mehr über Glutamate und die wichtigen Nukleotide erfahren Sie in Buch 1, Konzept 1.17.)

WIE DER GESCHMACKSSINN FUNKTIONIERT

Die Sinneszellen, mit denen wir Geschmack im Mund wahrnehmen, befinden sich gebündelt in den Geschmacksknospen. Lange Zeit glaubte die Wissenschaft, dass sich diese Knospen auf verschiedene „Geschmackszonen" der Zunge verteilen, in denen jeweils nur eine Geschmacksrichtung wahrgenommen wird. Mittlerweile weiß man jedoch, dass die Knospen für die verschiedenen Geschmacksqualitäten gleichmäßig über die ganze Zunge und den ganzen Mundraum verteilt sind. Trotzdem haben nicht alle Menschen das gleiche Geschmacksempfinden, was daran liegt, dass es individuell genetisch festgelegt ist, wie viele Geschmacksknospen man hat.

Eine Studie der Universität Florida zeigt, dass manche Menschen bis zu zehnmal mehr Geschmacksknospen haben als andere. Natürlich wirkt sich das auf die Geschmackssensibilität aus – diese „Supergaumen" nehmen Speisen als süßer, würziger oder bitterer wahr als Menschen mit einer nur durchschnittlichen oder sogar unterdurchschnittlichen Zahl von Geschmacksknospen. Eine zehnmal so hohe Geschmackssensibilität erreichen sie aber trotz zehnfacher Geschmacksknospenzahl nicht. Das liegt an abschwächenden Faktoren wie Geruch, Mundgefühl und anderen Eigenschaften von Lebensmitteln, die den Geschmackssinn stören. Immerhin: Der Unterschied der Wahrnehmungsintensität kann bis zu Faktor drei betragen.

Wenn Sie also das nächste Mal für eine Freundin kochen und sie das Essen viel salziger oder schärfer findet als Sie, seien Sie beruhigt. Sie haben keinen schlechten Gaumen – Ihre Freundin hat wahrscheinlich einfach nur überdurchschnittlich viele Geschmacksknospen.

Natürlich können wir nichts daran ändern, wie unser Gaumen beschaffen ist, aber jeder Koch kann beeinflussen, wie das Aroma seines Gerichts wahrgenommen wird, indem er das Verhältnis zwischen den fünf Geschmacksqualitäten geschickt ausbalanciert. Untersuchungen, wie man bitter schmeckenden Medikamenten einen angenehmeren Geschmack geben könnte, haben beispielsweise ergeben, dass Salz Bitteraromen überdecken kann. Laut einer Forschungsgruppe lässt sich mit Natriumionen der Bittergeschmack von Paracetamol um 50 Prozent senken.

Um zu prüfen, ob Salz die gleiche Wirkung auf bittere Nahrungsmittel hat, haben wir mit mehreren Lebensmitteln, darunter Kaffee und Auberginen, einen Blindtest durchgeführt, wobei die Testpersonen je gesalzene und ungesalzene Proben vorgesetzt bekommen haben. Im Ergebnis hat sich gezeigt, dass die empfundene Bitterkeit von Kaffee durch Zugabe von ¼ TL Salz pro 475 ml um 50 Prozent sank. Auch Auberginen wurden als weniger bitter wahrgenommen.

Dass man Auberginen traditionellerweise salzt, hat also zwei Vorteile. Erstens entzieht das Salz, wie wir in unseren Kochexperimenten zeigen konnten, dem Auberginenfleisch Wasser und sorgt dafür, dass es weniger Fett aufnimmt. Und zweitens überdeckt es die bittere Geschmacksnote des Gemüses. Tatsächlich stellten die meisten unserer Testesser, als wir sie gesalzene und ungesalzene gebratene Auberginen probieren ließen, bei den ungesalzenen eine schwache bittere Note fest, die den gesalzenen fehlte.

Ähnliches gilt für sehr scharfe Gerichte, die man durch Zugabe von Zucker „entschärfen" kann. So ist uns aufgefallen, als wir an unserem Rezept für Thai-Hähnchen mit Basilikum gearbeitet haben, dass scharfe Chilis mit Zucker deutlich milder geschmeckt haben. Das Phänomen wird durch komplexe Wechselwirkungen im Gehirn hervorgerufen, die unsere Geschmackswahrnehmung regulieren und in diesem Fall für ein Abschwächen von Schmerzempfinden durch Genussempfinden sorgen. Bestimmte Inhaltsstoffe der Chilis (insbesondere Capsaicin) stimulieren die um die Geschmacksknospen angeordneten Endfasern des Trigeminusnervs und signalisieren dem Gehirn so ein unangenehm brennendes Gefühl (trigeminale Wahrnehmung). Gleichzeitig stimuliert Zucker die Geschmacksknospen, sodass diese dem Gehirn ein angenehmes Gefühl signalisieren. Forscher sind der Meinung, dass diese „Genuss-Signale" so angenehm sind, dass sie den unangenehmen „Schmerz" der Chilis überlagern. Darüber hinaus entzieht Zucker, wenn er sich in Speichel auflöst, dem Mundraum Wärme und erzeugt so ein leicht kühlendes Gefühl.

Was bedeutet das für die Praxis? Wenn Sie ein Gericht richtig versalzen oder zu viel Zucker oder scharfes Gewürz hineingegeben haben, ist nicht mehr viel zu retten. In weniger schlimmen Fällen kann das zu großzügig eingesetzte Gewürz aber noch abgeschwächt werden, indem man ein Gewürz vom entgegengesetzten Ende der Aromaskala hinzugibt.

Zu wissen, wie der Geschmackssinn funktioniert, erlaubt uns nicht nur, Fehler zu kaschieren, es hilft uns auch, Gerichte so zu würzen, dass sie noch besser schmecken. Im Folgenden finden Sie einige allgemeine Tipps zum Würzen. Behalten Sie dabei aber immer im Hinterkopf, dass sich die Flüssigkeitsmenge eines Gerichts noch ändern könnte. So schmeckt ein genau richtig gewürzter Eintopf, nachdem er ein paar Stunden vor sich hin geköchelt hat, mit großer Wahrscheinlichkeit zu salzig. Am besten würzen Sie während des Garens nur mäßig und schmecken erst unmittelbar vor dem Servieren endgültig ab.

Säure statt Salz Nicht nur mit dem Salzstreuer kann man Suppen, Eintöpfen und Saucen mehr Pepp verleihen – probieren Sie es doch mal mit einem Spritzer Zitronensaft oder Essig. Wie Salz mildert auch Säure Bitternoten ab, indem sie andere Geschmacksnoten deutlicher hervortreten lässt. Schon ein Spritzer kann viel bewirken.

Fleisch mit grobkörnigem Salz würzen Verwenden Sie zum Salzen von Fleisch grobes Salz aus der Mühle anstelle von normalem Tafelsalz. Die größeren Körner verteilen sich leichter und haften besser an der Oberfläche des Fleisches.

Richtig pfeffern Ob schwarzer Pfeffer richtig „beißt" oder eher mild schmeckt, hängt davon ab, ob man das Fleisch vor oder nach dem Anbraten damit würzt. Um dem Fleisch einen richtig pfefferigen Geschmack zu verleihen, fügt man ihn nach dem Anbraten hinzu, damit die flüchtigen Komponenten nicht durch Hitze zerstört werden. Umgekehrt mildert es die Schärfe von Pfeffer, wenn man vor schon vor dem Anbraten damit würzt.

Kalte Speisen kräftig würzen Durch Kühlen verlieren Speisen oft einen Teil ihres Aromas, deshalb sollte man in diesen Fällen großzügig beim Würzen sein, wenn auch mit Augenmaß. Um nichts zu versalzen, sollte man vor dem Kühlen nur die normale Menge Salz hinzugeben und dann unmittelbar vor dem Servieren noch einmal nachsalzen, bis das Essen die gewünschte Würze hat.

Kräuter zur richtigen Zeit hinzugeben Fügen Sie kräftigere Kräuter wie Thymian, Rosmarin, Oregano, Salbei und Majoran früh während des Garens hinzu; so haben diese Zeit, ihr volles Aroma zu entfalten und so weich zu werden, dass sie die Textur des Gerichts nicht beeinträchtigen. Empfindliche Kräuter wie Petersilie, Koriander, Estragon, Schnittlauch und Basilikum geben Sie erst zum Schluss dazu, damit sie ihr frisches Aroma und die leuchtende Farbe nicht verlieren.

Etwas Umami schadet nicht Haben Sie Sojasauce, Worcestersauce oder Anchovis im Kühlschrank? Dann nutzen Sie doch den hohen Glutamatgehalt dieser Lebensmittel, um Ihrem Essen einen zusätzlichen Schuss Würze zu verleihen. Versuchen Sie es mal mit 1–2 TL Sojasauce im Chili oder ein paar fein gehackten Anchovis zum Schmorhähnchen. (In Buch 1, Konzept 1.17 erfahren Sie mehr über das Kochen mit glutamathaltigen Zutaten.)

KOCHEN FÜR ALLE FÜNF SINNE

Ein guter Koch sorgt nicht nur dafür, dass die fünf Geschmacksqualitäten in seinen Speisen in einem ausgewogenen Verhältnis zueinander stehen, sondern kümmert sich auch bewusst um den Duft. In kaltem Essen fällt es unseren Geschmacksknospen schwerer, Geschmack wahrzunehmen, weshalb z. B. kalte Suppen kräftig abgeschmeckt werden müssen. Gleichzeitig duften kalte Suppen so gut wie gar nicht – noch ein Grund, warum man großzügig würzen sollte. Der Duft, der einem in die Nase steigt, intensiviert den Geschmack.

Geruch und Duft spielen also eine wichtige Rolle beim Schmecken. (Doch nicht nur das: Gerüche regen den Appetit an und warnen uns vor verdorbenem Essen.) Ohne die Hilfe des Geruchssinn ist es überraschend schwer, den Unterschied zwischen Erdbeer- und Vanilleeis oder Pasta alla carbonara und Pasta alla vodka zu schmecken.

Nun leuchtet natürlich jedem ein, dass der Geruchs- und Geschmackssinn in der Kochkunst eine zentrale Rolle spielen, aber auch die übrigen drei Sinne sind nicht zu vernachlässigen. Meist schmeckt schön angerichtetes Essen besser – jedenfalls scheinbar. Um das Prinzip zu beweisen, hat Frédéric Brochet, ein Forscher an der Universität von Bordeaux, Weinexperten je ein Glas Rotwein und ein Glas Weißwein zum Kosten gegeben. Mit dem üblichen blumigen Beschreibungsvokabular haben sie detailliert beide Weine und ihre Unterschiede bewertet – zu dumm nur, dass in beiden Gläsern der gleiche Weißwein war, man hatte ihn im zweiten Glas lediglich mit einem geschmacksneutralen Stoff rot eingefärbt.

Auch für Essen lässt sich Ähnliches zeigen. Setzt man Testessern zwei Schälchen Schokopudding aus jeweils einer anderen Schokoladensorte vor, so werden sie vom vollmundigeren und intensiveren Geschmack des dunkleren, d. h. „schokoladigeren", Puddings schwärmen. Lässt man sie dieselben Proben aber mit verbundenen Augen kosten, fällt das Ergebnis weit weniger eindeutig aus. Die Augen essen also tatsächlich mit.

Wichtiger als das Aussehen ist aber womöglich die Textur. Labberige Pommes frites schmecken nicht halb so köstlich wie goldgelbe, kross gebackene Ofenkartoffeln, knackige grüne Bohnen hat man lieber auf seinem Teller als verkochten Brokkoli. Einige hier vorgestellte Konzepte dienen genau diesem Zweck: Speisen die optimale Textur zu geben.

Die akustische Wahrnehmung spielt für denjenigen, der das Gericht isst, wohl kaum eine Rolle, für denjenigen, der es zubereitet, kann sie aber wichtig sein. Als Beispiel sei nur erwähnt, dass es zischen muss, wenn man Gemüse in die heiße Pfanne gibt – hört man nichts, ist die Pfanne nicht heiß genug.

DIE WISSENSCHAFT VON KÜCHENGERÄTEN UND ZUTATEN

DIE PHYSIK DES KOCHENS

Erhitzen und Abkühlen können den Geschmack, die Konsistenz und das Aussehen von Speisen verändern, aber auch mechanische Vorgänge und Kraft spielen beim Kochen eine Rolle. Das kann die Bewegung einer Messerklinge sein, die eine Zwiebel zerschneidet, oder die Rotation der Mixermesser, um ein Pesto zu pürieren.

Es liegt auf der Hand, dass sich durch Zerkleinern oder Schneiden das Aussehen von Lebensmitteln verändert – sie werden kleiner, dünner, womöglich sogar optisch ansprechender. Aber noch etwas anderes geschieht, wenn eine Messerklinge ein Lebensmittel durchdringt: Zellstrukturen werden beschädigt (ähnlich wie beim Garen und Einfrieren), was zu Veränderungen der Farbe, Konsistenz und des Geschmacks führen kann.

Selbst die Schneiderichtung beim Zerkleinern einer Zwiebel kann den Geschmack beeinflussen. Wir haben die Probe aufs Exempel gemacht und acht Zwiebeln jeweils auf zwei verschiedene Arten in Scheiben geschnitten: längs (gewissermaßen Pol zu Pol) und quer (parallel zum Äquator). Dann haben wir die geschnittenen Stücke einem Geruchs- und Geschmackstest unterzogen und festgestellt: Die von Pol zu Pol geschnittenen Stücke haben einen deutlich weniger beißenden Geruch und Geschmack als die anderen aufgewiesen.

Warum ist das so? Der scharfe Geschmack und stechende Geruch von Zwiebeln werden durch sogenannte Thiosulfinate hervorgerufen, die entstehen, wenn das in den Zellen eingeschlossene Enzym Alliinase mit der Aminosäure Isoalliin reagiert, die ebenfalls im Gemüse vorhanden ist. Die Reaktion findet nur statt, wenn die Zellwände der Zwiebeln verletzt und die stark riechenden Verbindungen freigesetzt werden. Schneidet man die Zwiebeln längs (in Ausdehnungsrichtung der Zellen), werden weniger Zellen beschädigt als beim Schneiden quer zu den Zellen, es treten weniger Alliinase-Enzyme aus, und folglich bilden sich weniger Thiosulfinate. (In Buch 2 erfahren Sie mehr darüber, wie man mit dem Messer den Geschmack von Zwiebeln und Knoblauch beeinflusst.)

Auch auf gegarte Speisen kann sich die Art des Schneidens auswirken. In manchen Steaks, besonders aus der Flanke, erkennt man die einzelnen Muskelfasern deutlich als lange Streifen, die über das ganze Stück Fleisch verlaufen. Schneidet man so ein Steak nach dem Grillen im rechten Winkel zur Faserrichtung, verkürzt man die langen Muskelfasern und sorgt so dafür, dass sich das Fleisch leichter kauen lässt.

DAS RICHTIGE WERKZEUG

Ob man das richtige Gerät verwendet hat, um Essen zu erhitzen, abzukühlen, zu zerkleinern, vermengen oder anders zu modifizieren, zeigt sich häufig im Ergebnis. Der Anhang

KÜCHENWERKZEUGE UND IHRE FUNKTION

Messer sind nicht die einzigen Werkzeuge, mit denen Lebensmittel bearbeitet und physisch verändert werden. Tatsächlich findet sich in jeder Küche eine breite Palette von Utensilien, mit denen sich vermengen, unterheben, verquirlen, rühren, mahlen, pürieren, zerkleinern, kneten und schlagen lässt. Für eine Vielzahl von Anwendungen gibt es spezielle Geräte. Dabei ist es mal der Arm des Koches oder der Köchin, der die Antriebsenergie liefert, mal ist ein Küchenutensil elektrisch betrieben. Hier ein paar Beispiele:

→ Mit dem Schneebesen oder Mixer wird Luft in kalte Schlagsahne eingerührt, sodass aus einer kleinen Menge Flüssigkeit eine voluminöse schaumige Masse wird.

→ Eine Gewürzmühle zermahlt ganze Gewürzteile in feines Pulver, wodurch aromatische Öle freigesetzt werden.

→ Ein dickes Stück Hühnerbrust wird durch die Bearbeitung mit einem Fleischklopfer zu einem dünnen Schnitzel, das nur eine kurze Garzeit benötigt.

In den Beispielen wird mit einem Werkzeug ein einzelnes Lebensmittel bearbeitet. Viele Werkzeuge dienen allerdings dazu, mehrere Lebensmittel miteinander zu verbinden. Das einfachste Beispiel ist der Holzlöffel, mit dem man Wasser, Mehl und Hefe zu einem Teig zusammenrührt. Das Lernziel lautet: Speisen können auch ohne Erhitzen (oder Abkühlen) modifiziert werden. In diesem Buch lernen Sie, wie Sie das Ergebnis vieler Rezepte z. B. durch die richtige Methode der Zutatenvermengung verbessern können.

TERMINOLOGIE DES SCHNEIDENS

Professionelle Köche verwenden eine Vielzahl von Begriffen, um zu beschreiben, wie Lebensmittel geschnitten werden. Die folgende Tabelle enthält die Begriffe, die in diesem Buch benutzt werden.

SCHNEIDEART	BESCHREIBUNG
Chiffonade	In sehr feine Streifen schneiden. Meistens werden frische Kräuter, besonders Basilikum, so geschnitten.
Fein zerkleinern	In 3–6 mm große Stücke schneiden.
Mittelfein zerkleinern	In 6–13 mm große Stücke schneiden.
Grob zerkleinern	In 13–19 mm große Stücke schneiden.
Quer schneiden	Rechtwinklig zur langen Seite des Lebensmittels schneiden.
Längs schneiden	Der Länge nach (von einem Ende zum anderen) schneiden.
Schräg schneiden	Im Winkel von 45° schneiden. Besonders lange und eher dünne Lebensmittel wie Spargel und Möhren werden so geschnitten.
Würfel	In Würfel mit gleicher Kantenlänge schneiden.
Julienne	In streichholzgroße Stifte schneiden (etwa 5 cm lang und 3 mm dick).
Fein hacken	In höchstens 3 mm große Stücke schneiden.
Scheiben	In flache Stücke schneiden.
Dünne Scheiben	In besonders dünne, höchstens 3 mm dicke Stücke schneiden.

des Buches enthält vertiefende Informationen zur Küchenausstattung; hier zunächst nur einige wichtige allgemeine Ratschläge, die man beherzigen sollte.

Töpfe und Pfannen können aus einer Vielzahl von metallischen Materialien bestehen, wobei jedes seine Vor- und Nachteile hat. Die Wärmeleitfähigkeit des Metalls bestimmt, wie gut sich das Kochgeschirr zum Anbraten eignet, wie leicht Essen anbrennt und wie gleichmäßig sich die Wärme verteilt. Auch das Gewicht spielt eine Rolle. In einem leichten Edelstahltopf wird Ihr Schmortopf höchstwahrscheinlich am Topfboden anhaften. Je nach Material ist Kochgeschirr einfacher oder weniger einfach zu reinigen.

Im Allgemeinen verwenden wir beschichtete Töpfe und Pfannen nur für empfindliche Speisen, die leicht anhaften, z. B. Fisch oder Eier. Unserer Erfahrung nach bräunen Speisen in beschichtetem Kochgeschirr nicht so gut, und oft bildet sich beim Braten von Fleisch nur wenig oder kein Bratensatz – ein schmerzlicher Verlust für die Sauce. Nehmen Sie also lieber keine beschichtete Pfanne, es sei denn, das Rezept verlangt ausdrücklich eine.

Genauso entscheidend wie das Material des Kochgeschirrs sind seine Form und Größe. Quetschen Sie mal vier Hähnchenbrüste in eine Pfanne mit 25 cm Durchmesser und Sie erhalten herrlich weiches, gedünstetes Fleisch – spendieren Sie ihnen jedoch großzügig Platz in einer 30-cm-Pfanne, bildet sich eine knusprige Kruste. Bei Pfannen wird für die Größe meist der Durchmesser (gemessen an der Oberkante der Pfannenwand) angegeben, bei Töpfen wird dafür eher das Fassungsvermögen herangezogen (2 Liter, 4 Liter etc.). Um auf der sicheren Seite zu sein, benutzen Sie immer genau das im Rezept angegebene Kochge-schirr.

Der Tipp gilt fürs Kochen, aber fast noch mehr fürs Backen. Wenn im Rezept eine 23-cm-Backform verlangt wird, nehmen Sie keine 20-cm-Form. Unserer Erfahrung nach verlängert sich die Backzeit durch diese minimale Abweichung von den Vorgaben deutlich, da der Teig in der kleineren Form logischerweise eine dickere Schicht bildet. Es dauert dann länger, bis die Hitze ganz bis in die Kuchenmitte vorgedrungen ist, womöglich so lange, dass die Unterseite des Kuchens anbrennt. Selbst etwas so vermeintlich Triviales wie der Rand eines Backblechs kann entscheidend sein, ob ein Rezept gelingt oder nicht.

DIE RICHTIGEN ZUTATEN

Für gutes und erfolgreiches Kochen sind die richtigen Gerätschaften unerlässlich, aber das Gleiche gilt auch für die Zutaten. Hier können schon kleine Abweichungen vom Rezept gro-ße Auswirkungen auf das Ergebnis haben. Nimmt man beispielsweise für ein Gericht gro-bes Salz statt Tafelsalz, reduziert sich der Salzgehalt um die Hälfte. Der Grund ist, dass die Salzkörner des groben Salzes große Zwischenräume lassen und das gemessene Volumen „aufblähen", wodurch ein Teelöffel grobes Salz eine weit geringere Salzmenge enthält als ein Teelöffel Tafelsalz.

Größere Abweichungen haben dementsprechend größere Folgen. Ersetzt man in ei-nem Mürbeteigrezept beispielsweise Butter durch pflanzliches Backfett, so ändert sich zwangsläufig die Teigkonsistenz – ganz zu schweigen vom Geschmack. Das liegt erstens an der unterschiedlichen Zusammensetzung – Butter enthält etwa 80 % Fett und 16–18 % Was-ser, Backfett hingegen ist reines Fett ohne jeglichen Wasseranteil – und zweitens an der un-terschiedlichen Beschaffenheit der Fettkristalle.

Wenn es um das Austauschen von Rezeptzutaten geht, lautet der beste Rat: Tun Sie es besser nicht! Das Ergebnis ist meist nicht vorhersehbar. Das gilt besonders für Backrezepte, wo man die Folgen erst ganz zum Schluss überprüfen kann. Bei herzhaften Gerichten kann man meistens während des Kochens kosten und eventuell noch gegensteuern; es ist daher weniger riskant, Petersilie durch ein anderes Gewürz zu ersetzen, als in einem Pudding-rezept Sahne gegen Milch auszutauschen.

Natürlich gibt es Situationen, in denen Ihnen nichts anderes übrigbleibt und Sie auf andere Zutaten zurückgreifen müssen, z. B. wenn das Gericht bereits auf dem Herd steht und Sie plötzlich feststellen, dass Ihnen eine bestimmte Zutat ausgegangen ist.

Für Ihren Einkauf finden Sie über das Buch verteilt Warenkundekapitel, die sich vertie-fend mit einzelnen Zutaten wie Fisch, Rind- und Schweinefleisch beschäftigen. Sie finden dort darüber hinaus zahlreiche Tipps zur Lagerung und Verwendung.

KONZEPT 2.1
SALZ ENTZIEHT GEMÜSE DAS WASSER

Gemüse, besonders Sommergemüse wie Tomaten und Zucchini, besteht zu einem wesentlichen Teil aus Wasser. Beim Kochen liegt die größte Herausforderung darin, dieser Wassermassen Herr zu werden – wer mag schon völlig „versuppten" Krautsalat? Oft hilft es, Gemüse vor der Verwendung zu salzen, um ihm Flüssigkeit zu entziehen.

DIE WISSENSCHAFT DAHINTER

SO WIRKT SALZ AUF PFLANZENZELLEN

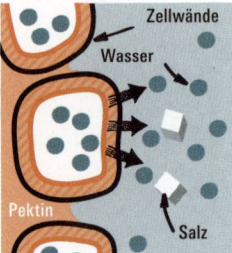

DIE WIRKUNG VON SALZ Per Osmose entzieht Salz den Pflanzenzellen Wasser.

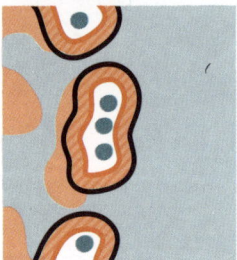

NACH DEM SALZEN Verliert eine Pflanze Wasser, sinkt der Druck in den Zellen und sie fallen zusammen. Auch das Pektin, das die Zellen wie Kleber miteinander verbindet, beginnt sich aufzulösen.

Pflanzliche Lebensmittel lassen sich in Obst und Gemüse einteilen. Als „Obst" bezeichnet die Botanik die samentragenden Früchte von mehrjährigen Pflanzen. Unter „Gemüse" fasst man sämtliche anderen essbaren Teile einer einjährigen Pflanze (Wurzeln, Stiele und Blätter). In der Kochkunst – bzw. der Lebensmittelkunde – sieht man es nicht so streng, hier zählen auch einige samentragende Früchte zum Gemüse, wie Tomaten und Gurken.

Pflanzen bestehen wie Tiere aus unzähligen Zellen. Pflanzenzellen enthalten eine breite Palette aus Proteinen, Enzymen, Zuckern und Farbpigmenten. Jede Zelle ist von einer festen Zellwand umschlossen, die zum Großteil aus Zellulose besteht und mit zunehmendem Alter der Pflanze immer dicker wird. In den Zellwänden und zwischen den Zellen befindet sich Pektin, ein wasserlösliches Polysaccharid (Vielfachzucker), das die Zellen wie Leim zusammenhält. Und natürlich enthält Gemüse, wie die meisten Nahrungsmittel, viel Wasser.

Anders als beim Garen von Fleisch, wo wir möglichst viel Wasser im Fleisch halten möchten, geht es bei Gemüse darum, ihm Wasser zu entziehen. Erstaunlicherweise erreichen wir diese beiden gegensätzlichen Ziele mit ein und demselben Hilfsmittel: Salz.

Salzt man Gemüse, entsteht an der Zelloberfläche eine höhere Ionenkonzentration als im Zellinneren. Um dieses Konzentrationsgefälle auszugleichen, durchdringt das Wasser die Zellwand und fließt aus der Zelle ab. Der Vorgang nennt sich „Osmose" und spielt auch beim Nasspökeln (siehe Buch 1, Konzept 1.11) und Marinieren (siehe Buch 1, Konzept 1.13) ei-

ne entscheidende Rolle. Beim Salzen von Fleisch ist der Trick, so lange zu warten, bis das Fleisch die ausgetretene Flüssigkeit – und noch etwas zusätzliches Wasser – wieder aufnimmt (so wird das Fleisch extrasaftig). Beim Salzen von Gemüse dagegen lässt man die austretende Flüssigkeit (und damit das meiste Salz) abtropfen, wodurch das Gemüse entwässert wird.

Das Abtropfen ist besonders wichtig bei der Zubereitung von Krautsalat und anderen Salaten. Ohne Abtropfen verwässert später das Dressing und der Salat schwimmt in einer faden Brühe aus Gemüsesaft. Aber der osmosebedingte Wasserverlust hat noch eine andere Wirkung: Die Textur von Gemüse verändert sich. Entzieht man Pflanzenzellen Wasser mithilfe von Salz, verringert sich der zellinterne Druck (Turgor) und sie fallen langsam zusammen. Die Folge ist, dass das Gemüse seine Knackigkeit verliert und weicher wird.

Die Gemüsetextur ändert sich beim Salzen noch aus einem anderen Grund: Die Festigkeit des Pektins, also der Substanz, die die Zellen miteinander verbindet, ist abhängig von Kalzium- und Magnesiumionen in den Molekülen. Diese Ionen sind Teil der Pektinstruktur, fungieren aber gleichzeitig als Verbindungselement zwischen Pektinmolekülen. Salzt man rohes Gemüse oder gibt Salz ins Kochwasser, ersetzen die Natriumionen des Salzes die Kalzium- und Magnesiumionen des Pektins. Das schwächt das Pektin und damit die Zellwände – ein weiterer Grund, warum Brokkoliröschen oder Kohl durch Salzen weich werden.

Salzen verstärkt das Eigenaroma von Gemüse, aber nur, wenn das Salz und die ausgetretene Flüssigkeit mit ins Essen gegeben werden.

Wir wollten wissen, ob die Einwirkzeit des Salzes Einfluss auf den Geschmack des Gemüses hat. Dazu haben wir zwei Proben Gazpacho (siehe Seite 36) zubereitet. Bei der ersten haben wir die Tomaten, Gurken, Zwiebeln und grünen Paprika mit Salz bestreut und eine Stunde stehen lassen, bevor wir alles zusammen püriert haben. Die zweite Probe haben wir nicht zuvor gesalzen, stattdessen nach dem Pürieren die gleiche Menge Salz wie bei der ersten Probe hineingerührt. Das Resultat? Die Gazpacho aus dem zuvor gesalzenen Gemüse schmeckte aromatischer und komplexer.

Damit wir den Geschmack einer Speise wahrnehmen können, müssen die Geschmacksstoffe unsere Geschmacksknospen reizen. Das Problem ist, dass in Gemüse und Obst viele Aromamoleküle in den Zellwänden eingeschlossen und zusätzlich fest an bestimmte Proteine gebunden sind, weshalb sie keine Reaktion auslösen können. Durch kräftiges Kauen und erst recht durch Zerkleinern im Mixer wird ein Teil dieser Aromen freigesetzt. Noch effektiver ist es, das Gemüse zu salzen und eine Stunde stehen zu lassen. Das Salz löst nach und nach Aromaverbindungen aus den Zellwänden und modifiziert die Proteine derart, dass sie gebundene Aromamoleküle freigeben. Die fertige Suppe schmeckt so wesentlich intensiver.

DAS ERGEBNIS

Im Verlauf einer Stunde haben die gesalzenen Kohlproben im Schnitt jeweils mehr als 2 EL Wasser abgegeben. Die Kontrollprobe dagegen hat wie erwartet kein Wasser abgegeben.

Noch eindrucksvoller als die Zahlen war der optische Unterschied zwischen dem gesalzenen und dem ungesalzenen Kohl. Während die Kontrollprobe nach einer Stunde noch fest und knackig war, waren die mit Salz vermischten Kohlblätter so weich, dass sie, mit einer Zange gehalten, schlaff herabhingen.

DIE ERKENNTNIS

Salzt man Gemüse, ist die Wirkung eindeutig: Das osmotisch wirksame Salz entzieht den Pflanzenzellen jede Menge Wasser. Anders als bei Fleisch, wo Wassererhalt das oberste Ziel ist, ist der durch Salz verursachte Wasserverlust bei Gemüse genau das, was wir wollen.

Deshalb salzen wir Gemüse und lassen die austretende Flüssigkeit abfließen, bevor wir das Dressing dazugeben. Das stellt bei unserem Buttermilchkrautsalat sicher, dass der Geschmack des cremigen Dressings schön voll bleibt und nicht von austretendem Zellsaft verdünnt wird. Der schlaffe Kohl sieht vielleicht nicht ganz so schön aus, aber das fertige Gericht wird damit insgesamt besser. Ein kleiner Trost: Die erschlafften Blätter nehmen aus dem Dressing wieder Wasser auf; der Turgor – der Druck, durch den die Zellwand einer Pflanzenzelle gespannt wird – wird so wiederhergestellt, zudem verbessert sich der Geschmack.

DAS EXPERIMENT

Um die Effekte zu demonstrieren, die Salz auf rohes Gemüse hat, haben wir drei 450-Gramm-Proben Chinakohlblätter mit je 2½ EL Salz vermischt. Dann haben wir die Proben eine Stunde in einem Durchschlag ziehen und abtropfen lassen. Die ausgetretene Flüssigkeit haben wir aufgefangen und gemessen. Parallel dazu haben wir eine ungesalzene Kontrollprobe Kohl ebenfalls eine Stunde stehen lassen. Wir haben das Experiment dreimal durchgeführt.

SCHLAFFER KOHL MIT SALZ

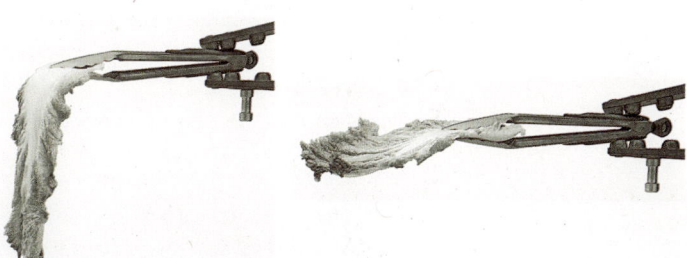

Nachdem wir Chinakohl gesalzen haben, wurden die Blätter weich und schlaff. Mit einer Zange gehalten, hingen sie kraftlos herab. Die ungesalzenen Kohlblätter dagegen haben sich steif wie ein Brett gehalten (rechtes Bild).

SALZEN IN DER PRAXIS:
KRAUT- UND GURKENSALAT

Salate sind meistens schnell gemacht, aber für richtig gute Salate gilt es, ein paar Dinge zu beachten. So kann es beispielsweise passieren, dass nach der Zugabe des Dressings Gemüsewasser austritt und das Dressing in eine geschmacklose, wässerige Salatsauce verwandelt. Um das zu vermeiden, salzen wir die Gemüsezutaten vor der Hinzugabe des Dressings, wodurch sie Wasser abgeben. Das Wasser gießen wir weg – so kann es das Dressing anschließend nicht verdünnen. Ein zusätzlicher Effekt des Salzens: Das Gemüse wird weicher und ist angenehmer zu essen.

CREMIGER BUTTERMILCHKRAUTSALAT
(FÜR 4 PORTIONEN)

Wenn Sie den Krautsalat sofort servieren möchten, geben Sie den gesalzenen Kohl in eine große Schüssel mit Eiswasser, gießen Sie ihn durch einen Durchschlag ab, entfernen Sie alle Eisstücke und tupfen Sie ihn dann trocken. Geben Sie dann das Dressing dazu.

½ Kopf	Rot- oder Weißkohl (etwa 800 g), ohne den kompakten Kern und geraspelt
	Salz
1	Möhre, geschält und geraspelt
125 ml	Buttermilch
2 EL	Mayonnaise
2 EL	Sour Cream
1	kleine Schalotte, fein gehackt
2 EL	frische Petersilie, fein gehackt
½ TL	Apfelessig
½ TL	Zucker
¼ TL	Dijon-Senf
1 große Prise	Pfeffer

1. Einen Durchschlag oder ein grobmaschiges Sieb auf eine mittelgroße Schüssel setzen und den zerkleinerten Kohl darin mit 1 TL Salz vermengen. 1 Stunde bis maximal 4 Stunden ziehen lassen, bis der Kohl zusammenfällt, dann unter fließendem kalten Wasser abspülen. Den Kohl im Durchschlag leicht ausdrücken (nicht quetschen), dann mit Küchenpapier abtrocknen. Kohl zusammen mit den Möhrenraspeln in eine große Schüssel geben.

2. In einer kleinen Schüssel Buttermilch, Mayonnaise, Sour Cream, Schalotte, Petersilie, Essig, Zucker, Senf, ¼ TL Salz und den Pfeffer verquirlen. Das Dressing unter den Salat mengen und alles etwa eine halbe Stunde kalt stellen. (Der Krautsalat kann bis zu 3 Tage im Kühlschrank aufbewahrt werden.)

BUTTERMILCHKRAUTSALAT MIT FRÜHLINGSZWIEBELN UND KORIANDER

Für das Dressing: Senf, Petersilie und Apfelessig weglassen, dafür 1 EL fein gehacktes frisches Koriandergrün, 1 TL Limettensaft und 2 Frühlingszwiebeln in dünne Scheiben geschnitten hinzufügen.

Angebrochene Buttermilch hält sich bis zu drei Wochen, aber am besten schmeckt sie frisch.

Buttermilch riecht immer sauer – wie soll man da wissen, ob sie „sauer", d. h. schlecht ist? Als wir dem Bauern, von dem wir die Buttermilch für unsere Versuchsküche kaufen, diese Frage gestellt haben, hat er uns geraten, die Milch innerhalb von fünf bis sieben Tagen nach dem Öffnen zu verbrauchen. Andere Empfehlungen sehen einen noch längeren Zeitraum von bis zu zwei Wochen vor. Und schließlich sind da noch unsere eigenen Erfahrungen, die besagen, dass Buttermilch nach dem Öffnen mindestens drei Wochen gekühlt aufbewahrt werden kann, bis sie richtig schlecht wird, d. h. bis sich blau-grüner Schimmel darauf bildet. Es verwundert kaum, dass Buttermilch so lange haltbar ist, denn sie enthält sehr viel Milchsäure, die das Wachstum schädlicher Bakterien und die Schimmelbildung hemmt. Bis dahin war die Sache also klar. Dann wollten wir aber noch wissen, ob die Aufbewahrungsdauer den Geschmack von Buttermilch beeinträchtigt. Um das zu prüfen, haben wir eine kleine Versuchsreihe durchgeführt, für die wir Pfannkuchen mit unterschiedlich alter Buttermilch (frisch geöffnet, nach einer Woche im Kühlschrank sowie nach zwei und drei Wochen) zubereitet haben. Das Ergebnis: Je älter die Buttermilch, desto fader haben die Pfannkuchen geschmeckt.

Woran liegt das? Buttermilch enthält Bakterien, die Milchsäure und Diacetyl produzieren. Letztere Substanz ist für den typisch „butterigen" Geschmack von Buttermilch verantwortlich. (Auch in Butter ist Diacetyl die vorherrschende Aromaverbindung.) Mit fortschreitender Zeit sorgt die anhaltende Fermentierung dafür, dass immer mehr Säure produziert wird. So viel Säure, dass nach und nach fast alle Bakterien absterben, die für die Bildung des Diacetyls verantwortlich sind. Drei Wochen alte Buttermilch schmeckt also nach wie vor säuerlich (bedingt durch die Milchsäure), von den Butteraromen jedoch bleibt nicht mehr viel übrig, der Geschmack büßt seine Tiefe und Komplexität ein. Glücklicherweise gibt es eine Möglichkeit, die Haltbarkeit von Buttermilch zu verlängern und das Aroma so zu konservieren: Einfrieren.

🍲 WARUM DAS REZEPT FUNKTIONIERT

Für unseren Buttermilchkrautsalat wollten wir knackigen, gleichmäßig geraspelten Kohl, überzogen von einem schmackhaften Buttermilch-dressing, das am Salat haftet, anstatt sich am Boden der Schüssel zu sammeln. Indem wir den Kohl vorher salzen und das austretende Wasser ablaufen lassen, wird der Salat weniger wässerig. Für ein eher schweres, schön säuerliches Dressing verwenden wir eine Mischung aus Buttermilch, Mayonnaise und Sour Cream.

DEN KOHL RASPELN… Zum Zerkleinern der ledrig-zähen, „quietschigen" Kohlblätter und dem Herausschneiden des kompakten Kerns benötigt man ein scharfes Messer. Am besten viertelt man den Kohlkopf, entkernt die Viertel und zerlegt sie dann in Packen aus jeweils mehreren Kohlblattlagen. Diese Packen legt man flach auf ein Brett und schneidet sie mit einem Kochmesser in dünne Streifen, oder man steckt sie zusammengerollt in den Einfüllstutzen einer Küchenmaschine mit Raspelscheibe.

… UND SALZEN Da wir um jeden Preis ein verwässertes Dressing vermeiden wollen, salzen wir den Kohl und lassen ihn eine Weile stehen. So werden die Zellen des Kohls entwässert. Damit der Salat nicht zu salzig wird, spülen wir den Kohl anschließend gründlich ab und trocknen ihn mit Küchenpapier. Tut man das nicht, ruiniert das im Gewirr der Kohlraspeln eingeschlossene Salzwasser sowohl den Geschmack als auch die Textur des Salates. Fürs Salzen und Entwässern reicht 1 TL Salz.

DIE BUTTERMILCH „ANDICKEN" Wir dicken die Buttermilch noch etwas an, damit das Dressing besser am Kohl haftet. Dabei darf allerdings der säuerliche Geschmack auf keinen Fall verloren gehen. Mayonnaise macht das Dressing schwerer und verbessert die Hafteigenschaften, während etwas Sour Cream die charakteristische saure Buttermilchnote wiederherstellt. Zusammen ergeben die drei Zutaten ein gut haftendes Dressing, das keinesfalls zu mächtig ist.

CREMIGER GURKENSALAT MIT DILL
(FÜR 4 PORTIONEN)

Nehmen Sie für diesen Salat unbedingt frischen und keinen getrockneten Dill.

3	Gurken (900 g), geschält, längs halbiert, Samen entfernt und in gut 0,5 cm dicke Stücke geschnitten
1	kleine rote Zwiebel, in sehr dünne Ringe geschnitten
1 EL	Salz
250 ml	Sour Cream
3 EL	Apfelessig
1 TL	Zucker
4 EL	frischer Dill, fein gehackt

1. Einen Durchschlag auf eine große Schüssel setzen und darin die Gurken und Zwiebelringe mit dem Salz vermengen. Einen mit Wasser gefüllten wiederverschließbaren 4-l-Plastikbeutel auf die Gurken legen. 1 bis 3 Stunden ziehen und abtropfen lassen. Das Gemüse abspülen und trocken tupfen.

2. Die restlichen Zutaten mit einem Schneebesen in einer mittelgroßen Schüssel verquirlen. Die Gurken und Zwiebeln dazugeben und alles miteinander vermengen. Gekühlt servieren.

GURKENSALAT MIT MINZE UND JOGHURT
(FÜR 4 PORTIONEN)

3	Gurken (900 g), geschält, längs halbiert, Samen entfernt und in gut 0,5 cm dicke Stücke geschnitten
1	kleine rote Zwiebel, in sehr dünne Ringe geschnitten
	Salz und Pfeffer
250 ml	fettarmer Naturjoghurt
2 EL	Olivenöl (nativ extra)
4 EL	frische Minze, fein gehackt
1	Knoblauchzehe, fein gehackt
½ TL	gemahlener Kreuzkümmel

1. Einen Durchschlag auf eine große Schüssel setzen und darin die Gurken und Zwiebelringe mit dem Salz vermengen. Einen mit Wasser gefüllten wiederverschließbaren 4-l-Plastikbeutel auf die Gurken legen. 1 bis 3 Stunden ziehen und abtropfen lassen. Das Gemüse abspülen und trocken tupfen.

2. Die restlichen Zutaten mit einem Schneebesen in einer mittelgroßen Schüssel verquirlen. Die Gurken und Zwiebeln dazugeben und alles miteinander vermengen. Gekühlt servieren.

GURKENSALAT MIT SESAM UND ZITRONE
(FÜR 4 PORTIONEN)

3	Gurken (900 g), geschält, längs halbiert, Samen entfernt und in gut 0,5 cm dicke Stücke geschnitten
1 EL	Salz
60 ml	Reisessig
1 EL	Zitronensaft
2 EL	Sesamöl geröstet
2 TL	Zucker
1 Prise	Chiliflocken (oder mehr, je nach Geschmack)
1 EL	Sesamsamen, geröstet

1. Einen Durchschlag auf eine große Schüssel setzen und darin die Gurken mit dem Salz vermengen. Einen mit Wasser gefüllten wiederverschließbaren 4-l-Plastikbeutel auf die Gurken legen. 1 bis 3 Stunden ziehen und abtropfen lassen. Die Gurken abspülen und trocken tupfen.

2. Die restlichen Zutaten mit einem Schneebesen in einer mittelgroßen Schüssel verquirlen. Die Gurken dazugeben und alles miteinander vermengen. Gekühlt oder zimmerwarm servieren.

GURKENSALAT SÜSS-SAUER
(FÜR 4 PORTIONEN)

Der Salat basiert auf einem einfachen thailändischen Relish, das gerne zu Gebratenem gereicht wird. Er schmeckt besonders gut zu gegrilltem Lachs oder gegrillten Hähnchenbrustfilets.

3	Gurken (900 g), geschält, längs halbiert, Samen entfernt und in gut 0,5 cm dicke Stücke geschnitten

½	rote Zwiebel, in sehr dünne Ringe geschnitten
1 EL	Salz
125 ml	Reisessig
2½ EL	Zucker
2	kleine Jalapeño-Chilis, entkernt und fein gehackt (oder mehr, je nach Geschmack)

1. Einen Durchschlag auf eine große Schüssel setzen und darin die Gurken und Zwiebelringe mit dem Salz vermengen. Einen mit Wasser gefüllten wiederverschließbaren 4-l-Plastikbeutel auf die Gurken legen. 1 bis 3 Stunden ziehen und abtropfen lassen. Das Gemüse abspülen und trocken tupfen.

2. In einem kleinen säurebeständigen Topf 160 ml Wasser und den Essig auf mittlerer Stufe aufkochen lassen. Den Zucker darin auflösen. Hitze reduzieren und 15 Minuten köcheln lassen. Auf Zimmertemperatur abkühlen lassen.

3. In der Zwischenzeit die Gurken, Zwiebelringe und Jalapeños in eine mittelgroße Schüssel geben. Mit dem Dressing vermischen. Gekühlt servieren

🍲 WARUM DAS REZEPT FUNKTIONIERT

Kalter, knackiger Gurkensalat ist etwas Herrliches, allzu oft aber ertrinkt das Gemüse im eigenen Wasser. Damit das nicht passiert, entwässern wir die Gurken mit Salz und beschweren sie zusätzlich. So geben sie noch mehr Wasser ab als durch bloßes Salzen. Was die optimale Dauer angeht, lautet unsere Empfehlung nach vielen Zubereitungsversuchen: eine bis drei Stunden. Auch nach zwölf Stunden haben die Gurken nicht mehr Flüssigkeit abgegeben als nach drei Stunden. Drei Stunden sind optimal, aber schon eine Stunde zeigt viel Wirkung, wenn Sie mal wenig Zeit haben. Um Gurken mehr Pep zu verleihen, kombinieren wir sie gerne mit Zwiebeln. (Keine Sorge – salzt man diese zusammen mit den Gurken und lässt sie ziehen, verlieren sie ihr stechendes Aroma.) Egal, ob man den Salat nun mit einer leichten Vinaigrette oder einem cremigen Joghurtdressing anrichtet – die Gurken behalten ihren knackigen „Biss".

ENTKERNEN, SALZEN UND BESCHWEREN Für unsere Salatvariationen schälen wir die Gurken, halbieren sie der Länge nach und entfernen dann mit einem Löffel die Samen (diese enthalten um einiges mehr Wasser als das Fleisch und fühlen sich im Mund unangenehm glitschig an). Nachdem wir sie in gut 0,5 cm dicke Stücke geschnitten haben, geben wir sie in einen Durchschlag, den wir auf eine Schüssel setzen. Wir vermischen die Gurken mit 1 EL Salz und beschweren sie mit 4 Liter Wasser (in einen wiederverschließbaren Plastikbeutel ge-

---

PRAKTISCHE WISSENSCHAFT: BODENSATZ IN ESSIG

Hat sich in Ihrem Essig ein trüber, leicht schleimiger Bodensatz gebildet? Keine Angst, Sie müssen die Flasche nicht wegwerfen.

Industriell hergestellter Essig ist ungeöffnet fast unbegrenzt lange haltbar. Kommt der Essig jedoch in Kontakt mit Luft, kann es passieren, dass sich in der Flasche gesundheitlich unbedenkliche „Essigbakterien" vermehren. Diese bilden ein trübes Sediment aus harmloser Zellulose, einem Vielfachzucker, der die Qualität und den Geschmack des Essigs nicht beeinträchtigt. Unsere Vergleichsverkostungen mit frisch geöffnetem Essig und Essig mit Bodensatz (vor dem Verkosten gefiltert) haben das bestätigt.

Das amerikanische Vinegar Institute hat die Lagerung von Essig untersucht und herausgefunden, dass angebrochener Essig, der dunkel und bei Zimmertemperatur gelagert wird, quasi „unendlich" lange haltbar ist. Um den unschönen Bodensatz loszuwerden, gießen Sie den Essig einfach durch ein feines Küchensieb, das Sie mit einem Kaffeefilter auslegen.

---

füllt). Innerhalb von einer bis drei Stunden geben sie nun den Großteil ihres Wassers ab. Der Salat gerät so auf keinen Fall zu wässerig.

WENIG SALZ REICHT Manche Köche schwören darauf, Gurken mit einer Salzmenge zu entwässern, die weit über der Menge liegt, mit der wir den Salat würzen würden. Zwar waschen sie das überschüssige Salz vor dem Servieren ab, aber uns überzeugt die Methode trotzdem nicht. Unserer Erfahrung nach schmeckt derart stark gesalzener Salat auch nach gründlichem Abspülen und Trockentupfen mit Küchenpapier noch zu salzig. Für unsere Salate reichen 1 EL Salz, ein Zusatzgewicht und ein paar Stunden Zeit. Auch wir spülen die Gurken vor der Weiterverarbeitung noch einmal ab, mit dem Unterschied, dass das Abspülen bei der geringen Salzmenge tatsächlich effektiv funktioniert. Unser Gurkensalat ist perfekt gewürzt und kein bisschen versalzen.

SALZEN IN DER PRAXIS: **TOMATEN**

Jeder weiß, wie saftig Tomaten sind. Mit welchen Techniken lässt sich diese Flut von Wasser am besten eindämmen? Durch Salzen kann man Tomaten eine Menge Wasser entziehen und so verhindern, dass Ofengerichte wie Tartes und gefüllte Tomaten aufweichen. Daneben trägt Salzen auch dazu bei, den Zellen ihre Aromastoffe zu entlocken.

TOMATEN-MOZZARELLA-TARTE
(FÜR 6 BIS 8 PORTIONEN)

Wenn man den Blätterteig über Nacht im Kühlschrank auftauen lässt, zerbricht er beim Auseinanderfalten nicht so leicht. Verwenden Sie Mozzarella mit niedrigem Wassergehalt, nicht frischen, in Lake eingelegten Mozzarella, oder alternativ Scamorza.

6 Platten	Tiefkühlblätterteig (je 10 x 17 cm), aufgetaut
1	Ei (Gr. M), geschlagen
60 g	Parmesankäse, gerieben
450 g	Roma-Tomaten, entkernt und quer in gut 0,5 cm dicke Scheiben geschnitten
	Salz und Pfeffer
2	Knoblauchzehen, fein gehackt
2 EL	Olivenöl (nativ extra)
230 g	Mozzarella, grob gerieben
2 EL	frisches Basilikum, gehackt

1. Den Backofen auf 220 °C vorheizen. Ein tiefes Backblech mit Backpapier auslegen. Die Arbeitsplatte mit Mehl bestreuen und die 6 Blätterteigplatten darauf ausbreiten. An zwei Platten eine der kurzen Seiten mit Ei bestreichen. Beide Platten mit einer weiteren Platte als „Brücke" zusammenfügen und etwa 2 cm überlappen lassen. Die überlappenden Kanten andrücken und mit einem Rollholz ebnen. Das Ganze mit den restlichen drei Platten wiederholen. Von einer der so entstandenen langen Platten die längere Seite mit Ei bestreichen und die andere lange Platte anfügen (Überlappung etwa 2 cm). Die überlappenden Kanten andrücken und mit einem Rollholz ebnen. Es sollte ein etwa 20 x 50 cm großes Rechteck entstehen. Jeweils zwei Teigstreifen, etwa 2,5 cm breit, von der langen und der kurzen Seite des Teigs abschneiden. Das große Teigstück auf das Backblech legen und mit Ei einpinseln. Die langen und die kurzen Teigstreifen jeweils passend auf die langen und kurzen Ränder des Teigrechtecks platzieren, andrücken und mit Ei bestreichen. Den Tarteboden gleichmäßig mit Parmesan bestreuen, dann mit einer Gabel in regelmäßigen Abständen einstechen. Den Boden auf der zweiten Schiene von unten 13 bis 15 Minuten backen. Die Ofentemperatur auf 180 °C reduzieren und 13 bis 15 Minuten weiterbacken, bis der Teig goldbraun und knusprig ist. Den Tarteboden auf einen Rost geben und den Ofen wieder auf 220 °C stellen.

2. Während der Boden im Ofen ist, die Tomatenscheiben nebeneinander auf eine doppelte Lage Küchenpapier geben, gleichmäßig mit ½ TL Salz bestreuen und 30 Minuten ziehen lassen. Dann mit einer doppelten Lage Küchenpapier bedecken und kräftig anpressen, um möglichst viel Saft aufzunehmen. In einer kleinen Schüssel den Knoblauch, das Olivenöl und jeweils eine Prise Salz und Pfeffer vermischen.

3. Den Mozzarella gleichmäßig über den Tarteboden streuen. Die Tomaten in regelmäßigen Reihen (parallel zur kurzen Seite etwa 4 Scheiben nebeneinander) darauf verteilen, dann mit dem Knoblauchöl bepinseln. Die Tarte auf

der zweiten Schiene von unten 15 bis 17 Minuten fertig backen, bis der Boden tief goldbraun und der Käse geschmolzen ist. Auf dem Rost etwa 5 Minuten abkühlen lassen, dann mit Basilikum bestreuen, auf einem Schneidbrett oder einer Platte in Stücke schneiden und servieren. Zubereitung im Voraus: Den Boden wie in Schritt 1 beschrieben vorbacken und auf Zimmertemperatur abkühlen lassen. Eingeschlagen in Frischhaltefolie kann er bis zu zwei Tage bei Zimmertemperatur aufbewahrt werden. Dann wie beschrieben belegen und fertig backen.

TARTE MIT GETROCKNETEN TOMATEN UND MOZZARELLA

Ersetzen Sie die frischen Tomaten durch getrocknete Tomaten, und Sie können diesen herzhaften Appetizer das ganze Jahr hindurch guten Gewissens servieren.
Die Roma-Tomaten weglassen, stattdessen 100 g getrocknete Tomaten in Öl abtropfen lassen, abbrausen, fein zerkleinern und die Tarte damit belegen.

TOMATEN-MOZZARELLA-TARTE MIT PROSCIUTTO

60 g feine Prosciutto-Streifen in einer Schicht auf dem Mozzarella verteilen, dann die Tomatenscheiben daraufgeben.

🍲 WARUM DAS REZEPT FUNKTIONIERT

Irgendwo zwischen Pizza und Quiche angesiedelt, ähnelt eine Tomaten-Mozzarella-Tarte geschmacklich beiden Gerichten, bringt aber ihre ganz eigenen Zubereitungsprobleme mit sich. Zunächst ist da das viele Tomatenwasser, das eigentlich eine Garantie für einen völlig aufgeweichten Tarteboden ist. Zweitens schmecken Tomatentartes häufig eher fad und langweilig. Unser Ziel war daher ein einfach zubereitetes Tarte-Rezept mit knusprigem Boden und so intensivem Tomatenaroma, als kämen die Früchte frisch vom Strauch. Mit einem zweistufigen Backverfahren, einem mit Ei-Bestrich und einer Käseschicht „imprägnierten" Boden sowie entwässerten Tomaten wird das Ergebnis wie gewünscht.

SALZEN UND ABTROPFEN LASSEN Eine Kombination aus Salzen und Abtropfenlassen auf Küchenpapier (mit Anpressen) entzieht Tomatenscheiben so viel Flüssigkeit, dass man anschließend ruhigen Gewissens eine Tarte damit belegen kann. Wir verwenden für dieses Rezept außerdem Roma-Tomaten, da sie weniger Wasser enthalten.

PRAKTISCHE WISSENSCHAFT: SO BLEIBT DER TARTEBODEN SCHÖN KNUSPRIG

Drei Dinge sind notwendig, damit eine Tarte nicht aufweicht: Salz, Ei und Parmesan.
Eine Tarte wird zwangsläufig weich und schlaff, wenn man die Tomaten vorher nicht salzt und den Teig nicht mit Ei bestreicht. Tut man dies aber (und fügt außerdem eine Schicht Parmesan hinzu), wird der Boden schön knusprig und die geschnittenen Stücke liegen stabil in der Hand.

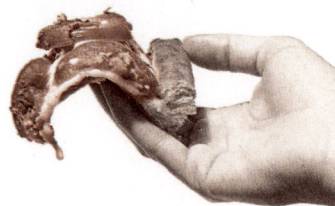

AUFGEWEICHT
So sieht eine Tarte aus, die ohne zuvor gesalzene Tomaten, Parmesanschicht und Ei-Bestrich gebacken worden ist.

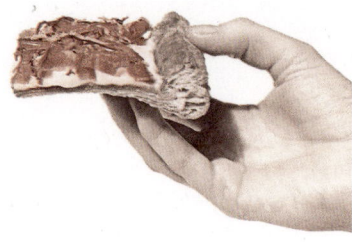

FEST UND STABIL
Mit unseren drei „Nässeschutzmaßnahmen" dagegen weicht die Tarte nicht auf und lässt sich gut mit einer Hand essen.

BASTELN MIT BLÄTTERTEIG Aus sechs fertig gekauften Blätterteigplatten setzen wir einen rechteckigen Tarteboden zusammen, dem wir zusätzlich einen schmalen Rand spendieren, damit der Belag nicht herunterrutscht (besonders Tomaten haben eine Tendenz dazu). Zuerst bestreichen wir zwei kurze Kanten der ersten Teigplatten mit Ei und setzen die zweite Platte so an, dass sie die erste etwa 2 cm überlappt. Dann drücken wir die Verbindungsnaht zusammen und rollen sie mit einem Rollholz eben und glatt. Das wiederholen wir noch einmal und setzen dann auf gleiche Weise die langen Teigplatten zusammen.

vollständig. Komplettiert wird der Nässeschutz durch den Parmesankäse, der schmilzt und eine fetthaltige – dazu köstlich nussige – Schicht bildet, von der Wasser regelrecht abperlt, wie Regen auf dem Gefieder einer Ente. Trägt man diese beiden Schutzschichten sorgfältig auf, spricht nichts mehr dagegen, die Tarte mit Mozzarella und Tomaten zu belegen – sie bleibt knusprig und fest, selbst noch Stunden nach dem Backen.

GEFÜLLTE TOMATEN MIT PARMESAN, KNOBLAUCH UND BASILIKUM
(FÜR 6 PORTIONEN)

Nehmen Sie für das Rezept keine zu reifen Tomaten, da sie sonst ihre Form nicht halten.

6	große feste und reife Tomaten (jeweils ca. 230 g), „Kappe" mit Strunk 3–4 mm dick abgeschnitten, Kerne entfernt, aber nicht die Wände
1 TL	Salz aus der Mühle
1	Scheibe Sandwichtoast, in Viertel gerissen
3 EL + 1 TL	Olivenöl
45 g	Parmesankäse, gerieben
1 Handvoll	frisches Basilikum, grob zerkleinert
2	Knoblauchzehen, fein gehackt
	Pfeffer

1. Ein Backblech doppelt mit Küchenpapier belegen. Die Tomaten innen mit Salz bestreuen und mit der Öffnung nach unten auf das Backblech setzen. Etwa 30 Minuten stehen lassen, damit sie Wasser abgeben.

2. In der Zwischenzeit den Backofen auf 190 °C vorheizen. Den Boden einer 33 x 23 cm großen Auflaufform mit Alufolie auslegen. Das Brot in der Küchenmaschine grob zerkleinern (Maschine etwa 10-mal kurz betätigen) und anschließend in einer kleinen Schüssel mit 1 EL Olivenöl, dem Parmesan, Basilikum und Knoblauch vermengen. Mit Pfeffer abschmecken.

3. Das Innere der Tomaten mit Küchenpapier trocken tupfen, dann die Tomaten mit der abgeschnittenen Seite nach oben in die vorbereitete Auflaufform setzen. Die Schnittflächen mit 1 TL Öl bepinseln. Die Füllung in die Tomaten geben (leicht gehäuft) und 2 EL Öl darüberträufeln. Im Ofen auf der zweiten Schiene von oben etwa 20 Minuten backen, bis die Füllung goldbraun und knusprig ist. Sofort servieren.

Der Boden sollte nun etwa 20 x 50 cm groß sein. (Falls nötig, begradigen Sie die Ränder mit einem Pizzaschneider.) Als Nächstes schneiden wir vier dünne Streifen (jeweils 2,5 cm breit) vom Boden ab, zwei an einer der langen Seiten und zwei an einer der kurzen. Wir bestreichen den Boden mit geschlagenem Ei, setzen die dünnen Teigstreifen jeweils passend auf die Kanten des Bodens und drücken sie leicht an, sodass ein umlaufender erhöhter Rand entsteht. Anschließend bestreichen wir auch die Streifen mit Ei, damit sie besser halten.

DEN BODEN VORBACKEN Wir backen den Blätterteigboden zweistufig vor: zunächst heiß, damit er aufgeht und bräunt, dann etwas kühler, um ihn zu trocknen und weiter zu festigen. Anfangs kommt der Teig 15 Minuten bei 220 °C in den Ofen, bis er sich schön gehoben und etwas Farbe angenommen hat, dann verringern wir die Hitze auf 180 °C und backen den Boden eine weitere Viertelstunde, bis er gut gebräunt ist. Wenn wir den Boden aus dem Ofen holen, ist er schön mürbe und blättrig, dabei aber so fest, dass man ihn an einem Ende fassen und hochhalten kann.

DEN BODEN „IMPRÄGNIEREN" Die wichtigsten Maßnahmen gegen einen durchweichten Tarteboden sind ein großzügiger Ei-Bestrich und eine Schicht aus Parmesankäse, beides vor dem Vorbacken aufgetragen. Das Ei dichtet den Teig gegen Flüssigkeit ab, wenn auch nicht

GEFÜLLTE TOMATEN MIT PARMESAN, KNOBLAUCH UND BASILIKUM, S. 34

Die grünen Triebe von Knoblauchzehen können unangenehm bitter schmecken.

Jeder Koch hat sicher schon einmal gehört, dass man den grünen Spross an Knoblauchzehen besser entfernt, da er bitter und unangenehm beißend schmeckt, selbst in gegartem Zustand. Um zu prüfen, ob der Rat stimmt, haben wir zwei Testgerichte jeweils zweimal zubereitet: Aioli (mit rohem Knoblauch) und Nudeln mit Knoblauch und Olivenöl. Dabei haben wir die Triebe beim Hacken der Zehen einmal entfernt und einmal mitzerkleinert. Beim Aioli mit Trieben haben die Testesser klar eine unangenehm bittere Note herausgeschmeckt. Im Gegensatz dazu schmeckte das Aioli ohne Triebe zwar immer noch sehr scharf – wie bei rohem Knoblauch nicht anders zu erwarten –, aber das Aroma war milder. Die Nudeln, die wir mit Knoblauchtrieben zubereitet haben, haben einen beißenden, leicht metallischen Nachgeschmack aufgewiesen, der sich auf der Zunge festzusetzen schien und jeden weiteren Bissen geschmacklich getrübt hat.

Warum ist das so? Die Triebe enthalten im Vergleich zu den Zehen selbst intensivere Bitterstoffe, die sich auch durch Garen nicht neutralisieren lassen. Wir empfehlen daher, die grünen Sprossen immer wegzuschneiden.

GEFÜLLTE TOMATEN MIT ZIEGENKÄSE, OLIVEN UND OREGANO

Statt des Parmesans 85 g zerbröselten Ziegenkäse nehmen. In Schritt 2 das Basilikum weglassen und stattdessen 4 EL fein gehackte frische Petersilie, 1½ TL fein gehackten frischen Oregano und 3 EL zerkleinerte schwarze Oliven in die Füllung geben.

⬤ WARUM DAS REZEPT FUNKTIONIERT

Meistens sind gefüllte Tomaten mehlig und schmecken nach Wasser, die Füllung besteht aus fadem, triefendem Brot. Für unser Rezept wollten wir mehr: aromatische, sonnengereifte Tomaten gefüllt mit einer Brotfüllung mit gartenfrischen Kräutern, Knoblauch und würzigem Käse. Damit die Füllung nicht zu sehr aufweicht, entziehen wir den Tomaten zunächst möglichst viel Wasser, indem wir sie salzen. Die Brotfüllung würzen und verfeinern wir mit Olivenöl, Käse, Knoblauch und frischem Basilikum. Nachdem wir die Tomaten großzügig damit gefüllt

haben, backen wir die Tomaten 20 Minuten im Ofen, bis ihr Fleisch zartbissfest ist und die Füllung eine knusprig braune Kruste hat.

AUF (WASSER-)ENTZUG Damit die Füllung nach dem Garen nicht in Tomatensaft schwimmt, „entwässern" wir die Tomaten vor dem Füllen mithilfe von Salz. Das Salz sorgt dafür, dass das Zellwasser durch die Zellwände abfließt – der Tomate wird so ein Teil ihres Wassers entzogen.

DIE SAUGKRAFT VON KÜCHENPAPIER NUTZEN Nach dem Salzen drehen wir die Tomaten um und stellen sie auf mehrere Lagen Küchenpapier. Das Papier saugt zusätzlich Wasser aus den Tomaten und verstärkt so die Entwässerung. Indem man die Tomaten auf den Kopf stellt, beschleunigt sich der Prozess noch etwas.

DAS BROT SELBST ZERKLEINERN Selbsthergestellte Brösel schmecken besser und haben eine bessere Textur als fertig gekaufte. Letztere sind oft körnig und trocken und nehmen den Saft der Tomaten nicht so gut auf. Die selbstgemachten Brösel dagegen saugen die Flüssigkeit gut auf und bieten einen interessanten und knusprigen Biss.

KRÄFTIGE GEWÜRZE Eine Tomate bietet nicht viel Platz für die Füllung, deshalb muss man mit wenig Füllung für viel Geschmack sorgen. Wir wählen die würzenden Zutaten sorgfältig aus. Am besten schmeckt uns die Brotfüllung mit einem würzigen Käse, Knoblauch, frischen Kräutern und manchmal auch Oliven.

NICHT ZU HEISS BACKEN Lässt man die Tomaten bei niedriger Temperatur lange im Ofen, verschrumpeln sie. Doch auch eine hohe Temperatur ist kritisch, denn dann brennt die Füllung an, während das Tomatenfleisch noch halb roh ist. Mit einem Kompromiss wird alles gut: Nach 20 Minuten bei 190 °C sind die Tomaten schön zart bis bissfest und die Füllung trägt eine goldene Krustenkrone.

CREMIGE ANDALUSISCHE GAZPACHO
(FÜR 4 BIS 6 PORTIONEN)

Stellen Sie die Gazpacho am besten über Nacht kalt, so haben die Aromen des Gemüses viel Zeit, sich schön zu entfalten. Statt Sherryessig können Sie auch Rotweinessig verwenden. Grobes Salz aus der Mühle ist zwar unser Favorit für diese Suppe, aber die Hälfte feineres Tafelsalz geht auch. Stellen Sie beim Servieren zusätzlich extranatives Olivenöl, Sherryessig, gemahlenen schwarzen Pfeffer und gewürfeltes Gemüse mit auf den Tisch, damit jeder seine Gazpacho so würzen und garnieren kann, wie er mag.

1,4 kg	Tomaten, entkernt
1	kleine Gurke, geschält, längs halbiert, Samen entfernt

chensieb (auf mittelgroßer Schüssel) geben. Eine Stunde abtropfen lassen. Die entwässerten Gemüsewürfel in einer mittelgroßen Schüssel beiseitestellen. Etwa 60 ml des abgetropften Gemüsesafts zurückbehalten, Rest wegschütten.

3. Die Brotstücke etwa 1 Minute im Gemüsesaft einweichen, dann zusammen mit dem nicht aufgenommenen Saft zum grob zerkleinerten Gemüse in die große Schüssel geben und alles gut vermengen.

4. Die Hälfte der Gemüse-Brot-Mischung 30 Sekunden im Mixer pürieren. Das Gerät laufen lassen und ganz langsam 60 ml Olivenöl dazugießen. Etwa 2 Minuten pürieren, bis die Suppe ganz glatt ist. Die Suppe mit einem Teigschaber oder einer Suppenkelle durch ein feines Sieb in eine große Schüssel streichen. Vorgang mit der restlichen Gemüse-Brot-Mischung und 60 ml Öl wiederholen.

5. Essig, Petersilie und die Hälfte des klein gewürfelten Gemüses in die Suppe rühren und mit Salz und Pfeffer abschmecken. Zugedeckt über Nacht, mindestens aber 2 Stunden kalt stellen, damit die Gazpacho komplett abkühlt und die Aromen sich entfalten. Servieren und das restliche gewürfelte Gemüse zum Garnieren sowie Öl, Essig und Pfeffer zum Nachwürzen reichen.

🍲 WARUM DAS REZEPT FUNKTIONIERT

Die Original-Gazpacho, die aus dem südspanischen Andalusien stammt, ist eine cremige kalte Suppe mit viel komplexem Geschmack. Sie strotzt nur so vor den frischen Aromen des unter freiem Himmel gereiften Gemüses. Damit sich die frischen Aromen aber auch wirklich gut entfalten, ist es wichtig, die Tomaten sowie die anderen Gemüsezutaten mit Salz vermengt ziehen zu lassen (siehe Kasten „Salzen macht Gemüse auch schmackhafter" auf Seite 27). In dem ausgetretenen hocharomatischen Gemüsesaft weichen wir dann das Brot ein, mit dem wir die Suppe anschließend andicken. Ein paar Spritzer Sherryessig und am Tisch hineingeträufeltes Olivenöl peppen das Aroma noch zusätzlich auf. Fürs abschließende Frische-Finish sorgt das Garnieren mit Gemüsewürfeln.

DAS BROT EINWEICHEN Im Ursprungsland Spanien ist Gazpacho eher ein vages Konzept als ein präzises Rezept. Jahrhundertelang haben spanische Erntearbeiter alles, was irgendwie übrig oder verfügbar war – altbackenes Brot, Mandeln, Knoblauch, Olivenöl, Wasser – zu einer einfachen dicken Suppe zusammengekocht. (Selbst der Ursprung des Wortes „Gazpacho" ist nicht ganz geklärt, auch wenn die meisten Etymologen es von Wörtern mit der Bedeutung „Fragment", „Rest" und „eingeweichtes Brot" ableiten.) Sicher jedenfalls ist, dass Brot eine absolut notwendige Zutat ist. Es verleiht der Suppe Substanz und Fülle – und nicht zuletzt den authentischen Charakter eines Arme-Leute-

1	grüne Paprika, halbiert, Strunk, Rippen und Kerne entfernt
1	kleine rote Zwiebel, abgezogen und halbiert
2	Knoblauchzehen, abgezogen und geviertelt
1	kleine Serrano-Chili, längs halbiert, Strunk entfernt grobes Salz aus der Mühle, Pfeffer
1	Scheibe Sandwichtoast, ohne Kruste, in 2,5 cm große Stücke gerissen
120 ml	Olivenöl (nativ extra) + Öl zum Servieren
2 EL	Sherryessig + Essig zum Servieren
2 EL	Petersilie, Schnittlauch oder Basilikum (jeweils frisch), fein gehackt

1. 900 g Tomaten, eine Gurkenhälfte, eine Paprikahälfte und eine Zwiebelhälfte grob zerkleinern und in eine große Schüssel geben. Knoblauch, Chili und 1½ TL Salz hinzufügen und alles vermengen.

2. Restliche Tomaten, Gurke und Paprika in gut 0,5 cm große Würfel schneiden und in eine mittelgroße Schüssel geben. Die zweite Zwiebelhälfte fein hacken und zum Gemüse geben. Alles mit ½ TL Salz vermischen und in ein Kü-

Essens. Abweichend von der Tradition, weichen wir das Brot allerdings nicht in Wasser ein, sondern in dem ausgetretenen Saft des gesalzenen Gemüses. Die Gazpacho wird so noch würziger.

DAS ÖL LANGSAM ANGIESSEN Der Schlüssel zu einer glatten Suppe mit perfekt cremiger Textur ist die richtige Technik bei der Zugabe des Olivenöls. Lassen Sie sich Zeit. Gießen Sie das Öl langsam in dünnem Strahl in den Mixer – nur dann bildet sich eine stabile Emulsion.

DIE AROMAENTFALTUNG BRAUCHT ZEIT Während der Stunden im Kühlschrank wird die Suppe nicht nur auf die richtige (und herrlich erfrischende) Temperatur gebracht – auch die Aromen benötigen diese Zeit, um sich voll zu entfalten. Die Suppe muss mindestens zwei Stunden kalt gestellt werden, besser aber ist eine lange Kühlphase über Nacht.

SALZEN IN DER PRAXIS: AUBERGINEN

Auberginen enthalten viel Wasser und zahllose winzige Lufteinschlüsse. Gart man sie gewürfelt ohne Vorbehandlung, absorbieren sie große Mengen der Garflüssigkeit, in aller Regel Öl. Die Folge: vor Fett triefende Auberginenstücke. Vor dem Garen sollte man Auberginen entwässern, damit sie in der heißen Pfanne gut bräunen. Damit sie weniger Öl aufsaugen, müssen außerdem die Luftbläschen reduziert werden. Die verbreitete Standardmethode, Auberginen zu salzen und abtropfen zu lassen, hilft hier bereits ein gutes Stück weiter, allerdings lässt sich das Verfahren mithilfe der Mikrowelle noch optimieren. Durch das Salzen wird Wasser aus den Auberginen gezogen, das in der Mikrowelle dann zügig verdampft. Derart dehydriert, karamellisiert das Gemüse in der Pfanne besonders gut.

CAPONATA
(ERGIBT 750 ML)

Servieren Sie Caponata auf geröstetem Baguette oder zu gegrilltem Fleisch oder Fisch. Schmecken Sie sie zum Schluss noch einmal mit Essig ab, je nachdem, wie säuerlich die verwendeten Tomaten sind und wozu Sie die Caponata servieren. Damit das verdampfte Wasser der Auberginen auch wirklich entweicht, nehmen Sie den Teller nach dem Erhitzen sofort aus der Mikrowelle. Zwar bevorzugen wir den komplexeren Geschmack von Gemüsesaft; einfacher Tomatensaft erfüllt aber auch seinen Zweck. Am besten schmeckt Caponata, wenn man sie am Vortag zubereitet und über Nacht ziehen lässt.

700 g	Auberginen, in 1–1,5 cm große Würfel geschnitten
¾ TL	Salz aus der Mühle
180 ml	Gemüsesaft (mit hohem Anteil an Tomatensaft)
60 ml	Rotweinessig + Essig zum Abschmecken
3 EL	frische Petersilie, fein gehackt
2 EL	brauner Zucker
3	Anchovis-Filets, abgewaschen und fein gehackt
230 g	Tomaten, entkernt und in 1–1,5 cm große Stücke geschnitten
30 g	Rosinen
2 EL	schwarze Oliven, fein gehackt
5 TL	Olivenöl (nativ extra) + 1 TL Öl, falls benötigt
1	Stange Staudensellerie, in gut 0,5 cm große Stücke geschnitten
1	kleine rote Paprika, ohne Strunk, entkernt, in gut 0,5 cm große Stücke geschnitten
1	kleine Zwiebel, fein zerkleinert
30 g	Pinienkerne, geröstet

1. Die Auberginenwürfel mit dem Salz in einer Schüssel vermengen. Einen großen Teller mit einer doppelten Lage aus Kaffeefiltern belegen und mit etwas Pflanzenöl besprühen. Die Auberginen in einer Schicht auf den Filtern verteilen. 8 bis 15 Minuten in der Mikrowelle erhitzen, bis die Würfel trocken und auf ein Drittel ihrer ursprünglichen Größe geschrumpft sind (sie sollen aber noch nicht gebräunt sein). (Falls die Mikrowelle keinen Drehteller hat, den Teller mit den Auberginen alle 5 Minuten drehen.) Die

Alles 4 bis 7 Minuten köcheln lassen, bis die Flüssigkeit angedickt ist und das Gemüse damit überzogen ist. Caponata im Serviergeschirr auf Zimmertemperatur abkühlen lassen. Falls nötig, mit bis zu 1 TL Essig nachwürzen. Vor dem Servieren mit den Pinienkernen garnieren. (Caponata kann bis zu einer Woche im Kühlschrank aufbewahrt werden.)

🍲 WARUM DAS REZEPT FUNKTIONIERT

Dieses traditionelle sizilianische Gericht, bestehend aus angebratenem Gemüse – vor allem Tomaten und Auberginen – und aromatisch akzentuiert mit Anchovis und Pinienkernen, wird leider oft recht fettig, da die Auberginen sich wie ein Schwamm mit Öl vollsaugen. Für eine gute Caponata, die mehr zu bieten hat als schwammige, öltriefende Auberginenwürfel, erhitzen wir die gesalzenen rohen Auberginen in der Mikrowelle. Das Gemüse wird mit dieser unkonventionellen Methode effektiver entwässert als mit bloßem Salzen und Abtropfenlassen. Anschließend sind die Auberginen sehr trocken und lassen sich prima weiterverarbeiten.

SALZEN, DANN IN DIE MIKROWELLE Auberginen sind im Prinzip wie ein Schwamm aufgebaut. Sie enthalten eine Unzahl winziger Luftkammern, die bereitwillig jede Flüssigkeit aufnehmen, besonders das Öl, in dem man sie gart. Daneben sind Auberginen aber auch prall mit Wasser gefüllt. Beides macht ihre Zubereitung schwierig. Brät man sie beispielsweise in der Pfanne an, saugt das schwammartige Fleisch in Windeseile das Öl auf, was zur Folge hat, dass man ständig Öl nachgießen muss, damit die Auberginen nicht anhaften oder gar anbrennen. Derweil verwandelt sich das enthaltene Wasser in Dampf – und ehe man sich versieht, haben sich die Auberginen in öltriefende, breiig weiche Klumpen verwandelt. Karamellisieren ist so kaum noch möglich. Die klassische Entwässerungsmethode – salzen und abtropfen lassen – reicht für unsere Caponata nicht aus. Schneller und effektiver ist es, die Auberginen in kleine Würfel zu schneiden, sie zu salzen und in der Mikrowelle zu dehydrieren. Die Mikrowellenstrahlung versetzt die Wassermoleküle in schnelle Schwingungen, das Wasser wird heiß und verdampft schließlich. Lässt man Auberginen längere Zeit in der Mikrowelle, werden sie nicht nur heiß, sondern sie trocknen aus. Die Kaffeefilter absorbieren austretendes Wasser und leiten es so von den trocknenden Auberginen ab, die sonst womöglich darin zerkochen würden. (Küchenpapier ist übrigens nicht geeignet, denn es kann Farbstoffe enthalten, die nicht mikrowellenfest sind.)

SEPARAT SAUTIEREN Wir sautieren die Auberginen separat, damit die Flüssigkeit der anderen Gemüsezutaten unsere sorgsam getrockneten Auberginen nicht erneut verwässert. In einem zweiten Schritt braten wir auch den Sellerie, die Paprika und die Zwiebel an, damit sie Aroma entwickeln. Die Tomaten geben wir erst relativ spät in die Pfanne, da übermäßig langes Garen ihren frischen Geschmack zerstören

Auberginen aus der Mikrowelle nehmen und sofort auf einen mit Küchenpapier belegten Teller geben.

2. In der Zwischenzeit mit einem Schneebesen Gemüsesaft, Essig, Petersilie, Zucker und Anchovis in einer mittelgroßen Schüssel vermischen. Die Tomaten, Rosinen und Oliven einrühren.

3. 3 TL Öl in einer beschichteten Pfanne (ø 30 cm) bei mittlerer bis starker Hitze heiß werden lassen, bis es sich kräuselt. Darin unter gelegentlichem Rühren die Auberginenwürfel anbraten, bis sie an den Kanten bräunen (4 bis 8 Minuten; falls die Pfanne trocken aussieht, bis zu 1 TL Öl nachgießen). In einer Schüssel beiseitestellen.

4. 2 TL Öl in die leere Pfanne geben und erhitzen, bis es sich kräuselt. Sellerie- und Paprikastücke hineingeben und unter gelegentlichem Rühren 2 bis 4 Minuten anbraten, bis sie weich sind und an den Kanten stellenweise bräunen. Dann die Zwiebel dazugeben und alles etwa 4 Minuten weiterbraten, bis das Gemüse gut angebräunt ist.

5. Die Hitze auf niedrige bis mittlere Stufe verringern. Auberginen und die Saft-Mischung in die Pfanne geben.

PRAKTISCHE WISSENSCHAFT: NIE WIEDER ÖLTRIEFENDE AUBERGINEN

Sie mögen es auch nicht, wenn Auberginen sich in der Pfanne mit Öl vollsaugen? Dann probieren Sie es mit Salz und der Mikrowelle.

Unsere innovative Lösung für nicht fetttriefende Auberginen mag ungewöhnlich erscheinen, aber sie ist effektiv: Salzen Sie die Auberginen und geben Sie sie dann in die Mikrowelle. Den Auberginen wird auf diese Weise viel Wasser entzogen, außerdem fallen die winzigen Luftkammern zusammen, die wie ein Schwamm Öl aufsaugen. Das Salz zieht Wasser aus dem Inneren der Auberginen an die Oberfläche, wo es durch die Mikrowellenhitze verdampft. Gleichzeitig sorgt die Mikrowelle dafür, dass die angelösten Zellwände der Auberginen kollabieren, wodurch diese ihre schwammartige Struktur verlieren. Damit die Auberginenstücke nicht in ausgetretener Flüssigkeit kochen, setzen wir sie auf eine Schicht aus Kaffeefiltern. Durch das Aufsaugen der Flüssigkeit tragen die Filter außerdem dazu bei, dass die Salzkonzentration an der Oberfläche der Auberginenwürfel sehr hoch bleibt. Die Auberginen werden so noch stärker entwässert.

OHNE VORBEHANDLUNG
Nicht vorbehandeltes Auberginenfleisch sieht gut aus, aber gebraten wird es furchtbar ölig und matschig.

MIT SALZ UND MIKROWELLE
Schön sieht gesalzenes und in der Mikrowelle dehydriertes Auberginenfleisch nicht aus, aber die geschrumpften Würfel saugen sich weit weniger stark mit Öl voll.

würde. Bis ganz zum Schluss darf man aber auch nicht warten. Gibt man die Tomaten erst in die Pfanne, kurz bevor sie vom Herd genommen wird, bekommt die Caponata eine salsaähnliche Textur. Wir wählen die goldene Mitte und lassen die Tomaten die letzten paar Minuten sanft mit den anderen Zutaten in der Pfanne köcheln. Rund fünf Minuten bei reduzierter Hitze sind genau richtig, damit die Caponata die Süße der Tomaten aufnimmt, ohne dass diese ihre frischen Geschmack verlieren.

GEMÜSESAFT DARF NICHT FEHLEN Außer den frischen Tomaten geben wir noch etwas Gemüsesaft hinzu. Damit schmeckt das

Gericht endgültig so intensiv tomatig, wie man es von einer guten Caponata erwartet. Eine kleine Menge reicht bereits, um für ein nuanciertes, kräftiges Tomatenaroma zu sorgen. Der Geschmack der frischen Tomaten bleibt dabei klar im Vordergrund.

DIE RICHTIGEN GESCHMACKSBAUSTEINE Caponata zeichnet sich durch ausgeprägte süß-säuerliche Noten aus. Dadurch unterscheidet sie sich von anderen Auberginengerichten, wie zum Beispiel von jenem französischen Aubergineneintopf, den wir als Ratatouille kennen. Brauner Zucker sorgt für Süße, für die saure Note greifen wir am liebsten zu Rotweinessig, da seine Säure angenehm spritzig, aber nicht beißend ist. Auch die traditionellen Rosinen und Oliven dürfen auf keinen Fall fehlen. Wir haben mehr als ein Dutzend Olivensorten ausprobiert – so gut wie alle schmecken in diesem Rezept. Ein paar Anchovisfilets verleihen der Caponata zusätzliche kräftige Würze. Die Pinienkerne schmecken wunderbar röstig und bereichern die Textur um ein knuspriges Element. Alle Zutaten zusammen ergeben eine Caponata mit ausgewogenen Aromen, die schmeckt wie auf Sizilien. Sie kann als Vorspeise, würzende Sauce oder als Hauptgericht gegessen werden.

PASTA ALLA NORMA
(FÜR 4 PORTIONEN)

Traditionell wird Pasta alla Norma mit Ricotta Salata bestreut, aber Feta, Pecorino Romano oder Cotija (ein fest-krümeliger mexikanischer Käse) ist ein akzeptabler Ersatz. Wir bevorzugen Salz aus der Mühle, da es am besten an den Auberginen haftet; falls Sie normales Tafelsalz verwenden, reduzieren Sie die angegebenen Salzmengen um die Hälfte. Wenn Sie das Gericht lieber etwas milder möchten, nehmen Sie nur ¼ TL Chiliflocken.

700 g	Auberginen, in 1–1,5 cm große Würfel geschnitten
	grobes Salz aus der Mühle
60 ml	Olivenöl (nativ extra)
4	Knoblauchzehen, fein gehackt
2	Anchovis-Filets, abgewaschen und fein gehackt
¼–½ TL	Chiliflocken
1 Dose	Tomatenstücke, fein (800 g)
8 EL	frisches Basilikum, gehackt
450 g	Ziti-, Rigatoni- oder Penne-Nudeln
85 g	Ricotta Salata, grob zerkleinert

1. Die Auberginen mit 1 TL Salz in einer großen Schüssel vermengen. Einen großen Teller mit einer doppelten Lage aus Kaffeefiltern belegen und mit etwas Pflanzenöl besprühen. Die Auberginen in einer Schicht auf den Filtern verteilen. Die Schüssel auswischen und beiseitestellen. Auberginen etwa 10 Minuten unbedeckt in der Mikrowelle erhitzen, bis sich die Würfel trocken anfühlen und leicht geschrumpft sind, dabei nach der Hälfte der Zeit einmal durchmischen. Anschließend die Auberginen leicht abkühlen lassen.

2.   Auberginen in die leere Schüssel geben, mit 1 EL Öl beträufeln und behutsam durchmischen. Die Kaffeefilter wegwerfen, den Teller beiseitestellen. 1 EL Öl in einer beschichteten Pfanne (ø 30 cm) bei mittlerer bis starker Hitze heiß werden lassen, bis es sich kräuselt. Die Auberginen zugeben und rund 10 Minuten anbraten, bis sie gut gebräunt und ganz weich sind, dabei alle 1½ bis 2 Minuten kurz durchrühren (häufigeres Rühren kann dazu führen, dass die Auberginenstücke zerfallen). Auberginen auf den beiseitegestellten leeren Teller geben und die Pfanne etwa 3 Minuten leicht abkühlen lassen.

3.   1 EL Öl mit dem Knoblauch, den Anchovis und den Chiliflocken auf mittlerer Stufe in der leicht abgekühlten Pfanne erhitzen. Alles etwa 3 Minuten unter häufigem Rüh-

ren braten, bis der Knoblauch goldgelb, aber noch nicht gebräunt ist. Dann die Tomaten hinzufügen, erhitzen und 8 bis 10 Minuten köcheln lassen, bis die Flüssigkeit leicht andickt, dabei ab und zu umrühren. Auberginen zugeben und 3 bis 5 Minuten unter gelegentlichem Rühren mitgaren und durchziehen lassen, bis sie heiß sind. Das Basilikum und 1 EL Öl unterrühren und mit Salz abschmecken.

4.   In der Zwischenzeit 4 l Wasser in einem großen Topf zum Sieden bringen. Die Nudeln mit 2 EL Salz hineingeben und unter häufigem Rühren bissfest (al dente) kochen. 125 ml des Nudelwassers abnehmen, dann die Nudeln abschütten, zurück in den Topf geben und mit der Sauce vermischen. Wenn die Konsistenz zu dick ist, die Sauce mit etwas Nudelwasser verdünnen. Sofort servieren und den Ricotta Salata separat reichen.

🍲 WARUM DAS REZEPT FUNKTIONIERT

Unsere Pasta alla Norma soll möglichst herzhaft und komplex schmecken, aber auch schnell zubereitet sein. Dazu bedarf es einiger Tricks: Wie schon bei unserer Caponata (siehe Seite 38) salzen wir die Auberginen und erhitzen sie in der Mikrowelle, um ihnen so viel Flüssigkeit wie möglich zu entziehen. Anschließend lassen sie sich wunderbar mit nur wenig Öl karamellisieren. Bei der Rezeptentwicklung haben wir diverse Auberginensorten ausprobiert: „klassische" Auberginen, kleinere und grazilere italienische Auberginen und schlanke, lavendelfarbene chinesische Auberginen. Das Gericht gelingt im Prinzip mit allen getesteten Sorten gut, aber am Ende ist unsere Wahl doch auf die klassischen Auberginen gefallen, da ihre Textur schön zart, aber trotzdem robust ist und sie weit weniger Samen enthalten als andere Sorten, einschließlich italienischer Auberginen. Gewürfelt behalten klassische Auberginen auch nach dem Braten gut ihre Form.

EINE SCHNELLE SAUCE ZAUBERN Für die Sauce sind Tomatenstücke aus der Dose (fein oder Pulpe) unser Favorit, da sie eine wunderbar dicke Textur haben und die Sauce zusätzlich binden. Aromatischer Knoblauch darf natürlich nicht fehlen; wir garen ihn auf mittlerer Stufe, damit er nicht anbrennt. Für einen Hauch Schärfe geben wir ein paar Chiliflocken dazu. Eine gehörige Menge gehacktes Basilikum, erst gegen Ende dazugegeben, sorgt für eine frisch-kräuterige Nuance, dazu rühren wir noch einen Esslöffel fruchtiges extranatives Olivenöl zur Abrundung unter. Zwei fein gehackte Anchovis machen die Sauce extrawürzig, ganz ohne Fischgeschmack. Mit der Zugabe der Auberginen warten wir bis ganz zum Schluss, damit sie nicht matschig werden.

DER RICHTIGE KÄSE Ricotta Salata ist ein fester, kräftiger italienischer Schafmilchkäse, der mit streichfähigem Ricotta aus dem Becher nicht viel gemeinsam hat. Zu traditioneller Pasta alla Norma gehört er stets dazu. Wenn Sie mal keinen Ricotta Salata im Supermarkt bekommen, können Sie ihn durch französischen Feta (milder, aber noch kräftig – in Geschmack und Textur ein naher Verwandter des Ricotta Salata), Pecorino Romano (hart und trocken, mit mehr Würze als Ricot- ta Salata) oder Cotija (ein mexikanischer Kuhmilchkäse mit fest-bröcke- liger Konsistenz, der etwas weniger komplex schmeckt als Ricotta Sala- ta) ersetzen.

SALZEN IN DER PRAXIS:
ZUCCHINI UND GELBER SOMMERKÜRBIS

Wie Kohl, Tomaten und Auberginen profitieren auch Zucchini und gelber Sommerkürbis davon, wenn man sie vor der Zubereitung salzt. (Kein Wunder, bestehen Zucchini zu fast 95 Prozent aus Wasser.) Im Folgenden ent- wässern wir Zucchini- und Kürbisscheiben, damit das daraus zubereitete Gratin nicht in Flüssigkeit schwimmt. Auch das Sautieren von geriebenen Zucchini (ohne Kerne) gelingt mit vorherigem Entwässern besser.

SOMMERLICHES GEMÜSEGRATIN
(FÜR 6 BIS 8 PORTIONEN)

Achten Sie beim Einkaufen darauf, dass die Zucchini und die gelben Sommerkürbisse in etwa gleich dick sind. Das Grün und Gelb des Gemüses bilden einen schönen farblichen Kon- trast, doch das Rezept gelingt genauso gut mit nur einer der beiden Gemüsesorten. Statt der 33 x 23 cm großen Auflauf- form kann auch eine etwa gleich große ofenfeste Gratinform verwendet werden. Das Gratin passt gut zu gegrilltem Fisch oder Fleisch, dazu empfiehlt sich Brot, um den Saft aufzuwi- schen.

6 EL	Olivenöl (nativ extra)
450 g	Zucchini, in gut 0,5 cm dicke Scheiben geschnitten
450 g	gelber Sommerkürbis, in gut 0,5 cm dicke Scheiben geschnitten (alternativ gelbe Zucchini)
2 TL	Salz
700 g	Tomaten, entkernt und in gut 0,5 cm dicke Scheiben geschnitten
2	Zwiebeln, halbiert und in dünne Ringe geschnitten
¾ TL	Pfeffer
2	Knoblauchzehen, fein gehackt
1 EL	frischer Thymian, fein gehackt
1 Scheibe	Sandwichtoast, in Viertel gerissen
60 g	Parmesankäse, gerieben
2	Schalotten, fein gehackt
2 EL	frisches Basilikum, gehackt

1. Den Backofen auf 200 °C vorheizen. Eine Auflauf- form (33 x 23 cm) mit 1 EL Olivenöl auspinseln und beiseite- stellen. 2 Backbleche mit jeweils 3 Lagen Küchenpapier be- legen und ebenfalls beiseitestellen.

2. Zucchini- und Kürbisscheiben mit 1 TL Salz in einer großen Schüssel vermengen und anschließend in einen Durchschlag geben. Etwa 45 Minuten abtropfen lassen, bis das Gemüse mindestens 3 EL Flüssigkeit verloren hat. Die

Scheiben auf einem der ausgelegten Backbleche verteilen und mit weiteren 3 Lagen Küchenpapier bedecken. Jede Scheibe andrücken, um so viel Flüssigkeit wie möglich aufzunehmen.

3. Tomatenscheiben nebeneinander auf dem zweiten vorbereiteten Backblech auslegen, gleichmäßig mit ½ TL Salz bestreuen und 30 Minuten stehen lassen. Dann mit 2 Lagen Küchenpapier bedecken und andrücken, um den Saft aufzunehmen.

4. In der Zwischenzeit 1 EL Öl in einer beschichteten Pfanne (ø 30 cm) auf mittlerer Stufe erhitzen, bis es sich kräuselt. Die Zwiebeln mit ½ TL Salz und ¼ TL Pfeffer hineingeben. Unter gelegentlichem Umrühren etwa 20 bis 25 Minuten braten, bis die Zwiebeln weich sind und eine tiefe goldbraune Farbe angenommen haben, dann beiseitestellen.

5. Knoblauch mit 3 EL Öl, ½ TL Pfeffer und dem Thymian in einer kleinen Schüssel vermischen. Zucchini- und Kürbisscheiben in der großen Schüssel mit der Hälfte der Knoblauch-Öl-Mischung vermengen und anschließend in der vorbereiteten Auflaufform dachziegelartig einschichten. Die karamellisierten Zwiebeln gleichmäßig darauf verteilen. Die Tomatenscheiben darauflegen, sodass sie sich leicht überlappen, dann mit dem Rest der Öl-Mischung besprenkeln. 40 bis 45 Minuten auf der zweiten Schiene von oben im Ofen backen, bis das Gemüse weich ist und die Tomaten an den Rändern bräunen.

6. In der Zwischenzeit das Brot etwa 10 Sekunden in der Küchenmaschine fein zerkleinern. Brotstückchen mit 1 EL Öl, Parmesan und Schalotten in einer mittelgroßen Schüssel vermengen. Die Auflaufform aus dem Ofen nehmen und die Temperatur auf 230 °C erhöhen. Das Brot gleichmäßig über die Tomaten streuen, dann das Gratin erneut 5 bis 10 Minuten backen, bis sich Blasen bilden und der Käse leicht gebräunt ist. Das Basilikum darüberstreuen und vor dem Servieren 10 Minuten ruhen lassen.

SOMMERLICHES GEMÜSEGRATIN MIT GEGRILLTEN PAPRIKA UND RÄUCHERMOZZARELLA

Sie können gegrillte rote Paprika aus dem Glas verwenden oder die Paprika selbst grillen. Paprika aus dem Glas sollten Sie abspülen und gut trocken tupfen.
Statt des Parmesan die gleiche Menge geraspelten geräucherten Mozzarella nehmen. Den Sommerkürbis durch 3 gegrillte Paprika ersetzen (in 2,5 cm große Stücke geschnitten; nicht salzen).

🍲 WARUM DAS REZEPT FUNKTIONIERT

Ein Gratin aus reifem und frischem Sommergemüse ist eine köstliche Beilage. Dazu bedarf es allerdings der richtigen Technik, sonst ertrinkt das Gratin in Gemüseflüssigkeit. Wir wollten ein schlichtes Gemüsegratin, wie es typischerweise in der Provence zubereitet wird. Dazu gehört idealerweise eine goldbraun geröstete, käsige Kruste, die mit den frischen Aromen des Gemüses kontrastiert. Nach einigen Versuchen haben wir uns für die klassische Kombination aus Tomate, Zucchini und gelbem Sommerkürbis entschieden (Aubergine war uns zu weich, Paprika schmeckte gedünstet). Damit das Gratin nicht zu feucht wird, entwässern wir das Gemüse mit Salz und backen alles unbedeckt im Ofen. Die Tomaten bilden dabei die oberste Gratinschicht, damit sie anrösten und karamellisieren. Für noch mehr Aroma vermengen wir die Zucchini- und Kürbisscheiben mit selbstgemachtem Knoblauch-Thymian-Öl.

ZUCCHINI IST EIGENTLICH AUCH EIN KÜRBIS Genau genommen sind grüne und gelbe Zucchini, wie wir sie im Supermarkt kaufen können, auch Sommerkürbisse. Aber wir nutzen diese Unterscheidung, um die weniger bekannten Sorten des Sommerkürbisses und deren aromatische Vielfalt mit unserem Rezept in Ihre Küche zu bringen.

IN SCHEIBEN SCHNEIDEN UND SALZEN Für dieses Rezept entwässern wir sowohl die Tomaten als auch die Zucchini und Sommerkürbisse mit Salz. Zucchini und Kürbisse schneiden wir in Scheiben,

PRAKTISCHE WISSENSCHAFT:
TOMATEN WENN MÖGLICH NICHT ENTKERNEN

Ein Großteil des Glutamats von Tomaten steckt in den Samen und der Gallerte. Für unser Gratin entkernen wir die Tomaten daher nur schweren Herzens.

Ursprünglich haben wir die Samen und Gallerte der Tomaten in dem guten Glauben entfernt, dem Gratin auf diese Weise einen Teil der überreichlich vorhandenen Flüssigkeit zu entziehen. Schließlich ist die Methode auch bei anderen Gerichten gängig, um die Textur zu verbessern. Leider mussten wir feststellen, dass durch das Entkernen der Geschmack leidet. Wie sind wir zu dieser Erkenntnis gelangt? Wir haben zweimal das gleiche Gratin zubereitet, einmal mit nicht entkernten Tomaten und einmal mit Tomaten, bei denen wir die Samen und Gallerte entfernt haben. Das Ergebnis: Die Version mit den nicht entkernten Tomaten hat wesentlich voller und aromatischer geschmeckt als das Gratin ohne „Tomateninnereien". Eine amerikanische Studie erklärt, warum das so ist: Die Samen und die Gallerte von Tomaten enthalten dreimal so viel geschmacksverstärkende Glutaminsäure wie das Tomatenfleisch. (Diese Aminosäure und ihre Salze, die Glutamate, sind für den würzigen Umami-Geschmack vieler Lebensmittel verantwortlich, siehe Buch 1, Konzept 1.17.) Manchmal muss man Tomaten entkernen – zum Beispiel für unsere Gefüllten Tomaten auf Seite 34 –, aber wenn es geht, sollte man es nicht tun. Sieht demnächst also ein Rezept vor, dass Sie die Tomaten entkernen, überlegen Sie gut, ob Sie dieser Aufforderung nachkommen.

salzen sie und geben sie zum Abtropfen in einen Durchschlag. Anschließend legen wir sie auf Küchenpapier und pressen sie an, um ihnen so viel Wasser wie möglich zu entziehen. Die Tomaten salzen wir direkt auf dem Küchenpapier, da sie leichter zerfallen als Zucchini und Kürbis und man sie deshalb nicht unnötig vermengen sollte.

DIE ZWIEBELN KARAMELLISIEREN Für noch mehr aromatische Komplexität betten wir eine Lage karamellisierte Zwiebeln zwischen die Zucchini-Kürbis-Schicht und die Tomatenschicht.

UNBEDECKT BEI HOHER TEMPERATUR BACKEN Wir verwenden eine große Auflaufform, in der das Gratin recht flach bleibt. So kann sich das austretende Wasser beim Garen besser im und unter dem Gemüse verteilen und läuft nicht zusammen. Durch das Backen in der offenen Auflaufform bei relativ hoher Temperatur verdampft zusätzlich Wasser.

KÄSIGE KRUSTE Zerkleinertes frisches Toastbrot sorgt für eine aromatische Kruste mit knuspriger Textur. Für noch mehr Geschmack reichern wir es mit Käse und Schalotten an.

SAUTIERTE ZUCCHINIRASPEL
MIT KNOBLAUCH UND ZITRONE
(FÜR 4 PORTIONEN)

Das knusprige Topping aus geröstetem Brot sorgt für einen schönen texturellen Kontrast zu den Zucchini, kann aber auch weggelassen werden.

FÜR DAS TOPPING

2 Scheiben	Sandwichtoast, in Viertel gerissen
30 g	Butter

FÜR DIE ZUCCHINI

5	Zucchini, der Länge nach halbiert, Kerne entfernt, geraspelt
	Salz und Pfeffer
4 TL	Olivenöl (nativ extra) + Öl zum Beträufeln
1	kleine Knoblauchzehe, fein gehackt
1–2 TL	Zitronensaft

1. **FÜR DAS TOPPING:** Das Brot in der Küchenmaschine grob zerkleinern (Maschine etwa 10-mal kurz betätigen). Die Butter in einer antihaftbeschichteten Pfanne (ø 30 cm) auf mittlerer bis hoher Stufe zerlassen. Die Brotkrümel darin unter häufigem Wenden etwa 3 Minuten goldbraun rösten, dann in einer kleinen Schüssel beiseitestellen.

2. **FÜR DIE ZUCCHINI:** Die Zucchini mit 1½ TL Salz in einer großen Schüssel vermengen, dann in einem Durchschlag 5 bis 10 Minuten ziehen und abtropfen lassen. Zucchini mittig auf ein sauberes Geschirrtuch geben und dieses fest zusammendrehen, um die Zucchini auszuwringen (falls nötig, in mehreren Durchgängen).

3. Zucchiniraspel in eine mittelgroße Schüssel geben und große Klumpen auflösen. 2 TL Öl in einem Schüsselchen mit dem Knoblauch vermischen, dann unter die Zucchini mengen.

4. 2 TL Öl in einer beschichteten Pfanne (ø 30 cm) auf hoher Stufe erhitzen, bis es sich kräuselt. Die Zucchiniraspel hineingeben, gleichmäßig verteilen und 2 Minuten ohne Rühren anbraten, bis sie von unten gut gebräunt sind. Gut durchmengen, Klumpen mit einer Zange auflösen und

2 Minuten weitergaren, bis die Zucchini von unten Farbe annehmen. Die Pfanne vom Herd nehmen. Zucchini mit Zitronensaft, Salz und Pfeffer abschmecken. Mit dem Topping bestreuen, mit Olivenöl beträufeln und servieren.

SAUTIERTE ZUCCHINIRASPEL MIT TOMATEN UND BASILIKUM

Das Brot-Topping weglassen. In einer kleinen Schüssel 3 gewürfelte Roma-Tomaten, 2 EL gehacktes frisches Basilikum, 2 TL Olivenöl (nativ extra), 1 TL Balsamessig, eine fein gehackte Knoblauchzehe und ¼ TL Salz miteinander vermischen und beiseitestellen. In Schritt 3 auf den Knoblauch verzichten und in Schritt 4 statt des Zitronensafts die Tomatenmischung hinzufügen. Zum Schluss alles in eine Servierschüssel geben, mit 40 g geriebenem Parmesan bestreuen und sofort servieren. Falls gewünscht, noch mit etwas Olivenöl beträufeln.

SAUTIERTE ZUCCHINIRASPEL MIT GEWÜRZTEN MÖHREN UND MANDELN

Das Brot-Topping weglassen. Den Rezeptschritten 2 und 3 wie beschrieben folgen (den Knoblauch allerdings weglassen), dann 1 EL extranatives Olivenöl in einer beschichteten Pfanne (ø 30 cm) auf mittlerer Stufe erhitzen, bis es sich kräuselt. 2 geraspelte Möhren darin unter gelegentlichem Rühren etwa 5 Minuten andünsten, bis sie weich sind. ½ TL gemahlenen Koriander und ¼ TL Chiliflocken dazugeben und rund 30 Sekunden mitgaren, bis es aromatisch duftet, dabei ständig umrühren. Die geraspelten Zucchini und 70 g Rosinen zufügen, gleichmäßig verteilen und wie beschrieben garen. 60 g geröstete Mandelblättchen dazugeben und untermengen, dann mit Zitronensaft, Salz und Pfeffer abschmecken.

SAUTIERTE ZUCCHINIRASPEL MIT ERBSEN UND KRÄUTERN

Das Brot-Topping und den Zitronensaft weglassen. Den Rezeptschritten 2 und 3 wie beschrieben folgen (den Knoblauch allerdings weglassen), dann 2 TL extranatives Olivenöl in einer beschichteten Pfanne (ø 30 cm) auf mittlerer Stufe erhitzen, bis es sich kräuselt. Die weißen Teile eines Bunds Frühlingszwiebeln fein zerkleinern und im heißen Öl etwa 3 Minuten unter Rühren anbraten, bis sie weich sind und beginnen zu bräunen. Die Herdplatte auf höchste Stufe stellen, die Zucchini in die Pfanne geben und wie beschrieben anbraten. Wenn die Zucchini gebräunt sind, 150 g aufgetaute Tiefkühlerbsen und 125 ml Sahne hinzufügen und rund 2 Minuten unter Rühren mitgaren, bis die Sahne stark reduziert ist. Die Pfanne vom Herd nehmen und 2 EL fein gehackten frischen Dill oder fein gehackte frische Minze sowie fein geschnittene grüne Frühlingszwiebelringe unterrühren. Alles mit Salz und Pfeffer abschmecken, dann mit Zitronenspalten servieren.

🍳 WARUM DAS REZEPT FUNKTIONIERT

Da Zucchini viel Wasser enthalten, werden damit zubereitete Gerichte häufig zu flüssig und schmecken verwässert. Uns ging es darum, sautierte Zucchinis so zuzubereiten, dass sie möglichst viel Geschmack und außerdem eine ansprechende Textur haben. Entscheidend ist die Kombination mehrerer Entwässerungsmethoden: Wir salzen die geraspelten Zucchini, lassen sie abtropfen und pressen sie zusätzlich aus.

RASPELN, SALZEN UND AUSPRESSEN Vor allen anderen wasserreduzierenden Schritten entfernen wir die Kerne, damit die Zucchini beim Sautieren in der Pfanne möglichst schnell bräunen (zu viel Wasser würde das verhindern). Als Nächstes raspeln wir sie mit der groben Seite einer Vierkantreibe. Die geraspelten Stücke vermengen wir mit Salz und lassen sie in einem Durchschlag abtropfen. Nach dem Abtropfen wringen wir sie zusätzlich mithilfe eines Geschirrtuchs aus. Geraspelt geben die gesalzenen Zucchini deutlich schneller ihr Wasser frei, als wenn man sie nur in Scheiben schneiden würde – 5 Minuten Abtropfzeit reichen bereits, im Gegensatz zu 30 Minuten bei Scheiben.

ZUCCHINI VOR DEM GAREN „EINÖLEN" Die Zucchiniraspel sollten eine lockere Masse ohne Klumpen bilden, damit sich die geschmackgebenden Zutaten gut darin verteilen. Um das zu erreichen, vermischen wir die rohen Raspel mit Olivenöl, bevor wir sie in die Pfanne geben.

HEISS BRÄUNEN Damit die Zucchini schön anbräunen, braten wir sie so heiß an, wie es geht, und bewegen sie dabei möglichst wenig. Zwischendurch mengen wir sie nur einmal gründlich durch und lösen zusammenhängende Klumpen auf.

KONZEPT 2.2
GRÜNE GEMÜSE MÖGEN'S HEISS – UND DANN KALT

Besonders in älteren Rezepten wird grünes Gemüse oft zu lange gegart – das Resultat: matschige und olivgrüne Brokkoliröschen und Erbsen. Gart man das Gemüse dagegen nur kurz, hat man häufig ein anderes Problem: Es sieht toll aus, schmeckt aber roh und holzig. Wie kocht man grünes Gemüse am besten, damit es eine zarte Konsistenz bekommt und trotzdem schön leuchtend grün ist? Heiß Blanchieren und eiskalt Abschrecken lautet die Lösung.

IN ZWEI SCHRITTEN ZU ZARTEM, LEUCHTEND GRÜNEM GEMÜSE

kochendes Wasser

BLANCHIEREN Kurzes Blanchieren in siedendem Wasser verleiht Gemüse eine gerade eben weiche Konsistenz und eine frische, leuchtende Farbe.

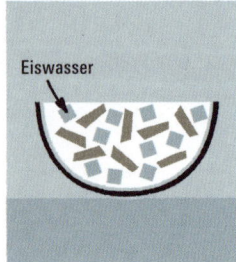

Eiswasser

ABSCHRECKEN In Eiswasser wird der Garvorgang sofort gestoppt; das Gemüse wird nicht matschig und behält seine Farbe.

DIE WISSENSCHAFT DAHINTER

Gemüse kann sich beim Garen stark verändern, besonders die Textur. Durch die Garhitze wird augenblicklich die Struktur der wassergefüllten Pflanzenzellen geschwächt, sodass Zellsaft austritt und das Gemüse erschlafft. Grund ist das Pektin, der wasserlösliche „Kleber", der die Zellwände verstärkt und die Zellen miteinander verbindet. Es zerfällt und löst sich auf, was das Gemüse weich werden lässt. Da nicht alle Gemüsesorten roh verzehrt werden können, sind diese Veränderungen häufig durchaus erwünscht.

Abgesehen von der Textur hat der Garvorgang auch Einfluss auf die Farbe des Gemüses. Der für die grüne Farbe von Pflanzen verantwortliche Stoff ist Chlorophyll, ein komplexes Molekül mit einem zentral sitzenden Magnesiumion. Wird Chlorophyll erhitzt, verliert es dieses Ion; die Folge ist die stumpf olivgrüne Farbe, die jeder kennt, der schon einmal verkochten Brokkoli gegessen hat.

Die Farbveränderung wird noch beschleunigt durch Säuren, die natürlicherweise in Pflanzen vorkommen. Säuren spalten Wasserstoffionen ab, die das zentrale Magnesiumion des Chlorophylls ersetzen. Das Chlorophyll wird dadurch in Phäophytin umgewandelt, das einen stumpfen Grünton hat. Aus diesem Grund kann auch der pH-Wert des zum Kochen verwendeten Wassers (der stark abhängt vom Wasserhärtegrad) die Farbe von grünem Ge-

müse beeinflussen – ganz zu schweigen von sauren Dressings.

Was also kann man tun? Man muss schnell sein. Wir empfehlen, Gemüse möglichst kurz zu garen, nur exakt so lange, dass es weich wird, ohne seine Farbe zu verlieren. Deshalb ist Blanchieren, also kurzes Garen in kochendem Salzwasser, die beste Garmethode für Brokkoli, grüne Bohnen, Zuckerschoten und andere grüne Gemüsesorten. Geizen Sie dabei nicht mit dem Kochwasser – je mehr Wasser, desto weniger sinkt die Temperatur, wenn Sie das Gemüse hineingeben, und desto schneller verläuft der Garvorgang. Das Salz im Wasser würzt nicht nur, es löst zusätzlich das Pektin. Das Gemüse wird auf diese Weise weich, ehe das Chlorophyll genügend Zeit hatte, sich umzuwandeln.

Interessanterweise führt ein Bad in siedendem Wasser dazu, dass das Gemüse zunächst schön leuchtend grün wird, bevor es eine stumpfe Farbe annimmt. Der Grund: Rohes Gemüse enthält Lufteinschlüsse, die das Licht brechen und die Farbe des Chlorophylls dämpfen. Sobald die Erbsen oder Bohnen aber das Wasser berühren, dehnt sich ein Teil der in den Zellzwischenräumen sitzenden Luftbläschen aus und entweicht. Die Zellen rücken dadurch näher aneinander und das Pflanzengewebe wird transparenter – der optische Eindruck ist ein leuchtendes Grün.

Nach dem Blanchieren schrecken wir das Gemüse in Eiswasser ab. Dadurch kommt der Garprozess abrupt zum Erliegen und weitere Chlorophyll-Transformationen werden unterbunden. Sehr zu unserer Freude, denn so ist das Gemüse zart-knackig und von leuchtendem Grün.

DAS EXPERIMENT

Ein einfacher Versuch demonstriert die Wirkung des Blanchierens und Abschreckens auf grünes Gemüse: Wir haben zwei Proben mit je 450 g Brokkoliröschen 4 Minuten lang in einem Topf mit siedendem Salzwasser blanchiert. Nach dem Garen haben wir eine der Proben in Eiswasser abgeschreckt und die andere einfach in eine leere Schüssel gegeben. Nach drei Minuten haben wir das Eiswasser abgegossen und beide Proben im Hinblick auf Farbe, Textur und Geschmack verglichen.

DAS ERGEBNIS

Wie nicht anders zu erwarten, waren die Unterschiede beträchtlich. Der abgeschreckte Brokkoli hatte eine festere Textur und ein leuchtenderes Grün. Die andere Probe, die wir einfach in eine leere Schüssel gegeben haben, war dagegen matschig weich und unansehnlich olivgrün. Da wir die Proben in gesalzenem Wasser blanchiert haben – unsere bevorzugte Blanchiermethode –, haben beide Proben relativ würzig geschmeckt.

DIE ERKENNTNIS

Will man kein zerkochtes, entfärbtes Gemüse, ist ein Eisbad unerlässlich, da der Garprozess nur so schnell und effektiv gestoppt wird.

Warum? Blanchiert man Brokkoli, Bohnen oder Erbsen 4 Minuten in kochendem Salzwasser, weichen als Erstes die Zellwände auf. Das stabilisierende Pektin zerfällt und löst sich, die Textur des Gemüses wandelt sich von zäh zu zart. Gleichzeitig verdampft durch die Garhitze Luft, die in den Zellen eingeschlossen ist, wodurch sich die Farbe von einem eher matten Grün zu einem leuchtenden Grün aufhellt. Bis hierhin verläuft alles zu unserer Zufriedenheit.

Doch wie wir in Konzept 1.4 im ersten Buch erfahren haben, garen Speisen auch dann noch weiter, wenn man sie vom Herd (oder aus dem Ofen, vom Grill etc.) genommen hat. Der Nachgareffekt sorgt dafür, dass Gemüse nach dem Kochen weitergart – es sei denn, man gibt es sofort in Eiswasser. So war es auch bei unserem blanchierten Brokkoli, den wir einfach ohne Eisbad in eine Schüssel gegeben haben. Auf einem Haufen liegend, konnte die in den einzelnen Röschen gespeicherte Wärme nicht entweichen – der Garvorgang hat sich fortgesetzt. Die Folge: Die Zellstrukturen sind immer mehr zerfallen und das Gemüse ist von Minute zu Minute matschiger geworden. Ohne Abschrecken verliert zudem ein Großteil des farbgebenden Chlorophylls sein Magnesiumion und verblasst zu Olivgrün. In Eiswasser dagegen ändert die bereits vom Gemüse aufgenommene Wärmeenergie ihre Ausbreitungsrichtung und fließt ins kalte Wasser, wodurch das Gemüse nicht weitergart. Da das Wasser jedes einzelne Brokkoliröschen umschließt, wird auch die Wärmeübertragung von Röschen zu Röschen faktisch unterbunden.

SO WIRKT SICH WÄRME AUF DIE TEXTUR AUS

ROHES BROKKOLIRÖSCHEN
Roher Brokkoli ist grün und hat eine zähe Textur.

BLANCHIERT UND ABGE-SCHRECKT
Blanchiert man Brokkoli, wird er zart und färbt sich leuchtend grün. Durch das Abschrecken bleibt er so.

NUR BLANCHIERT
Brokkoli, den man nach dem Blanchieren einfach stehen lässt, wird matschig weich. Die Farbe wird ein stumpfes Olivgrün.

WIE LANGE SOLLTE MAN GEMÜSE GAREN?

GEMÜSE	VORBEREITUNG	KOCHEN	DÄMPFEN
Grüner Spargel	Holziges Ende abbrechen und wegwerfen.	2–4 Minuten	3–5 Minuten
Brokkoli	Röschen in 2,5–4 cm große Stücke schneiden; Strunk schälen und in 0,5–1 cm große Stücke schneiden.	2–4 Minuten	4–6 Minuten
Rosenkohl	Strunk abschneiden, welke Blätter entfernen, längs durch den Strunk halbieren.	6–8 Minuten	7–9 Minuten
Grüne Bohnen	Spitzen abschneiden.	3–5 Minuten	6–8 Minuten
Zuckerschoten	Fäden abziehen.	2–4 Minuten	4–6 Minuten

BLANCHIEREN IN DER PRAXIS:
ERBSEN UND BOHNEN

Die Methode des Blanchierens und Abschreckens kommt besonders häufig bei kleinen grünen Gemüsen wie Erbsen und Bohnen zum Einsatz. Das kurze Eintauchen in kochendes Salzwasser lässt sie gerade so lange garen, dass sie nicht mehr roh sind, aber ihre leuchtend grüne Farbe und ihren „Biss" behalten. Mit dieser Technik lassen sie sich anschließend im Handumdrehen sautieren, zu einem Auflauf verarbeiten oder auch im Voraus zubereiten.

BLANCHIERTE ZUCKERSCHOTEN
(FÜR 6 PORTIONEN)

Nachstehend finden Sie einige Vorschläge für geschmackliche Variationen dieses Grundrezepts.

450 g	Zuckerschoten, ohne Fäden
1 TL	Salz

1. Eiswasser in eine große Schüssel füllen und beiseitestellen. 1,5 l Wasser in einem großen Topf zum Kochen bringen. Salz und Zuckerschoten hineingeben und 1½ bis 2 Minuten kochen lassen, sodass die Schoten noch „Biss" haben.

2. Zuckerschoten abgießen, im Eiswasser abschrecken, erneut abgießen und trocken tupfen. (Die Zuckerschoten können nun bis zu 1 Stunde beiseitegestellt werden.)

ZUCKERSCHOTEN MIT ZITRONE, KNOBLAUCH
UND BASILIKUM
(FÜR 6 PORTIONEN)

Behalten Sie den Knoblauch in der Pfanne gut im Auge – ist er erst einmal weich, wird er innerhalb von Sekunden braun.

2 EL	Olivenöl
1½ TL	geriebene Zitronenschale + 1 EL Saft
1	Knoblauchzehe, fein gehackt
	blanchierte Zuckerschoten (Rezept siehe oben)
2 EL	frisches Basilikum, grob gehackt
	Salz und Pfeffer

Das Öl in einer Pfanne (⌀ 25 cm) auf mittlerer Stufe erhitzen, bis es sich kräuselt. Zitronenschale und Knoblauch hinzufügen und etwa 2 Minuten anschwitzen, bis der Knoblauch weich, aber noch nicht braun ist. Zuckerschoten, Zitronensaft und Basilikum dazugeben und vermengen. Den Pfanneninhalt 1 bis 1½ Minuten heiß werden lassen. Mit Salz und Pfeffer abschmecken und sofort servieren.

ZUCKERSCHOTEN MIT SCHINKEN UND MINZE
(FÜR 6 PORTIONEN)

Verwenden Sie keinen Kochschinken für dieses Rezept.

15 g	Butter
85 g	geräucherter Schinken, in gut 0,5 cm große Würfel geschnitten
	blanchierte Zuckerschoten (Rezept siehe links)
2 EL	frische Minze, fein gehackt
	Salz und Pfeffer

In einer Pfanne (⌀ 25 cm) bei mittlerer Hitze die Butter zerlassen. Schinken hinzufügen und 1 Minute anbraten. Zuckerschoten und Minze hinzufügen und vermengen. Den Pfanneninhalt 1 bis 1½ Minuten heiß werden lassen. Mit Salz und Pfeffer abschmecken und sofort servieren.

🍲 WARUM DAS REZEPT FUNKTIONIERT

Wir wollten ein Rezept, das die knackige Textur und den süßen Geschmack der Zuckerschoten gut zur Geltung bringt. Durch das Blanchieren in Salzwasser entwickeln die Schoten viel Aroma und bleiben bissfest. Das Abschrecken in Eiswasser verhindert, dass sie schrumpfen und runzlig werden, außerdem bleibt so die schöne Farbe erhalten.

BLANCHIEREN UND ABSCHRECKEN Zuckerschoten können im Ganzen verzehrt werden, also mitsamt Schale. Am leckersten sind sie, wenn sie noch ziemlich bissfest sind. Dazu braucht es nicht viel: etwas kochendes Wasser und ein paar Minuten Zeit. Blanchiert verwan-

PRAKTISCHE WISSENSCHAFT:
MIT DECKEL ODER OHNE?

Entgegen der landläufigen Meinung kann man grünes Gemüse auch problemlos mit Deckel blanchieren.

Beim Blanchieren wird Obst oder Gemüse kurz in kochendes Wasser gegeben, mit dem Ziel, es ohne Farb-, Textur- und Geschmacksbeeinträchtigungen zu garen. Einigen Quellen zufolge ist das Blanchieren von grünem Gemüse nur dann erfolgreich, wenn man den Topf nicht zudeckt. So würden die im Gemüse enthaltenen Säuren verdampfen, anstatt im Kochwasser zu verbleiben und das Gemüse zu verfärben.

Um diese These auf die Probe zu stellen, haben wir mehrere Proben Brokkoli, grüne Bohnen und Stängelkohl jeweils sowohl im offenen als auch im geschlossenen Topf blanchiert. Anschließend haben wir den pH-Wert (und damit den Säuregehalt) des Wassers in beiden Töpfen bestimmt, konnten aber keinerlei Unterschiede feststellen. Auch optisch und geschmacklich waren die Proben jeweils völlig identisch. Die simple Erklärung ist, dass die sauren Substanzen in Gemüse nicht flüchtig sind, d. h. sie können gar nicht verdampfen. Fazit: Beim Blanchieren ist es Pott wie Deckel, ob der Deckel auf dem Topf sitzt oder nicht.

deln sich Zuckerschoten in eine köstliche, knackige Gemüsebeilage. Durch das dem Kochwasser hinzugefügte Salz sind die Schoten nicht nur bereits vorgewürzt, es beschleunigt auch das Garen, sodass die Schoten bissfest sind, bevor die Farbe verblasst. Das Abschrecken in Eiswasser stoppt den Garprozess, bewahrt die leuchtende Farbe und verhindert, dass die Zuckerschoten durch Restwärme zu weich werden.

TROCKNEN (UND VARIIEREN) Nach dem Abschrecken kann man die Zuckerschoten kurz mit Küchenpapier trocken tupfen und anschließend mit weiteren Zutaten geschmacklich variieren. Dabei sollten sie nicht mehr zu lange gegart werden – eine Minute zum Durcherhitzen reicht aus. Auch empfiehlt es sich, den Zitronensaft erst ganz zum Schluss hinzuzufügen, damit die Schoten durch die darin enthaltene Säure nicht doch noch ihre Farbe verlieren.

SAUTIERTE ERBSEN MIT SCHALOTTEN UND MINZE
(FÜR 4 PORTIONEN)

Die Tiefkühlerbsen vor dem Garen nicht auftauen. Statt tiefgekühlter junger Erbsen können auch frische Erbsen (Schalerbsen, zwischen Juni und August im Handel) verwendet werden, dann die Garzeit in Schritt 2 um 1 bis 2 Minuten verlängern. Den Zitronensaft erst kurz vor dem Servieren hinzufügen, sonst werden die Erbsen braun.

2 TL	Olivenöl
1	kleine Schalotte, fein gehackt
1	Knoblauchzehe, fein gehackt
450 g	Erbsen (TK)
60 ml	salzarme Geflügelbrühe
¼ TL	Zucker
4 EL	frische Minze, fein gehackt
15 g	Butter
2 TL	Zitronensaft
	Salz und Pfeffer

1. In einer Pfanne (ø 30 cm) bei mittlerer bis starker Hitze das Öl heiß werden lassen, bis sich die Öloberfläche leicht kräuselt. Die Schalotte hinzufügen und unter häufigem Rühren etwa 2 Minuten glasig dünsten. Den Knoblauch hinzufügen und unter häufigem Rühren etwa 30 Sekunden mitdünsten, bis es aromatisch duftet.

2. Erbsen, Geflügelbrühe und Zucker dazugeben. Zugedeckt 3 bis 5 Minuten garen, bis die Erbsen leuchtend grün, aufgetaut und heiß sind. Minze und Butter hinzufügen und untermengen. Die Pfanne vom Herd nehmen und den Zitronensaft unterrühren. Mit Salz und Pfeffer abschmecken und sofort servieren.

SAUTIERTE ERBSEN MIT LAUCH UND ESTRAGON

Die Schalotte durch eine dünne Lauchstange ersetzen (nur hellgrüner und weißer Teil). Lauch der Länge nach halbieren, in gut 0,5 cm dicke Halbringe schneiden und die Garzeit in Schritt 1 auf 3 bis 5 Minuten verlängern (der Lauch sollte weich sein). Die Geflügelbrühe durch Sahne (mind. 35 % Fett, alternativ Konditorsahne), die Minze durch 2 EL fein gehackten Estragon und den Zitronensaft durch Weißweinessig ersetzen.

WARUM DAS REZEPT FUNKTIONIERT

Die Tiefkühlerbsen wurden bereits vom Hersteller blanchiert, deshalb sollte man sie für diese schmackhafte und leicht gelingende Beilage nur kurz garen und mit Zutaten kombinieren, die ebenfalls keine lange Garzeit benötigen. Unserer Erfahrung nach genügt es, die Erbsen 5 Minuten köcheln zu lassen, damit sie leuchtend grün und zart werden.

DIE BESSERE WAHL: TIEFGEKÜHLTE JUNGE ERBSEN Tiefkühlerbsen stehen bei uns seit jeher hoch im Kurs. Sie werden direkt nach dem Auspalen lose tiefgefroren und schmecken deshalb häufig süßer und frischer als die „frischen" Erbsen im Laden, die womöglich schon tagelang da liegen und die man auch noch selbst enthülsen muss. Der weniger süße Geschmack von älteren „frischen" Erbsen rührt daher, dass sich in ihnen der Zucker während der Lagerung in Stärke umgewandelt hat, ein Prozess, der bei Tiefkühlerbsen nicht stattfindet, da sie vom Hersteller blanchiert werden. Dadurch wird die Stärkeumwandlung unterbunden, die Farbe bleibt erhalten und die Erbsen sind verzehrfertig gegart.

EINE PFANNE VERWENDEN Die Tiefkühlerbsen müssen aufgetaut und dabei gleichzeitig gewürzt werden. In einer Pfanne kann man die Erbsen besser verteilen als in einem Topf – sie werden so schnell heiß und behalten ihre Farbe und Konsistenz.

ZUCKER UND BUTTER HINZUFÜGEN Die Zugabe von etwas Zucker unterstreicht den süßen Eigengeschmack der Erbsen. Ein Touch Butter zum Schluss rundet den Geschmack der Erbsen schön ab und lässt sie noch etwas üppiger schmecken, ohne dass sie gleich in Fett schwimmen.

PERFEKTER GRÜNE-BOHNEN-AUFLAUF
(FÜR 10 BIS 12 PORTIONEN)

Das Rezept funktioniert auch mit der halben Zutatenmenge, Sie sollten dann allerdings eine kleine quadratische Auflaufform (20 x 20 cm) verwenden. Bereitet man nur die halbe Menge zu, sollte die Kochzeit der Sauce in Schritt 3 auf etwa 6 Minuten verkürzt werden (sodass die Flüssigkeit auf etwa 425 ml einkocht). In Schritt 4 verkürzen Sie die Backzeit dann auf 10 Minuten.

FÜR DAS TOPPING

4 Scheiben	Sandwichtoast, in Viertel gerissen
30 g	weiche Butter
¼ TL	Salz
1 Prise	Pfeffer
170 g	Röstzwiebeln (fertig gekauft)

FÜR DIE BOHNEN UND DIE SAUCE

900 g	grüne Bohnen, geputzt und quer halbiert
	Salz und Pfeffer
45 g	Butter
450 g	weiße Champignons, geputzt und in 1–1,5 cm große Stücke gebrochen
3	Knoblauchzehen, fein gehackt
3 EL	Mehl (Type 550)
350 ml	salzarme Geflügelbrühe
350 ml	Sahne (mind. 35 % Fett, alternativ Konditorsahne)

1. FÜR DAS TOPPING: Toast, Butter, Salz und Pfeffer in der Küchenmaschine zerkleinern, bis eine grob krümelige Masse entsteht (Maschine dazu etwa 10-mal kurz betätigen). Die Mischung in eine große Schüssel geben, mit den Röstzwiebeln vermengen und beiseitestellen.

2. FÜR DIE BOHNEN UND DIE SAUCE: Den Backofen auf 220 °C vorheizen. Eiswasser in eine große Schüssel füllen. Ein Backblech mit Küchenpapier auslegen. 4 l Wasser in einem dickwandigen Bräter zum Kochen bringen. Bohnen und 2 EL Salz hinzufügen. Die Bohnen rund 6 Minuten kochen lassen, bis sie leuchtend grün und bissfest sind. Die Bohnen abschütten und anschließend sofort ins Eiswasser geben, um den Garprozess zu stoppen. Zum Abtropfen die Bohnen auf dem vorbereiteten Backblech verteilen.

3. Im Bräter bei mittlerer bis hoher Hitze die Butter zerlassen. Pilze, Knoblauch, ¾ TL Salz und 1 Prise Pfeffer hinzufügen und so lange garen, bis Wasser aus den Pilzen austritt und verdampft (etwa 6 Minuten). Mehl hinzufügen und unter ständigem Rühren erhitzen. Mit Geflügelbrühe ablöschen und unter Rühren zum Köcheln bringen. Sahne angießen und auf mittlerer Hitze etwa 12 Minuten weiterköcheln lassen, bis die Sauce angedickt und auf etwa 825 ml reduziert ist. Mit Salz und Pfeffer abschmecken.

4. Die grünen Bohnen in die Sauce geben und gut unterrühren. Topfinhalt in eine 33 x 23 cm große Auflaufform geben und gleichmäßig verteilen. Mit der Brot-Zwiebel-Mischung bestreuen und etwa 15 Minuten auf mittlerer Schiene im Ofen backen, bis das Topping goldbraun ist und die Sauce an den Rändern Blasen wirft. Sofort servieren. Zubereitung im Voraus: Die Toastbrotmischung für das Topping kann bis zu 2 Tage im Kühlschrank aufbewahrt werden; vor der Verwendung kurz mit den Zwiebeln vermengen. Die mit der abgekühlten Sauce vermischten grünen Bohnen können in der Auflaufform mit Frischhaltefolie zugedeckt bis zu 24 Stunden im Kühlschrank aufbewahrt werden. Um die Zubereitung abzuschließen, die Auflaufform ohne Folie 10 Minuten bei 220 °C in den Ofen schieben, anschließend die Brot-Zwiebel-Mischung daraufstreuen und gemäß Rezept fertig backen.

🍲 WARUM DAS REZEPT FUNKTIONIERT

Der Grüne-Bohnen-Auflauf ist ein Rezeptklassiker, der leider häufig mit Fertig- und Tiefkühlzutaten zubereitet wird. Wir wollten ihn etwas „auffrischen". Logischerweise haben wir als Erstes die Tiefkühlbohnen gegen frische ausgetauscht. Durch das Blanchieren bewahren wir ihre Farbe und Textur. Als Sauce bereiten wir eine Velouté-Variation mit frischen Pilzen zu (Velouté ist die klassische französische weiße Grundsauce, traditionell hergestellt aus einem Fond, der mit Mehlschwitze angedickt wird).

FRISCHE BOHNEN VERWENDEN Wer erwägt, ein Ofengericht mit Bohnen aus der Dose zuzubereiten, der sollte die Idee verwerfen. Tiefkühlbohnen sind schon besser, doch das beste Ergebnis erhält man mit frischen Bohnen. Das Blanchieren in Salzwasser gart die Bohnen schön bissfest und würzt sie gleichzeitig.

KÖSTLICHE SAUCE MIT SAHNE UND PILZEN Statt zu einer Fertigsauce zu greifen, wie man es in oft in Rezepten liest, bereiten wir lieber selbst eine Sauce zu – allerdings mit möglichst wenig Aufwand. Dazu braten wir 450 g weiße Champignons an (zerbröckelt, nicht geschnitten – das gibt mehr Struktur) und bereiten eine dicke Mehlschwitze zu. (Normale Champignons reichen unserer Erfahrung nach völlig aus – „edlere" Pilze wie beispielsweise getrocknete Steinpilze lohnen den damit verbundenen zusätzlichen Aufwand nicht.) Zum Schluss runden wir die Sauce mit Geflügelbrühe und Sahne ab. Die Sahne enthält zwar viel Fett, aber um unserer Sauce eine schön sämige

Konsistenz zu geben, ist sie genau richtig. Das Ergebnis unserer Bemühungen: eine angenehm cremige und sehr würzige Auflaufsauce.

EIN AUGE ZUDRÜCKEN Ein Fertigprodukt erlauben wir uns dann doch. Unserer Meinung nach kann man für das Topping – auf keinen Fall aber für die Bohnen oder die Sauce – ein Auge zudrücken. Nachdem wir versucht haben, den Geschmack und die Textur von fertig gekauften Röstzwiebeln nachzukochen, mussten wir feststellen, dass es ohne immensen Arbeits- und Zeitaufwand nicht möglich ist. Wir bleiben also bei den fertigen Röstzwiebeln, vermischen sie allerdings mit frischem Toast und Butter. Mit dieser einfachen Methode sehen sie auf dem Auflauf wenigstens wie selbst gemacht aus.

KURZE BACKZEIT Damit die Bohnen im Ofen nicht zerkochen, sollte man sie gleichmäßig in einer großen Auflaufform verteilen und den Auflauf nur kurz backen, gerade so lang, dass alles gut heiß ist und das Topping Farbe annimmt.

BLANCHIERTE GRÜNE BOHNEN, GRUNDREZEPT
(FÜR 4 PORTIONEN)

Achten Sie darauf, dass Sie die Bohnen nicht ganz durchgaren; sie werden in den folgenden Rezepten beim Aufwärmen noch etwas weicher.

450 g	grüne Bohnen, geputzt
1 TL	Salz

In einem großen Topf 2½ l Wasser bei starker Hitze zum Kochen bringen. Grüne Bohnen und Salz hinzufügen, das Wasser wieder aufkochen lassen und die Bohnen darin 3 bis 4 Minuten kochen, bis sie leuchtend grün und noch knackig sind. Unterdessen Eiswasser in eine große Schüssel füllen. Die Bohnen abgießen und sofort im Eiswasser abschrecken. Sobald sich die Bohnen nicht mehr warm anfühlen, abgießen und sorgfältig mit Küchenpapier trocknen. Die Bohnen können nun in einem großen wiederverschließbaren Plastikbeutel bis zu 3 Tage im Kühlschrank aufbewahrt werden.

GRÜNE BOHNEN MIT SCHALOTTEN UND WERMUT
(FÜR 4 PORTIONEN)

Die angegebene Menge Schalotten mag groß erscheinen, aber sie fallen beim Garen stark zusammen.

BLANCHIERTE GRÜNE BOHNEN, GRUNDREZEPT, S. 51

60 g	Butter
140 g	Schalotten, in dünne Scheiben geschnitten
	blanchierte grüne Bohnen (Grundrezept siehe Seite 51)
	Salz und Pfeffer
2 EL	trockener Wermut

1. 30 g Butter bei mittlerer Hitze in einer Pfanne (ø 20 cm) zerlassen. Die Schalotten hinzufügen und unter häufigem Rühren etwa 10 Minuten anbraten, bis sie eine goldbraune Farbe haben, aromatisch duften und an den Rändern leicht kross sind. Die Pfanne vom Herd nehmen und beiseitestellen.

2. In einer Pfanne (ø 30 cm) die Bohnen in 60 ml Wasser bei starker Hitze heiß werden lassen und 1 bis 2 Minuten garen, bis die Bohnen gut durchgewärmt sind, dabei häufig mit einer Zange umschichten. Mit Salz und Pfeffer abschmecken und auf eine Servierplatte geben.

3. Die Schalotten in der Pfanne bei starker Hitze zurück auf den Herd stellen, den Wermut angießen und alles zum Köcheln bringen. Die restliche Butter in zwei Portionen nacheinander mit einem Schneebesen unterrühren, dann mit Salz und Pfeffer abschmecken. Die Schalotten samt Sauce auf die Bohnen geben und sofort servieren.

GRÜNE BOHNEN MIT GEBUTTERTEM TOAST UND MANDELN
(FÜR 4 PORTIONEN)

Die Mandeln können auch durch die gleiche Menge gehackte Walnüsse oder Pekannüsse ersetzt werden.

1 Scheibe	Sandwichtoast, ohne Kruste, in 3,5–4 cm große Stücke gerissen
2 EL	Mandelblättchen, von Hand in gut 0,5 cm große Stücke zerkleinert
2	Knoblauchzehen, fein gehackt
2 TL	frische Petersilie, fein gehackt
	blanchierte grüne Bohnen (Grundrezept siehe Seite 51)
	Salz und Pfeffer
60 g	Butter

1. Das Toastbrot in der Küchenmaschine 20 bis 30 Sekunden relativ fein zerkleinern. Die Krümel mit den Mandeln in einer antihaftbeschichteten Pfanne (ø 30 cm) bei mittlerer Hitze etwa 5 Minuten unter ständigem Rühren rösten, bis alles goldbraun ist. Die Pfanne vom Herd nehmen, Knoblauch und Petersilie hinzufügen und mit den heißen Krümeln vermengen. Mit Salz und Pfeffer abschmecken. Den Pfanneninhalt in eine kleine Schüssel geben und zur Seite stellen. (Die Pfanne nicht abwaschen.)

2. In der Pfanne die blanchierten Bohnen mit 60 ml Wasser bei starker Hitze 1 bis 2 Minuten heiß werden lassen, bis die Bohnen gut durchgewärmt sind, dabei häufig mit einer Zange umschichten. Mit Salz und Pfeffer abschmecken und auf eine Servierplatte geben.

3. In der leeren Pfanne bei mittlerer bis starker Hitze die Butter zerlassen, die Brotkrümelmischung hinzugeben und unter häufigem Rühren 1 bis 2 Minuten erhitzen, bis es aromatisch duftet. Die Bohnen mit den gebutterten Brotkrümeln bestreuen und sofort servieren.

🍲 WARUM DAS REZEPT FUNKTIONIERT

Grüne Bohnen sind eine klassische Beilage, wenn man für Gäste kocht, deshalb wollten wir ein Rezept, das die typische Hektik in den letzten Minuten am Herd vermeidet. Für im Voraus zubereitete grüne Bohnen, die bis zum servierfertigen Zustand nur noch ein paar allerletzte Handgriffe erfordern, hat sich Blanchieren als beste Methode erwiesen: Die Bohnen werden gleichmäßig gegart, sind bereits gut gewürzt und behalten „Biss". Nach dem Blanchieren und Abschrecken kann man die Bohnen bis zu drei Tage im Kühlschrank aufbewahren. Kurz vor dem Servieren gibt man sie dann zum schnellen Aufwärmen einfach mit etwas Wasser in eine heiße Pfanne. Um die Bohnen geschmacklich zu variieren, haben wir uns ein paar einfache Saucen und ein Topping mit Butter ausgedacht.

ERST BLANCHIEREN ... Während der Entwicklung des Rezepts haben wir die grünen Bohnen versuchsweise blanchiert, gedämpft und geschmort. Unser Fazit: Blanchieren (kurzes Eintauchen in kochend heißes Wasser) ist am besten, und das aus zwei Gründen. Erstens garen die Bohnen beim Blanchieren gleichmäßiger als beim Dämpfen, und zweitens lassen sie sich gut salzen: Durch das Salz im Kochwasser werden sie gleich schön vorgewürzt.

... DANN ABSCHRECKEN Im servierfertigen Zustand sollten die Bohnen noch eine angenehm knackige Konsistenz haben, weshalb wir sie auf keinen Fall übergaren dürfen. Glücklicherweise lässt sich der Garprozess sofort und vollständig abbrechen, indem man die Bohnen in Eiswasser abschreckt. Anschließend stellen wir die Bohnen in den Kühlschrank.

KONZEPT 2.3
KNOLLENVIELFALT: FÜR JEDES GERICHT DIE RICHTIGE KARTOFFELSORTE

Vielleicht glauben Sie, alle Kartoffeln seien mehr oder weniger gleich. Dann backen Sie mal eine mehligkochende und eine festkochende Kartoffel im Ofen – Sie werden überrascht sein. Die eine ist anschließend luftig-weich, die andere cremig-dicht. Größer kann der Unterschied zwischen zwei Kartoffeln kaum sein. In diesem Konzept schauen wir uns an, warum das so ist.

DIE WISSENSCHAFT DAHINTER

KARTOFFELSTÄRKE

Stärkekörnchen

MEHLIGKOCHENDE KARTOFFELN
Die Zellen mehligkochender Kartoffeln enthalten eine große Menge Stärkekörnchen. Beim Garen sorgt der hohe Stärkeanteil dafür, dass die Zellen sich voneinander lösen und platzen, weshalb diese Kartoffeln gekocht eine lockere, fluffige Konsistenz haben und sehr viel Flüssigkeit aufnehmen.

FESTKOCHENDE KARTOFFELN
Festkochende Kartoffeln haben einen geringeren Stärkeanteil, weshalb die Zellen beieinander bleiben und nicht platzen. Folglich absorbieren sie weniger Wasser.

Im normalen Supermarkt findet man vielleicht vier oder fünf Sorten Kartoffeln, auf einem Bauernmarkt dagegen dutzende. Weltweit gibt es sogar mehr als 200 Sorten! All diese knubbeligen Knollen ähneln sich einerseits, andererseits gibt es beträchtliche Unterschiede.

Kartoffeln bestehen neben kleineren Anteilen an Zucker, Ballaststoffen, Mineralstoffen und Proteinen aus zwei Hauptbestandteilen: Stärke und Wasser. Die Dichte einer Kartoffel korreliert mit ihrem Stärkegehalt, der sortenabhängig zwischen 16 und 22 Prozent liegt. Sorten wie Linda oder Sieglinde haben einen geringen Stärkeanteil und sind fest und wächsern. Sie sind als „festkochende" Kartoffeln im Handel erhältlich. „Mehligkochende" Sorten, zum Beispiel Bintje oder Ora, haben den höchsten Stärkeanteil und werden im gegarten Zustand krümelig weich. Dazwischen liegen die „vorwiegend festkochenden" Sorten, beispielsweise Marabel oder Toscana. Der Stärkegehalt bestimmt wesentlich die Kocheigenschaften einer Kartoffel, darunter ihre Textur und Formstabilität.

Die Stärke liegt in Form von mikroskopisch kleinen Kügelchen oder Körnchen in den Kartoffelzellen vor. Beim Kochen absorbieren sie Wasser aus dem Kartoffelinneren und quellen auf. Dadurch dehnen sich die Zellen, lösen sich voneinander und platzen schließlich. Kocht man die Kartoffeln länger, platzt auch ein guter Teil der Stärkekörnchen auf und setzt eingeschlossene Stärkemoleküle frei. Mehr Stärke

führt also zu mehr platzenden Zellen, was wiederum zur Folge hat, dass eine Kartoffel beim Kochen zerfällt. Und genau das geschieht beim Garen mehligkochender Kartoffeln.

Dieser Effekt kann durchaus erwünscht sein, besonders für Kartoffelpüree. Mehligkochende Kartoffeln lassen sich nicht nur leichter zerstampfen, sie nehmen durch den hohen Anteil geplatzter Zellen auch wesentlich mehr Flüssigkeit auf als ihre festkochenden Verwandten. Der Grund: Sie enthalten 25 Prozent mehr Stärke, und diese Stärke absorbiert selbst nach dem Kochen noch jede Menge Wasser.

Wichtig ist auch zu wissen, dass es zwei Arten von Stärkemolekülen gibt, die sich in ihren Eigenschaften unterscheiden: Amylose und Amylopektin. Amylosemoleküle, die aus langen Ketten bestehen, lösen sich beim Kochen relativ schnell aus den aufgequollenen Stärkekörnchen. Stärkekörnchen mit hohem Amyloseanteil absorbieren besonders viel Flüssigkeit – genau das, was wir wollen, wenn wir Kartoffeln beim Pürieren Milch hinzufügen. Das erklärt, warum mehligkochende Kartoffeln ideale Kandidaten für Püree sind: Sie enthalten nicht nur besonders viel Stärke, sondern die Stärke enthält auch einen sehr hohen Amyloseanteil.

Amylopektinmoleküle dagegen sind größer als Amylosemoleküle und haben eine stark verzweigte Struktur, die sie auch im erhitzten Zustand zusammenhalten lässt. Infolgedessen bleibt die Kartoffel intakt. Festkochende Sorten, die tendenziell mehr Amylopektin und weniger Amylose enthalten, sind erste Wahl für Salzkartoffeln, da sie ihre Form gut halten und kaum Wasser absorbieren. Aus denselben

Gründen eignen sie sich nicht für Püree – sie machen mehr Arbeit beim Stampfen und nehmen nur schlecht Flüssigkeit auf.

DAS EXPERIMENT

Um die unterschiedliche Dichte und Stärkezusammensetzung verschiedener Kartoffelsorten zu demonstrieren, haben wir festkochende, vorwiegend festkochende und mehligkochende Kartoffeln in 1,5 cm große Würfel geschnitten und anschließend in blau eingefärbtem Wasser gekocht. Nachdem die Würfel abgekühlt waren, haben wir sie halbiert und nachgesehen, wie tief die blaue Lebensmittelfarbe ins Innere vorgedrungen ist.

DAS ERGEBNIS

Bei den mehligkochenden Kartoffeln war die Farbe noch in der Würfelmitte erkennbar, während die festkochenden nur einen schmalen blauen Rand aufgewiesen haben. Der Farbrand der vorwiegend festkochenden Kartoffeln war breiter als bei den festkochenden, aber schmaler als der der mehligkochenden.

DIE ERKENNTNIS

Der entscheidende Faktor bei diesem Versuch ist das Stärke-Wasser-Verhältnis der Kartoffeln. Mehligkochende Kartoffeln enthalten einen höheren Stärkeanteil als die anderen Sorten, weshalb sie eine höhere Dichte haben (siehe Kasten „Schwimm oder sink" auf Seite 64). Beim Kochen absorbieren die Stärkekörnchen viel Flüssigkeit und quellen stark auf. Die Zellen der Kartoffeln schwellen daraufhin an und lösen sich voneinander, viele platzen sogar. Was die Wasseraufnahmefähigkeit angeht, sind mehligkochende Kartoffeln nicht zu schlagen. Festkochende Kartoffeln dagegen enthalten weniger Stärkekörnchen, was bedeutet, dass mehr Platz zum Aufquellen vorhanden ist; der Druck im Zellinnern, der die Zellen auseinandertreibt und häufig zum Platzen bringt, bleibt relativ gering. Gleichzeitig absorbieren festkochende Sorten weniger Flüssigkeit. Diese Sorten sind ideal für Gerichte, in denen die Kartoffeln ihre Form behalten sollen, zum Beispiel unser Französischer Kartoffelsalat auf Seite 57. Wie Sie sich wahrscheinlich schon gedacht haben, liegen die Kocheigenschaften vorwiegend festkochender Kartoffeln in der Mitte zwischen den beiden geschilderten Extremen.

Der zweite wichtige Faktor ist die Zusammensetzung der Stärkekörnchen, also das Mengenverhältnis der beiden Stärkearten Amylose und Amylopektin. Mehligkochende Kartoffelsorten enthalten nicht nur viel Stärke, sondern auch viel Amylose, also jene langkettigen Stärkemoleküle, die beim Erhitzen aus den aufgequollenen Stärkekörnchen austreten. Die gegarten Kartoffeln werden deshalb besonders locker – ein weiterer Grund, warum das gefärbte Wasser so tief in die Kartoffeln eingedrungen ist. Bei festkochenden Kartoffeln sieht es anders aus: Sie enthalten trotz insgesamt geringem Stärkegehalt relativ betrachtet mehr Amylopektin, das auch bei hohen Temperaturen für eine dichte und feste Konsistenz der Kartoffeln sorgt. Die Eigenschaften von vorwiegend festkochenden Kartoffeln, die ein ausgewogenes Amylose-Amylopektin-Verhältnis haben, liegen erneut in der Mitte, was auch daran deutlich wird, dass die blaue Farbe im Versuch mäßig tief eingedrungen ist.

Unser Fazit? Da Kartoffeln je nach Sorte ein unterschiedliches Stärke-Wasser- und Amylose-Amylopektin-Verhältnis aufweisen, unterscheiden sich auch ihre Kocheigenschaften. Überlegen Sie also gut, welche Sorte Sie für welches Rezept nehmen.

IN BLAUEM WASSER GEKOCHTE KARTOFFELWÜRFEL

Wie viel Wasser, hier blau eingefärbt, nehmen Kartoffeln tatsächlich auf?

FESTKOCHEND
Stärkearme Kartoffeln absorbieren nur wenig Wasser.

VORWIEGEND FESTKOCHEND
Kartoffeln mit mittlerem Stärkeanteil nehmen auch eine mittlere Wassermenge auf.

MEHLIGKOCHEND
Sehr stärkehaltige Kartoffeln absorbieren das meiste Wasser.

KARTOFFELN IN DER PRAXIS: SALATE

Wie wichtig die Wahl der Kartoffelsorte ist, sieht man am besten an Kartoffelsalat. Wir stellen Ihnen hier zwei
Varianten vor: Kartoffelsalat nach klassisch amerikanischer Art mit einem mayonnaisebasierten Dressing, das
die eher weichen Kartoffelstücke gut verbindet, und ein französisch angehauchtes Rezept mit ungeschälten
Kartoffelscheiben, angemacht mit einer Kräuter-Knoblauch-Vinaigrette.

KLASSISCHER AMERIKANISCHER KARTOFFELSALAT
(FÜR 4 BIS 6 PORTIONEN)

*Nehmen Sie für diesen Salat Selleriesamen, nicht Selleriesalz;
falls Sie nur Selleriesalz haben, nehmen Sie die angegebene
Menge und verzichten Sie auf zusätzliches Salz im Dressing.
Prüfen Sie rechtzeitig, ob die Kartoffeln gar sind; Sie sollten
die Kartoffeln nicht zu lange kochen, sonst werden sie zu
weich und zerfallen. Die Kartoffeln müssen vor der Zugabe
des Dressings abkühlen und dürfen nur noch leicht warm
sein (auch ganz abgekühlt ist in Ordnung). Falls Ihnen der Salat noch etwas zu trocken scheint, fügen Sie bis zu 2 EL Mayonnaise zusätzlich hinzu.*

900 g	mehligkochende Kartoffeln, geschält und
	2 cm groß gewürfelt
	Salz und Pfeffer
2 EL	Branntweinessig
1 Stange	Staudensellerie, fein zerkleinert
150 g	Mayonnaise
3 EL	süßes Gurken-Relish
2 EL	rote Zwiebel, fein gehackt
2 EL	frische Petersilie, fein gehackt
¾ TL	Senfpulver
¾ TL	Selleriesamen
2	hart gekochte Eier, geschält und gut 0,5 cm groß
	gewürfelt (falls gewünscht)

1. Die Kartoffeln in einen großen Topf geben und so
viel kaltes Wasser dazugeben, dass sie 2,5 cm hoch bedeckt
sind. Das Wasser bei mittlerer bis hoher Hitze zum Kochen
bringen, 1 EL Salz dazugeben und die Kartoffeln auf mittlerer Stufe etwa 8 Minuten köcheln lassen, bis sie weich sind,
zwischendurch ein- bis zweimal durchrühren.

2. Die Kartoffeln abgießen und in eine große Schüssel
geben. Den Essig dazugeben und alles mit einem Gummispatel behutsam vermengen. Die Kartoffeln etwa 20 Minuten abkühlen lassen, bis sie nur noch lauwarm sind.

3. Derweil in einer kleinen Schüssel das Dressing zubereiten. Dazu Staudensellerie, Mayonnaise, Gurken-Relish,
Zwiebel, Petersilie, Senfpulver, Selleriesamen, ½ TL Salz und
¼ TL Pfeffer vermischen. Das Dressing zusammen mit den
Eiern (falls gewünscht) vorsichtig mit einem Gummispatel
unter die Kartoffeln heben. Die Schüssel mit Frischhaltefolie abdecken und etwa 1 Stunde in den Kühlschrank stellen,
bis der Salat kalt ist, dann servieren. (Der Kartoffelsalat
kann gekühlt maximal einen Tag aufbewahrt werden.)

🍲 WARUM DAS REZEPT FUNKTIONIERT

Leider wird Kartoffelsalat häufig in Mayonnaise ertränkt und schmeckt
furchtbar fade. Unser Salat dagegen sollte würzige, zarte Kartoffeln
enthalten, kontrastiert von knackigen Zwiebel- und Selleriestückchen.
Wir nehmen mehligkochende Kartoffeln, da sie von allen Sorten am
besten Geschmack annehmen, besonders, wenn man sie heiß mit etwas Essig vermischt. Beim Dressing sind wir mit Mayonnaise sparsam
und peppen es lieber mit einigen eher ungewöhnlichen Gewürzen auf.

PRAKTISCHE WISSENSCHAFT: KARTOFFELN KALT AUFSETZEN

Sollte man Kartoffeln zum Kochen bereits ins kalte Wasser geben? Die Antwort lautet: ja. Das Garen geht schneller und die Kartoffeln haben anschließend eine bessere Textur.

Viele Kochbuchautoren empfehlen, die Kartoffeln kalt aufzusetzen, anstatt zu warten, bis das Wasser kocht. Die mutmaßliche Erklärung: Da Kartoffeln relativ lange brauchen, um zu garen, sind sie oft außen schon zerkocht, wenn sie innen gerade gar sind. Gibt man die Kartoffeln gleich zu Beginn ins kalte Kochwasser, steigt die Temperatur der Kartoffeln sehr langsam und gleichmäßig, was verhindert, dass die äußeren Schichten übergaren. So weit die Theorie. Um die Theorie in der Praxis zu überprüfen, haben wir drei Testgerichte zubereitet: gekochte Kartoffeln (ganz und ungeschält), Kartoffelpüree (aus ungeschälten, ganzen Kartoffeln) und Kartoffelsalat (aus geschälten und in 2 cm große Stücke geschnittenen Kartoffeln). Alle Gerichte haben wir zweimal zubereitet: Beim ersten Mal haben wir die Kartoffeln in siedendes Wasser gegeben und sie dann bei niedrigerer Temperatur köcheln lassen, das zweite Mal haben wir sie in kaltem Wasser aufgesetzt, zum Kochen gebracht und anschließend köcheln lassen.

Welche Methode hat besser funktioniert? Beim Kartoffelsalat haben wir keine Unterschiede festgestellt; nachdem die gestückelten Kartoffeln abgekühlt waren und wir sie mit Mayonnaise und Gewürzen vermengt hatten, haben beide Proben gleich geschmeckt. Beim Kartoffelpüree war es genauso: Wir haben die gekochten Kartoffeln geschält, mithilfe einer Kartoffelpresse zerdrückt und dann mit Milch, Sahne und zerlassener Butter vermischt – kein Unterschied zwischen den beiden Proben. Bei den einfachen gekochten Kartoffeln haben wir allerdings sehr wohl einen Unterschied bemerkt: Hier waren die in kochendes Wasser gegebenen Kartoffeln außen spürbar weicher als innen. Sie waren zwar insgesamt akzeptabel, aber die Textur war nicht ganz so schön gleichmäßig wie die der kalt aufgesetzten Kartoffeln.

Abgesehen davon waren die kalt aufgesetzten Kartoffeln bei allen Gerichten einige Minuten früher gar. Zwar sind die heiß aufgesetzten Kartoffeln nicht so lange im Topf wie die kalt aufgesetzten, aber rechnet man die Zeit ein, die benötigt wird, um das Wasser zum Kochen zu bringen, gewinnen die im kalten Wasser aufgesetzten Kartoffeln das Rennen. Unser Fazit lautet also, dass kaltes Aufsetzen auf jeden Fall Zeit spart und bei bestimmten Gerichten auch zu einem besseren Ergebnis führt.

MEHLIGKOCHENDE KARTOFFELN VERWENDEN Eigentlich eignen sich fast alle Kartoffelsorten für Kartoffelsalat. Welche Sorte für Sie die richtige ist, hängt davon ab, wie Sie den Salat mögen. Wollen Sie ihn eher stückig, sind feste rote Kartoffeln die richtige Wahl. Wenn Sie Kartoffeln wollen, die die Aromen des Dressings tief in sich aufnehmen, und Sie kein Problem mit einer etwas bröckeligen Textur haben, nehmen Sie eine mehligkochende Sorte. Leider schmeckt Kartoffelsalat häufig ziemlich fade. Mehr Dressing ist selten die Lösung – es sammelt sich nur am Boden der Schüssel. Für klassischen amerikanischen Kartoffelsalat sind mehligkochende Kartoffeln unser Favorit, da sie weit besser Flüssigkeit – und damit Geschmack – absorbieren als ihre festkochenden Verwandten. Auch die weiche Textur ist in unseren Augen ein Plus – die Kartoffelstücke haften gut aneinander und ergeben einen schön einheitlich texturierten Salat.

HEISS WÜRZEN Am besten würzt man die Kartoffeln, wenn sie noch warm sind, denn dann nehmen sie am meisten Aroma auf. Wir geben deshalb den Essig an die Kartoffeln, gleich nachdem wir sie abgegossen haben. (Mit der Mayonnaise sollten Sie aber noch warten, sonst wird das Dressing ölig und dünn.)

WÜRZIGES DRESSING Für das Rezept sollte es auf jeden Fall ein mayonnaisebasiertes Dressing sein, wir waren aber offen für Experimente. Unter anderem haben wir probiert, die Hälfte der Mayonnaise durch Buttermilch, Sour Cream und Joghurt zu ersetzen – was unsere Testesser allerdings nicht überzeugt hat. So ist es bei einem reinen Mayonnaise-Dressing geblieben. Ins Dressing gehören unserer Meinung nach außerdem Staudensellerie (für mehr knackigen Biss) und rote Zwiebeln (für den Geschmack und als Farbtupfer). Gurken-Relish aus dem Glas ist schnell und einfach hinzugefügt und verfeinert den Salat mit dezenter Süße. Selleriesamen, als Gewürz etwas aus der Mode gekommen, machen den Geschmack komplexer, und Senfpulver schließlich sorgt für eine angenehme Schärfe.

MÖGLICHST WENIG VERMENGEN Bereiten Sie das Dressing in einer separaten Schüssel zu und mengen Sie es erst dann unter die Kartoffeln. Gibt man die Dressing-Zutaten einzeln zu den Kartoffeln und vermischt sie jeweils damit, zerfallen die Kartoffelstücke und man hat zum Schluss nur noch Mus in der Schüssel.

FRANZÖSISCHER KARTOFFELSALAT MIT DIJON-SENF UND FRISCHEN KRÄUTERN
(FÜR 6 PORTIONEN)

Falls Sie keinen frischen Kerbel haben, nehmen Sie stattdessen etwas mehr Petersilie (1½ EL) und Estragon (1½ TL). Servieren Sie den Salat am besten warm, dann schmeckt er besonders aromatisch.

ßend unter fließendem kalten Wasser abschrecken, um das Garen zu stoppen. Die Zehe vom Spieß abziehen und zur späteren Verwendung beiseitelegen. Die Kartoffeln köchelnd und ohne Deckel etwa 5 Minuten weitergaren, bis sie etwas weich sind, aber noch Biss haben. Dann abgießen, dabei 60 ml Kochwasser zurückbehalten. Die Kartoffelscheiben möglichst dicht aneinander in einer Lage auf einem tiefen Backblech verteilen.

2. Den Knoblauch fein hacken und zusammen mit dem Kartoffelwasser, Öl, Essig, Senf und Pfeffer in einer kleinen Schüssel mit einem Schneebesen vermengen. Das Dressing gleichmäßig über die heißen Kartoffeln träufeln und 10 Minuten ziehen lassen.

3. Die Schalotte und die Kräuter in einer kleinen Schüssel vermengen. Die Kartoffeln in eine große Servierschüssel geben, die Kräutermischung hinzufügen und alles vorsichtig mit einem Gummispatel vermengen. Sofort servieren.

Zubereitung im Voraus: Dem Rezept bis einschließlich Schritt 2 folgen, dann die Kartoffeln mit Frischhaltefolie abdecken und gekühlt aufbewahren. Die Kartoffeln vor dem Servieren Zimmertemperatur annehmen lassen, dann mit der Schalotte und den Kräutern vermengen.

900 g	kleine rote Kartoffeln, festkochend, gewaschen, in gut 0,5 cm dicke Scheiben geschnitten
2 EL	Salz
1	Knoblauchzehe, abgezogen und auf einen Spieß gesteckt
60 ml	Olivenöl
1½ EL	Champagneressig oder Weißweinessig
2 TL	Dijon-Senf
½ TL	Pfeffer
1	kleine Schalotte, fein gehackt
1 EL	frischer Kerbel, fein gehackt
1 EL	frische Petersilie, fein gehackt
1 EL	frischer Schnittlauch, fein gehackt
1 TL	frischer Estragon, fein gehackt

1. Die Kartoffeln mit dem Salz in einen großen Topf geben und so viel kaltes Wasser dazugeben, dass sie 2,5 cm hoch bedeckt sind. Das Wasser auf hoher Stufe zum Kochen bringen, dann die Hitze auf mittlere Stufe reduzieren. Die aufgespießte Knoblauchzehe etwa 45 Sekunden ins köchelnde Wasser halten und leicht blanchieren. Anschlie-

FRANZÖSISCHER KARTOFFELSALAT MIT RUCOLA, ROQUEFORT UND WALNÜSSEN

Lassen Sie die Kräuter in Schritt 3 weg und vermengen Sie die Kartoffeln mit der Schalotte, 60 g gehackten gerösteten Walnüssen, 200 g zerbröseltem Roquefort-Käse und 90 g Rucola (in mundgerechte Stücke gerissen).

FRANZÖSISCHER KARTOFFELSALAT MIT FENCHEL, TOMATEN UND OLIVEN

Hacken Sie nur die feinen, büschelartigen Teile des Fenchelgrüns und werfen Sie die dicken, harten Stiele weg. Das Grün von einer kleinen Fenchelknolle abschneiden. Grob hacken und beiseitestellen. Die Knolle längs halbieren. Es wird nur eine Hälfte benötigt, die andere daher für anderweitige Verwendung weglegen. Mit einem spitzen Messer den Kern und den Strunk der halben Knolle entfernen, dann in sehr dünne Scheiben schneiden. Kerbel,

Schnittlauch und Estragon weglassen; die Petersilienmenge auf 3 EL erhöhen. In Schritt 3 die Kartoffeln mit der Schalotte, der Petersilie, dem Fenchel, einer gewürfelten Tomate (gehäutet und entkernt) sowie 30 g geviertelten schwarzen Oliven (ohne Stein und in Öl eingelegt) vermischen.

FRANZÖSISCHER KARTOFFELSALAT MIT RADIESCHEN, CORNICHONS UND KAPERN

Die Kräuter weglassen und die Schalotte durch 2 EL fein gehackte rote Zwiebel ersetzen. In Schritt 3 die Kartoffeln mit 2 Radieschen (in feinen Scheiben), 40 g Kapern (abgespült), 30 g Cornichons (in feinen Scheiben) sowie der roten Zwiebel vermischen.

🍲 WARUM DAS REZEPT FUNKTIONIERT

Französischer Kartoffelsalat soll nicht nur dem Auge, sondern auch dem Gaumen schmeicheln. Die Kartoffeln – traditionell nimmt man kleine rote – müssen zart gekocht sein, aber noch Biss haben. Da sie relativ wenig Eigengeschmack haben, sorgen wir dafür, dass sie möglichst viel vom Aroma der Vinaigrette aufnehmen. Um schön saubere Kartoffelscheiben mit intakter Schale zu erhalten, schneiden wir die Kartoffeln bereits vor dem Kochen. (Schneidet man sie anschließend, kann es passieren, dass die Scheiben zerfallen.) Damit die Kartoffeln unsere würzige Vinaigrette mit Senf und Knoblauch gut aufnehmen, breiten wir sie nach dem Abgießen auf einem Backblech aus und gießen die Vinaigrette darüber. Erst kurz vor dem Servieren vermengen wir die Kartoffeln behutsam mit den frischen Kräutern – letztere schmecken so herrlich frisch und behalten ihre leuchtende Farbe. Das vorsichtige Unterheben ist auch wichtig, damit die Kartoffelscheiben möglichst nicht zerfallen.

ERST SCHNEIDEN, DANN KOCHEN Indem wir die Kartoffeln schon vor dem Kochen in Scheiben schneiden, verhindern wir Schalenfetzen und Kartoffelbruchstücke, die im fertigen Salat nicht schön aussehen. (Ganz davon abgesehen, verbrennen wir uns so beim Schneiden auch nicht ständig die Finger.) Da wir die vorgeschnittenen Scheiben nur kurz kochen, zerfallen sie nicht und auch die Schale löst sich nicht. Sie schmecken wunderbar unverfälscht nach Kartoffel (nicht zu sehr nach Stärke), sind gleichmäßig gar und noch schön fest.

MUT ZUM ESSIG Damit es unserem Salat auch wirklich nicht an Aroma mangelt, verschieben wir mutig das Essig-Öl-Verhältnis zugunsten des Essigs und nehmen einen Teil Essig auf drei statt der klassischen vier Teile Öl. Die relativ geschmacksarmen Kartoffeln können die zusätzliche Säure vertragen. Wir lieben die herben Noten von Champa-

---

PRAKTISCHE WISSENSCHAFT: „SICHERER" KARTOFFELSALAT

Nicht die Mayonnaise verdirbt den Kartoffelsalat, sondern die Kartoffeln.

Was Lebensmittelsicherheit angeht, hat Mayonnaise einen schlechten Ruf. Stets wird sie verantwortlich gemacht, wenn beim Picknick oder Grillen im Sommer der Kartoffelsalat verdirbt oder jemand anschließend Durchfall hat. Und haben Sie auch schon mal gehört, es sei sicherer, den Salat statt mit einem Mayo-Dressing mit einer Vinaigrette zuzubereiten, denn damit sei eine Lebensmittelvergiftung so gut wie ausgeschlossen? So einfach ist die Sache leider nicht.

Mayonnaise besteht im Wesentlichen aus rohen Eiern, Pflanzenöl und einer säurehaltigen Zutat, meist Essig oder Zitronensaft. Das in industriell hergestellter Mayonnaise verwendete Ei wird pasteurisiert, wodurch Salmonellen und andere Keime abgetötet werden. Für zusätzliche Sicherheit sorgt der hohe Säuregehalt der Mayonnaise – Säure wirkt keimhemmend, da Bakterien in sauren Umgebungen nur schwer überleben. Solange Mayonnaise, auch selbstgemachte, also genügend Säure enthält, ist sie ein recht sicheres Lebensmittel. Tatsächlich ist es in Kartoffelsalat wahrscheinlicher, dass sich in den Kartoffeln Bakterien vermehren und den Salat verderben, da die Stärke aus den Kartoffeln ein wunderbarer Nährboden ist.

Die Bakterien, die am häufigsten in verdorbenem Kartoffelsalat zu finden sind, sind Bacillus cereus und Staphylococcus aureus (auch als Staphylokokken bekannt). Beide kommen in Erde und Staub vor und vermehren sich besonders gut auf stärkehaltigen, säurearmen Lebensmitteln wie Reis, Nudeln und Kartoffeln. Gelangen sie über ein schlecht abgewaschenes Schneidebrett oder ungewaschene Hände in Ihren Kartoffelsalat, können sie in Ihrem Verdauungstrakt für einigen Ärger sorgen.

Die meisten in Lebensmitteln vorkommenden Bakterien gedeihen besonders gut im Temperaturbereich von 4,5 bis 60 °C. Bleibt die Temperatur eines mit Bakterien besetzten Lebensmittels zu lange in diesem kritischen Bereich, kann es passieren, dass durch das Bakterienwachstum eine so hohe Toxinkonzentration entsteht, dass sie gesundheitsschädlich wird. Daher sollte das Essen nach der Zubereitung gekühlt werden – insbesondere wenn Sie Mayonnaise mit rohen Eiern selber machen. Herrschen höhere Temperaturen vor, sollte mayonnaisehaltiges Essen sofort gekühlt werden. Bei Picknicks ist es meistens die Sonnenwärme, die Lebensmittel schlecht werden lässt. Versuchen Sie daher unterwegs, das Essen bestmöglich zu kühlen.

gneressig, aber auch Weißweinessig schmeckt im Salat exzellent, wie wir finden.

KOCHWASSER ZURÜCKBEHALTEN Ein Kartoffelsalat mit Vinaigrette fällt manchmal etwas trocken aus. In manchen Rezepten behilft man sich mit Geflügelbrühe oder Wein, wir aber geben etwas Kartoffelwasser dazu, das wir beim Abgießen zurückbehalten haben. Es schmeckt schön würzig und ist ohne zusätzlichen Aufwand verfügbar.

DEN KNOBLAUCH BLANCHIEREN Roher Knoblauch ist für diesen fein aromatischen Salat zu stark und stechend. Durch Blanchieren nehmen wir ihm etwas den Biss.

KARTOFFELN AUFS BACKBLECH Nach dem Abgießen verteilen wir die Kartoffeln auf einem tiefem Backblech und beträufeln sie gleichmäßig mit der Vinaigrette. Auf diese Weise kühlen die Kartoffeln etwas ab und garen nicht nach (wodurch sie womöglich matschig weich werden würden). Praktisch ist die Methode auch deshalb, weil wir uns das Vermengen mit der Vinaigrette sparen und so das Risiko minimieren, die Scheiben zu beschädigen. Auch ohne Vermischen wird die Vinaigrette so sehr gut von den warmen Kartoffeln aufgenommen.

PRAKTISCHE WISSENSCHAFT: WARUM SIND KARTOFFELN MANCHMAL GRÜN?

Schneiden Sie grüne Stellen an Kartoffeln großzügig weg. Sie enthalten möglicherweise ein giftiges Alkaloid und können Gesundheitsprobleme verursachen.

An Kartoffeln, die zu lange Sonnenlicht ausgesetzt waren oder die falsch gelagert wurden, bilden sich oft grüne Flecken. Die verfärbten Stellen werden durch Chlorophyll verursacht und deuten meist auf eine erhöhte Solanin-Konzentration hin. Solanin ist ein natürlich vorkommendes toxisches Alkaloid, das zu Verdauungsproblemen führen kann. Sollten Sie also beim Kartoffelschälen grüne Stellen entdecken, schneiden Sie diese großzügig weg. Lagern Sie Kartoffeln immer an einem gut belüfteten, dunklen, trockenen und kühlen Ort. Lässt man sie einfach auf der Arbeitsfläche liegen, fangen sie schon nach einer Woche an, grün zu werden.

KARTOFFELN IN DER PRAXIS: PÜREE

Genau wie die Textur Ihres Kartoffelsalats von der verwendeten Kartoffelsorte abhängt, ändert sich auch die Textur von pürierten Kartoffeln je nach Sorte. Wollen Sie herrlich cremiges Püree, nehmen Sie mehligkochende Kartoffeln. Für „Püree" aus zerdrückten Kartoffeln, das schön stückig sein soll, sind festkochende Kartoffeln die bessere Wahl.

KLASSISCHES KARTOFFELPÜREE
(FÜR 4 PORTIONEN)

Das Püree wird mit mehligkochenden Kartoffeln besonders luftig, Sie können aber auch vorwiegend festkochende Kartoffeln nehmen (diese haben eine schön butterige Note).

900 g	mehligkochende Kartoffeln
120 g	Butter, zerlassen
125 ml	Vollmilch (mind. 3,5 % Fett), angewärmt
125 ml	Sahne, angewärmt
	Salz und Pfeffer

1. Die Kartoffeln in einen großen Topf geben und so viel kaltes Wasser dazugeben, dass sie 2,5 cm hoch bedeckt sind. Bei großer Hitze aufkochen lassen, dann die Hitze auf niedrige bis mittlere Stufe reduzieren. Die Kartoffeln 20 bis 30 Minuten köcheln lassen, bis sie gerade weich sind und man beim Einstechen mit einem spitzen Messer kaum Widerstand spürt. Die Kartoffeln in einen Durchschlag abgießen.

2. Eine Kartoffelpresse oder eine Passiermühle (Flotte Lotte) auf den leeren Topf setzen. Die heißen Kartoffeln einzeln mit einem Topflappen in die Hand nehmen und mit einem Küchenmesser die Schale abziehen. Die geschäl-

KARTOFFELPÜREE MIT RÄUCHERPAPRIKA UND RÖSTKNOBLAUCH, S. 62

ten Kartoffeln portionsweise in große Stücke schneiden und in der Presse zerdrücken bzw. in der Mühle zermahlen.

3. Die Butter untermengen. Langsam mit einem Schneebesen die Vollmilch, Sahne und 1½ TL Salz einrühren. Mit Pfeffer abschmecken und servieren.

KARTOFFELPÜREE MIT KNOBLAUCH

Nehmen Sie keine zu großen Knoblauchzehen, da diese beim Rösten nicht weich genug werden. Möchten Sie das Püree nicht ganz so fein, verwenden Sie einen Kartoffelstampfer, reduzieren Sie die Milch- und Sahnemenge jeweils auf 90 ml und zerdrücken Sie den Knoblauch mit einer Gabel zu Paste, bevor Sie ihn zu den Kartoffeln geben. 22 ungeschälte Knoblauchzehen (ca. 90 g) in einer Pfanne (ø 20 cm) zugedeckt auf niedriger Stufe etwa 22 Minuten rösten, bis die Zehen stellenweise dunkel gebräunt und etwas weich sind, dabei die Pfanne häufig schütteln. Dann die Pfanne vom Herd nehmen und etwa 15 bis 20 Minuten zugedeckt stehen lassen, bis die Zehen ganz weich sind. Die Zehen schälen und das holzige Ende abschneiden. Den Knoblauch in Schritt 2 zusammen mit den Kartoffeln zerdrücken bzw. zermahlen.

KARTOFFELPÜREE MIT GERÄUCHERTEM CHEDDAR UND KÖRNIGEM SENF

Das Kartoffelpüree nach dem Untermengen der Butter in Schritt 3 mit 1¼ TL Salz und ½ TL Pfeffer würzen. 30 g geräucherten Cheddar reiben. Den Käse und 2 EL körnigen Senf zusammen mit der Milch und der Sahne hinzufügen und kurz verrühren. Sofort servieren.

KARTOFFELPÜREE MIT RÄUCHERPAPRIKA UND RÖSTKNOBLAUCH

Während die Kartoffeln köcheln, 1 TL geräuchertes Paprikapulver in einer Pfanne (ø 20 cm) bei mittlerer Hitze etwa 2 Minuten anrösten, bis es intensiv duftet, dabei häufig umrühren. Das Pulver in einer kleinen Schüssel beiseitestellen. 120 g Butter in einem kleinen Topf bei kleiner bis mittlerer Hitze zerlassen. 3 fein gehackte Knoblauchzehen dazugeben und auf niedriger Stufe unter häufigem Rühren 12 bis 14 Minuten anbraten, bis der Knoblauch beginnt zu bräunen. Den Topf sofort vom Herd nehmen und 5 Minuten stehen lassen (der Knoblauch bräunt in dieser Zeit weiter). Den Topfinhalt durch ein feines Küchensieb abseihen; Butter und gerösteten Knoblauch getrennt beiseitestellen. Die Kartoffeln wie beschrieben zerdrücken oder zermahlen, dann kurz die Butter untermengen. Das Püree mit dem gerösteten Paprikapulver, 1½ TL Salz und ½ TL Pfeffer würzen. Die warme Milch und Sahne unterrühren. Mit dem beiseitegestellten gerösteten Knoblauch bestreuen und sofort servieren.

🍲 WARUM DAS REZEPT FUNKTIONIERT

Die wenigsten Leute würden wohl auf die Idee kommen, Kartoffelpüree nach Rezept zuzubereiten. Weit wahrscheinlicher ist, dass sie die Kartoffeln einfach pürieren und dann nach Gefühl Butter und Milch dazugeben. Allerdings darf es so niemanden verwundern, wenn das Kartoffelpüree höchstens mittelmäßig schmeckt. Unser Ziel war ein schön geschmeidig-glattes Püree mit kräftigem Kartoffelgeschmack und vollem Butteraroma. Wir verwenden mehligkochende Kartoffeln, die wir ungeschält kochen, damit Geschmack und Textur nicht leiden. Wichtig ist außerdem die richtige Temperatur der Milch und Sahne und die Reihenfolge, in der wir sie hinzufügen.

DIE RICHTIGEN KARTOFFELN Da mehligkochende Kartoffeln sehr viel Stärke enthalten und gekocht eine eher lockere Beschaffenheit haben, nehmen sie die Butter und die anderen Milchprodukte sehr gut auf. Sie sind daher für Kartoffelpüree ideal geeignet.

ERST KOCHEN, DANN PELLEN Mit der üblichen Methode, die Kartoffeln erst zu schälen und dann in Stücke zerteilt zu kochen, gelingen die Knollen nicht halb so gut, als wenn man sie mit Schale gart. Schält und schneidet man sie vor dem Kochen, vergrößert sich die Oberfläche, über die lösliche Substanzen wie Stärke, Proteine und Aromastoffe ins Kochwasser ausgewaschen werden und somit verloren gehen. Je größer die Oberfläche, desto größer auch die Zahl der Wassermoleküle, die sich an die Stärkemoleküle der Kartoffeln binden. Beide Vorgänge bewirken, dass das Kartoffelpüree fade und wässrig schmeckt. Kocht man die Knollen dagegen mit Schale, absorbieren sie weniger Wasser und können im Anschluss mehr Milch, Sahne und Butter aufnehmen. Auch ihr Eigengeschmack bleibt auf diese Weise viel stärker erhalten.

HEISSE KARTOFFELN SCHMERZFREI SCHÄLEN Ja, es ist etwas umständlicher, heiße statt kalte Kartoffeln zu schälen, aber der Aufwand lohnt sich. Halten Sie die heißen Kartoffeln am besten mit einem Topflappen und ziehen Sie mit der anderen Hand mit einem kleinen Allzweckmesser die Schale ab. Alternativ können Sie die garen Kartoffeln auch halbieren und das Innere sorgfältig aus der Schale herauslöffeln.

KARTOFFELN PRESSEN ODER MAHLEN Es gibt eine Reihe von Möglichkeiten, die Kartoffeln zu „pürieren". Statt eines Kartoffelstampfers benutzen wir lieber eine Kartoffelpresse oder eine Passiermühle, da das Kartoffelpüree damit deutlich feiner wird. Pressen oder mahlen Sie die Kartoffeln in den noch heißen Topf, in dem die Kartoffeln gekocht wurden, so werden sie nicht so schnell kalt.

HEISSE BUTTER VERWENDEN Die Zugabe der Butter, Milch und Sahne ist komplexer, als Sie vielleicht denken. Zwei Dinge sind dabei wichtig: die Reihenfolge der Zutaten und die Temperatur der Butter. Gibt man die Milch und Sahne vor der Butter zum Kartoffelpüree, sorgt das darin enthaltene Wasser in Verbindung mit der Kartoffelstärke dafür, dass das Gericht sehr schwer und kleisterig wird. Abhilfe schafft man, indem man zuerst die Butter untermengt. Das Fett legt sich dann um die Stärkekörner sowie die ausgetretenen Stärkemoleküle und erschwert die Wasserbindung, wenn schließlich die Milch und Sahne hinzugefügt werden. So wird das Kartoffelpüree extra cremig. Die Butter sollte man flüssig hinzugeben, da sie die Stärke dann schneller und besser umschließt. Der Fettüberzug hemmt nicht nur die Interaktion der Stärkemoleküle mit der Milch und der Sahne, sondern die Interaktion der Stärkemoleküle untereinander; insgesamt lässt er die Püreetextur glatter werden. (Vergessen Sie übrigens nicht, auch die Milch und die Sahne anzuwärmen, damit die Kartoffeln nicht unnötig abkühlen.)

STÜCKIGER KARTOFFELSTAMPF
(FÜR 4 BIS 6 PORTIONEN)

Statt roter Kartoffeln können Sie auch normale Kartoffeln mit brauner Schale nehmen, allerdings sieht das Gericht dann langweiliger aus. Am besten sind kleine Knollen mit etwa 2,5 cm Durchmesser. Verwenden Sie nach Möglichkeit gleich große Kartoffeln; falls nicht möglich, prüfen Sie den Gargrad an den größeren Exemplaren. Wenn Sie nur größere Kartoffeln bekommen, verlängern Sie die Kochzeit um etwa 10 Minuten.

900 g	kleine rote Kartoffeln, gewaschen, ungeschält
	Salz und Pfeffer
1	Lorbeerblatt
110 g	Frischkäse (mind. Doppelrahmstufe, zimmerwarm)
60 g	Butter, zerlassen
4 EL	frischer Schnittlauch, fein gehackt (falls gewünscht)

1. Die Kartoffeln in einen großen Topf geben und so viel kaltes Wasser dazugeben, dass sie 2,5 cm hoch bedeckt sind. 1 TL Salz und das Lorbeerblatt hinzufügen. Bei starker Hitze aufkochen lassen, dann die Hitze auf niedrige bis mittlere Stufe reduzieren. Die Kartoffeln 35 bis 45 Minuten köcheln lassen, bis man beim Einstechen mit einem spitzen Messer keinen Widerstand mehr spürt. 125 ml Kochwas-

PRAKTISCHE WISSENSCHAFT: SCHWIMM ODER SINK

Je nach ihrem Stärkegehalt schwimmt oder sinkt eine Kartoffel in Salzwasser.

Um die unterschiedliche Dichte von Kartoffelsorten zu demonstrieren, haben wir folgenden einfachen Versuch durchgeführt: Wir haben eine 11-prozentige Salzlösung hergestellt und sie in drei Becher gefüllt. Dann haben wir eine mehligkochende, eine festkochende und eine vorwiegend festkochende Kartoffel in die gefüllten Becher gegeben, in jeden Becher eine Kartoffel. Das Ergebnis: Die festkochende Kartoffel schwamm oben, die mehligkochende

Kartoffel sank wie ein Stein, die vorwiegend festkochende Kartoffel schwebte auf halber Höhe des Bechers. Was schließen wir daraus? Da die Dichte von Kartoffeln mit ihrem Stärkegehalt korreliert, ist klar, dass mehligkochende Kartoffeln am meisten Stärke enthalten, festkochende Kartoffeln am wenigsten. Der Stärkeanteil vorwiegend festkochender Kartoffeln liegt dazwischen.

| Festkochend | Mehligkochend | Vorwiegend festkochend |

---

ser abnehmen, dann die Kartoffeln in einen Durchschlag abgießen. Das Lorbeerblatt entfernen. Die Kartoffeln zurück in den Topf geben und rund 5 Minuten ohne Deckel stehen lassen, bis sie trocken sind.

    2. Während die Kartoffeln trocknen, in einer mittelgroßen Schüssel den Frischkäse mit der Butter mit einem Schneebesen glatt verrühren. 60 ml Kartoffelwasser, den Schnittlauch (falls gewünscht) sowie jeweils ½ TL Salz und Pfeffer zugeben und vermischen. Mit einem Teigschaber oder der Rückseite eines Holzkochlöffels die Kartoffeln so zerdrücken, dass die Schale aufplatzt. Die Frischkäsemischung unterheben, bis die Kartoffeln die Flüssigkeit fast vollständig aufgenommen haben. Der Kartoffelstampf soll stückig bleiben. Falls er zu trocken ist, löffelweise noch etwas Kartoffelwasser dazugeben, bis die Konsistenz etwas flüssiger als gewünscht ist (die Kartoffeln nehmen die Flüssigkeit bis zum Servieren noch auf). Mit Salz und Pfeffer abschmecken, dann sofort servieren.

STÜCKIGER KARTOFFELSTAMPF MIT KNOBLAUCH UND ROSMARIN

In Schritt 1 zusammen mit dem Salz und dem Lorbeerblatt 2 geschälte Knoblauchzehen ins Kartoffelwasser geben. In einer Pfanne (ø 20 cm) bei mittlerer Hitze 60 g Butter zerlassen. Eine fein gehackte Knoblauchzehe und ½ TL fein gehackten frischen Rosmarin hinzufügen und etwa 30 Sekunden garen, bis es aromatisch duftet. In Schritt 2 die Butter durch die Butter-Knoblauch-Mischung ersetzen. Die gekochten Knoblauchzehen zusammen mit der Butter-Knoblauch-Mischung in den Frischkäse einrühren. Den Schnittlauch weglassen.

STÜCKIGER KARTOFFELSTAMPF MIT BACON UND PETERSILIE

In einer Pfanne (ø 25 cm) 6 Streifen Bacon (längs halbiert und in gut 0,5 cm große Stücke geschnitten) auf mittlerer Stufe 5 bis 7 Minuten knusprig braten. Den Bacon mit einem Schaumlöffel zum Abtropfen auf einen mit Küchenpapier belegten Teller geben; vom Fett 1 EL zurückbehalten. 15 g Butter mit dem Baconfett ersetzen. Statt Schnittlauch 2 EL fein gehackte Petersilie nehmen. Die dem Frischkäse hinzugefügte Salzmenge auf ¼ TL verringern. Die Kartoffeln vor dem Servieren mit den gebratenen Baconstücken bestreuen.

🍲 WARUM DAS REZEPT FUNKTIONIERT

Mit seinen kräftigen Aromen und der sehr „derben" Textur ist unser Kartoffelstampf eine gut sättigende und passende Beilage für viele Hauptgerichte. Wichtig war uns vor allem ein spannender Texturkontrast: Die stückigen Kartoffeln sollten eingebettet sein in eine glatte gehaltvolle Creme. Stärkearme rote Kartoffeln sind zum Zerdrücken besonders geeignet, da sie eine feste Struktur haben und so nicht zu sehr auseinanderfallen. Mit ihrer roten Schale sorgen sie außerdem im Püree für einen hübschen farblichen Kontrast. Zum Zerdrücken dient uns ein Teigspatel oder Kochlöffel als Werkzeug. Nach dem Kochen bekommen die Kartoffeln ein paar Minuten Zeit zum Trocknen, damit die Schale nicht mehr glitschig ist – so lassen sie sich einfacher zerdrücken. Die Mischung aus Frischkäse, zerlassener Butter und etwas Kartoffelkochwasser umschließt unsere Kartoffeln wunderbar cremig und hält sie gut zusammen.

ROTE KARTOFFELN SIND BESSER Traditionelles Kartoffelpüree ist cremig glatt. Mit unserem Rezept gehen wir neue Wege: Wir zerdrücken die Knollen nur leicht zu einer stückigen Masse und belassen sie darüber hinaus in der Haut. Für diese sehr stückige und deftige Alternative zu Püree eignen sich am besten rote Kartoffeln. Sie haben eine besonders dünne Schale (bei anderen Sorten ist sie ziemlich dick und zäh) und sind auch gekocht noch recht formstabil, sodass sie beim Zerdrücken nicht zu sehr auseinanderbrechen.

DIE KARTOFFELN IM GANZEN KOCHEN Wie bei unserem Klassischen Kartoffelpüree (siehe Seite 60) belassen wir auch in diesem Rezept die Kartoffeln fürs Kochen ganz. In Stücke geschnitten würden sie zu viel Wasser aufnehmen, matschig werden und fade schmecken. Der Geschmack und die Aromen der Kochwasserzugaben – Salz und Lorbeer, gerne auch Knoblauch – werden auch von den ganzen und ungeschälten Kartoffeln gut aufgenommen, da sie die dünne Schale mühelos durchdringen.

NICHT ZU FEIN ZERKLEINERN Mit einem Stampfer oder einer Gabel wird die Textur der Kartoffeln zu fein. Zerdrückt man die Kartoffeln dagegen mit einem Holzkochlöffel oder einem Teigschaber, platzen sie nur auf und werden grob und stückig zerkleinert.

FRISCHKÄSE IST AM BESTEN Als wir die Kartoffeln mit Sour Cream zubereitet haben, waren wir begeistert von der säuerlichen Note, aber die Konsistenz war uns zu dünnflüssig – die Kartoffeln brauchten mehr Substanz. Schließlich ist unsere Wahl auf Frischkäse gefallen. Die Kartoffeln bekommen damit einen schön säuerlichen Touch, außerdem ist er schön cremig. Auch etwas Butter darf nicht fehlen, man sollte sie jedoch mit dem Frischkäse vermischt an die Kartoffeln geben. Gibt man Butter und Frischkäse separat an die Kartoffeln, muss man sie ziemlich lange und stark vermengen und läuft Gefahr, dass eine pappige Masse dabei herauskommt.

FINISH MIT KARTOFFELWASSER Sie kennen den Trick von der Pastazubereitung: Man behält einen Teil des gesalzenen Kochwassers zurück, um damit die Konsistenz des fertigen Gerichts noch einmal zu korrigieren. So auch hier. Mit etwas Kartoffelwasser sorgen wir dafür, dass unsere Kartoffeln auf keinen Fall zu trocken werden. Sahne oder Milch eignen sich in diesem Rezept nicht, da sie die säuerliche Nuance des Frischkäses abschwächen würden. Das Wasser dagegen macht die Kartoffeln nur etwas salziger und belässt die Säure wie sie ist.

KONZEPT 2.4
KARTOFFELSTÄRKE GESCHICKT DOSIEREN

Kartoffeln enthalten sehr viel Stärke. Manchmal ist das ein Problem, zum Beispiel wenn Kartoffelpüree dadurch unangenehm klebrig-kleisterig wird, in anderen Fällen profitieren wir von viel Stärke, wie bei unseren Knusprigen Ofenkartöffelchen. Jedenfalls überlassen wir die Wirkung von Stärke nicht dem Zufall, sondern dosieren sie mit einfachen Techniken so, wie es für das jeweilige Gericht am besten ist.

DIE WISSENSCHAFT DAHINTER

KARTOFFELSTÄRKE IM DETAIL

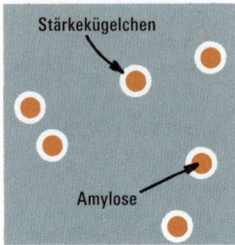

ROH In rohen Kartoffeln ist der Stärkebestandteil Amylose in den Stärkekügelchen eingeschlossen.

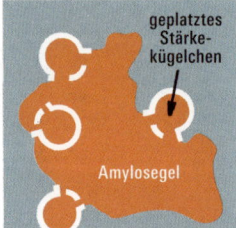

GEGART Beim Garen von Kartoffeln – besonders bei zu langem Garen – quellen die Stärkekügelchen auf, platzen und setzen Amylose frei, die ein kleisterartiges Gel bildet.

Aus Konzept 2.3 wissen wir, dass Stärke zwischen 16 und 22 Prozent des Gewichts einer rohen Kartoffel ausmacht. Wir wissen ebenfalls, dass Stärke aus zwei Arten von Molekülen besteht: Amylose und Amylopektin, die jeweils andere Eigenschaften aufweisen. Da sich Kartoffeln je nach Sorte in ihrem Stärkegehalt unterscheiden, sind manche Sorten besser für bestimmte Gerichte geeignet als andere. Für Püree eignen sich besonders mehligkochende Sorten, da sie gegart schön locker und weich sind; für Gerichte, bei denen Kartoffeln ihre Form behalten sollen, eignen sich stärkearme, festkochende Kartoffeln besser. Durch die Wahl der Sorte bestimmen wir die verfügbare Menge der Stärke, deren Wirkung lässt sich aber durch entsprechende Techniken noch feiner dosieren.

Beim Kochen verändert sich die Stärke, die in Form von Kügelchen oder Körnchen in den Zellen der Kartoffeln enthalten ist, auf gravierende Weise. Sobald die Kartoffeln eine Temperatur von 60 °C erreichen, beginnen diese Kügelchen, Wasser aufzunehmen und aufzuquellen. Bei 71 °C sind sie stark aufgequollen. Werden die Stärkekügelchen noch heißer und schwellen zu stark an, können sie aufreißen. Wenn das passiert, tritt aus ihnen ein klebriges Gel aus Amylose aus. Es findet die sogenannte Verkleisterung statt: Wenn die Zellen, die die geplatzten Stärkekügelchen enthalten, gleichfalls platzen, verwandelt die kleisterige Amylose die Kartoffeln in eine klebrige, breiige Masse. Das wird ab 82 °C zu einem ech-

ten Problem, denn bei dieser Temperatur beginnt das Pektin, das die Zellen miteinander verklebt und die Zellwände stabil hält, sich zu verändern. Es wird wasserlöslich und löst sich auf, mit der Folge, dass die Zellen sich voneinander lösen und die Zellwände aufbrechen. Durch die zerstörten Zellwände dringt das Amylosegel nach draußen. In Kartoffeln, die man zu lange kocht, platzen besonders viele Stärkekügelchen, wodurch jede Menge Amylosegel entsteht. Aus diesen Kartoffeln wird nach dem Stampfen, Pressen oder Pürieren unweigerlich eine unappetitlich kleisterige Püreemasse. (Viele Stärkekörnchen platzen übrigens auch nach dem Garen noch, wenn die Kartoffeln zu stark verarbeitet werden.)

Damit ein Kartoffelgericht nicht zu klebrig-zäh wird, reduzieren wir die Stärke häufig, indem wir die geschnittenen Kartoffeln vor dem Kochen oder danach abspülen. Auf diese Weise werden freie, aus den Stärkekörnchen ausgetretene Stärkemoleküle abgewaschen. Kartoffelpüree beispielsweise wird so leichter und weniger klebrig.

Manchmal jedoch wollen wir genau diese Stärke für unsere Zwecke nutzen. Dann bringen wir ganz bewusst möglichst viele Stärkekörnchen zum Platzen, indem wir etwas „nachhelfen", zum Beispiel durch Rühren oder mit der Küchenmaschine. Derartige Techniken kommen besonders für Gerichte zur Anwendung, die nur mit einer eher elastisch-klebrigen Textur richtig gelungen sind, wie zum Beispiel bestimmte Kartoffelpüreevarianten. Viel Stärke (an der Oberfläche) ist auch von Vorteil, damit Backofenkartoffeln so richtig schön bräunen (denn Stärke ist ein Mehrfachzucker, der beim

Erhitzen in einfache Zucker zerfällt, die dann karamellisieren und eine wunderbar braune Kruste bilden).

DAS EXPERIMENT

Für Kartoffelgerichte ist nicht nur die Wahl der Kartoffelsorte entscheidend, sondern auch die Weiterverarbeitung nach dem Garen. Um das zu demonstrieren, haben wir Kartoffelpüree auf zwei unterschiedliche Weisen zubereitet: Für die erste Probe haben wir die gegarten mehlig-kochenden Kartoffeln mit einer Presse zerdrückt und anschließend sehr behutsam mit warmer Milch und Butter vermengt. Die zweite Probe Kartoffeln dagegen haben wir mit Milch und Butter direkt in die Küchenmaschine gegeben und dort 30 Sekunden den scharfen Schneiden des Geräts überlassen. Insgesamt haben wir den Versuch dreimal wiederholt.

DAS ERGEBNIS
Das Püree aus den gepressten und leicht vermischten Kartoffeln war locker und „fluffig", das maschinell zerkleinerte Püree dagegen klebrig-dick, ein klares Anzeichen von zerstörten Stärkekügelchen. Allen Testessern hat das fluffige Püree besser geschmeckt, sie haben es als „leicht" beschrieben. Das Püree aus der Küchenmaschine hingegen war ihnen zu „dick" und „kleisterig".

DIE ERKENNTNIS
Da Kartoffeln immens viel Stärke enthalten und diese großen Einfluss auf die Textur des fertigen Gerichts hat, sollte man Kartoffeln schonend behandeln.

Wie unser Versuch zeigt, wird Kartoffelpüree in der Küchenmaschine sehr klebrig, also genau das Gegenteil der Textur, die wir uns für Kartoffelpüree wünschen. (Es sei denn, wir kochen Aligot, siehe Seite 72.) Was ist passiert? Die Küchenmaschine ist mit ihren scharfen Schneiden ein sehr mächtiges Werkzeug, mit dem Gemüse sehr effektiv und nahezu „brutal" püriert wird. Viele – wenn nicht alle – der aufgequollenen Stärkekörnchen und Kartoffelzel-

len werden von den Messern durchschnitten oder erfasst, platzen und geben klebrige Amylosemoleküle ab. Diese bilden ein Gel, das aus dem Kartoffelpüree eine Masse macht, die eher an Tapetenkleister erinnert.

Bei den Kartoffeln dagegen, die wir vorsichtig mit einer Presse zerdrückt und vermischt haben, sind die Stärkekügelchen und Zellen weitgehend intakt geblieben. Hier gab es keine rotierenden Klingen, die Stärkekörnchen aufschlitzen oder anritzen, deshalb ist die Amylose eingeschlossen geblieben und das Püree wurde schön locker und flockig.

Fazit: Die Verarbeitung der Kartoffeln beeinflusst die Textur des Gerichts. Verarbeiten Sie sie nicht zu stark – es sei denn, Sie wissen genau, was und warum Sie es tun. Es ist Ihre Entscheidung, ob Sie einen Teller mit klebrig-zähem Kartoffelbrei wollen oder richtig gutes Kartoffelpüree, das fast so luftig und bauschig ist wie eine Wolke.

KLEBRIGES ODER FLUFFIGES KARTOFFELPÜREE?

IN DER KÜCHENMASCHINE PÜRIERT
Eine Küchenmaschine zerkleinert die Kartoffeln so effektiv und fein, dass der Großteil der Stärkekörnchen platzt. Das resultierende Kartoffelpüree klebt wie Kleister am Spatel.

PER HAND „PÜRIERT"
Zerdrückt man die Kartoffeln mit einer Kartoffelpresse und vermischt sie anschließend möglichst behutsam, bleiben die meisten Stärkekörnchen ganz. Belohnt wird man mit leichtem, flockigem Kartoffelpüree.

STÄRKEWIRKUNG IN DER PRAXIS:
KARTOFFELPÜREE UND RÖSTI

In Rezepten wie Kartoffelpüree mit Wurzelgemüse (unten) und Rösti (Seite 70) reduzieren wir die Stärkemenge und damit den Austritt von klebrigem Amylosegel, indem wir die rohen Kartoffeln gründlich abspülen. Die Gerichte werden so locker und nicht breiig oder klebrig.

KARTOFFELPÜREE MIT WURZELGEMÜSE
(FÜR 4 PORTIONEN)

Wer will, kann das Püree auch mit mehligkochenden statt vorwiegend festkochenden Kartoffeln zubereiten, die Konsistenz wird dann etwas flockiger und weniger cremig. Durch das Abspülen der Kartoffeln mit Wasser wird die Stärkemenge reduziert; das Püree wird so nicht kleisterig. Es ist wichtig, die Kartoffeln und das Wurzelgemüse in gleich große Stücke zu schneiden, damit alles gleichmäßig gart. Die Rezeptmenge lässt sich einfach verdoppeln; kochen Sie das Püree dann in einem großen Bräter und verlängern Sie die Garzeit in Schritt 2 auf 40 Minuten.

60 g	Butter
230 g	Möhren, Pastinaken, Speiserüben oder Knollensellerie; geschält; Möhren oder Pastinaken in gut 0,5 cm dicke, halbmondförmige Scheiben geschnitten; Speiserüben oder Knollensellerie 1–1,5 cm groß gewürfelt
680 g	vorwiegend festkochende Kartoffeln, geschält, längs geviertelt und quer in gut 0,5 cm dicke Stücke geschnitten, abgespült und gut abgetropft
80 ml	salzarme Geflügelbrühe
	Salz und Pfeffer
90 ml	Milch, angewärmt
90 ml	Sahne, angewärmt
4 EL	frischer Schnittlauch, fein gehackt

1.   In einem großen Topf die Butter auf mittlerer Stufe zerlassen. Das Wurzelgemüse darin unter gelegentlichem Rühren 10 bis 12 Minuten anbraten, bis die Butter braun und das Gemüse tiefbraun und karamellisiert ist. (Wenn das Gemüse nach 4 Minuten noch nicht anfängt zu bräunen, die Hitze auf mittlere bis hohe Stufe stellen.)

2. Die Kartoffeln, die Brühe und ¾ TL Salz hinzufügen und alles vermengen. Dann das Gemüse bei geringer Hitze (Brühe sollte nur leicht köcheln) mit geschlossenem Deckel schmoren, dabei gelegentlich durchrühren. Das Gemüse ist fertig, wenn die Flüssigkeit komplett aufgenommen ist und die Kartoffelstücke beim Einstechen mit einer Gabel zerfallen (25 bis 30 Minuten). (Wenn die Brühe nach einigen Minuten noch nicht köchelt, die Hitze auf niedrige bis mittlere Stufe stellen.) Den Topf vom Herd nehmen und 2 Minuten offen stehen lassen, damit der Dampf entweicht.

3. Mit einem Kartoffelstampfer das Gemüse mit mäßigem Druck im Topf grob zerkleinern (auf keinen Fall zu lange oder fest stampfen). Dann die Milch, die Sahne und den Schnittlauch unterheben. Mit Salz und Pfeffer abschmecken und sofort servieren.

KARTOFFELPÜREE MIT WURZELGEMÜSE, BACON UND THYMIAN

4 Streifen Bacon, in 1 bis 1,5 cm große Stücke geschnitten, in einem großen Topf auf mittlerer Stufe knusprig anbraten (5 bis 7 Minuten). Den Bacon mit einem Schaumlöffel auf einen mit Küchenpapier belegten Teller geben und beiseitestellen. Das Baconfett bis auf 2 EL aus dem Topf abgießen. 30 g Butter mit in den Topf geben und mit Schritt 1 fortfahren (Wurzelgemüse anstatt in reiner Butter in dem Fettgemisch karamellisieren). Den Schnittlauch durch 1 TL fein gehackten frischen Thymian ersetzen. Zum Schluss den beiseitegestellten Bacon und den Thymian unter das Gemüse heben.

KARTOFFELPÜREE MIT WURZELGEMÜSE, PAPRIKA UND PETERSILIE

Die Rezeptvariante schmeckt besonders gut mit Möhren. 1½ TL geräuchertes oder edelsüßes Paprikapulver in einer Pfanne (ø 20 cm) auf mittlerer Stufe etwa 30 Sekunden rösten, bis es duftet. Statt Schnittlauch Petersilie nehmen. Das geröstete Paprikapulver und die Petersilie zum Schluss unter das Gemüse heben.

WARUM DAS REZEPT FUNKTIONIERT

Wurzelgemüse wie Möhren, Pastinaken, Speiserüben oder Knollensellerie verleihen Kartoffelpüree eine wunderbar erdige Note, doch trotz der geschmacklichen Harmonie gibt es Unterschiede, die nicht ganz unwichtig sind. Wurzelgemüse enthält mehr Wasser (80 bis 92 Prozent) als Kartoffeln (rund 79 Prozent bei mehligen Kartoffeln, unseren Lieblingsknollen für Püree), dafür deutlich weniger Stärke (0,2 bis 6,2 Gewichtsprozent gegenüber 16 bis 22 Prozent bei Kartoffeln). Außerdem ist Wurzelgemüse meist ziemlich süß oder leicht bitter, weshalb es milde Kartoffeln geschmacklich schnell in den Hintergrund drängt. Dieser Unterschiede waren wir uns bei der Rezeptgestaltung bewusst. Klar ist, dass man Wurzelgemüse und Kartoffeln keinesfalls zu gleichen Teilen verwenden darf, sonst wird das Püree wässrig, zu wenig gehaltvoll oder zu süß. Wir haben das Verhältnis entsprechend ausbalanciert, das Wurzelgemüse zudem karamellisiert und alles in Geflügelbrühe schmoren lassen. Da das Püree keine schwere, kleisterige Pampe werden soll, dient einer der allerersten und wichtigsten Arbeitsschritte der Stärkereduzierung.

DAS RICHTIGE VERHÄLTNIS Wir nehmen eine viel kleinere Menge Wurzelgemüse, als Sie wahrscheinlich erwartet haben. Das übliche 1:1-Verhältnis von Wurzelgemüse zu Kartoffeln, das sich in anderen Rezepten findet, lässt das Püree zu wässrig werden. Grund ist der hohe Wassergehalt des Wurzelgemüses. Unserer Ansicht nach ist ein Verhältnis von 1:3 optimal.

VOLLE BRÄUNE Da wir nur so wenig Wurzelgemüse nehmen, muss dieses umso intensiver schmecken. Durch starkes Anbräunen in Butter (nicht Öl) entwickelt das Gemüse kräftig Geschmack und köstlich röstige Aromen.

KEIN EINTOPF, ABER NUR EIN TOPF Für das Bräunen des Wurzelgemüses benötigen wir einen Topf – warum einen zweiten schmutzig machen, nur um die Kartoffeln zu kochen? Wir geben die rohen Knollen einfach in den Topf mit dem gebräunten Wurzelgemüse und schmoren sie. Statt Wasser nehmen wir Geflügelbrühe als Schmorflüssigkeit, eine vorzügliche zusätzliche Aromaquelle. Sobald die Kartoffeln weich sind, „stampfen" wir sie zusammen mit dem Wurzelgemüse direkt in der Butter.

STÄRKE ABSPÜLEN Kocht man geschälte und geschnittene mehlige Kartoffeln in Wasser, wird überschüssige Stärke abgewaschen und beim Abgießen mit dem Kochwasser weggegossen. Schmort man die Kartoffeln jedoch, gelangt die gesamte Stärke ins Gericht. Der Umstieg auf vorwiegend festkochende Kartoffeln hilft bereits, aber um die Stärkemenge noch weiter zu reduzieren, müssen die Kartoffelstücke gründlich abgespült werden, bevor sie in den Topf wandern.

RÖSTI
(FÜR 4 PORTIONEN)

Uns schmeckt Rösti am besten, wenn man die Kartoffeln mit der groben Reibscheibe der Küchenmaschine raspelt. Man kann zwar auch eine Vierkantreibe verwenden, allerdings sollte man die Kartoffeln dann der Länge nach raspeln, sodass möglichst lange Streifen entstehen. Ganz entscheidend fürs Gelingen ist, die Kartoffeln so gut es geht auszupressen. Statt einer antihaftbeschichteten Pfanne können Sie auch eine gut eingebrannte gusseiserne Pfanne nehmen. Mit Spiegeleiern, Bacon oder Käse ergibt unsere Rösti eine leichte Hauptmahlzeit für zwei Personen.

700 g	vorwiegend festkochende Kartoffeln, geschält und grob geraspelt
1 TL	Maisstärke
	Salz und Pfeffer
60 g	Butter

1. Die geriebenen Kartoffeln in eine große Schüssel mit kaltem Wasser geben und mit den Händen durchrühren, um möglichst viel Stärke von den Kartoffeln abzuspülen. Die Kartoffeln abgießen.

2. Die Schüssel trocken wischen. Die Hälfte der Kartoffeln mittig auf ein Geschirrtuch häufen. Die Geschirrtuchecken aufnehmen und das Tuch so fest wie möglich zusammendrehen, um möglichst viel Flüssigkeit aus den Kartoffeln zu wringen. Dann den Tuchinhalt in die Schüssel geben und den Vorgang mit den restlichen Kartoffeln wiederholen.

3. Maisstärke, ½ TL Salz und nach Belieben Pfeffer über die Kartoffeln streuen. Alles mit den Händen oder einer Gabel gut durchmischen.

4. 30 g Butter bei mittlerer Hitze in einer beschichteten Pfanne (ø 25 cm) zerlassen. Die Kartoffeln hineingeben und gleichmäßig verteilen. Den Pfannendeckel aufsetzen und die Kartoffeln 6 Minuten garen. Den Deckel abnehmen und die Kartoffeln mit einem Pfannenwender leicht andrücken. 4 bis 6 Minuten weiterbraten, bis die Unterseite tief goldbraun ist, dabei die Kartoffeln gelegentlich erneut leicht anpressen.

5. Die Pfanne schütteln, um die Rösti zu lösen, dann auf einen großen Teller gleiten lassen. Die restliche Butter unter Schwenken in der Pfanne zerlassen und verteilen. Einen zweiten Teller auf den Teller mit der Rösti legen, beide festhalten und umdrehen, dann die Rösti mit der gebräunten Seite nach oben in die Pfanne gleiten lassen. Die Rösti 7 bis 9 Minuten braten, bis auch die andere Seite gut Farbe angenommen hat, dabei die Rösti gelegentlich andrücken. Die Pfanne vom Herd nehmen und die Rösti darin etwa 5 Minuten abkühlen lassen. Die Rösti auf eine Schneidebrett geben, vierteln und sofort servieren.

RÖSTI MIT SPIEGELEI UND PARMESAN

Als Hauptgericht für 2 Portionen: Die fertige Rösti mit 2 Spiegeleiern belegen, mit 40 g geriebenem Parmesankäse bestreuen und mit Salz abschmecken.

RÖSTI MIT BACON, ZWIEBELN UND SHERRYESSIG

Als Hauptgericht für 2 Portionen: 3 Streifen Bacon in Stücke schneiden und in einer Pfanne (ø 25 cm) bei mittlerer bis hoher Hitze 5 bis 7 Minuten knusprig braten, dann auf einen mit Küchenpapier belegten Teller geben. Bis auf 1 EL das Fett aus der Pfanne abgießen. Eine große Zwiebel in dünne Scheiben schneiden, in die Pfanne geben, mit Salz und Pfeffer würzen und 5 bis 7 Minuten andünsten, bis die Scheiben weich sind. Die fertige Rösti mit Baconstücken und Zwiebeln belegen und vor dem Servieren nach Geschmack mit Sherryessig beträufeln.

KÄSERÖSTI

Als Hauptgericht für 2 Portionen: Statt der traditionellen Schweizer Käsesorten eignen sich auch alter Cheddar, Manchego, italienischer Fontina oder Havarti gut für dieses Gericht. In Schritt 5 die Rösti etwa 3 Minuten vor Garzeitende mit 40 g geriebenem Gruyère oder Emmentaler bestreuen.

☛ WARUM DAS REZEPT FUNKTIONIERT

Röstis sind große goldbraune „Pfannkuchen", die nur aus schlicht gewürzten, in Butter gebratenen Kartoffelraspeln zubereitet werden. Ursprünglich stammt das Gericht aus der Schweiz und ist dort äußerst beliebt. Bei der Rezeptentwicklung ging es uns vor allem darum, eine schön knusprige Kruste entstehen zu lassen, unter der sich eine zarte

RÖSTI MIT SPIEGELEI UND PARMESAN UND MIT BACON, ZWIEBELN UND SHERRYESSIG, S. 70

Kartoffelmasse mit viel Eigengeschmack und vollem Butteraroma verbirgt. Entscheidend dafür ist die im Gericht enthaltene Stärke- und Wassermenge – zu viel von beidem, und die Rösti verliert ihre lockere Konsistenz und wird schwer und klebrig. In manchen Rösti-Rezepten werden die Kartoffeln deshalb vorgekocht, was das Problem entschärft. Da unser Rezept aber möglichst einfach sein sollte, war die Zubereitung aus rohen Kartoffeln für uns ein Muss. Statt Vorkochen behelfen wir uns mit gründlichem Abspülen und Auspressen der Kartoffeln.

REIBEN, ABSPÜLEN UND AUSPRESSEN Zu viel Stärke und Wasser in den Kartoffeln lässt das Innere der Rösti pappig werden. Am besten lässt sich beides reduzieren, indem man die rohen Kartoffeln – in diesem Fall vorwiegend festkochende Kartoffeln, da sie das kräftigste Aroma haben – grob reibt, dann gut abspült und in einem Geschirrtuch kräftig auswringt. Es ist erstaunlich, wie viel Wasser in Kartoffeln steckt: Aus 700 g Kartoffeln kann man mit unserer Methode etwa 60 ml Wasser herauspressen (ohne vorheriges Abspülen).

MAISSTÄRKE HINZUGEBEN Durch das Abspülen der Stärke bleibt die Rösti zwar schön locker, entfernt man jedoch zu viel Stärke, hält er nicht richtig zusammen und zerfällt spätestens beim Schneiden. Unsere einfache Lösung: Spülen Sie die geriebenen Kartoffeln ab und mischen Sie dann zusammen mit den Gewürzen etwas Maisstärke darunter. (Diese Methode ist deutlich einfacher, als einen Teil der Kartof-

felstärke aus dem Kartoffelwasser zurückzugewinnen, wie manche Rezepte es vorsehen.) Ein weiterer Vorteil: Durch die zusätzliche Maisstärke bräunt die Rösti außen schneller und wird knusprig.

ZUERST MIT DECKEL BRATEN Da wir rohe Kartoffeln verwenden, müssen wir natürlich dafür sorgen, dass sie gar sind, sobald die Rösti gebräunt ist. Der Trick ist, die Pfanne zunächst einige Minuten mit dem Deckel zu verschließen. Der eingeschlossene Dampf hilft, die Kartoffeln schneller zu garen. Gleichzeitig wird die Textur der Rösti auf diese Weise lockerer, als wenn man sie die ganze Zeit in der offenen Pfanne garen würde. Wichtig ist, die Kartoffeln in der Pfanne zunächst nicht anzudrücken, damit verdampftes Wasser möglichst ungehindert aus der lockeren Rösti entweichen kann.

PFANNENINHALT SICHER WENDEN Manch ein Berufskoch mag kein Problem darin sehen, die glühend heiße schwere Pfanne locker aus dem Handgelenk umzudrehen und die Rösti gewendet auf einen Teller zu befördern – reinen Freizeitköchen dürfte diese sportliche Methode aber etwas gewagt erscheinen. Zu leicht landet das Abendessen auf dem Boden. Gut, dass es eine sichere Alternative gibt, um den Inhalt einer schweren Pfanne zu wenden: Lassen Sie den Pfanneninhalt auf einen Teller gleiten und decken Sie diesen mit einem gleich großen zweiten Teller ab. Halten Sie nun beide Teller fest aneinandergedrückt und drehen Sie um. Jetzt können Sie die gewendete Speise problemlos zurück in die Pfanne gleiten lassen.

STÄRKEWIRKUNG IN DER PRAXIS:
ALIGOT, OFENKARTOFFELN UND BRATKARTOFFELN

Nicht immer wollen wir Kartoffeln ihrer Stärke berauben. Manchmal belassen wir die Stärke in den Knollen und maximieren gezielt ihre Wirkung, zum Beispiel, wenn unser Französisches Kartoffelpüree mit Käse und Knoblauch besonders elastisch werden soll, oder wenn es um phänomenal knusprige Ofenkartoffeln geht. Mit bestimmten Techniken, wie Rühren oder Aufrauen der Kartoffeloberfläche, nutzen wir die Stärke geschickt zu unserem Vorteil.

FRANZÖSISCHES KARTOFFELPÜREE MIT KÄSE UND KNOBLAUCH (ALIGOT)
(FÜR 6 PORTIONEN)

Das fertige Püree sollte eine glatte und leicht elastische Konsistenz haben. Statt Gruyère können Sie auch weißen Cheddar verwenden.

900 g	vorwiegend festkochende Kartoffeln, geschält, in 1–1,5 cm dicke Scheiben geschnitten, gut abgespült und abgetropft
	Salz und Pfeffer
90 g	Butter
2	Knoblauchzehen, fein gehackt
250–375 ml	Vollmilch (3,8 % Fettanteil)
110 g	Mozzarella, grob gerieben
110 g	Gruyère, grob gerieben

1.   Die Kartoffeln mit 1 EL Salz in einen großen Topf geben und mit Wasser auffüllen, bis sie etwa 2,5 cm hoch bedeckt sind. Den Deckel aufsetzen, aber den Topf nicht ganz verschließen. Das Wasser auf hoher Stufe aufkochen lassen, dann die Hitze auf niedrige bis mittlere Stufe reduzieren und die Kartoffeln 12 bis 17 Minuten köcheln lassen, bis sie weich sind und zerfallen, wenn man sie mit einer Gabel einsticht. Die Kartoffeln abgießen, den Topf ausspülen und abtrocknen.

2.   Die Kartoffeln in die Küchenmaschine geben. Butter, Knoblauch und 1½ TL Salz hinzufügen und die Maschine etwa 10-mal kurz betätigen, bis die Butter geschmolzen und mit den Kartoffeln vermischt ist. 250 ml Milch angießen und die Maschine etwa 20 Sekunden laufen lassen, bis eine glatte und cremige Kartoffelmasse entstanden ist, dabei nach der Hälfte der Zeit die an der Rührschüsselwand haftende Masse nach unten streichen.

3.   Die Kartoffelmasse zurück in den Topf geben und bei mittlerer Hitze auf den Herd stellen. Nacheinander die beiden Käsesorten einrühren. Das Püree auf dem Herd 3 bis 5 Minuten erhitzen und dabei kräftig durchrühren, bis der Käse vollständig geschmolzen und die Masse glatt und elastisch ist. Wenn die Masse sich nur schlecht rühren lässt und zu dick ist, mit Milch verdünnen, bis die Masse cremig ist (immer 2 EL auf einmal, maximal 125 ml). Mit Salz und Pfeffer abschmecken und sofort servieren.

🍲 WARUM DAS REZEPT FUNKTIONIERT

Aligot ist eine sehr gehaltvolle französische Kartoffelpüreevariante mit Käse, die durch ausgiebiges und kräftiges Rühren eine elastische, glattgeschmeidige Textur erhält. Übertreibt man es mit dem Rühren jedoch, hat man am Ende eine klebrig-kleisterige Kartoffelmasse auf dem Teller. Entscheidend ist, das Rühren so zu dosieren, dass gerade genügend Stärke freigesetzt wird, um den Käse schön elastisch werden zu lassen.

DIE RICHTIGEN KARTOFFELN   Mehligkochende Kartoffeln schmecken köstlich erdig-aromatisch, was wir in normalem Kartoffelpüree sehr zu schätzen wissen, aber durch das kräftige Rühren besteht in diesem Rezept die Gefahr, dass sie extrem kleisterig werden. Vorwiegend festkochende Kartoffeln schmecken ebenfalls sehr aromatisch, enthalten aber weniger Stärke, wodurch das Püree nicht so klebrig wird. Nachdem wir Aligot mit verschiedenen Kartoffelsorten ausprobiert haben, standen vorwiegend festkochende Kartoffeln mit ihrem mittleren Stärkegehalt als klarer Sieger fest.

IN STÜCKE SCHNEIDEN UND KOCHEN   Aus Erfahrung wissen wir, dass das Garen der Kartoffeln für die Textur von normalem Püree eine wichtige Rolle spielt. Damit die Kartoffeln möglichst nicht kleiste-

PRAKTISCHE WISSENSCHAFT: MEHR ALS NUR AN DER OBERFLÄCHE KRATZEN

Raut man die Oberfläche von Kartoffelscheiben auf, verdampft mehr Wasser und die Kruste wird knuspriger.
Als wir unser Rezept für Krosse Kartoffelscheiben aus dem Backofen entwickelt haben, haben wir festgestellt, dass vorgekochte Kartoffeln im Ofen schneller bräunen als rohe. Als wir das Äußere der Scheiben durch kräftiges Vermengen mit Salz und Öl dann noch etwas „angekratzt" haben, bräunten sie sogar noch schneller. Das lässt sich folgendermaßen erklären: Lebensmittel fangen erst an zu bräunen und knusprig zu werden, wenn das Oberflächenwasser verdampft ist. Die vorgekochten, „aufgerauten" Kartoffeln, übersät mit winzigen Kerben und Erhebungen, haben eine größere Oberfläche als ganz glatte rohe Kartoffeln und bieten verdampfendem Wasser daher mehr „Ausgänge" zum Entweichen. Wenn Ihnen nicht klar ist, wie es sein kann, dass sich die Oberfläche von zwei gleich großen Kartoffelscheiben unterscheidet, stellen Sie sich 5 Quadratmeilen Bergland in Colorado vor und dann 5 Quadratmeilen flache Prärie in Kansas. Die Oberfläche der 5 Quadratmeilen in Colorado ist deutlich größer als die des Stück Lands in Kansas. Laufen Sie beide Stücke mal zu Fuß ab – Sie werden es sehen.

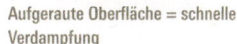

Aufgeraute Oberfläche = schnelle Verdampfung

Glatte Oberfläche = langsame Verdampfung

rig werden, haben wir einiges ausprobiert, darunter auch Dämpfen. In einem anderen Kochversuch haben wir die Kartoffeln sogar nach der Hälfte der Garzeit abgespült, um ihnen Amylose zu entziehen, also jenen Stärkebestandteil, der Kartoffeln „verkleistert". Da die Kartoffeln für Aligot aber eh sehr stark verrührt werden, können wir uns derartige Maßnahmen genausogut sparen. (Nicht nur beim Garen, sondern auch durch mechanische Kraft, zum Beispiel kräftiges Rühren, können Stärkekügelchen und Zellen platzen und Amylose freisetzen.) Es reicht, die Kartoffeln zu schälen, in Stücke zu schneiden und dann ganz normal zu kochen.

KÜCHENMASCHINE STATT SIEB In diesem Rezept benutzen wir die Küchenmaschine, um die Kartoffeln zu pürieren. Damit ähnelt das Ergebnis am ehesten dem superglatten Püree, das man in Frankreich traditionell mithilfe eines Tamis herstellt, eines trommelartigen Siebs, durch das die Kartoffeln gestrichen werden.

WENIG BUTTER UND MILCH Da der Käse sehr viel Fett enthält, benötigt man für Aligot weniger Butter als für normales Kartoffelpüree. Auch ein Milchprodukt mit relativ niedrigem Fettgehalt – hier: Vollmilch – reicht vollkommen aus. Die Butter geben wir (samt Knoblauch) zusammen mit den Kartoffeln in die Küchenmaschine. Sobald die Stärkemoleküle der Kartoffeln mit Fett überzogen sind, fügen wir die Milch hinzu. Der Fettüberzug sorgt dafür, dass die stärkehaltigen Kartoffeln und der fetthaltige Käse sich anschließend besser vermischen und die Stärkemoleküle sich besonders gut mit den Proteinen des Käses verbinden. Gibt man die Milch vor der Butter hinzu, nimmt die Stärke so viel Wasser auf, dass sie den fettigen Käse abstößt.

ZWEI SORTEN KÄSE In Frankreich wird Aligot traditionell mit Tome fraîche zubereitet, einem offenporigen, relativ weichen Kuhmilchkäse, der im Supermarkt nur schwer zu finden ist. Als leicht erhältlicher Ersatz bietet sich eine Mischung aus Mozzarella (für die Elastizität) und Gruyère (für nussig-intensives Aroma) an.

Aber ist es eigentlich nur der Käse, der dafür sorgt, dass das Püree so zugfest und dehnbar wird? Nein. Auch die Kartoffelstärke spielt hier eine wichtige Rolle. Diese weist gegenüber der Stärke anderer Pflanzen eine Besonderheit auf: Ihre Moleküle tragen teilweise negative Ladungen. Vermischt man sie mit den Proteinen des Käses, von denen ein Teil positiv geladen ist, kommt es zu elektrostatischer Anziehung. Die gewundenen Amylosemoleküle und die Proteine verbinden sich, wodurch die Mischung aus Kartoffeln und Käse so herrliche Fäden zieht.

RÜHREN, RÜHREN, RÜHREN Rühren ist für Aligot entscheidend, aber es ist komplizierter, als man denkt. Rührt man zu stark, wird das Püree fast so zäh wie Kaugummi. Rührt man zu wenig, verbinden sich die Kartoffeln und der Käse nicht richtig und dem Aligot fehlt die typische Elastizität. Drei bis fünf Minuten ist genau die richtige Dauer. In dieser Zeit verbindet sich die Amylose, die aus den Stärkekügelchen freigesetzt wurde, mit den Proteinen des geschmolzenen Käses und macht diesen schön dehnbar, ohne dass das Püree klebrig wird.

1,1 kg   vorwiegend festkochende Kartoffeln, gewaschen, in 1–1,5 cm dicke Scheiben geschnitten
          Salz und Pfeffer
5 EL   Olivenöl

1. Ein tiefes Backblech auf der untersten Schiene in den Backofen schieben und den Ofen auf 230 °C vorheizen. Die Kartoffeln mit 1 EL Salz in einen dickwandigen Bräter geben und mit kaltem Wasser auffüllen, bis sie etwa 2,5 cm hoch bedeckt sind. Das Wasser auf dem Herd auf höchster Stufe zum Kochen bringen, dann die Hitze reduzieren und die Kartoffeln etwa 5 Minuten leicht köcheln lassen, bis sie sich beim Einstechen mit einem Küchenmesser außen weich anfühlen, im Kern aber noch fest sind. Die Kartoffeln abgießen, gut abtropfen lassen und in eine große Schüssel geben.

2. Die Kartoffeln mit 2 EL Öl beträufeln und mit ½ TL Salz bestreuen, dann mit einem Teigschaber kurz vermengen. Vorgang mit 2 EL Öl und ½ TL Salz wiederholen und so lange vermengen, bis die Scheiben mit einer Paste aus Stärke überzogen sind (1 bis 2 Minuten).

KROSSE KARTOFFELSCHEIBEN AUS DEM BACKOFEN
(FÜR 4 BIS 6 PORTIONEN)

Damit die Kartoffeln außen schön kross und innen cremig werden, muss man sie vorkochen und anschließend so lange mit Salz und Öl vermengen, bis sie mit Stärke überzogen sind. Kochen Sie die Kartoffeln auf keinen Fall ganz weich.

3. Direkt im Anschluss das Backblech aus dem Ofen nehmen und 1 EL Öl daraufträufeln. Die Kartoffeln vorsichtig in einer Schicht darauf verteilen (die Endstücke mit der Schale nach oben legen). 15 bis 25 Minuten backen, bis die Scheiben von unten goldbraun und knusprig sind, dabei das Blech nach 10 Minuten einmal drehen.

4. Das Backblech aus dem Ofen nehmen und die Kartoffelscheiben vorsichtig mit einem Metallpfannenwender und einer Zange vom Blech lösen und wenden. Die Kartoffeln weitere 10 bis 20 Minuten backen, bis auch die zweite Seite goldbraun und kross ist. (Für gleichmäßige Bräunung das Blech zwischendurch nach Bedarf drehen.) Mit Salz und Pfeffer nach Geschmack würzen und sofort servieren.

🍲 WARUM DAS REZEPT FUNKTIONIERT

Für Backofenkartoffeln mit maximal knusprigem Äußeren und cremigem Inneren kommt es auf die richtige Kartoffelsorte, die richtige Schnittform und die richtige Garmethode an. Das Vorkochen der Kartoffeln in köchelndem Wasser ist entscheidend, da so Stärke und Zucker an die Oberfläche dringen und der Überschuss schnell abgewaschen wird. Im Ofen bilden Stärke und Zucker eine knusprige Kruste. Raut man die Oberfläche der Kartoffeln zusätzlich etwas auf und sorgt so dafür, dass die Oberflächenfeuchtigkeit beim Braten schneller verdampft, wird die Kruste noch knuspriger.

VORWIEGEND FESTKOCHENDE KARTOFFELN SIND AM BESTEN In den meisten Rezepten werden Kartoffeln sehr lange gegart, damit sie knusprig werden, meist führt das lange Garen aber nur dazu, dass sie außen ledrig-zäh und innen mehlig-trocken werden. Wir wollten es besser machen und zum Schluss richtig knusprige Bratkartoffeln mit cremigem Kern auf dem Teller haben. Zu diesem Zweck haben wir zunächst mit verschiedenen Kartoffelsorten herumexperimentiert. Für ein cremiges Inneres sind stärkearme Kartoffeln mit hohem Wassergehalt am besten geeignet, eine krosse Kruste erreicht man dagegen am ehesten mit einer stärkereichen, wasserarmen Sorte. Mehligkochende und festkochende Kartoffeln scheiden aus, da mit ihnen nur entweder das eine oder das andere perfekt gelingt. Der optimale Kompromiss sind vorwiegend festkochende Kartoffeln – sie enthalten genug Wasser für ein cremiges Inneres und genug Stärke für eine knusprige Kruste.

IN SCHEIBEN SCHNEIDEN Statt in Würfel schneiden wir die Kartoffeln in Scheiben, da diese eine größere Oberfläche haben und besser bräunen. Außerdem lassen sie sich leicht wenden und liegen vollkommen plan auf dem Backblech auf.

VORKOCHEN FÜR STÄRKERE BRÄUNUNG Damit eine Kartoffel bräunt und knusprig wird, bedarf es zweier Prozesse, die beide wasserabhängig sind: Erstens müssen die Stärkekörnchen der Kartoffeln

Wasser aufnehmen, aufquellen und Amylose abgeben. Zweitens muss dann ein Teil dieser Amylose zu Glukose, einer Zuckerart, abgebaut werden. Sobald das Wasser von der Oberfläche der Kartoffel verdampft ist, verhärtet sich die Amylose und bildet eine feste Hülle, sprich: eine knusprige Kruste, während die Glukose sich dunkel färbt und für Bräunung sorgt. In trockener, heißer Ofenluft dauern diese Vorgänge sehr lange, da die Stärkekörnchen nur sehr langsam aufquellen und so wenig Amylose freigesetzt wird. In heißem Wasser dagegen, wie beim Vorkochen, bildet sich sehr viel freie Amylose an der Oberfläche, sodass die Kartoffeln fast sofort beginnen zu bräunen, sobald sie in den Ofen kommen.

RAUE SCHALE, WEICHER KERN Vorgekochte Kartoffeln bräunen im Ofen besonders schnell. Vermengt man sie noch zusätzlich kräftig mit Salz und Öl – so kräftig, dass ihre Oberfläche regelrecht aufgeraut wird –, geht das Bräunen sogar noch schneller. Das lässt sich folgendermaßen erklären: Lebensmittel fangen erst an zu bräunen und knusprig zu werden, wenn das Oberflächenwasser verdampft ist. Die vorgekochten, „aufgerauten" Kartoffeln, übersät mit winzigen Kerben und Erhebungen, haben eine größere Oberfläche als ganz glatte rohe Kartoffeln und bieten verdampfendem Wasser daher mehr „Ausgänge" zum Entweichen.

DIE KARTOFFEL AUF DEM HEISSEN BACKBLECH Setzen Sie das Backblech gleich zu Beginn in den Backofen, wenn Sie ihn vorheizen. Auf dem bereits heißen Blech backen die Kartoffeln nachher schneller. Durch die kürzere Backzeit verlieren sie weniger Wasser und werden deshalb innen cremiger.

KNUSPRIGE OFENKARTÖFFELCHEN MIT ZWIEBELN
(FÜR 6 BIS 8 PORTIONEN)

Lassen Sie auf keinen Fall das Natron weg; nur mit Natron werden die Kartoffeln so richtig schön knusprig.

1,6 kg	mehligkochende Kartoffeln, geschält und 2 cm groß gewürfelt
½ TL	Natron
45 g	Butter, in 12 Stücke geschnitten grobes Salz aus der Mühle, Pfeffer
1 Prise	Cayennepfeffer
3 EL	Pflanzenöl
2	mittelgroße Zwiebeln, 1–1,5 cm groß gewürfelt
3 EL	frischer Schnittlauch, fein gehackt

1. Ein tiefes Backblech auf der untersten Schiene in den Backofen schieben und den Ofen auf 260 °C vorheizen.

2. In einem dickwandigen Bräter 2,5 l Wasser bei starker Hitze zum Kochen bringen, dann die Kartoffeln samt Natron hineingeben. Das Wasser wieder aufkochen lassen und die Kartoffeln 1 Minute darin kochen. Die Kartoffeln abgießen, zurück in den Topf geben und auf niedriger Stufe etwa 2 Minuten abdämpfen, bis die Oberfläche trocken ist, dabei den Topf gelegentlich schütteln. Dann den Topf vom Herd nehmen. Die Butter, 1½ TL Salz und den Cayennepfeffer hineingeben. Alles etwa 30 Sekunden mit einem Teigschaber gut vermengen, bis die Kartoffeln mit einer dicken Paste aus Stärke überzogen sind.

3. Das heiße Backblech aus dem Ofen nehmen und mit 2 EL Öl beträufeln. Die Kartoffeln gleichmäßig in einer Schicht auf dem Blech verteilen, dann 15 Minuten backen. Derweil die Zwiebeln, 1 EL Öl und ½ TL Salz in einer Schüssel vermengen.

4. Das Backblech aus dem Ofen nehmen. Die Kartoffeln mit einem dünnen, scharfen Metallspatel lösen und wenden. In der Mitte des Blechs eine etwa 20 x 12 cm große freie Fläche schaffen und die Zwiebeln daraufgeben. Noch einmal 15 Minuten backen.

5. Die Zwiebeln und Kartoffeln mit dem Spatel gut vermischen und wenden. 5 bis 10 Minuten weiterbacken, bis die Kartoffeln kräftig braun sind und die Zwiebeln weich und ganz leicht gebräunt sind. Den Schnittlauch untermischen, nach Belieben salzen und pfeffern und sofort servieren.

PRAKTISCHE WISSENSCHAFT: NATRON MACHT DIE KRUSTE BRAUN

==Kocht man Kartoffeln in einer alkalischen Umgebung vor, bräunt die Kruste anschließend besonders gut.==

Während der Ausarbeitung eines unserer Kartoffelsalatrezepte fiel uns auf, dass etwas Essig im Kochwasser dazu führt, dass die Kartoffeln fester bleiben und nicht so leicht zerfallen. Der Grund: Durch den Essig entsteht eine saure Umgebung, in welcher sich der Abbau von Pektin, also des Stoffes, der die Zellen der Kartoffeln zusammenhält, verzögert. Als es dann darum ging, die Oberfläche unserer Ofenkartöffelchen mit Zwiebeln etwas aufzuweichen, damit sie im Ofen schön intensiv bräunen, haben wir genau das Gegenteil getan: Wir haben für eine alkalische (basische) Umgebung gesorgt, indem wir etwas Natron ins Kochwasser gegeben haben. Schon nach einer Minute im Topf werden die Kartoffeln mit dieser Methode außen extrem weich, bleiben unter dieser Schicht aber roh. So sind sie für unsere Zwecke perfekt, denn nun braten sie im Ofen besonders knusprig, ohne innen auszutrocknen.

Wie kommt es, dass nur ½ TL Natron auf 2,5 Liter Wasser eine so durchschlagende Wirkung hat? Durch das alkalische Natron kommt es zu einer Kettenreaktion, die die Pektinmoleküle wie einen Reißverschluss aufzieht und zerfallen lässt. Die Natronmenge muss dabei nur so bemessen sein, dass der pH-Wert des Wassers hoch genug steigt, um die Reaktion in Gang zu setzen, dann setzt sie sich von allein fort.

Mit Natron gekocht (pH-Wert 8,1)   Mit Essig gekocht (pH-Wert 3)

🍲 WARUM DAS REZEPT FUNKTIONIERT

Für einen dampfenden Berg aus perfekt goldbraunen Kartoffelwürfeln mit Knusperkruste und schön fluffigem Kern, gespickt mit aromatischen Zwiebeln und Kräutern, muss man schon etwas Zeitaufwand und Arbeit in Kauf nehmen. Unser Rezept vereinfacht die Zubereitung durch superkurzes Vorgaren – mit Natron! – in kochendem Wasser und anschließendem Backen im Ofen.

MEHLIGKOCHENDE KARTOFFELN NEHMEN Für das Rezept haben wir alle drei gängigen Kartoffelsorten ausprobiert (siehe auch Konzept 2.3): festkochend (wenig Stärke), vorwiegend festkochend (mittlerer Stärkegehalt – der Allrounder unter den Kartoffeln) und mehligkochend (sehr viel Stärke). Die festkochenden Knollen haben die Testesser aufgrund der Textur einstimmig abgelehnt – zu wachsartig für Backofenkartoffeln. Einige haben die schön cremige Konsistenz der vorwiegend festkochenden Kartoffeln gelobt. Trotzdem haben zum Schluss die mehligen Kartoffeln auf dem Siegerpodest oben gestanden: Die Testesser waren begeistert von ihrem erdigen Aroma und der unschlagbar knusprigen Kruste (bedingt durch den hohen Stärkegehalt und noch unterstützt durch unsere „raue" Spezialbehandlung).

MIT NATRON VORGAREN Kurzes Kochen in mit Natron versetztem Wasser ist bei unseren unvergleichlich knusprigen Ofenkartöffelchen der Schlüssel zum Erfolg. Da mehlige Kartoffeln so viel Stärke enthalten, darf man sie auf keinen Fall voll durchgaren, bevor man sie in den heißen Ofen gibt – sie saugen sonst erst das gesamte Öl auf, bevor sie endlich anfangen zu bräunen. Durch das einminütige Blanchieren wird nur die äußere Schicht der Kartoffeln weich. Natron macht's möglich. Das alkalische Pulver ist ein höchst effektiver „Weichmacher" (siehe Kasten „Natron macht die Kruste braun", links) und sorgt dafür, dass die Kartoffeln außen garen, innen aber noch roh bleiben. Die dünne aufgedunsene Oberflächenschicht der mehligen Kartoffeln bräunt im Ofen intensiv, während das rohe Innere gemächlich gart, ohne auszutrocknen.

DIE KARTOFFELN MIT SALZ VERMENGEN Um die Bräunung noch zu befördern, vermengen wir die Kartoffeln gut mit Butter und Salz, bevor wie sie aufs Backblech geben. Das grobe Salz raut die Kartoffeloberfläche auf, wodurch das Wasser schneller verdampft und die Kartoffeln stärker bräunen.

IM OFEN BACKEN Unsere Backofenkartoffeln könnte man im Prinzip auch auf dem Herd zubereiten, doch müsste man die große Menge dann in mehreren Durchgängen in der Pfanne braten. Im Backofen lassen sich auch große Mengen auf einmal zubereiten – wir entscheiden uns also für knackig-heißes Braten im Ofen.

KONZEPT 2.5
VORGEGARTES GEMÜSE HÄLT BESSER SEINE FORM

Fast jedes Gemüse, auch grünes, kann man in der Pfanne oder im Ofen braten. Starke Hitze ist für die Aromaentwicklung unverzichtbar, manchmal allerdings reicht starke Hitze allein für ein perfekt gegartes Gericht nicht aus. Aus Buch 1, Konzept 1.5, wissen wir, dass man für erfolgreiches Kochen mitunter auf eine Kombination aus zwei Garverfahren zurückgreifen muss. Genau wie bei Fleisch kann das für Gemüse sinnvoll sein.

DIE WISSENSCHAFT DAHINTER

SANFTES ANGAREN STABILISIERT DAS PEKTIN

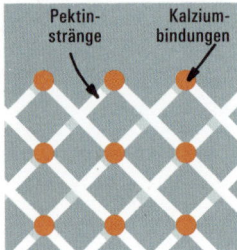

Pektin-
stränge   Kalzium-
               bindungen

ERST KÜHL, DANN HEISS
Gart man Gemüse erst bei geringer Temperatur an, sorgt das Enzym Pektinmethylesterase dafür, dass sich die Pektinstränge mithilfe von Kalziumionen verbinden. Das sorgt für ein stabiles Pektinnetzwerk.

NUR HEISS
Gart man Gemüse dagegen ausschließlich unbedeckt bei hoher Temperatur, wird das Enzym nicht aktiv. Das Netzwerk aus Pektinsträngen zerfällt leichter.

Köche wissen seit Jahrhunderten, dass Lebensmittel schmackhafter werden, wenn man sie bräunt. Trotzdem wird Gemüse bis heute selten auf diese Weise zubereitet. Ein Grund mag gewesen sein, dass Bräunen aufgrund der meist geringen Größe von Gemüse zu mühselig war, aber mit modernen Küchenherden ist diese Ausrede hinfällig. Eher liegt das Problem darin, dass Gemüse viel Wasser enthält und beim Bräunen mit starker Hitze viel davon verdampft. Zwar wird der Geschmack so intensiver, aber es besteht auch die Gefahr, dass man nach dem Garen ein Blech mit verschrumpelten, trockenen Möhren aus dem Ofen holt.

Um das zu vermeiden, garen wir das Gemüse mit zwei Verfahren. Damit es zart wird, ohne Flüssigkeit zu verlieren, dünsten wir es zunächst unter Folie oder mit geschlossenem Deckel an. Danach drehen wir die Hitze hoch.

Besonders wichtig ist diese Phase des Vorgarens für Kartoffeln, Süßkartoffeln, Möhren, Rosenkohl, Spargel und Blumenkohl, also Gemüse, dessen Struktur sich durch kurzes sanftes Erhitzen verfestigt (und während des anschließenden Bräunens auch so bleibt). Durch die stabile Struktur kann das enthaltene Wasser nicht so leicht entweichen, wodurch das Gemüse selbst bei hoher Gartemperatur feucht und zart bleibt. Warum? Ganz ähnlich den zartmachenden Fleischenzymen, die nur unter 50 °C aktiv sind (siehe Buch 1, Konzept 1.6), enthalten die genannten Gemüsesorten ein Enzym, das zwischen 49 und 71 °C am aktivsten ist. Es heißt Pektinmethylesterase und sorgt dafür, dass sich das Pektin der Zellwände mithilfe von pflanzeneigenen Kalziumionen verbindet. Diese Verbindungen stabilisieren die Pektinstruktur; das Gemüse zerkocht nicht mehr so leicht. Das ist wichtig, denn sobald wir fürs Bräunen den Deckel abnehmen, verdampft sofort eine Menge Wasser. Vorgaren hält das Gemüse formstabil und saftig-zart, während es gleichzeitig schön karamellisiert.

Doch bevor wir mit dem Kochen anfangen, sollten wir noch eine Sache klären: Viele Fleisch- und Gemüserezepte sehen vor, die Zutaten entweder zu „karamellisieren" oder zu „bräunen". Viele Köche – selbst Profis – verwenden die beiden Begriffe synonym, aber betrachtet man die chemisch-physikalischen Hintergründe dieser beiden Aromatisierungsmethoden, stellt man fest, dass sie zwar verwandt, aber trotzdem unterschiedlich sind.

Unter „karamellisieren" versteht man die chemischen Reaktionen, die ablaufen, wenn Zucker so stark erhitzt wird, dass sich seine Moleküle spalten und neue Verbindungen entstehen, die Geschmack, Farbe und Aroma beeinflussen. Beispiel Crème brûlée: Durch starkes Erhitzen färbt sich der Zucker auf der Crème goldbraun und entwickelt ein komplexes Aroma. Viele Gemüse, wie Zwiebeln und Möhren, enthalten viel Zucker. Setzt man sie so lange starker Hitze aus, bis die Oberflächenfeuchtigkeit nahezu ganz verdampft ist, setzt ein ähnlicher Prozess ein wie bei der Crème und der Zucker der Pflanze karamellisiert.

Am Prozess des Bräunens dagegen sind nicht nur Zuckermoleküle und starke Hitze beteiligt, sondern auch Proteine und ihre Abbauprodukte (Aminosäuren). Die chemischen Vorgänge werden unter dem Begriff „Maillard-Reaktion" zusammengefasst (siehe Buch 1, Konzept 1.2). Beim Bräunen entstehen Unmengen an geschmack- und farbgebenden Verbindungen, aber sie sind nicht identisch mit jenen, die sich beim Karamellisieren bilden, da an der Maillard-Reaktion auch Eiweiß beteiligt ist. Fleisch und Brot „bräunen" also, Gemüse hingegen „karamellisiert" streng genommen, da es nur wenig bis gar kein Protein enthält.

DAS EXPERIMENT

Um die Wirkung des Vorgarens zu untersuchen, haben wir folgenden einfachen Versuch durchgeführt: Wir haben drei Proben mit je 500 g Möhrenwürfeln (Kantenlänge 2 cm) im Backofen gebraten. Die erste Probe wurde unbedeckt eine Stunde lang bei 218 °C gegart. Die zweite wurde ebenfalls bei dieser Temperatur gegart, jedoch erst 15 Minuten unter Folie, dann weitere 45 Minuten unbedeckt. Die dritte Probe schließlich haben wir erst 30 Minuten in einem verschlossenen Beutel bei 66 °C im Wasserbad gegart und dann 45 Minuten bei 218 °C im Ofen gebraten. Jeweils vor und nach dem Garen haben wir die Proben gewogen. Wir haben den Versuch insgesamt dreimal durchgeführt und Mittelwerte gebildet.

DAS ERGEBNIS

Die vollständig unbedeckt gebratenen Möhren waren klein und runzlig, als sie aus dem Ofen kamen; durchschnittlich haben sie 305 g Gewicht verloren (62 %). Die teils bedeckt, teils unbedeckt gegarte Probe war ebenfalls schrumpelig, wenn auch nicht so sehr wie die erste Probe (Gewichtsverlust im Schnitt: 293 g / 60 %). Die dritte Probe schließlich, im Wasserbad vorgegart, sah noch relativ knackig aus; hier hat der Gewichtsverlust nur 260 g (53 %) betragen.

DIE ERKENNTNIS

Natürlich überrascht es nicht, dass die unbedeckt im Ofen gebratenen Möhren das meiste Wasser verloren haben. Sie wurden sehr schnell erhitzt, wodurch sie fast umgehend begonnen haben zu karamellisieren (und Wasser durch Verdampfung einzubüßen).

Ganz anders die Möhren, die im mäßig heißen Wasserbad vorgegart wurden; sie haben beim anschließenden unbedeckten Braten im Ofen das wenigste Wasser verloren. Erstaunlich, denn diese Probe wurde insgesamt am längsten gegart. Die Erklärung liefern die Enzyme. Da die Möhren im Wasserbad bei einer für die Aktivität von Pektinmethylesterase günstigen Temperatur gehalten wurden, haben sie am meisten von der enzymatischen Wirkung profitiert. Ihre Struktur hat sich verfestigt und sie haben die Flüssigkeit besser gehalten.

Für uns relevanter ist die zweite Probe. Niemand erwartet von einem Hobbykoch, Gemüse immer erst im Wasserbad vorzugaren. Stattdessen empfehlen wir, gebratenes Gemüse im Ofen zu Beginn mit Alufolie abzudecken. Das ist zwar nicht so effektiv wie die Wasserbadmethode, aber auch hier wird das Gemüse insgesamt länger auf einer niedrigeren Temperatur gehalten. Dadurch bekommt die Pektinmethylesterase mehr Zeit zum Wirken, das Pektin wird fester und das Gemüse verliert weniger Wasser. Gart man so beispielsweise Möhren, erhält man eine herrlich zarte, saftige und röstig schmeckende Gemüsebeilage.

MÖHREN AUF DER WAAGE: SANFT ANGAREN ODER GLEICH VOLLE HITZE?

ROHE MÖHREN Wir haben zwei exakt gleich schwere Portionen Möhren in Würfel geschnitten und sie anschließend jeweils unterschiedlich gegart.

BESSER ERST UNTER FOLIE Die zunächst geschützt unter Folie gegarten Möhren (links) enthielten zum Schluss mehr Wasser (und waren damit schwerer) als die Möhren, die direkt die volle Hitze abbekamen (rechts).

VORGEGARTES GEMÜSE IN DER PRAXIS:
GEBRATENES GEMÜSE AUS DEM OFEN

Anstatt das Gemüse gleich der vollen Ofenhitze auszusetzen, schützen wir Blumenkohl, Süßkartoffeln, Rosenkohl und Möhren zunächst mit Alufolie vor allzu großer Hitzeeinwirkung. So dünstet das Gemüse erst kurz bei mäßiger Temperatur, die Pektinstruktur verfestigt sich und schließt das Wasser im Gemüse ein. Für das Bräunen wird die Folie dann entfernt, damit das Gemüse Farbe und Aroma annimmt.

BLUMENKOHL AUS DEM OFEN
(FÜR 4 BIS 6 PORTIONEN)

Der Blumenkohl schmeckt gut mit Olivenöl beträufelt, Sie können ihn aber auch mit einer der rechts stehenden Saucen reichen.

1	Blumenkohl (900 g)
4 EL	Olivenöl (nativ extra)
	Salz und Pfeffer

PRAKTISCHE WISSENSCHAFT: WELCHE SEITE DER ALUFOLIE IST BESSER?

Es gibt keinen Unterschied zwischen der glänzenden und der matten Seite von Aluminiumfolie.
Bei der Herstellung von Aluminiumfolie laufen zwei Lagen Folie gleichzeitig durch ein Walzenpaar, wobei nur die Seite, die die Walze berührt, glänzend wird, während die andere matt bleibt. Um zu sehen, ob es einen Einfluss auf die Garzeit hat, welche Seite dem Essen und welche der Hitzequelle zugewandt ist, haben wir eine Reihe von Versuchen durchgeführt. In einem der Versuche wurde das mit Folie bedeckte Kartoffelpüree zwar etwas schneller heiß, wenn die glänzende Seite nach innen zum Lebensmittel und nicht nach außen zur Hitzequelle zeigte, aber die Differenz war so minimal, dass es unserer Meinung nach keinen Unterschied macht, welche Seite außen und welche innen liegt.

1. Den Backofen auf 245 °C vorheizen. Die Blätter des Blumenkohls entfernen, den Strunk bündig abschneiden. Den Kohl senkrecht durch den Strunk in 8 gleich große Spalten zerteilen. Diese auf ein mit Alufolie oder Backpapier ausgelegtes tiefes Backblech legen. Den Blumenkohl mit 2 EL Öl beträufeln, dann mit Salz und Pfeffer würzen. Öl und Gewürz leicht einreiben. Anschließend vorsichtig wenden und den Vorgang für die andere Seite wiederholen.

2. Das Backblech mit Alufolie bedecken und dicht verschließen. Den Blumenkohl 10 Minuten auf der untersten Schiene im Ofen dünsten. Dann die Folie abnehmen und 8 bis 12 Minuten weiterbraten, bis der Blumenkohl von unten goldgelb ist. Die Achtel vorsichtig mit einem Pfannenwender umdrehen und 8 bis 12 Minuten braten, bis das Gemüse auch von der anderen Seite angebräunt ist. Mit Salz und Pfeffer abschmecken und sofort servieren.

SHERRYESSIG-HONIG-SAUCE MIT MANDELN
(FÜR 1 BLUMENKOHL)

Für das Rezept eignen sich dunkle sowie helle Rosinen.

1 EL	Olivenöl (nativ extra)
50 g	Rosinen
2	große Knoblauchzehen, fein gehackt
60 ml	Wasser
3 EL	Sherryessig
2 EL	Honig
20 g	Mandelblättchen, geröstet
2 EL	frische Petersilie, fein gehackt
	Salz und Pfeffer
1 EL	frischer Schnittlauch, fein gehackt

Das Öl in einer Pfanne (ø 20 cm) auf mittlerer bis hoher Stufe erhitzen, bis es sich kräuselt. Die Rosinen und den Knoblauch hineingeben und unter ständigem Rühren etwa eine Minute braten, bis der Knoblauch intensiv duftet. Die Hitze etwas reduzieren (mittlere Stufe) und Wasser, Essig und Honig zugießen. 4 bis 6 Minuten köcheln lassen, bis die Mischung leicht dickflüssig ist. Mandeln und Petersilie unterrühren, mit Salz und Pfeffer abschmecken. Den gebratenen Blumenkohl vor dem Servieren mit der Sauce beträufeln und mit Schnittlauch garnieren.

SOJA-INGWER-SAUCE MIT FRÜHLINGSZWIEBELN
(FÜR 1 BLUMENKOHL)

Wenn Sie den Blumenkohl mit dieser Sauce reichen wollen, nehmen Sie ein anderes, geschmacksneutrales Pflanzenöl statt Olivenöl zum Braten des Blumenkohls.

2 TL	Pflanzenöl
1 EL	frischer Ingwer, gerieben
2	Knoblauchzehen, fein gehackt
60 ml	Wasser
2 EL	Sojasauce
2 EL	Mirin (Reiswein aus dem Asialaden)
1 EL	Reisessig
1 TL	Sesamöl, geröstet
1	Frühlingszwiebel, in dünne Scheiben geschnitten

Das Öl in einer Pfanne (ø 20 cm) auf mittlerer bis hoher Stufe erhitzen, bis es sich kräuselt. Den Ingwer und den Knoblauch hineingeben und etwa eine Minute braten, bis es intensiv duftet. Die Hitze etwas reduzieren (niedrige bis mittlere Stufe) und Wasser, Sojasauce, Mirin und Essig hinzugeben. 4 bis 6 Minuten köcheln lassen, bis die Mischung leicht dickflüssig ist. Den gebratenen Blumenkohl vor dem Servieren mit der Sauce und dem Sesamöl beträufeln und mit den Frühlingszwiebelscheiben garnieren.

CURRY-JOGHURT-SAUCE MIT KORIANDER
(FÜR 1 BLUMENKOHL)

Wenn Sie den Blumenkohl mit dieser Sauce reichen wollen, nehmen Sie ein anderes, geschmacksneutrales Pflanzenöl statt Olivenöl zum Braten des Blumenkohls.

1 EL	Pflanzenöl
1	Schalotte, fein gehackt
2 TL	Currypulver
¼ TL	Chiliflocken
80 ml	Wasser
60 ml	Naturjoghurt
2 EL	frischer Koriander, fein gehackt
1 TL	Limettensaft
	Salz und Pfeffer

Das Öl in einer kleinen Pfanne auf mittlerer bis hoher Stufe erhitzen, bis es sich kräuselt. Die Schalotte hineingeben und etwa 2 Minuten glasig anschwitzen. Das Currypulver und die Chiliflocken einrühren und etwa eine Minute erhitzen, bis es duftet. Die Pfanne vom Herd nehmen und mit dem Schneebesen Wasser, Joghurt, Koriander und Limettensaft einrühren. Mit Salz und Pfeffer abschmecken. Den gebratenen Blumenkohl vor dem Servieren mit der Sauce beträufeln.

🍲 WARUM DAS REZEPT FUNKTIONIERT

Unser Ziel war eine schmackhafte Blumenkohlbeilage, die auch ohne schwere Käsesauce viel Geschmack und Aroma hat. Unser Blumenkohl aus dem Ofen bräunt schön goldgelb und schmeckt außen herrlich nussig, innen süß. Durch das Andünsten unter Alufolie und das anschließende Braten wird das Gemüse weich und karamellisiert gleichzeitig. Obwohl der Blumenkohl auch allein ganz vorzüglich schmeckt, haben wir uns noch eine Auswahl an einfachen Saucen dazu ausgedacht.

IN DICKE SPALTEN SCHNEIDEN Schneidet man Blumenkohl zu klein, zerfallen die Röschen und brennen an. Zerteilt man den Kopf senkrecht durch den Strunk in Achtel, hält der feste Kern die Röschen zusammen. Ein weiterer Vorteil ist, dass sich der Blumenkohl so flach aufs Blech legen lässt, was günstig für die Karamellisierung ist – und damit für das Aroma und die Bräunung.

GUT EINÖLEN Blumenkohl hat eine sehr unregelmäßige Oberfläche. Damit das Öl in alle Ecken und Ritzen gelangt und das Gemüse nicht trocken und ledrig wird, sollten Sie damit nicht geizen. Das Öl sorgt zudem dafür, dass der Blumenkohl stärker bräunt.

ERST DÜNSTEN, DANN BRATEN Brät man den Blumenkohl gleich bei starker direkter Hitze, verdampft das gespeicherte Wasser sehr schnell (innerhalb der ersten Minuten). Deckt man das Backblech erst einmal mit Alufolie ab, kann der Wasserdampf nicht entweichen und das Gemüse wird sanft gedünstet. So bleiben die Blumenkohlspalten fest und feucht genug, um während der folgenden 20 Minuten bei starker Hitze nicht zu verschrumpeln.

BEHUTSAM WENDEN Wenden Sie den Blumenkohl genau einmal mit einem Pfannenwender. Das reicht aus, und das Risiko, dass die Spalten brechen oder zerfallen, bleibt gering.

SÜSSKARTOFFELN AUS DEM OFEN
(FÜR 4 BIS 6 PORTIONEN)

Beachten Sie, dass die Kartoffeln in den kalten, nicht vorgeheizten Ofen gegeben werden. Nehmen Sie Kartoffeln, die möglichst gleich dick sind. Damit die dünneren Endstücke nicht anbrennen, schneiden Sie sie ab. Wenn Sie die Kartoffeln nicht schälen wollen, schrubben Sie sie vor dem Schneiden gründlich ab.

1,4 kg	Süßkartoffeln, Endstücke abgeschnitten, geschält, abgespült und in 2 cm dicke Scheiben geschnitten
2 EL	Pflanzenöl
	Salz und Pfeffer

1. Die Kartoffeln in einer großen Schüssel mit dem Öl, 1 TL Salz und Pfeffer (Menge nach Belieben) gut vermischen. Ein tiefes Backblech mit Alufolie auslegen und mit Pflanzenöl besprühen oder sehr dünn bepinseln. Kartoffeln in einer Lage darauflegen. Das Blech mit Alufolie bedecken und dicht verschließen, anschließend auf der mittleren Schiene in den kalten Ofen schieben. Den Ofen auf 220 °C stellen und die Kartoffeln 30 Minuten dünsten.

2. Vorsichtig die Alufolie entfernen und das Gemüse 15 bis 25 Minuten braten, bis die Unterseiten der Kartoffeln am Rand goldbraun sind.

3. Die Kartoffelstücke mit einem dünnen Metallspatel wenden, dann 18 bis 22 Minuten weiterbraten, bis auch die andere Seite goldbraun ist. Die Kartoffeln aus dem Ofen nehmen und 5 bis 10 Minuten abkühlen lassen, dann servieren.

SÜSSKARTOFFELN MIT AHORN-THYMIAN-GLASUR

In einer kleinen Schüssel 60 ml Ahornsirup, 30 g zerlassene Butter und 2 TL fein gehackten frischen Thymian verquirlen. Dem Rezept bis einschließlich Schritt 2 folgen. Die Kartoffeln vor dem Wenden in Schritt 3 mit der Hälfte der Glasur bestreichen, dann wenden und von der anderen Seite mit dem Rest der Glasur bepinseln. Dann wie beschrieben fortfahren.

SÜSSKARTOFFELN MIT GLASUR AUS BRAUNEM ZUCKER UND GEWÜRZEN

---

50 g braunen Zucker, 2 EL Apfelsaft, 30 g Butter, ¼ TL gemahlenen Zimt, ¼ TL gemahlenen Ingwer und 1 gute Prise gemahlene Muskatnuss in einen kleinen Topf geben und

SÜSSKARTOFFELN RICHTIG LAGERN

Im Kühlschrank gelagerte Süßkartoffeln bleiben beim Garen in der Mitte oft hart, selbst wenn man sie lange gart.
Normalerweise lagern wir Süßkartoffeln lichtgeschützt und bei kühler Zimmertemperatur, aber irgendwann haben wir uns gefragt, ob es den Knollen wohl schaden würde, sie im Kühlschrank aufzubewahren. Wir haben daraufhin eine Kiste Kartoffeln gekauft und sie in zwei Proben aufgeteilt. Beide haben wir vier Wochen lang gelagert, die eine in einer kühlen Kammer bei 13 bis 18 °C, die andere bei 1 bis 3,5 °C im Kühlschrank. Nach Ablauf der Lagerzeit haben wir die Süßkartoffeln aus dem Kühlschrank genommen und ihnen Zeit gegeben, Zimmertemperatur anzunehmen. Dann haben wir beide Proben in Stücke geschnitten und sie 45 Minuten bei 200 °C im Ofen gebraten. Anschließend haben wir sie probiert, um zu sehen, ob sich Unterschiede feststellen ließen.
Roh sahen die Kartoffeln beider Proben zunächst gleich aus, gegart haben sich allerdings deutliche Unterschiede gezeigt. Während die Kartoffeln aus der Kammer bis in die Mitte eine cremig-weiche Konsistenz hatten, waren die Kühlschrank-Kartoffeln in der Mitte hart. Um auszuschließen, dass es an der Garmethode liegt, haben wir den Versuch wiederholt – diesmal allerdings haben wir die Kartoffeln 40 Minuten in Wasser gekocht. Das Ergebnis ist gleich geblieben: Die im Kühlschrank gelagerten Kartoffeln waren nach wie vor hart in der Mitte.
Das harte Innere ist eine Folge des Kühlens und anschließenden Erwärmens. Während der Kühlphase werden die Zellwände durchlässig für die zwischen den Zellen sitzenden Kalziumionen, was dazu führt, dass die Ionen in die Zellwände eindringen. Nehmen die Süßkartoffeln nun Zimmertemperatur an, wird das Pektinmethylesterase-Enzym aktiviert (dasselbe Enzym, das beim Vorgaren zu Höchstleistungen aufläuft). Durch das Enzym wird das Pektin der Zellwände so modifiziert, dass es mit den Kalziumionen reagiert und auf diese Weise sehr stabil wird – so stabil, dass den Zellwänden auch langes Garen nichts anhaben kann. In den kühlschrankgelagerten Süßkartoffeln läuft also im Wesentlichen der gleiche Prozess ab wie beim Vorgaren von Gemüse, nur eben langsamer.

Kartoffeln vor dem Wenden in Schritt 3 mit der Hälfte der Glasur bestreichen, dann wenden und von der anderen Seite mit dem Rest der Glasur bepinseln. Dann wie beschrieben fortfahren.

🥘 WARUM DAS REZEPT FUNKTIONIERT

Oft schmecken gebratene Süßkartoffeln mehlig und nehmen keine Farbe an. Unser Ziel war eine Methode, bei der die Kartoffeln außen kräftig karamellisieren, während sie innen cremig weich werden und ihre erdige Süße voll entfalten können. Dazu ist zweistufiges Garen notwendig: Wir geben die Süßkartoffelscheiben in den noch kalten Ofen, decken sie mit Folie ab und garen sie so 30 Minuten. Erst dann entfernen wir die Folie, damit sie braun und knusprig werden.

DICKE SCHEIBEN Die spitzen Enden von Kartoffelspalten brennen leicht an. Besser geeignet sind Scheiben, da sie überall gleich dick sind. Ein weiterer Vorteil dicker Scheiben gegenüber Spalten: Man muss sie nur von zwei statt von drei Seiten braten.

JE KÜHLER, DESTO SÜSSER Beim Entwickeln des Rezepts ist uns aufgefallen, dass je niedriger die Ofentemperatur, desto schwächer bräunten die Kartoffeln, aber desto süßer wurden sie auch. Woran liegt das? Die in den Süßkartoffeln enthaltene Stärke wird bei Temperaturen zwischen 57 und 77 °C in Zucker umgewandelt. Sobald die Temperatur der Kartoffeln 77 °C übersteigt, findet keine weitere Umwandlung mehr statt. Je länger die Kartoffeln also in diesem Temperaturbereich bleiben, desto süßer werden sie. Genau aus diesem Grund geben wir das Gemüse in den kalten Ofen und schirmen es zusätzlich mit Alufolie gegen die Hitze ab – so werden die Kartoffeln maximal süß.

DIE FOLIE ENTFERNEN Entfernen Sie den „Deckel" aus Alufolie nach einer halben Stunde, damit das Gemüse bräunt. Wenden Sie die Kartoffeln nach der Hälfte der Zeit einmal. Keine Angst, sie haften auf der eingefetteten Folie nicht an und das Umdrehen geht ganz einfach.

MÖHREN AUS DEM OFEN
(FÜR 4 BIS 6 PORTIONEN)

Gleich große Stücke sind entscheidend dafür, dass das Gemüse gleichmäßig gart. Für dieses Rezept ist außerdem wichtig, dass die Stücke nicht zu klein sind.

700 g	Möhren, geschält
30 g	Butter, zerlassen
	Salz und Pfeffer

auf mittlerer Stufe 2 bis 4 Minuten erhitzen, bis die Butter zerlassen und der Zucker aufgelöst ist, dabei ständig umrühren. Dem Rezept bis einschließlich Schritt 2 folgen. Die

1,5 cm dicken Scheiben) zu den Möhren in die Schüssel geben und wie beschrieben fortfahren. Das Gemüse vor dem Servieren noch mit 20 g gerösteten Mandelblättchen, 2 TL fein gehackter frischer Petersilie sowie 1 TL Zitronensaft vermischen.

MÖHREN UND PASTINAKEN MIT ROSMARIN

Nur 450 g Möhren nehmen. 230 g geschälte Pastinaken (in gleich große Stücke wie die Möhren geschnitten) und 1 TL gehackten frischen Rosmarin zu den Möhren in die Schüssel geben und wie beschrieben fortfahren. Das Gemüse vor dem Servieren mit 2 TL fein gehackter frischer Petersilie vermischen.

🍲 WARUM DAS REZEPT FUNKTIONIERT

Möhren entfalten beim Braten ihre natürliche Süße, außerdem wird das Aroma intensiver – allerdings nur, wenn sie nicht im Ofen zu zähen Schrumpelmöhren werden. Da wir nicht unnötig viel abwaschen wollen, dünsten wir die gebutterten und gewürzten Möhren unter Alufolie auf demselben Blech an, auf dem wir sie anschließend bräunen.

LÄNGLICHE STÜCKE BRÄUNEN AM BESTEN Für gleichmäßiges Garen ist es wichtig, die Möhren in gleichförmige Stücke zu schneiden. Wenn Sie große Möhren (ø mehr als 2,5 cm) verwenden, schneiden Sie sie am besten erst in der Mitte einmal quer durch und vierteln die beiden Hälften dann jeweils längs (sodass insgesamt 8 Stücke entstehen). Möhren von mittlerer Größe (ø 1,5 bis 2,5 cm) schneiden Sie in der Mitte durch, dann halbieren Sie die dickere Hälfte zusätzlich längs (insgesamt 3 Stücke). Kleine Möhren (ø weniger als 1,5 cm) halbieren Sie nur einmal in der Mitte.

WASSER IN DEN MÖHREN EINSCHLIESSEN Möhren können im Ofen trocken und zäh werden. Doch für das Problem gibt es eine Lösung: Möhren enthalten mehr Pektin als jede andere Gemüsesorte. Gelingt es, sie möglichst lange bei einer Temperatur zwischen 49 und 71 °C zu halten, ändert sich die Pektinstruktur und wird hitzebeständig. Die Zellwände halten Hitze dadurch besser stand und das Wasser wird in den Zellen eingeschlossen (siehe das Experiment auf Seite 79). Damit die Möhren nicht zu schnell zu heiß werden, garen wir sie zunächst unter Folie an.

1. Den Backofen auf 220 °C vorheizen. Die Möhren in der Mitte quer durchschneiden, dann längs halbieren oder vierteln, je nachdem, was nötig ist, um möglichst gleichförmige Stücke zu erhalten. Möhren in einer großen Schüssel mit der Butter, ½ TL Salz und ¼ TL Pfeffer vermengen. Anschließend das Gemüse in einer Lage auf ein mit Alufolie oder Backpapier ausgelegtes tiefes Backblech geben.

2. Das Backblech mit Alufolie bedecken und dicht verschließen. Dann die Möhren 15 Minuten auf der mittleren Schiene andünsten. Anschließend die Folie entfernen und 30 bis 35 Minuten braten, bis das Gemüse zart und gut gebräunt ist, zwischendurch zweimal wenden. Zum Schluss die Möhren noch einmal mit Salz und Pfeffer abschmecken, dann auf eine Anrichteplatte geben und servieren.

MÖHREN UND FENCHEL MIT GERÖSTETEN MANDELN UND ZITRONE

Nur 450 g Möhren nehmen. Eine geschnittene kleine Fenchelknolle (ohne Stängel, halbiert und entkernt, in 1 bis

ROSENKOHL AUS DEM OFEN
(FÜR 6 BIS 8 PORTIONEN)

Wenn Sie losen Rosenkohl kaufen, achten Sie darauf, dass die Röschen alle etwa 3,5 bis 4 cm lang sind. Vierteln Sie Röschen länger als 6 cm; Röschen kürzer als 2,5 cm können Sie im Ganzen belassen.

1 kg	Rosenkohl, geputzt und halbiert
3 EL	Olivenöl
1 EL	Wasser
	Salz und Pfeffer

1. Den Backofen auf 260 °C vorheizen. In einer großen Schüssel den Rosenkohl mit Öl, Wasser, ¾ TL Salz und ¼ TL Pfeffer vermengen. Die Röschen mit der Schnittseite nach unten auf einem tiefen Backblech verteilen.

2. Alufolie über das Blech legen und dicht verschließen. Den Rosenkohl auf der zweiten Schiene von oben 10 Minuten dünsten, die Folie abnehmen und 10 bis 12 Minuten braten, bis die Röschen zart und schön gebräunt sind. Anschließend das Gemüse auf eine Anrichteplatte geben, mit Salz und Pfeffer abschmecken und servieren.

ROSENKOHL MIT KNOBLAUCH, CHILI UND PARMESAN

Während der Rosenkohl im Ofen ist, 3 EL Olivenöl bei mittlerer Hitze in einer Pfanne (⌀ 20 cm) erhitzen, bis es sich kräuselt. 2 fein gehackte Knoblauchzehen mit ½ TL Chiliflocken hinzufügen und etwa eine Minute garen, bis der Knoblauch goldgelb ist und duftet. Pfanne vom Herd nehmen. Den gebratenen Rosenkohl vor dem Anrichten mit dem Knoblauchöl vermengen und mit Salz und Pfeffer abschmecken. Vor dem Servieren noch mit 4 EL Parmesankäse bestreuen.

ROSENKOHL MIT BACON UND PEKANNÜSSEN

Während der Rosenkohl im Ofen ist, 4 Streifen Bacon in einer Pfanne (⌀ 25 cm) knusprig braten (mittlere Hitze, 7 bis 10 Minuten). Den Bacon mit einem Schaumlöffel auf einen mit Küchenpapier belegten Teller geben. 1 EL des ausgetretenen Fetts beiseitestellen. Den Bacon fein zerkleinern. Den gebratenen Rosenkohl vor dem Anrichten mit 2 EL Olivenöl, dem beiseitegestellten Fett, den Baconstücken sowie 60 g gerösteten Pekannüssen (fein zerkleinert) vermengen. Mit Salz und Pfeffer abschmecken, dann servieren.

ROSENKOHL MIT WALNÜSSEN UND ZITRONE

Den gebratenen Rosenkohl vor dem Anrichten mit 45 g zerlassener Butter, 1 EL Zitronensaft und 40 g gerösteten Walnüssen (fein zerkleinert) vermengen. Mit Salz und Pfeffer abschmecken, dann servieren.

🥘 WARUM DAS REZEPT FUNKTIONIERT
Manchmal schmeckt Rosenkohl bitter oder schwefelig – aber das muss nicht sein. Wie andere Kreuzblütengewächse, wie Brokkoli, Weißkohl und Brauner Senf, enthält Rosenkohl zahlreiche Aromavorstufen, die mit pflanzeneigenen Enzymen reagieren und beim Schneiden, Garen und selbst beim Essen unangenehme Aromen bilden. Gart man Rosenkohl jedoch richtig, verwandeln sich diese Aromen in nussige Süße. Wir

dünsten den Rosenkohl zunächst unter Folie und bräunen ihn anschließend auf demselben Blech. Das Ergebnis sind süß schmeckende Rosenkohlröschen, die innen zart sind und außen karamellisiert.

SCHNITTSEITE NACH UNTEN Wir legen die halbierten Röschen mit der Schnittfläche nach unten aufs Backblech. So ist die Kontaktfläche am größten und der Rosenkohl bräunt optimal. Die Röstaromen werden dadurch besonders ausgeprägt.

UNTER FOLIE DÜNSTEN Bevor wir den Rosenkohl in den Ofen schieben, vermengen wir ihn mit 1 EL Wasser, dem Öl und den Gewürzen. Unter der dicht schließenden Alufolie wirkt jedes Rosenkohlröschen wie ein kleiner Dampfkochtopf – das aufgenommene Wasser gart das Innere durch, während die Oberfläche langsam karamellisiert.

VORGEGARTES GEMÜSE IN DER PRAXIS:
GEBRATENES GEMÜSE AUS DER PFANNE

Wie bei der Zubereitung im Ofen garen wir das Gemüse auch auf dem Herd erst sanft an, bevor wir es richtig bräunen. Besonders gut funktioniert das mit schnell garendem Gemüse wie Spargel. (Für größere und festere Gemüse wie Blumenkohl und Süßkartoffeln ist definitiv der Backofen die bessere Wahl.) Hier reicht es aus, zu Beginn des Garens den Deckel auf die Pfanne zu setzen, damit die Spargelstangen andünsten und das Pektin verstärkt wird. Anschließend ist der Spargel fit fürs Bräunen.

GEBRATENER GRÜNER SPARGEL AUS DER PFANNE
(FÜR 4 BIS 6 PORTIONEN)

Am besten gelingt das Rezept mit Spargelstangen, deren unteres Ende mindestens 1,5 cm dick ist. Bei dünneren Stangen verkürzen Sie das Dünsten mit geschlossenem Deckel auf 3 Minuten und das offene Bräunen auf 5 Minuten. Sehr dünne Stangen (etwa Bleistiftdicke) eignen sich nicht für das Rezept – sie halten der Hitze nicht stand und übergaren leicht.

1 EL	Olivenöl
15 g	Butter
900 g	grüner Spargel (dicke Stangen), untere Enden abgeschnitten
	Salz und Pfeffer
½	Zitrone (falls gewünscht)

1. Öl und Butter in einer Pfanne (ø 30 cm) bei mittlerer bis starker Hitze heiß werden lassen. Sobald die Butter zerlassen ist, die Hälfte des Spargels so in die Pfanne geben, dass die Spitzen alle in eine Richtung zeigen. Dann die andere Hälfte mit den Spitzen in die entgegengesetzte Richtung hineingeben. Die Stangen mit einer Zange möglichst gleichmäßig verteilen (wenn sie nicht ganz in einer Schicht in die Pfanne passen, auch übereinander). Die Pfanne zudecken und den Spargel etwa 5 Minuten dünsten, bis er leuchtend grün und noch knackig ist.

2. Den Deckel abnehmen und den Herd auf höchste Stufe stellen. Den Spargel mit Salz und Pfeffer würzen. 5 bis 7 Minuten braten, bis die Stangen zart und von einer Seite gut angebräunt sind. Dabei wiederholt Stangen aus der Mitte der Pfanne an den Rand legen, damit alle Stangen gleich stark bräunen. Zum Schluss den Spargel in eine Servierschüssel geben, noch einmal mit Salz und Pfeffer abschmecken und falls gewünscht die halbe Zitrone darüber auspressen. Anschließend sofort servieren.

GRÜNER SPARGEL MIT GERÖSTETEM KNOBLAUCH
UND PARMESAN

---

2 EL Olivenöl bei mittlerer Hitze in einer Pfanne (ø 30 cm) erhitzen. 3 dünn geschnittene Knoblauchzehen hinzugeben und etwa 5 Minuten anbraten, bis die Scheiben gold-

GRÜNER SPARGEL MIT ROTER PAPRIKA UND ZIEGENKÄSE, S. 88

gelb und knusprig (aber noch nicht dunkelbraun) sind. Den Knoblauch mit einem Schaumlöffel auf einen mit Küchenpapier belegten Teller geben. Die Butter zum bereits in der Pfanne befindlichen Öl geben und den Rezeptanweisungen weiter folgen. Den gebratenen Spargel in der Schüssel mit dem gerösteten Knoblauch und 2 EL geriebenem Parmesan bestreuen. Mit Zitronensaft, Salz und Pfeffer abschmecken und sofort servieren.

GRÜNER SPARGEL MIT ROTEN ZWIEBELN UND BACON

4 Streifen Bacon in 0,5 bis 1 cm große Stücke schneiden und in einer Pfanne (ø 30 cm) knusprig braten (mittlere Hitze, 7 bis 10 Minuten). Den Bacon mit einem Schaumlöffel auf einen mit Küchenpapier belegten Teller geben und beiseitestellen. Bis auf 1 EL das Fett aus der Pfanne abgießen. Das Fett wieder erhitzen (mittlere bis starke Hitze) und eine große rote Zwiebel (halbiert und in dünne Scheiben geschnitten) hineingeben. Etwa 3 Minuten unter gelegentlichem Rühren garen, bis die Zwiebelscheiben anfangen, weich zu werden und am Rand zu bräunen. 2 EL Balsamessig und 1 EL Ahornsirup dazugeben und ca. 2 Minuten mitbraten, bis die Flüssigkeit eindickt und an den Zwiebeln haftet. Zwiebeln in eine Schüssel geben, mit Salz und Pfeffer abschmecken und zugedeckt warmhalten. Vor dem Servieren Zwiebeln und Bacon auf dem gebratenen Spargel verteilen.

GRÜNER SPARGEL MIT ROTER PAPRIKA UND ZIEGENKÄSE

1 EL Olivenöl bei mittlerer bis starker Hitze in einer Pfanne (ø 30 cm) erhitzen, bis es sich kräuselt. 2 rote Paprikaschoten (ohne Strunk, entkernt, in gut 0,5 cm breiten Streifen) in der Pfanne unter gelegentlichem Wenden 4 bis 5 Minuten braten, bis die Haut Blasen wirft. Die Paprikastreifen in eine Schüssel geben, mit Salz und Pfeffer abschmecken und zugedeckt warmhalten. Vor dem Servieren die Paprikastreifen, 200 g zerbröselten Ziegenkäse, 30 g geröstete Pinienkerne und 2 EL fein gehackte frische Minze auf dem gebratenen Spargel verteilen.

GRÜNER SPARGEL MIT WARMER ORANGEN-MANDEL-VINAIGRETTE

2 EL Olivenöl bei mittlerer Hitze in einer Pfanne (ø 30 cm) erhitzen, bis es sich kräuselt. 25 g gestiftete Mandeln hineingeben und unter häufigem Rühren etwa 5 Minuten goldgelb anrösten. 125 ml Orangensaft und 1 TL fein gehackten frischen Thymian hinzufügen und auf mittlerer bis hoher Stufe etwa 4 Minuten köchelnd reduzieren. Dann die Pfanne vom Herd nehmen, 2 EL fein gehackte Schalotte und 2 EL Sherryessig unterrühren und mit Salz und Pfeffer abschmecken. Die Vinaigrette in eine kleine Schüssel geben und die Pfanne sauber auswischen. Den Spargel wie im Rezept beschrieben in der Pfanne zubereiten. Anschließend die Vinaigrette über den gebratenen Spargel geben und vermengen. Mit Salz und Pfeffer abschmecken und sofort servieren.

🍲 WARUM DAS REZEPT FUNKTIONIERT

Spargel lässt sich in der Pfanne sehr einfach anbraten, und das ganz ohne nerviges Wenden der einzelnen Stangen. Damit der Spargel Wasser abgibt, was wichtig für die Karamellisierung und fürs Aroma ist, garen wir ihn vor dem eigentlichen Bräunen zunächst mit Butter und Öl in der zugedeckten Pfanne an. Das in der Butter enthaltene Wasser verdampft und dünstet den Spargel. Die Stangen werden so leuchtend grün und bissfest; beim anschließenden Bräunen bleiben sie saftig und zergaren nicht.

DÜNSTEN, DANN BRÄUNEN Unserer Erfahrung nach gelingt gebratener Spargel besser, wenn man ihn vor dem Braten andünstet. Roher Spargel ist ziemlich trocken, die Oberfläche wachsartig; die für die Bräunungsreaktion benötigten Zucker sind in den harten Zellwänden der Pflanze fest eingeschlossen. Um diese Zucker freizusetzen, muss der Spargel garen. Man könnte den Spargel mit etwas Flüssigkeit zugedeckt dünsten, aber mit Hinblick auf das anschließende Bräunen ist Butter als Garmedium besser geeignet. Butter enthält 16 bis 18 Prozent Wasser – anders als Olivenöl, das ein 100-prozentiges Fett ist und deshalb hier als alleiniges Garmedium nicht geeignet ist –, und diese geringe Menge Wasser reicht aus, um das Gemüse anzudünsten. Danach beginnt es, selbst Flüssigkeit abzugeben und so das Dünsten zu verstärken. Durch die dicht an dicht in der Pfanne liegenden Spargelstangen kann der Wasserdampf optimal seine Wirkung entfalten.

ORDNUNG IN DER PFANNE Wir geben den ganzen Spargel auf einmal in die Pfanne und ordnen die Stangen sorgfältig an. Optimal für die Platzausnutzung und das Bräunen ist, wenn man eine Hälfte der Stangen mit der Spitze in die eine Richtung legt und die andere Hälfte mit der Spitze in die entgegengesetzte Richtung. Den Testessern hat der Spargel am besten nur von einer Seite gebräunt geschmeckt. Das gelegentliche Umlagern der Stangen von innen nach außen reicht also fürs Bräunen völlig aus.

PRAKTISCHE WISSENSCHAFT:
SPARGEL RICHTIG LAGERN

Am besten lagert man Spargel angeschnitten und in wenig Wasser stehend im Kühlschrank.
Um herauszufinden, wie man Spargel am besten aufbewahrt, damit er schön leuchtend grün und knackig bleibt, haben wir eine Reihe verschiedener Methoden im Kühlschrank ausprobiert: im Plastikbeutel des Herstellers, in einer Papiertüte, eingeschlagen in feuchtes Küchenpapier und mit abgeschnittenen Spargelenden stehend in Wasser. Nach drei Tagen war klar, welche Methode gewinnt. Die Spargelstangen im Plastikbeutel haben sich schmierig angefühlt; der Spargel in der Papiertüte und im Küchenpapier hatte welke Spitzen und war auch insgesamt schlaff. Dagegen waren die Stangen im Wasser nahezu so frisch und fest wie beim Kauf. Um Spargel also optimal zu lagern, schneiden Sie etwa 1,5 cm vom harten unteren Ende der Stangen ab und stellen Sie sie in ein Glas. Dieses etwa 2,5 cm hoch mit Wasser füllen und in den Kühlschrank geben. So aufbewahrt, bleibt Spargel etwa vier Tage ziemlich frisch (kontrollieren Sie regelmäßig den Wasserstand im Glas). Vor dem Kochen die Spargelenden frisch abschneiden.

KONZEPT 2.6
BOHNEN: NASSPÖKELN STATT WÄSSERN

Einige Kochgesetze scheinen für getrocknete Bohnen nicht zu gelten – wie kann ein so kleines Lebensmittel so lange brauchen, um zu garen? Man hat zwar wenig Arbeit, aber der Zeitaufwand ist immens und der Frust groß, wenn die Bohnen dann immer noch nicht gut sind. Bohnen sollten ein cremig-weiches Inneres haben mit einer zarten Schale. Doch oft ist die Schale selbst nach Stunden im Topf noch hart und zäh. Oder schlimmer, die Bohnen sind geplatzt und im Topf ist nur noch eine klebrige, mehlige Masse.

BOHNEN NASSPÖKELN

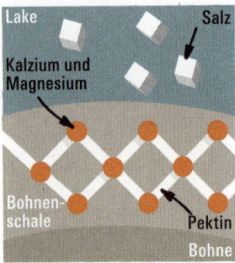

VOR DEM EINLEGEN Vor dem Nasspökeln der Bohnen sind die Pektinmoleküle in der Schale fest durch Kalzium- und Magnesiumionen miteinander verbunden und geben ihr eine stabile Struktur.

WÄHREND DES EINLEGENS Legt man Bohnen in Lake ein, werden die Kalzium- und Magnesiumionen durch Natriumchloridionen ersetzt. Das starre Pektinnetzwerk lockert sich und die Schale weicht auf, was ein Platzen der Bohnen verhindert.

DIE WISSENSCHAFT DAHINTER

Getrocknete Bohnen spielen für die westliche Ernährungsweise zwar nicht unbedingt eine zentrale Rolle, global betrachtet aber sind sie eines der wichtigsten Nahrungsmittel, da sie besonders viel Protein und Ballaststoffe enthalten, günstig sind und sich jahrelang halten. Hülsenfrüchte – zu denen neben Bohnen auch Erbsen und Linsen zählen – sind Samen bzw. Pflanzen im Embryonalstadium, die von einer harten Samenschale umgeben sind. Die Samenschale besteht hauptsächlich aus Kohlenhydraten und einem beträchtlichen Anteil Ballaststoffen, der Samen selbst enthält viel Protein und Stärke.

Wer ein Gericht mit getrockneten Bohnen kochen will, muss gut vorausplanen und braucht viel Zeit – am besten weicht man sie über Nacht ein und lässt sie anschließend mehrere Stunden leicht köcheln. In nur mäßig heißem Kochwasser nehmen die Bohnen nur nach und nach Wasser auf und platzen nicht. Diesen Prozess darf man nicht zu stark beschleunigen, sonst quellen die Stärkekörnchen ungleichmäßig auf und die Schale reißt. Durch die austretende Stärke wird dann aus den Bohnen eine klebrige Masse. Unsere Lösung des Problems ist einfach: Wir bereiten die meisten unserer Bohnenrezepte im Ofen zu. Dort erfolgt die Wärmeübertragung gleichmäßiger als auf dem Herd (siehe Buch 1, Konzept 1.1) und es besteht keine Gefahr, dass die Bohnen am Topfboden schneller garen als der Rest. Ein

weiterer Vorteil: Im Ofen ist es einfacher, Wasser konstant schwach köcheln zu lassen, da viele Herde selbst auf niedriger Stufe noch sehr heiß werden.

Eine weitere Erkenntnis unserer Versuche: Bereits während des Einweichens über Nacht absorbieren die Bohnen Wasser (Hydratation), weshalb eingeweichte Bohnen deutlich schneller garen als nicht eingeweichte; die Zeitersparnis beträgt bis zu 45 Minuten. Was noch wichtiger ist: Eingeweichte Bohnen scheinen beim Garen gleichmäßiger Wasser aufzunehmen, wodurch die Textur besonders cremig wird. Muss es doch mal schnell gehen, können Sie die Bohnen mit kochendem Wasser übergießen (Bohnen sollten bedeckt sein) und eine Stunde stehen lassen – das ist besser als nichts.

Aber selbst mit Einweichen und sanftem Garen sind wir nicht immer zufrieden mit dem Ergebnis. Das Bohneninnere mag schön cremig sein, aber die Schale ist noch zu hart. Durch Einweichen in Salzwasser – was faktisch nichts anderes ist als Nasspökeln – wird auch die Schale schön zart. Warum? Beim Einweichen ersetzen Natriumchloridionen aus der Lake einen Teil der Kalzium- und Magnesiumionen in der Schale. Pektinmoleküle vernetzen sich mithilfe von Kalzium- und Magnesiumionen zu einem festen Geflecht, das die Voraussetzung für stabile und fest miteinander verklebte Zellen ist. Durch die Natriumchloridionen wird das Pektinnetzwerk geschwächt; die Konsistenz wird weicher. Da die Natriumionen während des Einweichens nicht sehr tief in die

Bohnen eindringen, bleibt ihre Wirkung größtenteils auf die äußere Schicht (die Schale) beschränkt.

Kocht man „nassgepökelte" Bohnen im Anschluss – vorzugsweise mit etwas Salz –, wird die Schale zart. Das führt, wie wir anhand des folgenden Experiments sehen werden, zu einer Verringerung der Zahl aufgeplatzter Bohnen, was wichtig ist, damit die Bohnen cremig, nicht mehlig werden.

DAS EXPERIMENT

Um zu prüfen, wie sinnvoll das Einweichen – und Kochen – von Bohnen in Salzwasser tatsächlich ist, haben wir vier Proben getrocknete schwarze Bohnen (jeweils 1 Tasse) gekocht. Zwei der Proben haben wir 24 Stunden in 2 Liter kaltem Wasser mit 1½ EL Salz eingeweicht, dann abgegossen und abgespült. Anschließend haben wir beide Proben in jeweils 1,2 Liter Wasser gegart, wobei wir bei einer Probe noch ½ TL Salz mit ins Wasser gegeben haben. Die anderen zwei Proben haben wir ebenfalls 24 Stunden eingeweicht, dabei aber auf Salz verzichtet. Dann haben wir eine Probe in Salzwasser und eine nur in Wasser gegart. Das Garen lief bei allen Proben folgendermaßen ab: Wir haben die Bohnen zunächst in einem mittelgroßen Topf auf dem Herd zum Köcheln gebracht und sie dann im verschlossenen Topf eine Stunde bei 165 °C im Backofen weitergegart. Insgesamt haben wir den Versuch dreimal wiederholt.

DAS ERGEBNIS

Die in Salzwasser eingeweichten und gekochten Bohnen sind allesamt völlig intakt geblieben und waren der klare Gewinner im Vergleich der drei Proben. Von den „nassgepökelten", aber ohne Salz gekochten Bohnen waren anschließend die meisten ebenfalls noch unbeschädigt, ein kleiner Teil allerdings hatte ansatzweise aufgeplatzte Schalen. In starkem Kontrast dazu haben die zwei Proben gestanden, die wir in ungesalzenem Wasser eingelegt haben: Von den Bohnen, die anschließend in

Salzwasser gekocht worden sind, hatten zahlreiche aufgerissene Schalen. Das Schlusslicht allerdings haben eindeutig die Bohnen gebildet, die überhaupt kein Salz gesehen haben, weder beim Einweichen noch beim Garen – nicht eine einzige von ihnen war nach dem Kochen noch ganz.

DIE ERKENNTNIS

Auch wenn Einweichen in Wasser dazu beiträgt, dass gekochte Bohnen innen weich werden (und man deshalb die anschließende Kochzeit stark reduzieren kann), bleibt die Schale häufig zäh. Bohnen mit harter Schale tendieren dazu, beim Kochen aufzuplatzen, ihr stärkehaltiges Inneres ins Kochwasser abzugeben und eine unangenehm klebrige Textur zu entwickeln. Was hilft? Salz.

Unser Versuch hat gezeigt, dass die Zugabe von Salz ins Kochwasser die Schale allerdings nur minimal zart macht. Viel effektiver ist es, die Bohnen volle 24 Stunden in kaltem Salzwasser „nasszupökeln". Die Schale wird so weich und flexibel und reißt beim Kochen nicht mehr so leicht auf. Das allerbeste Ergebnis aber erzielt man, indem man die Bohnen in Lake einweicht und auch ins Kochwasser noch etwas Salz gibt – dann wird die Schale am weichesten und es platzen gar keine oder so gut wie keine Bohnen mehr auf. Beim Einweichen und Kochen mit Salz werden Kalzium- und Magnesiumionen in der Schale (die für eine stabile Pektinstruktur und somit für eine feste Schale sorgen) durch Natriumchloridionen ersetzt, was die Schale deutlich weicher werden lässt. Für die meisten Rezepte, einschließlich der nachfolgenden, empfehlen wir daher, die Bohnen über einen längeren Zeitraum in Lake einzulegen und sie dann in gesalzenem Wasser oder mit einer salzigen Zutat wie Pancetta, Geflügelbrühe oder Parmesan zu garen.

DIE WIRKUNG VON SALZ

NASSGEPÖKELT, MIT SALZ GEKOCHT Die elastische Schale bleibt intakt.

NASSGEPÖKELT, OHNE SALZ GEKOCHT Nur bei wenigen Bohnen reißt die Schale etwas auf.

GEWÄSSERT, MIT SALZ GEKOCHT Viele Bohnen platzen auf.

GEWÄSSERT, OHNE SALZ GEKOCHT Ganz ohne Salz platzen sämtliche Bohnen auf.

NASSPÖKELN IN DER PRAXIS: BOHNEN UND LINSEN

Rezepte für Bohnengerichte stammen aus aller Welt. Unserer Erfahrung nach haben sie trotzdem eines gemein-sam: Die Zubereitung der getrockneten Bohnen kann sich schwierig gestalten. Damit die Bohnen in unseren Rezepten eine optimale Konsistenz haben und nicht zu lange kochen müssen, geben wir sie meist über Nacht in Salzwasser, pökeln sie also gewissermaßen in Lake. Ihre Schale wird dadurch schon etwas weicher, sodass sie gekocht genau die richtige Konsistenz annehmen, egal, ob in einem Eintopf oder Salat, in einer Suppe oder einer Schüssel Bohnen mit Reis.

DEFTIGER TOSKANISCHER BOHNENEINTOPF
(FÜR 8 PORTIONEN)

Am besten lassen Sie die Bohnen über Nacht einweichen, dann werden sie besonders cremig. Wenn Sie aber mal keine Zeit haben, tut es auch die Expressmethode: Geben Sie in Schritt 1 die Bohnen mit dem Wasser und dem Salz in einen Bräter und bringen Sie das Wasser auf hoher Stufe zum Kochen. Nehmen Sie den Topf dann vom Herd, legen Sie den Deckel auf und lassen Sie die Bohnen eine Stunde lang stehen. Anschließend abgießen, gründlich abspülen und mit Schritt 2 fortfahren. Wenn Sie keinen Pancetta bekommen, nehmen Sie stattdessen 4 Streifen Bacon.

	Salz und Pfeffer
450 g	getrocknete Cannellini-Bohnen, verlesen und abgespült
1 EL	Olivenöl (nativ extra) + Öl zum Beträufeln
170 g	Pancetta, in gut 0,5 cm großen Stücken
1	große Zwiebel, grob zerkleinert
2	Möhren, geschält und in 1–1,5 cm große Stücke geschnitten
2 Stangen	Staudensellerie, in 1–1,5 cm große Stücke geschnitten
8	Knoblauchzehen, abgezogen und zerdrückt
1 l	salzarme Geflügelbrühe
750 ml	Wasser
2	Lorbeerblätter
450 g	Grünkohl oder Blattkohl, dicke Stängel entfernt und in 2,5 cm große Stücke geschnitten
1 Dose	Tomatenstücke (400 g), abgetropft
1 Stiel	frischer Rosmarin
8 Scheiben	grobes Weißbrot (3 cm dick), unter dem Backofengrill beidseitig goldbraun geröstet und mit einer Knoblauchzehe berieben (falls gewünscht)

1. In einer großen Schüssel 3 EL Salz in 4 l kaltem Wasser auflösen. Die Bohnen hineingeben und mindestens 8 Stunden, maximal 24 Stunden bei Zimmertemperatur einweichen. Abgießen und gut abspülen.

2. Den Backofen auf 120 °C vorheizen. Den Pancetta mit dem Öl in einem dickwandigen Bräter auf mittlerer Stufe erhitzen. Unter gelegentlichem Rühren 6 bis 10 Minuten garen, bis der Pancetta leicht angebräunt ist und das

Fett sich verflüssigt hat. Zwiebel, Möhren und Sellerie in den Bräter geben und 10 bis 16 Minuten garen, bis das Gemüse weich und leicht angebräunt ist. Den Knoblauch hinzufügen und etwa 1 Minute dünsten, bis es aromatisch duftet. Dann mit Brühe und Wasser ablöschen. Lorbeerblätter und Bohnen zugeben und alles verrühren. Die Hitze auf höchste Stufe stellen und den Topfinhalt zum Köcheln bringen. Dann den Deckel auflegen, den Bräter auf der zweiten Schiene von unten in den Ofen stellen und alles 45 bis 60 Minuten kochen, bis die Bohnen fast weich sind (sie sollten noch einen festen Kern haben).

3. Den Bräter aus dem Ofen nehmen und den Kohl und die Tomaten einrühren. Den Bräter zurück in den Ofen stellen. Den Eintopf 30 bis 40 Minuten weitergaren, bis die Bohnen und der Kohl weich sind.

4. Den Bräter aus dem Ofen holen und den Rosmarinstiel hineingeben. Mit geschlossenem Deckel 15 Minuten stehen lassen, dann die Lorbeerblätter und den Rosmarinstiel entfernen und den Eintopf mit Salz und Pfeffer abschmecken. Falls die Konsistenz zu dünn ist, mit einem Löffel einige Bohnen an der Topfwand zerdrücken. Auf gerösteten Brotscheiben (falls gewünscht) servieren und mit etwas Olivenöl beträufeln.

🍲 WARUM DAS REZEPT FUNKTIONIERT

Mit unserem Rezept machen wir aus einer herzhaften toskanischen Bohnensuppe einen deftigen Eintopf. Damit die Bohnen nicht platzen, legen wir sie über Nacht in Salzwasser ein, denn so wird die Schale weich und flexibel. Für viel Geschmack sorgen traditionelle toskanische Zutaten wie Pancetta, Grünkohl, sehr viel Knoblauch und ein Rosmarinstiel.

EINTOPF MIT BRÜHE UND WASSER Natürlich könnte man den Eintopf auch nur mit Wasser kochen, wie in der Toskana üblich, doch mit einer Mischung aus Geflügelbrühe und Wasser wird er unserer Meinung nach gehaltvoller und schmeckt besser.

GEMÄCHLICH GAREN Die traditionelle Version dieses Rezepts sieht vor, die Bohnen in einer großen Weinflasche über Nacht in der Restglut eines Feuers zu garen. Diese sehr sanfte Garmethode ahmen wir im Ofen mit einer sehr niedrigen Temperatur nach. Sobald alle Zutaten im Topf sind und köcheln, setzen wir den Deckel auf den Bräter und schieben ihn in den Ofen, wo der Eintopf 1¼ bis 1¾ Stunden vor sich hin köchelt. (Die Garzeit variiert je nach tatsächlicher Sorte und dem Alter der Bohnen.)

GEMÜSE UND TOMATEN SPÄT HINZUFÜGEN Gibt man den Grünkohl gleich zu Beginn mit in den Topf, wird er schlaff und grau. Um seine Farbe zu erhalten, fügen wir ihn erst später hinzu. Auch mit den

Tomaten warten wir recht lange, da ihre Säure sonst die Löslichkeit des Pektins senkt, was faktisch die Zellwände stärkt und das Weichwerden der Bohnen verzögert.

NUR „STIPPVISITE" FÜR DEN ROSMARIN Wir mögen den Geschmack von Rosmarin, aber zu viel davon, und das Essen schmeckt nach Medizin. Anstatt ihn zu hacken und mit dem Röstgemüse in den Topf zu geben, geben wir einen frischen Stiel in den fertigen Eintopf und lassen ihn darin eine Viertelstunde ziehen. Das Gericht erhält so ein feines, zurückgenommenes Rosmarinaroma. (Mehr über Kräuter können Sie in Konzept 2.11 nachlesen.)

DEFTIGE MINESTRONE
(FÜR 6 BIS 8 PORTIONEN)

Wenn Sie nur wenig Zeit haben, gehen Sie wie folgt vor, um sich das zeitaufwendige Einweichen in Lake zu sparen: Geben Sie in Schritt 1 die Bohnen mit dem Wasser und dem Salz in einen Bräter und lassen Sie alles bei starker Hitze kurz aufkochen. Nehmen Sie den Topf dann vom Herd und lassen Sie die Bohnen zugedeckt eine Stunde ziehen. Nachdem Sie die Bohnen abgegossen und gründlich abgebraust haben, fahren Sie wie beschrieben mit dem Rezept fort. Unser Favorit für das Rezept sind Cannellini-Bohnen, aber andere weiße Bohnen gehen auch. Uns schmeckt Pancetta am besten, man kann ihn aber auch problemlos gegen Bacon austauschen. Möchten Sie eine vegetarische Minestrone, nehmen Sie statt Geflügelfond Gemüsebrühe und ersetzen Sie den Pancetta durch 2 TL Olivenöl. Fürs Aroma kochen wir ein Stück Parmesanrinde mit, ein etwa 5 cm großes Stück Parmesankäse erfüllt den Zweck aber genauso gut. Damit die Suppe durch die Stärke der Bohnen ordentlich andickt, sorgen Sie dafür, dass die Suppe in Schritt 3 nicht zu schwach köchelt.

	Salz und Pfeffer
230 g	getrocknete Cannellini-Bohnen, verlesen und abgespült
85 g	Pancetta, in gut 0,5 cm großen Stücken
1 EL	Olivenöl (nativ extra) + etwas Öl zum Servieren
2 Stangen	Staudensellerie, in 1–1,5 cm große Stücke geschnitten
1	Möhre, geschält und in 1–1,5 cm große Stücke geschnitten
2	kleine Zwiebeln, in 1–1,5 cm große Stücke geschnitten
1	Zucchini, in 1–1,5 cm große Stücke geschnitten

DEFTIGE MINESTRONE, S. 93

½	kleiner Kopf Weißkohl, halbiert, Kern entfernt und in 1–1,5 cm große Stücke geschnitten
2	Knoblauchzehen, fein gehackt
2	große Prisen Chiliflocken
2 l	Wasser
500 ml	salzarme Geflügelbrühe
1	Parmesanrinde + geriebenen Parmesan zum Servieren
1	Lorbeerblatt
350 ml	Gemüsesaft (mit sehr hohem Anteil Tomatensaft, etwa 90 Prozent)
½ Bund	frisches Basilikum, grob gehackt

1. In einer großen Schüssel 1½ EL Salz in 2 l kaltem Wasser auflösen. Die Bohnen darin bei Zimmertemperatur mindestens 8 Stunden, höchstens aber 24 Stunden einweichen, dann abgießen und gründlich abspülen.

2. Den Pancetta mit dem Öl in einem dickwandigen Bräter bei mittlerer bis starker Hitze 3 bis 5 Minuten anbraten, bis der Pancetta leicht gebräunt ist und sich das Fett verflüssigt hat, dabei gelegentlich umrühren. Sellerie, Möhre, Zwiebeln und Zucchini dazugeben und 5 bis 9 Minuten unter häufigem Rühren mitgaren, bis das Gemüse etwas weich und leicht angebräunt ist. Den Weißkohl, den Knoblauch, ½ TL Salz und die Chiliflocken (Menge je nach Geschmack) dazugeben und 1 bis 2 Minuten mitgaren, bis der Kohl zusammenfällt. Das Gemüse auf ein tiefes Backblech geben und beiseitestellen.

3. Die eingeweichten Bohnen mit dem Wasser, der Brühe, der Parmesanrinde und dem Lorbeerblatt in den Bräter geben und alles auf hoher Stufe aufkochen lassen. Dann die Hitze etwas reduzieren und die Suppe 45 bis 60 Minuten unter gelegentlichem Umrühren kräftig köcheln lassen, bis die Bohnen zart sind und die Flüssigkeit beginnt anzudicken.

4. Das Gemüse zurück in den Topf geben, den Gemüsesaft dazugießen und alles etwa eine Viertelstunde garen, bis das Gemüse weich ist. Das Lorbeerblatt und die Parmesanrinde entfernen, das Basilikum einrühren und die Suppe mit Salz und Pfeffer abschmecken. Die Suppe sofort servieren, Olivenöl und geriebenen Parmesan dazu reichen. (Die Suppe kann gekühlt bis zu 2 Tage aufbewahrt werden. Wenn Sie die Suppe aufwärmen, tun Sie dies langsam und geben Sie das Basilikum erst unmittelbar vor dem Servieren hinein.)

🥘 WARUM DAS REZEPT FUNKTIONIERT

Wir wollten eine möglichst frisch und würzig schmeckende Minestrone, für die man nicht unbedingt das allerbeste frische Gemüse vom Wochenmarkt benötigt. Für die Suppenbasis benötigen wir lediglich eine überschaubare Menge an Gemüse, das zudem in jedem Supermarkt erhältlich ist. Wir nehmen uns Zeit, um das Suppenaroma Schritt für Schritt aufzubauen, weichen die Bohnen in Salzwasser ein und geben eine eher ungewöhnliche Zutat hinzu – Gemüsesaft. So erhalten wir eine vielschichtig und komplex schmeckende Minestrone mit angenehm stückiger Textur.

DEN GESCHMACK SCHRITTWEISE ENTSTEHEN LASSEN

Um unserer Suppe möglichst viel Geschmack zu geben, bräunen wir zunächst das Gemüse an, damit es süß wird. Erst braten wir die Zucchini und das Röstgemüse an, dann fügen wir den Weißkohl und den Knoblauch hinzu und garen beides so lange mit, bis der Kohl zusammenfällt und der Knoblauch sein Aroma voll entfaltet.

MIT STÄRKE AUS DEN BOHNEN ANDICKEN Wir lassen die Bohnen in Wasser und Brühe köcheln, damit sie Stärke abgeben. Die Suppe wird auf diese Weise leicht sämig. Auch wenn die Bohnen im Topf nicht aufplatzen, tritt durch eine kleine Öffnung in der Schale, das sogenannte Hilum (Nabel), kontinuierlich Stärke aus. Die Stärkekörner quellen durch das heiße Wasser auf und platzen irgendwann, wobei Amylose freigesetzt wird, die als natürlicher Binder fungiert.

DAS ANGEBRÄUNTE GEMÜSE BEISEITESTELLEN Würde man das Gemüse zusammen mit den Bohnen wie beschrieben köcheln

---

PRAKTISCHE WISSENSCHAFT: HARTES WASSER, HARTE BOHNEN

Garen Sie Bohnen nach Möglichkeit nicht in hartem Wasser. Geht es nicht anders, fügen Sie Salz hinzu.

Wie wirkt sich der Mineralgehalt von Wasser auf die Textur von Bohnen aus? Um das herauszufinden, haben wir getrocknete weiße Bohnen sowohl in destilliertem, also mineralfreiem Wasser als auch in hartem Leitungswasser, das gelöste Mineralien enthält, gekocht. Anschließend haben wir beide Proben verglichen. Die in Leitungswasser gekochten Bohnen hatten eine zähere Schale. Der Grund: Zwei der in hartem Wasser enthaltenen Mineralien, Magnesium und Kalzium, „härten" die Schale. Sie verstärken das in den Zellwänden der Schale enthaltene Netzwerk aus Pektinmolekülen und machen die Schale so härter und zäher. Das lässt sich allerdings verhindern, auch ohne destilliertes Wasser – etwas Salz reicht völlig aus (siehe „Die Wissenschaft dahinter", Seite 90).

lassen, wäre das Gemüse anschließend zerkocht. Damit das nicht passiert, nehmen wir es nach dem Anbraten aus dem Topf und stellen es beiseite. Erst zum Schluss, nachdem die Bohnen weich gekocht sind, fügen wir es wieder hinzu.

VOLLER GEMÜSEGESCHMACK AUS DER FLASCHE Da eine Minestrone auch nach Tomaten schmecken muss, versuchten wir es zunächst mit frischen Tomaten, die der Suppe aber geschmacklich leider so gut wie nichts hinzufügten. Als Nächstes probierten wir Dosentomaten. Diese schmeckten intensiver, aber die Tomatenstücke – grobe wie feine – waren den Testessern zu dick und stückig. Dann haben wir geglaubt, die Lösung gefunden zu haben: reiner Tomatensaft. Mit jedem Löffel davon schmeckte die Suppe eindeutig „tomatiger". Schließlich wurde der Tomatensaft aber doch noch vom Siegerpodest gestoßen, und zwar von einer höchst überraschenden Zutat: Gemüsesaft mit einem sehr hohen Anteil Tomatensaft (etwa 90 Prozent). Der Saft, der in der Regel auch Sellerie, Rote Bete, Karotten, Petersilie und Spinat enthält, potenziert den Gemüsegeschmack der Suppe regelrecht und vertieft ihn durch ein ganzes Arsenal aus zusätzlichen pflanzlichen Geschmacksnuancen.

KUBANISCHE SCHWARZE BOHNEN MIT REIS
(FÜR 6 BIS 8 PORTIONEN)

Verwenden Sie auf jeden Fall mageren Speck. Falls Sie keinen finden, nehmen Sie stattdessen 6 Streifen Bacon und verkürzen Sie die Garzeit in Schritt 4 auf 8 Minuten. Für das Rezept brauchen Sie einen dickwandigen Bräter mit dicht schließendem Deckel.

	Salz
200 g	getrocknete schwarze Bohnen, verlesen und abgespült
500 ml	salzarme Geflügelbrühe
500 ml	Wasser
2	große grüne Paprika, halbiert, Strunk, Rippen und Kerne entfernt
1	große Zwiebel, quer halbiert, geschält, Wurzelende nicht abgeschnitten
1	Knoblauchknolle, 5 Zehen fein gehackt, der Rest der Knolle quer halbiert und mit intakter Schale
2	Lorbeerblätter
300 g	weißer Langkornreis
2 EL	Olivenöl
170 g	magerer Speck, in gut 0,5 cm großen Stücken
4 TL	gemahlener Kreuzkümmel

1 EL	frischer Oregano, fein gehackt
2 EL	Rotweinessig
2	Frühlingszwiebeln, in dünne Scheiben geschnitten
	Limettenspalten

1. In einer großen Schüssel 1½ EL Salz in 2 l kaltem Wasser auflösen. Die Bohnen darin bei Zimmertemperatur mindestens 8 Stunden, höchstens aber 24 Stunden einweichen, dann abgießen und gründlich abspülen.

2. In einem dickwandigen Bräter die eingeweichten Bohnen, die Brühe, das Wasser, eine Paprikahälfte, eine Zwiebelhälfte (die mit dem Wurzelende), beide Knoblauchknollenhälften, die Lorbeerblätter sowie 1 TL Salz gründlich vermengen. Die Mischung bei mittlerer bis starker Hitze zum Köcheln bringen, dann den Deckel auflegen und die Hitze auf niedrige Stufe stellen. 30 bis 35 Minuten garen, bis die Bohnen gerade eben weich sind. Mit einer Zange die Paprika, die Zwiebel, die Knoblauchknolle und die Lorbeerblätter aus dem Topf nehmen und wegwerfen. Die Bohnen durch einen Durchschlag in eine große Schüssel abgießen. 625 ml der Flüssigkeit zurückbehalten, den Rest weggießen.

(Wenn das Abgießen keine 625 ml Flüssigkeit ergibt, mit Wasser entsprechend auffüllen.) Den Bräter noch nicht abwaschen.

3. Den Backofen auf 180 °C vorheizen. Den Reis in ein feines Küchensieb geben und unter fließendem kalten Wasser so lange abspülen, bis das ablaufende Wasser ganz klar ist (etwa 1½ Minuten). Das Sieb gut schütteln, damit möglichst alles Wasser abläuft, dann den Reis beiseitestellen. Die restlichen Paprikahälften und die Zwiebelhälfte in 5 cm große Stücke schneiden und in der Küchenmaschine grob in etwa 0,5 cm große Würfel zerkleinern (dazu die Maschine etwa 8-mal kurz betätigen; falls nötig, an der Schüsselwand sitzendes Gemüse nach unten streichen). Das Gemüse beiseitestellen.

4. Im leeren Bräter auf niedriger bis mittlerer Stufe den Speck in 1 EL Öl anbraten, bis er leicht gebräunt ist und das Fett sich verflüssigt hat, dabei häufig umrühren (15 bis 20 Minuten). 1 EL Öl dazugeben, außerdem die Paprika- und Zwiebelwürfel, den Kreuzkümmel und den Oregano. Alles auf mittlerer Stufe unter häufigem Rühren 10 bis 15 Minuten weitergaren, bis das Gemüse weich ist und anbräunt. Dann den gehackten Knoblauch dazugeben und unter ständigem Rühren etwa 1 Minute mitgaren, bis es aromatisch duftet. Den Reis hinzufügen und etwa 30 Sekunden einrühren, bis alles gut vermischt ist.

5. Die Bohnen, die zurückbehaltene Bohnenflüssigkeit, den Essig und ½ TL Salz zugeben. Auf mittlerer bis hoher Stufe zum Köcheln bringen, dann den Bräter mit dem Deckel verschließen und auf der mittleren Schiene in den Ofen stellen. Etwa 30 Minuten garen, bis der Reis weich ist und er die Flüssigkeit aufgenommen hat. Den Topfinhalt mit einer Gabel etwas auflockern und ohne Deckel 5 Minuten stehen lassen. Servieren; Frühlingszwiebeln und Limettenspalten separat reichen.

KUBANISCHE SCHWARZE BOHNEN MIT REIS (VEGETARISCH)

Die Geflügelbrühe durch Wasser ersetzen und den Speck weglassen. In Schritt 4 zusammen mit dem Gemüse 1 EL Tomatenmark dazugeben und die Salzmenge in Schritt 5 auf 1½ TL erhöhen.

🍲 **WARUM DAS REZEPT FUNKTIONIERT**

Die Kombination aus Bohnen mit Reis ist auf der ganzen Welt verbreitet, aber die kubanische Variante mit schwarzen Bohnen ist insofern besonders, als dass der Reis in dem tintenschwarzen konzentrierten Bohnensud, der beim Kochen der Bohnen entsteht, gegart wird. Jedes einzelne Reiskorn nimmt so eine Extraportion Bohnengeschmack auf. Für unser verbessertes Rezept weichen wir die Bohnen in Lake ein und lassen einen Teil des Sofrito, der traditionellen Mischung aus Knoblauch, Gemüsepaprika und Zwiebeln, mit den Bohnen köcheln, damit sie zusätzlich Geschmack bekommen.

DEN BOHNEN GESCHMACK GEBEN Das klassische Rezept umfasst drei Zubereitungsschritte: die Bohnen kochen, den Sofrito zubereiten, beides mit dem Reis vermischen und das Gericht fertig garen. Unsere Version beginnt damit, dass wir die Bohnen zunächst in Lake einweichen und dann teilweise garen. Der Sofrito verleiht dem Gericht aromatische Komplexität, aber das reicht uns noch nicht. Unser Trick, um die Bohnen in neue Aromasphären zu katapultieren: Wir fügen ihnen schon beim Kochen einen Teil des Gemüses hinzu und verwenden als Kochflüssigkeit eine Mischung aus Wasser und Geflügelbrühe. Damit schmecken sowohl die Bohnen als auch der Bohnensud – in dem später noch der Reis gekocht wird – wunderbar aromatisch.

DEN SOFRITO ZUBEREITEN Normalerweise püriert man den Sofrito, bevor man ihn mit den Bohnen und dem Reis vermischt. Uns wird die Gesamttextur des Gerichts auf diese Weise aber zu sämig-breiig, außerdem kann man das Gemüse dann nicht mehr anbräunen, um ihm Geschmack zu geben. Wir hacken die Zwiebeln und die Paprikas lieber (gerne auch mithilfe der Küchenmaschine) und braten sie dann mit Kreuzkümmel und Oregano im ausgelassenen Fett des Specks an, bis sie angebräunt sind und kräftig Aroma entwickelt haben. Dieser Sofrito ist das perfekte Geschmacksfundament für unsere Schwarzen Bohnen mit Reis.

ANGEBRANNTEN REIS VERMEIDEN Bei vielen Rezepten brennt die untere Reisschicht schon am Topfboden an, während die obere Schicht noch gar nicht gar ist. Wie kann man das verhindern? Als erste Maßnahme entfernen wir an den Reiskörnern haftende Stärke durch gründliches Abspülen mit Wasser (dazu erfahren Sie mehr in Konzept 2.8), wodurch sie nicht zusammenkleben und der Reis locker bleibt. Unser zweiter Trick: Wir lassen den Reis im Backofen garen. Die gleichmäßige Wärmeübertragung dort lässt den Reis von oben bis unten perfekt sanft durchgaren.

LINSENSALAT MIT OLIVEN, MINZE UND FETA
(FÜR 4 BIS 6 PORTIONEN)

Grüne Puy-Linsen aus Frankreich sind unser Favorit für diesen Salat, andere Linsensorten – außer roten und gelben Linsen – gehen aber auch. Durch das Einweichen in Lake bleiben die Linsen intakt, aber sie schmecken auch ohne Einlegen gut, falls Sie mal knapp mit der Zeit sind. Der Salat schmeckt warm oder kalt (Zimmertemperatur).

200 g	Linsen, verlesen und abgespült
	Salz und Pfeffer
1,5 l	Wasser
500 ml	salzarme Geflügelbrühe
5	Knoblauchzehen, leicht zerdrückt, geschält
1	Lorbeerblatt
5 EL	Olivenöl (nativ extra)
3 EL	Weißweinessig
60 g	grob gehackte Kalamata-Oliven (ohne Stein)
8 EL	frische Minze, fein gehackt
1	große Schalotte, fein gehackt
30 g	Feta-Käse, zerbröckelt

1. Die Linsen mit 1 TL Salz in eine Schüssel geben. 1 l warmes Wasser (ca. 45 °C) dazugießen und die Linsen darin 1 Stunde einweichen. Abgießen und abtropfen lassen. (Abgegossen können die Linsen gekühlt bis zu 2 Tage aufbewahrt werden.)

2. Den Backofen auf 165 °C vorheizen. Die Linsen mit 500 ml Wasser, der Brühe, dem Knoblauch, dem Lorbeerblatt und ½ TL Salz in einen mittelgroßen ofenfesten Topf geben und diesen auf der mittleren Schiene in den Ofen stellen. Die Linsen 40 bis 60 Minuten garen, bis sie zart sind, aber noch nicht zerfallen. Derweil in einer großen Schüssel Öl und Essig mit einem Schneebesen vermischen.

3. Die Linsen abgießen und gut abtropfen lassen. Das Lorbeerblatt und den Knoblauch entfernen und wegwerfen. Die Linsen zusammen mit den Oliven, der Minze und der Schalotte zum Dressing geben und alles vermengen. Mit Salz und Pfeffer abschmecken. In einer Servierschüssel mit Feta bestreut servieren.

LINSENSALAT MIT HASELNÜSSEN UND ZIEGENKÄSE

Den Weißwein- durch Rotweinessig ersetzen und in Schritt 2 dem Dressing 2 TL Dijon-Senf hinzufügen. Die Oliven weglassen und statt der Minze 3 EL fein gehackte frische Petersilie nehmen. Den Feta gegen 60 g zerkrümelten Ziegenkäse austauschen und den Salat vor dem Servieren zusätzlich mit 40 g grob gehackten gerösteten Haselnüssen bestreuen.

🍲 WARUM DAS REZEPT FUNKTIONIERT

Entscheidend für einen guten Linsensalat ist die optimale Konsistenz der Linsen; sie dürfen nicht platzen und sollten noch etwas Biss haben. Hier helfen zwei Tricks. Der erste: Die Linsen in warmem Salzwasser einweichen. Dadurch wird die Schale flexibler und weniger Linsen platzen. Der zweite Trick: Die Linsen im Ofen kochen, wo sie schön sanft und gleichmäßig erhitzt werden. Sind die Linsen erst einmal perfekt gegart, ist der Rest ein Kinderspiel – es bleibt nichts weiter zu tun, als die erdig schmeckenden Linsen mit einer schön sauren Vinaigrette und noch ein paar stark aromatischen Extras zu vermischen.

EINWEICHEN IM SCHNELLVERFAHREN Wir legen die Linsen in Salzwasser ein, damit die Schale aufweicht und beim Kochen nicht platzt. Da Linsen recht klein sind (im Vergleich zu beispielsweise Bohnen), müssen wir sie nicht über Nacht einlegen. (In den meisten Rezepten werden Linsen gar nicht eingeweicht, nicht einmal in Wasser ohne Salz. Wir tun es, da sie eingeweicht schneller garen und innen cremiger werden.) Um die Einlegezeit noch etwas zu verkürzen, weichen wir die Bohnen nicht in kaltem, sondern in warmem Wasser ein (Wärme beschleunigt alle chemischen Reaktionen).

LINSEN IM OFEN GAREN Durch das Kochen der Linsen im Backofen statt auf dem Herd verlängert sich zwar die Garzeit von einer halben auf eine ganze Stunde, aber das ist es wert. Durch die sanfte, gleichmäßige Ofenhitze werden die Linsen wunderbar cremig und platzen nicht auf.

VINAIGRETTE MIT VIEL SÄURE Als Dressing bereiten wir eine sehr saure Vinaigrette zu, deren Öl-zu-Essig-Verhältnis mit weniger als 2:1 unter dem sonst üblichen Verhältnis von 3:1 oder 4:1 liegt. Die Linsen sind noch warm, wenn wir die Vinaigrette dazugeben. Anschließend fügen wir noch ein paar spannende aromatische Extras zu: Feta, Oliven und Minze; oder Haselnüsse und Ziegenkäse. Die würzigen bis säuerlich-frischen Aromen bilden einen schönen Kontrast zum eher schweren und erdigen Geschmack der Linsen.

KONZEPT 2.7
MIT NATRON GAREN BOHNEN UND GETREIDE SCHNELLER

Viele Leute scheuen sich unter anderem deswegen, Gerichte mit getrockneten Bohnen zu kochen, weil sie so endlos lange brauchen, um zu garen. Wie wir bereits wissen, lässt sich durch Einweichen und Kochen in Salzwasser die Garzeit verringern (und die Textur verbessern). Aber es gibt noch eine andere Möglichkeit, Bohnen schnell und mit gutem Ergebnis weich zu kochen: Eine alkalische Garumgebung, erzeugt durch die Zugabe von etwas Natron, kann viel Zeit in der Küche sparen.

DIE WISSENSCHAFT DAHINTER

BOHNEN UND NATRON

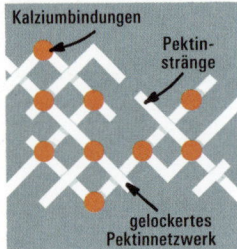

Gibt man dem Kochwasser von Bohnen (oder Getreide) etwas Natron hinzu, entsteht eine alkalische Garumgebung. Die Folgen: Die Pektinstränge zerfallen, die Zellwände werden geschwächt, die Bohnen garen schneller.

Natron (Natriumhydrogencarbonat) wird zwar meist als Triebmittel beim Backen verwendet, aber sein Nutzen ist damit nicht erschöpft. Gibt man beim Kochen von Bohnen etwas Natron dazu, wirkt es wahre Wunder: Die Bohnen werden weicher, und das in deutlich kürzerer Zeit.

Wie ist das möglich? Natron ist ein Alkali (auch „Base" genannt), das in einem Topf mit Bohnen und kochendem Wasser eine alkalische (basische) Umgebung entstehen lässt. Durch die alkalische Umgebung kommt es zu einer chemischen Reaktion, die dafür sorgt, dass das Pektin der Bohnen in kleinere, wasserlösliche Teile aufgespalten wird. Durch den Zerfall des Pektins wird die Zellwandstruktur der Bohnen gelockert, was zu stärkerer Wasserabsorption führt. Das bedeutet, dass die Bohnen schneller garen und zart werden. Aber Vorsicht mit der Natronmenge: Zu viel davon, und die Bohnen schmecken bitter und seifig.

Bei schwarzen Bohnen hat Natron noch einen Nebeneffekt: Es erhält die Farbe der Bohnen und verhindert, dass sie sich beim Kochen dunkelgrau bis violett färben. Die Bohnenschale enthält Anthocyane (Farbpigmente), die je nach pH-Wert der Umgebung ihre Farbe ändern – eine alkalische Umgebung lässt sie dunkeln, eine saure macht sie heller. Unserer Erfahrung nach ist eine Prise Natron, gleich zu Garbeginn, die richtige Menge, damit schwarze Bohnen schön schwarz bleiben und keinen unangenehmen Nachgeschmack entwickeln.

Sind die Bohnen nach der empfohlenen Garzeit trotz Natron noch nicht weich, könnte es an Ihrem Leitungswasser liegen. Kalkablagerungen in Töpfen und grüne Ringe in Keramikspülen deuten auf „hartes" Wasser hin, das einen hohen Anteil an Kalzium-, Magnesium- und anderen Ionen aufweist. Diese wirken dem Weichwerden der Bohnen entgegen, da sie die Eigenschaft haben, Pektinmoleküle miteinander zu „verschweißen" und dadurch für besonders feste Zellwände zu sorgen (siehe auch Konzept 2.8). Eine Folge ist, dass die Bohnen nur sehr langsam Wasser absorbieren.

Die hier beschriebenen chemischen Vorgänge können wir uns übrigens auch für das Garen von Getreide zunutze machen, zum Beispiel um die Garzeit von Polenta (Maisgrieß) zu verkürzen. Beim Kochen von getrockneten Bohnen und getrocknetem Mais ist unser Ziel im Prinzip dasselbe: Bei einer Bohne soll Wasser unter die harte Schale dringen (was durch den „Nabel" der Bohne, das Hilum, geschieht), um die Stärke im Inneren zu verkleistern. Ganz ähnlich sieht es bei Maisgrieß aus, nur muss das Wasser hier die Wände der Zellen im Mehlkörper (Endosperm), dem stärkehaltigen Teil des Getreidekorns, durchdringen. Mais-Zellen enthalten ebenso wie Bohnen-Zellen sehr viel Pektin. Dieses löst sich unter Zugabe von Natron ins Kochwasser, was den Mais weicher werden lässt. Daraus resultiert eine höhere Wasserabsorptionsrate, die die Stärke in weniger als der Hälfte der sonst üblichen Zeit verkleistern lässt.

DAS EXPERIMENT

Um zu zeigen, wie sich der pH-Wert auf das Kochen von Hülsenfrüchten auswirkt, haben wir drei Töpfe jeweils mit 1,2 Liter Wasser gefüllt. Das Wasser im ersten Topf haben wir mit Natron versetzt (1 Prozent des Wassergewichts) und so eine alkalische Garumgebung geschaffen, die einen pH-Wert von etwa 8 hatte. In den zweiten Topf haben wir Zitronensäure gegeben und den pH-Wert so auf 3 gesenkt. Dem dritten Topf haben wir nichts weiter hinzugefügt, sodass das Wasser einen neutralen pH-Wert von 7 hatte. Nachdem wir in jeden Topf eine Tasse schwarze Bohnen (200 g) gegeben haben, haben wir alle Töpfe auf dem Herd erhitzt, bis das Wasser geköchelt hat, und sie dann mit geschlossenem Deckel bei 180 °C in denselben Ofen gestellt. Sobald die Bohnen der Natron-Probe weich waren (nach etwa 45 Minuten), haben wir alle drei Töpfe aus dem Ofen genommen. Insgesamt haben wir den Test dreimal durchgeführt.

DAS ERGEBNIS

Als die mit Natron gegarten Bohnen nach 45 Minuten weich waren, waren die anderen beiden Proben noch längst nicht so weit. Die nur in Wasser gekochten Bohnen waren erst minimal angeweicht und brauchten noch eine weitere Viertelstunde im Ofen, also insgesamt 60 Minuten. Die Bohnen im sauren Wasser waren nach 45 Minuten noch steinhart; erst nach einer Gesamtgarzeit von einer Stunde und 45 Minuten waren sie so weich, wie sein sollen.

Nach 45 Minuten haben wir aus jeder Probe einige Bohnen auf die Arbeitsfläche gelegt und ein 2,3 kg schweres Gewicht daraufgestellt. Die mit Natron gegarten Bohnen waren schön weich und sind entsprechend stark zerdrückt worden. Die in neutralem Wasser gekochten Bohnen wurden nur leicht zerdrückt und waren noch ziemlich hart. Am härtesten waren die in saurer Umgebung gegarten Bohnen; bei ihnen hinterließ das aufgelegte Gewicht kaum Spuren.

DIE ERKENNTNIS

Was genau passiert hier? Beim Garen in alkalischer Umgebung läuft eine chemische Reaktion ab, die die Zellstrukturen von Hülsenfrüchten auflöst. Gibt man also Natron ins Bohnenkochwasser, werden die Bohnen schneller zart.

Die Zugabe einer sauren Substanz dagegen verfestigt die Zellstrukturen. Ist die Säurekonzentration im Topf sehr hoch, kann es sogar sein, dass die Bohnen selbst nach extrem langem Garen nicht weich genug werden, um sie zu essen. Behalten Sie das im Hinterkopf, wenn Sie Bohnen mit säurehaltigen Zutaten wie Tomaten, Saft von Zitrusfrüchten oder Essig kochen. Zitronensaft und Essig geben wir meist erst ganz zum Schluss dazu, wenn die Bohnen bereits weich sind. (So bleibt auch der Geschmack dieser sauren Zutaten besser erhalten.) Tomaten, einschließlich aller Tomatenprodukte aus der Dose, müssen allerdings meist eine Weile mitgaren, weshalb wir sie hinzufügen, wenn die Bohnen noch nicht gar, aber schon deutlich angeweicht sind.

Fazit: Außer mit der in Konzept 2.6 beschriebenen Methode des Einweichens in Lake lässt sich die Garzeit von Bohnen durch die Zugabe von Natron ins Kochwasser verkürzen – und zwar um bis zu einer Stunde. Aber mehr als eine Prise Natron sollten Sie nicht ins Wasser geben, sonst könnte es sein, dass Ihre herrlich weichen Bohnen unangenehm seifig schmecken.

WIRKUNG EINES 2,3-KG-GEWICHTS AUF GEKOCHTE BOHNEN

MIT SÄURE GEKOCHT
In mit Zitronensäure versetztem Wasser waren die Bohnen nach 45 Minuten Garzeit noch hart.

NUR IN WASSER GEKOCHT
Nach 45 Minuten waren die in klarem Wasser gegarten Bohnen angeweicht; erst mit zusätzlicher Garzeit wurden sie richtig gar.

MIT NATRON GEKOCHT
Die Bohnen, die wir mit einer Prise Natron im Kochwasser gegart haben, waren nach 45 Minuten weich und zart.

GAREN MIT NATRON IN DER PRAXIS:
BOHNEN UND POLENTA

Schon eine Prise Natron kann ausreichen, um die Garzeit von Bohnen und Getreide zu halbieren. Wir setzen dieses alkalische Wundermittel in einer ganzen Reihe von Gerichten ein, um uns Zeit in der Küche zu sparen, darunter Baked Beans, Hummus, Schwarze Bohnensuppe und Cremige Polenta. So lange Sie nicht zu viel Natron nehmen, wird keiner Ihr kleines Schnellkoch-Geheimnis herausschmecken.

BOSTON BAKED BEANS (GEBACKENE BOHNEN)
(FÜR 4 BIS 6 PORTIONEN)

In einem schweren gusseisernen Bräter verdampft Wasser im Ofen schneller als in einem normalen Topf. Sollten Sie einen Topf statt des Bräters verwenden, erhöhen Sie in Schritt 2 die Wassermenge auf 1,1 Liter.

450 g	getrocknete Navy-Bohnen, verlesen und abgespült (aus dem Asia- oder Bioladen)
1 EL	Natron
170 g	gepökelter Speck, ohne Schwarte, in gut 0,5 cm großen Stücken
1	Zwiebel, fein zerkleinert
750 ml	Wasser
5 EL	Vollrohrzucker
5 EL	Melasse
2 EL	Worcestersauce
4 TL	Dijon-Senf
2 TL	Apfelessig
	Salz und Pfeffer

1. Den Backofen auf 180 °C vorheizen. In einem dickwandigen Bräter 3 l Wasser mit den Bohnen und dem Natron auf hoher Stufe zum Kochen bringen. Die Hitze auf mittlere bis hohe Stufe reduzieren und alles 20 Minuten kräftig köcheln lassen. Die Bohnen durch einen Durchschlag abgießen und abspülen. Den Bräter ausspülen.

2. Im Bräter etwa 10 Minuten bei mittlerer Hitze den gepökelten Speck anbraten, bis er gebräunt ist. Die Zwiebel dazugeben und circa 5 Minuten mitgaren, bis sie weich ist. Das Wasser, die Bohnen, den Zucker, 4 EL Melasse, die Worcestersauce, 3 TL Senf, den Essig und ¼ TL Pfeffer zugeben und alles aufkochen lassen. Dann zugedeckt auf der mittleren Schiene im Ofen so lange garen, bis die Bohnen fast weich sind (rund 1½ Stunden).

3. Den Deckel abnehmen und alles etwa 30 Minuten weitergaren, bis die Bohnen ganz weich sind. Zum Schluss 1 EL Melasse und 1 TL Senf einrühren, mit Salz und Pfeffer abschmecken und servieren. (Baked Beans können bis zu 4 Tage gekühlt aufbewahrt werden.)

🍲 WARUM DAS REZEPT FUNKTIONIERT

Wir lieben Boston Baked Beans, haben aber leider nicht immer die fünf oder sechs Stunden Zeit, die es für die traditionelle Zubereitung braucht. Um in kürzerer Zeit ähnlich cremige Bohnen zu erhalten, las-

PRAKTISCHE WISSENSCHAFT:
BOHNEN JA, BLÄHUNGEN NEIN

Weicht man Bohnen kurz und heiß ein, bilden sich im Darm weniger Verdauungsgase.

Manche Menschen finden Bohnen durchaus schmackhaft, kochen sie aber trotzdem nicht, da sie nach dem Essen unangenehme Blähungen befürchten. Zu Blähungen kommt es, wenn man Lebensmittel isst, die bestimmte kurze Ketten aus Einfachzuckern (sogenannte Oligosaccharide) enthalten. Diese Moleküle sind für den Menschen nur schwer verdaubar, bestimmte Bakterien am Ende des Darmtrakts (im Dickdarm) aber ernähren sich prima davon. Dabei entsteht Gas, das Blähungen verursacht. Oft hört oder liest man, dass Bohnen durch Einweichen oder Vorkochen weniger „blähend" wirken, da die erwähnten Kohlenhydrate durch die Vorbehandlung dezimiert werden. Um die Theorie in der Praxis zu überprüfen, haben wir die Menge der Stachyose, eines der häufigsten Oligosaccharide in schwarzen Bohnen, genauer untersucht.

Tatsächlich haben unsere Versuche die Theorie bestätigt. Über Nacht gewässerte und dann gekochte Bohnen haben 28 Prozent weniger Stachyose enthalten. Noch besser hat unsere Express-Einweichmethode funktioniert, bei der wir die getrockneten Bohnen mit kochendem Wasser übergießen und eine Stunde einweichen lassen. Hier hat die Stachyose-Reduzierung nach dem Kochen sogar 42,5 Prozent betragen. Obwohl die Zahlen bereits zufriedenstellend waren, wollten wir wissen, ob sie sich nicht noch optimieren ließen. Wir haben weiterexperimentiert und einige der oft empfohlenen Zutaten ausprobiert, die angeblich blähende Stoffe beim Kochen „neutralisieren": Epazote (mexikanisches Bohnenkraut), Kombu (Seetang), Lorbeerblätter und Natron. Keine dieser Zutaten hat in den Bohnen eine nennenswerte Veränderung der Zusammensetzung bewirkt. (Allerdings lässt sich nicht ausschließen, dass die Zutaten ihre Wirkung erst im Verdauungstrakt entfalten, was wir nicht geprüft haben.)

Unser Fazit: Zwar platzen mit der Express-Einweichmethode beim anschließenden Garen ein paar mehr Bohnen als mit dem nächtlichen Einweichen, aber was die Reduzierung von blähungsverursachenden Kohlenhydraten angeht, ist die Methode am effektivsten. Leiden Sie also häufiger unter Blähungen, sollten Sie das kurze Einweichen in kochendem Wasser auf jeden Fall in Betracht ziehen.

sen wir die Bohnen zunächst mit etwas Natron köcheln. Dadurch sind sie im Nullkommanichts angeweicht und müssen anschließend gerade einmal noch zwei Stunden im Ofen backen. Mit kräftig angebräuntem Speck, aromatischem Vollrohrzucker und schön rindfleischiger Worcestersauce verleihen wir den Bohnen viel Würze und Geschmack, etwas Dijon-Senf und Apfelessig sorgen für eine fein säuerliche Note.

ZUBEREITUNG IM SCHNELLVERFAHREN Echte Boston Baked Beans sind deftig und kommen ohne exquisite Gewürze aus. Die Kunst besteht darin, mithilfe einer Handvoll „klassischer" Zutaten (Bohnen, Speck, Melasse, Senf und manchmal Zwiebeln) und langer – in der Regel fünfstündiger! – Garzeit bei geringer Temperatur möglichst viel Geschmack und Aroma entstehen zu lassen. Bei unseren Kochversuchen haben wir festgestellt, dass man viel Zeit spart, wenn man die Bohnen zunächst allein in Wasser kräftig köcheln lässt, sie abgießt und dann mit den anderen Zutaten im Ofen fertig gart. Die traditionelle Methode dagegen sieht vor, alle Zutaten einschließlich der getrockneten Bohnen gleich zu Beginn zu vermischen und dann leicht köchelnd über Stunden zu garen. Kocht man die Bohnen erst eine Dreiviertelstunde allein, verkürzt sich die Zeit im Ofen anschließend um mehrere Stunden. Mit etwas Natron verkürzt sich die erste Garphase sogar noch: auf 20 Minuten. Das alkalische Natron löst das Pektin in den Zellwänden der Schale auf, wodurch unsere Bohnen in Rekordzeit weich werden. Für unsere Baked Beans verwenden wir ausnahmsweise extrem viel Natron (mehr als in anderen Bohnenrezepten), aber das meiste davon verschwindet mit dem Kochwasser im Abfluss. Nachdem man die vorgegarten Bohnen gründlich abgespült hat, um sämtliche Natronreste zu entfernen, kann man sie mit den anderen Zutaten backen.

WÜRZIGE ZUTATEN FÜR MAXIMALEN GESCHMACK Die Kombination aus Vollrohrzucker, Melasse, Worcestersauce, Dijon-Senf (schmeckt weit besser als der sonst übliche braune Senf), Apfelessig und Pfeffer verleiht unseren Baked Beans ihren typisch herzhaften und reichhaltigen Geschmack. Da die Bohnen vorgegart und somit bereits angeweicht sind, ist es okay, die säurehaltigen Zutaten gleich zu Beginn des Backens mit in den Topf zu geben.

ENDSPURT OHNE DECKEL Eine halbe Stunde vor Garzeitende nehmen wir den Deckel vom Bräter, damit die „Sauce" der Bohnen gut eindickt. Zum Abschluss verpassen wir den Bohnen mit einem weiteren Esslöffel Melasse und einem Teelöffel Senf noch den letzten geschmacklichen Schliff.

PERFEKTER HUMMUS
(ERGIBT ETWA 450 G)

Statt getrockneter Kichererbsen können Sie für dieses Rezept auch Erbsen aus der Dose verwenden (425 g, abgespült) und direkt mit Schritt 2 fortfahren (statt des Kochwassers dann Leitungswasser nehmen).

200 g	getrocknete Kichererbsen, verlesen und abgespült
1 Prise	Natron
3 EL	Zitronensaft
6 EL	Tahin
2 EL	Olivenöl (nativ extra) + Öl zum Beträufeln
1	kleine Knoblauchzehe, fein gehackt
½ TL	Salz
¼ TL	gemahlener Kreuzkümmel
1 Prise	Cayennepfeffer
1 EL	frischer Koriander oder frische Petersilie, fein gehackt

1. Die Kichererbsen über Nacht in 1 l Wasser in einer großen Schüssel einweichen. Die Erbsen abgießen. 1 l Wasser, die Erbsen und das Natron in einem großen Topf bei starker Hitze zum Kochen bringen. Die Hitze auf niedrige Stufe reduzieren und die Erbsen unter gelegentlichem Rühren etwa 1 Stunde leicht köcheln lassen, bis sie weich sind. Abgießen, dabei 60 ml Kochwasser zurückbehalte, und abkühlen lassen.

2. In einer kleinen Schüssel oder einem Messbecher das Kochwasser mit dem Zitronensaft vermischen. In einer zweiten kleinen Schüssel das Tahin und 2 EL Öl mit einem Schneebesen verrühren. 2 EL Kichererbsen zum Garnieren beiseitestellen.

3. Die restlichen Kichererbsen mit dem Knoblauch, Salz, Kreuzkümmel und Cayennepfeffer in der Küchenmaschine mittelfein pürieren (circa 15 Sekunden), dann die an der Schüsselwand haftende Masse nach unten streichen. Maschine wieder einschalten und gleichmäßig langsam die Zitronensaftmischung dazugießen. Masse nach unten streichen und die Maschine 1 Minute laufen lassen. Bei laufender Maschine langsam und gleichmäßig die Tahin-Mischung dazugeben und alles etwa 15 Sekunden pürieren, bis der Hummus cremig-glatt ist (Masse zwischendurch nach unten streichen, falls nötig).

4. Den Hummus in eine Servierschüssel geben und mit den beiseitegestellten Kichererbsen sowie dem Korian-

dergrün garnieren. Mit Frischhaltefolie abdecken und mindestens 30 Minuten durchziehen lassen. Mit Olivenöl beträufeln und servieren. (Hummus kann bis zu 5 Tage gekühlt aufbewahrt werden; die Zutaten für die Garnierung separat aufbewahren. Falls der Hummus im Kühlschrank sehr dick wird, vor dem Servieren etwa 1 EL warmes Wasser einrühren.)

🍲 WARUM DAS REZEPT FUNKTIONIERT

Unser Hummus sollte eine schön seidig-glatte Textur haben, dazu ein ausgewogenes Aromenprofil. Eigentlich müsste man für eine optimal glatte Konsistenz die Schalen der Kichererbsen komplett entfernen, aber alle Methoden, die wir ausprobiert haben, haben entweder nicht überzeugend funktioniert oder waren mit immensem Aufwand verbunden. In der Küchenmaschine ist es uns zunächst nicht gelungen, die Erbsen zufriedenstellend fein zu pürieren. Erst als wir einen Schritt weitergegangen sind und die pürierten Erbsen in der Maschine mit Tahin und Öl zu einer Emulsion (ähnlich Mayonnaise) vermischt haben, wurde die Textur wie gewünscht. Erdiger Kreuzkümmel, eine Prise Cayennepfeffer, Zitronensaft und Knoblauch sorgen für ein perfekt ausbalanciertes Aromenensemble.

EINWEICHEN, DANN MIT NATRON KOCHEN Die Kichererbsen sollen maximal weich werden, und das bitte möglichst schnell. Die beste Methode, um das zu erreichen: Einweichen und anschließend mit Natron leicht köcheln lassen. Durch das Natron wird die Schale sehr weich, sodass Pürieren kein Problem ist.

SEIDIGES PÜREE Wir pürieren die Erbsen zusammen mit dem Knoblauch und den Gewürzen in der Küchenmaschine und geben dann Zitronensaft und Wasser hinzu. Durch diese zweistufige Vorgehensweise – und das betont langsame Zugießen der Flüssigkeit – wird das Püree geschmeidiger, als wenn man alle Zutaten auf einmal in die Maschine geben würde.

EINE STABILE EMULSION HERSTELLEN Damit sich Öl und Wasser nicht trennen, ist es unserer Erfahrung nach von Vorteil, das Olivenöl erst separat mit dem Tahin zu vermischen und die Mischung dann den pürierten Kichererbsen zuzugeben. Damit die Emulsion nicht „bricht", gehen wir wie bei einer Vinaigrette vor und fügen das Öl sehr langsam hinzu (siehe Konzept 2.13).

VIEL TAHIN-PASTE Tahin ist eine dicke Paste aus gemahlenen Sesamsamen. Wir verwenden in unserem Rezept satte 6 EL, also die dreifache Menge dessen, was in anderen Rezepten üblich ist. Dabei haben wir festgestellt, dass Geschmack und Fettgehalt von Tahin je nach Marke beträchtlich variieren. Ein gutes Tahin verleiht Hummus ein schön nussiges Aroma und eine cremige Textur, was unsere Testesser sehr zu schätzen gewusst haben. Leider mussten sie manchen Sorten aber auch bittere Fehlaromen attestieren.

SCHWARZE BOHNENSUPPE
(FÜR 6 PORTIONEN)

Getrocknete Bohnen garen häufig unterschiedlich schnell, deshalb sollten Sie in Schritt 1 mehrere Bohnen probieren, um zu prüfen, ob sie gar sind. Um die Zeit effektiv zu nutzen, bereiten Sie die Suppenzutaten vor, während die Bohnen köcheln. Mit dem Vorbereiten der Garnierungen können Sie warten, bis die Suppe köchelt. Sie müssen natürlich nicht alle unten aufgeführten Garnierungen reichen, aber ein paar sollten es schon sein, da Garnierungen speziell für diese Suppe sehr wichtig sind; sie verleihen ihr nicht nur zusätzlichen Geschmack, sondern auch Textur und Farbe.

FÜR DIE BOHNEN

1,2 l	Wasser (mehr, falls nötig)
450 g	getrocknete schwarze Bohnen, verlesen und abgespült
110 g	Kochschinken am Stück, pariert
2	Lorbeerblätter
1 Prise	Natron
1 TL	Salz

FÜR DIE SUPPE

3 EL	Olivenöl
2	große Zwiebeln, fein zerkleinert
1	große Möhre, geschält und fein zerkleinert
3 Stangen	Staudensellerie, fein zerkleinert
½ TL	Salz
5–6	Knoblauchzehen, fein gehackt
½ TL	Chiliflocken
1½ EL	gemahlener Kreuzkümmel
1,5 l	salzarme Geflügelbrühe
2 EL	Maisstärke
2 EL	Wasser
2 EL	Limettensaft

FÜR DIE GARNIERUNG

Limettenspalten

Koriandergrün, fein gehackt

rote Zwiebeln, fein gewürfelt

Avocados, halbiert, Kern entfernt, gewürfelt

Sour Cream

1. FÜR DIE BOHNEN: 4 l Wasser in eine große Schüssel oder ein anderes großes Behältnis füllen. Die Bohnen hineingeben und bei Zimmertemperatur mindestens 8, höchstens 24 Stunden einweichen. Abgießen und gut abspülen.

2. 1,2 l Wasser, die eingeweichten Bohnen, den Kochschinken, Lorbeerblätter und Natron in einen großen Topf mit dicht schließendem Deckel geben. Auf mittlerer bis hoher Stufe aufkochen lassen, dabei mit einem großen Löffel falls nötig den Schaum abschöpfen. Das Salz zugeben, die Hitze auf niedrige Stufe stellen und die Bohnen zugedeckt 1 bis 1½ Stunden kräftig köcheln lassen, bis sie weich sind (sind sie nach 1½ Stunden noch nicht weich, 250 ml Wasser dazugeben und weiterköcheln lassen, bis sie gar sind). Die Bohnen nicht abgießen. Die Lorbeerblätter entfernen. Den

---

PRAKTISCHE WISSENSCHAFT: BOHNEN AUS DER DOSE RICHTIG ZUBEREITEN

Bohnen aus der Konserve schmecken besser, wenn man sie etwas köcheln lässt.

Als Suppenzutat sind für uns immer getrocknete Bohnen erste Wahl, da sie die Aromen der Suppe besonders gut aufnehmen. Sollten Sie aber doch einmal Bohnen aus der Dose für Ihre Suppe verwenden wollen, gönnen Sie ihnen ausreichend Zeit zum Köcheln. Konservenbohnen sind zwar bereits verzehrfertig gekocht, wir haben aber festgestellt, dass die Bohnen in toskanischer weißer Bohnensuppe sowie in schwarzer Bohnensuppe weit besser schmecken, wenn man sie statt fünf Minuten eine halbe Stunde köcheln lässt.

450 g getrocknete Bohnen entsprechen in etwa 1,6 kg Bohnen aus der Dose. Spülen Sie die Bohnen gut ab und lassen Sie sie abtropfen. Prüfen Sie außerdem, ob Sie die Flüssigkeit der Suppe reduzieren müssen. Durch langes Köcheln nehmen Bohnen aus der Dose zwar viel Geschmack an, sie absorbieren aber viel weniger Flüssigkeit als ihre getrockneten Verwandten.

Kochschinken aus dem Topf nehmen, in 0,5 bis 1 cm große Würfel schneiden und beiseitestellen.

3. FÜR DIE SUPPE: In einem dickwandigen Bräter bei mittlerer bis starker Hitze das Öl heiß werden lassen, bis es sich kräuselt. Zwiebeln, Möhre, Sellerie und Salz hineingeben und unter gelegentlichem Rühren garen, bis das Gemüse weich und leicht angebräunt ist (12 bis 15 Minuten). Die Hitze auf niedrige bis mittlere Stufe reduzieren. Knoblauch, Chiliflocken und Kreuzkümmel in den Bräter geben und unter ständigem Rühren etwa 3 Minuten mitgaren, bis es duftet. Dann die Bohnen samt Flüssigkeit und die Geflügelbrühe zugeben. Alles bei mittlerer bis starker Hitze kurz zum Kochen bringen, dann bei geringer Hitze ohne Deckel etwa 30 Minuten köcheln lassen, damit alles gut durchzieht, dabei gelegentlich durchrühren.

4. Mit einer Schöpfkelle etwa 300 g Bohnen und 500 ml Flüssigkeit in die Küchenmaschine oder einen Mixer geben, glatt pürieren und zurück in den Topf geben. Wasser und Maisstärke in einer kleinen Schüssel verrühren und die Hälfte der Mischung langsam in die Suppe einrühren. Das Ganze auf mittlerer bis hoher Stufe aufkochen lassen und gelegentlich umrühren, damit die Suppe gut andickt. Ist die Suppe nach dem Aufkochen zu dünn, die restliche Maisstärke-Mischung noch einmal kurz verrühren und dann langsam in die Suppe einrühren. Noch einmal kurz aufkochen lassen, bis die Suppe angedickt ist. Den Bräter vom Herd nehmen. Den Limettensaft und die Kochschinkenwürfel hineingeben. Die Suppe in Schälchen geben und sofort servieren. Die Garnierungen separat reichen. (Die Suppe kann gekühlt bis zu 4 Tage aufbewahrt werden. Falls nötig, beim Aufwärmen mit etwas zusätzlicher Geflügelbrühe verdünnen.)

SCHWARZE BOHNENSUPPE MIT CHIPOTLES

Durch die Zugabe von Chipotle-Chilis in Adobo-Sauce – geräucherte Jalapeños in einer würzigen Tomaten-Essig-Sauce – wird die Suppe etwas feuriger und rauchiger.

Die Chiliflocken weglassen und stattdessen 1 EL fein gehackte Chipotle-Chilis in Adobo-Sauce nehmen. In Schritt 3 zusammen mit der Geflügelbrühe 2 TL Adobo-Sauce dazugeben.

Getrockneten Bohnen sieht man in der Packung nicht an, ob sie frisch oder alt sind. Aber es gibt einen Test: Wird die Schale beim Einweichen schrumpelig, sind die Bohnen alt. Irgendwann ist uns aufgefallen, dass manche getrocknete Bohnen beim Einweichen runzlig werden. Andere wiederum werden beim Garen körnig und mehlig statt schön cremig. Beides sind Anzeichen für alte Bohnen, wie wir herausgefunden haben. Bei abgepackten Bohnen ist nicht gleich zu erkennen, wie frisch sie wirklich sind. Die Frage klärt sich erst, wenn man die Bohnen einlegt: Werden sie im Wasser schrumpelig, sind sie alt. Die Erklärung: Normalerweise kann Wasser nur durch das Hilum der Bohne, also den Nabel, mit dem der Samen mit der Schote verbunden war, eindringen. Aber Bohnen werden meist nicht gerade sanft behandelt, weshalb mit der Zeit Beschädigungen und Löcher in der Schale entstehen können. Und selbst Bohnen, die mit größtmöglicher Sorgfalt behandelt werden, bekommen mit zunehmendem Alter aufgrund von Temperaturschwankungen, Feuchtigkeit und Pilzbefall Löcher. Durch diese dringt Wasser ein und lässt die Schale runzlig werden. Leider gibt es, abgesehen von der Einweichmethode, keine Möglichkeit zu prüfen, ob die gekauften Bohnen frisch sind.

Alte Bohne   Frische Bohne

🍲 WARUM DAS REZEPT FUNKTIONIERT

Unser Ziel war ein Rezept für schwarze Bohnensuppe mit möglichst viel Würze und Aroma, darunter süße, scharfe und rauchige Noten. Wir verwenden getrocknete Bohnen, da diese, anders als Bohnen aus der Dose oder dem Glas, der Suppe zusätzlichen Geschmack verleihen. Durch die Zugabe von etwas Natron ins Kochwasser beschleunigen wir das Weichgaren der Bohnen. Unserer Meinung nach kann man sich die Mühe sparen, selbst eine Brühe herzustellen. Eine Mischung aus fertiger Geflügelbrühe und Bohnenkochwasser (das durch den Kochschin-

ken und die Lorbeerblätter schon vorgewürzt ist) reicht völlig aus. Die Suppe schmeckt auch damit herrlich würzig.

SCHWARZ UND SÄMIG Bei schwarzer Bohnensuppe ist es wichtig, dass die Bohnen richtig schön weich werden, da ein Teil davon püriert wird. Folglich müssen die Bohnen wirklich voll durchgaren. Außerdem sollen sie ihre satte schwarze Farbe behalten, denn eine bräunlich-graue Suppe sieht einfach nicht so schön aus. Durch die Zugabe von etwas Natron werden beide Probleme gelöst. Einweichen über Nacht verkürzt die Garzeit zusätzlich (auf Einweichen mit Salz können wir hier verzichten, da die Bohnen eh so lange köcheln, bis sie fast zerfallen).

KOCHSCHINKEN ALS FLEISCHEINLAGE Traditionell wird schwarze Bohnensuppe mit einem Stück Eisbein (und Lorbeerblättern) gekocht, wir wollten aber mehr Fleisch in der Suppe. Nach Versuchen mit gepökeltem Speck, Bacon und Kochschinken am Stück haben wir uns für letzteren entschieden. Der Kochschinken verleiht den Bohnen und der Kochflüssigkeit rauchiges Schweinefleischaroma. Nach dem Kochen der Bohnen stellen wir ihn zunächst gewürfelt beiseite und geben ihn erst ganz zum Schluss wieder in die Suppe.

SOFRITO ALS GESCHMACKSBASIS Eine deftige schwarze Bohnensuppe braucht eine solide Geschmacksbasis aus Röstgemüse. Die drei „Klassiker" Zwiebel, Sellerie und Möhre, in der lateinamerikanischen Küche auch „Sofrito" genannt, schmecken uns mit Knoblauch, Kreuzkümmel und Chiliflocken noch besser.

BOHNEN TEILWEISE PÜRIEREN Damit die Suppe ihren deftigen Charakter behält, pürieren wir nur einen Teil der Bohnen. Die Suppe wird auf diese Weise gleichzeitig glatt und stückig. Ein Problem dabei: Bohnen nehmen mal mehr, mal weniger Wasser auf, manche Herde sind leistungsstärker als andere — es ist schwer, die Textur immer optimal hinzubekommen. Deshalb geben wir der Konsistenz der Suppe ganz zum Schluss mit etwas angerührter Maisstärke noch den letzten Schliff. Nehmen Sie zum Anrühren der Stärke auf jeden Fall kaltes Wasser — mit heißem Wasser verkleistern die Stärkekörnchen sofort, bevor sie sich verteilen können, und bilden Klumpen, die in der Mitte trocken bleiben.

OHNE GARNIERUNGEN GEHT ES NICHT Ohne eine — durchaus im wörtlichen Sinn — bunte Auswahl an Garnierungen schmeckt selbst die beste schwarze Bohnensuppe etwas langweilig. Sour Cream und Avocadowürfel mildern die Schärfe der Suppe leicht ab, während rote Zwiebeln und gehackter Koriander für Frische und Farbtupfer sorgen. Die Limettenspalten schließlich betonen noch einmal den fein säuerlichen Geschmack des bereits hinzugefügten Limettensafts.

CREMIGE POLENTA MIT PARMESAN
(FÜR 4 PORTIONEN)

Grob gemahlener Maisgrieß, der etwa die Korngröße von Couscous hat, ist für dieses Rezept optimal. Nehmen Sie keinen Instant- oder Schnellkochgrieß. Auch steingemahlener und feiner Maisgrieß eignen sich nicht. Lassen Sie auf keinen Fall das Natron weg – es verkürzt die Garzeit und macht die Polenta cremiger. Wenn die Polenta nach den ersten zehn Minuten auf dem Herd auch nur leicht blubbert, ist die Hitze eindeutig zu hoch. Um die Polenta als Hauptgericht zu servieren, reichen Sie sie mit einem Topping (Rezepte nachstehend), einem Stück herzhaften Käse (zum Beispiel Gorgonzola) oder einer Fleischsauce.

	Salz und Pfeffer
1 Prise	Natron
250 g	grob gemahlener Maisgrieß
115 g	geriebener Parmesankäse + Parmesan zum Servieren
30 g	Butter

1. 1,8 l Wasser in einem großen Topf auf mittlerer bis hoher Stufe zum Sieden bringen. 1½ TL Salz und das Natron einrühren. Langsam und gleichmäßig den Maisgrieß hineinschütten, dabei mit einem Holzkochlöffel oder Teigschaber langsam durchrühren. Die Polenta unter ständigem Rühren aufkochen lassen (etwa 1 Minute), dann die Hitze auf die kleinste Stufe stellen und den Topf mit dem Deckel verschließen.

2. Nach 5 Minuten die Polenta etwa 15 Sekunden gut durchrühren, um mögliche Verklumpungen aufzulösen. (Dabei auch alle Anhaftungen am Topfboden lösen und an der Topfwand sitzenden Maisgrieß nach unten streichen.) Zugedeckt ohne Rühren etwa 25 Minuten weitergaren, bis der Grieß weich, aber noch bissfest (al dente) ist. (Die Polenta sollte eine lockere Konsistenz haben und nicht pappig sein. Sie dickt beim Abkühlen weiter an.)

3. Den Topf vom Herd nehmen, den Parmesan und die Butter einrühren und alles mit Pfeffer abschmecken. 5 Minuten zugedeckt stehen lassen, dann servieren. Den Extra-Parmesan getrennt zur Polenta reichen.

TOPPING MIT PILZEN UND ROSMARIN
(FÜR 4 PORTIONEN)

Entfernen Sie bei Shiitakepilzen den Stiel.

30 g	Butter
2 EL	Olivenöl
1	kleine Zwiebel, fein zerkleinert
2	Knoblauchzehen, fein gehackt
2 TL	frischer Rosmarin, fein gehackt
450 g	Pilze (z. B. braune Champignons, Shiitake- oder Austernpilze), geputzt und in Scheiben geschnitten
80 ml	salzarme Geflügelbrühe
	Salz und Pfeffer

1. Die Butter und das Öl in einer beschichteten Pfanne (ø 30 cm) bei mittlerer bis starker Hitze heiß werden lassen, bis sich das Fett kräuselt. Die Zwiebel darin 5 bis 7 Minuten anschwitzen, bis sie weich wird und beginnt zu bräunen, dabei häufig umrühren. Den Knoblauch und Rosmarin etwa 30 Sekunden mitgaren, bis es aromatisch duftet.

2. Die Pilze dazugeben und unter gelegentlichem Rühren etwa 6 Minuten garen, bis Wasser austritt. Die Brühe angießen und mit Salz und Pfeffer abschmecken. Alles etwa 8 Minuten kräftig köcheln lassen, bis die Flüssigkeit andickt. Das Topping auf die Polentaportionen verteilen und servieren.

CREMIGE POLENTA MIT VERSCHIEDENEN TOPPINGS, S. 108–110

TOPPING MIT SAUTIERTEN CHERRYTOMATEN
UND MOZZARELLA
(FÜR 4 PORTIONEN)

Mengen Sie den Käse nicht unter die heißen Tomaten, sonst schmilzt er zu früh und wird gummiartig zäh.

3 EL	Olivenöl (nativ extra)
2	Knoblauchzehen, geschält und in dünne Scheiben geschnitten
1 Prise	Chiliflocken
1 Prise	Zucker
700 g	Cherrytomaten, halbiert
	Salz und Pfeffer
170 g	Mozzarella, in 1–1,5 cm große Würfel geschnitten
2 EL	frischer Basilikum, grob zerkleinert

Das Öl mit dem Knoblauch, den Chiliflocken und dem Zucker in einer beschichteten Pfanne (ø 30 cm) auf mittlerer bis hoher Stufe etwa 1 Minute erhitzen, bis es duftet und brutzelt. Dann die Tomaten dazugeben und etwa 1 Minute mitbraten, bis sie beginnen, weich zu werden. Mit Salz und Pfeffer abschmecken, dann die Pfanne vom Herd nehmen. Die Tomaten auf die Polentaportionen verteilen, mit Mozzarella und Basilikum bestreuen und servieren.

TOPPING MIT STÄNGELKOHL, GETROCKNETEN
TOMATEN UND PINIENKERNEN
(FÜR 4 PORTIONEN)

3 EL	Olivenöl (nativ extra)
100 g	getrocknete Tomaten in Öl, grob zerkleinert
6	Knoblauchzehen, fein gehackt
½ TL	Chiliflocken
	Salz
450 g	Stängelkohl, geputzt und in 3,5–4 cm große Stücke geschnitten (alternativ junger Brokkoli)
60 ml	salzarme Geflügelbrühe
30 g	Pinienkerne, geröstet

Das Olivenöl mit den getrockneten Tomaten, dem Knoblauch, den Chiliflocken und ½ TL Salz in einer beschichteten Pfanne (ø 30 cm) auf mittlerer bis hoher Stufe etwa 1½ Minuten erhitzen, bis der Knoblauch duftet und leicht gerös-
tet ist, dabei häufig umrühren. Dann den Stängelkohl und die Brühe dazugeben und etwa 2 Minuten mit geschlossenem Deckel mitgaren, bis der Kohl leuchtend grün aussieht. In der offenen Pfanne 2 bis 3 Minuten unter häufigem Rühren weitergaren, bis der Großteil der Brühe verdampft ist und der Kohl gerade eben weich ist. Mit Salz abschmecken. Das Kohlgemüse auf die Polentaportionen verteilen, Pinienkerne darüberstreuen und servieren.

🍳 WARUM DAS REZEPT FUNKTIONIERT

Rührt man Polenta beim Kochen nicht ununterbrochen, entsteht normalerweise ein hoffnungslos verklumpter Maisbrei. Wir wollten wissen, ob es nicht möglich ist, glatt-cremige Polenta mit intensivem Maisgeschmack auch ohne diesen Aufwand hinzubekommen. Dazu haben wir uns an den Trick erinnert, den wir häufig in Rezepten mit getrockneten Bohnen anwenden: Mit Natron wird deren harte Schale deutlich schneller weich und die Garzeit verkürzt sich. Also haben wir auch dem Maisgrieß etwas Natron hinzugefügt, und siehe da – es beschleunigt auch hier den Garvorgang. Mit Natron muss die Polenta nur noch halb so lange kochen, außerdem sparen wir uns das Dauerrühren.

PRAKTISCHE WISSENSCHAFT: WELCHER MAISGRIESS ERGIBT DIE BESTE POLENTA?

Wir bevorzugen grob gemahlenen, entkeimten Maisgrieß

Ob Sie im Supermarkt nun „Maisgrieß" oder „Polenta" kaufen, immer müssen Sie zwischen verschiedenen Produkteigenschaften wählen: Instant-/Schnellkochgrieß oder normaler Grieß? Entkeimte Polenta oder Polenta aus dem ganzen Korn (meist von Bio-Anbietern)? Schließlich müssen Sie sich auch noch für einen Feinheitsgrad entscheiden. Instant- und Schnellkochgrießsorten sind vorgekocht und schmecken relativ fade – lassen Sie sie besser im Ladenregal stehen. Zwar mögen wir das wunderbar kräftige Maisaroma von Vollkorngrieß, aber leider bleibt diese Sorte immer ein bisschen zu fest und körnig, egal wie lange man sie kocht. Unser Favorit ist daher entkeimter Grieß. Hier wird bei jedem Maiskorn der Keimling sowie die harte Schale entfernt.

Was den Feinheits- bzw. Mahlgrad angeht, überzeugte uns grob gemahlener Grieß am meisten. Die Textur unserer Cremigen Polenta mit Parmesan wurde damit schön weich und „fluffig". Seien Sie sich aber bewusst, dass „grob gemahlen" je nach Hersteller etwas völlig anderes bedeuten kann, da es keine klar definierten Standards gibt. Was bei einem Hersteller „grob" ist, gilt bei einem anderen womöglich als „fein". Um Grieß mit der optimalen Körnung zu finden, orientieren Sie sich an den folgenden Fotos.

ZU FEIN
Der extrem feine Mahlgrad von schnellkochendem Maisgrieß beschleunigt zwar den Garvorgang, das Maisaroma enttäuscht jedoch.

IMMER NOCH ZU FEIN
Normaler Maisgrieß wird ähnlich sandfein gemahlen und pappt nach dem Kochen stark zusammen.

GENAU RICHTIG
Wird der Mais in etwa so grob wie Couscous gemahlen, ist die Polentakonsistenz nach dem Garen weich und ganz leicht körnig.

EINE PRISE NATRON WIRKT WUNDER Mais enthält genau wie Bohnen Pektin, deshalb ist Natron auch in diesem Rezept ein wirkungsvoller Garbeschleuniger. Schon eine kleine Prise reicht aus, um das Pektin der Zellwände zu lösen. Das Wasser gelangt nun leichter an die Stärke in den Zellen und lässt diese verkleistern. Achten Sie aber darauf, dass Sie nicht zu viel Natron dazugeben, sonst wird die Polenta klebrig und bekommt einen seltsam röstigen und chemischen Beigeschmack. Mehr als eine Prise braucht es nicht, um die Pektinauflösung in Gang zu bringen. Hat die Reaktion einmal begonnen, setzt sie sich von allein fort, wie bei einer Kettenreaktion.

DECKEL DRAUF Da wir nicht gern eine Stunde am Herd stehen, um ununterbrochen einen Topf mit Polenta umzurühren, war unser Ziel ein Rezept, das ohne allzu viel Rühren auskommt. Auf die Lösung sind wir eher zufällig gestoßen, als wir eines Tages beim Kochen aus der Küche gerufen worden sind und nur noch schnell den Deckel aufsetzen und den Herd auf kleinste Flamme stellen konnten. Als wir eine halbe Stunde später zurückgekommen sind, haben wir eine Überraschung erlebt: Statt wie erwartet eine völlig verklumpte und angebrannte Maisgrießmasse vorzufinden, hatten wir perfekt cremige Polenta im Topf. Durch die niedrige Temperatur und den geschlossenen Deckel war der Maisgrieß schön langsam und gleichmäßig durchgegart, und das ganz ohne ständiges Rühren. Für dieses Rezept reicht es völlig aus, wenn Sie die Polenta einmal ganz zu Anfang des Garens und dann noch einmal 5 Minuten später durchrühren.

MIT KÄSE UND BUTTER ABRUNDEN Mehr als 100 g Parmesan und 30 g Butter geben dem an sich schlichten Gericht ganz zum Schluss noch einmal einen schönen Schub nussige Würze und machen es schön üppig und reichhaltig. Die fertige Polenta schmeckt einfach köstlich, mit oder ohne Topping.

KONZEPT 2.8
SO GELINGT REIS LUFTIG-LEICHT

Jeder kann Reis kochen, aber die wenigsten können ihn gut kochen. Selbst viele kompetente Köche behaupten von sich, keinen Reis kochen zu können. Mal brennt er an, mal wird er zu breiig, mal klebt er, wenn er eigentlich locker werden soll. Mit thermisch behandelten Produkten wie Parboiled-Reis oder Schnellkochreis wird das Zufallselement beim Reiskochen zwar etwas kleiner, aber Textur und Aroma dieser Produkte lassen zu wünschen übrig. Hat man aber einmal durchschaut, wie Reis „funktioniert", ist es nicht mehr schwer, Reis gut zu kochen.

DIE WISSENSCHAFT DAHINTER

AUFBAU EINES REISKORNS

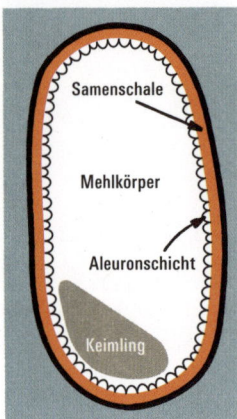

EIN REISKORN Bei braunem Reis ist jedes Korn noch von der Silberhaut – der Frucht-, Samenschale und der darunter befindlichen Aleuronschicht – umschlossen; die Silberhaut und der Keimling werden bei der Herstellung von weißem Reis entfernt. Der Mehlkörper ist in Reis immer enthalten, unabhängig von der Sorte.

Reis ist nichts anderes als die Samen der Pflanze Oryza sativa. Direkt nach der Ernte sind die Samenkörner noch von schützenden Spelzen umschlossen. Nachdem man diese entfernt hat, erhält man „braunen Reis" (auch Naturreis oder Vollkornreis), der aus drei Teilen besteht: der Silberhaut (unter der sich eine Schicht aus Aleuronzellen befindet, die reich an Öl und Enzymen ist), dem Keimling und dem Mehlkörper (Endosperm). Schon seit Tausenden von Jahren gart man Reiskörner vor und entfernt anschließend in Reismühlen die äußeren Kornschichten und den Keimling, woraufhin nur noch der stärkehaltige Mehlkörper zurückbleibt. In den meisten Rezepten wird schon vorgegarter, polierter Reis („weißer Reis") verwendet.

Wie bei Kartoffeln und Nudeln hängt auch beim Kochen von Reis der Erfolg hauptsächlich davon ab, die Stärkeverkleisterung gekonnt zu steuern. Während Kartoffeln und Nudeln jedoch häufig in sehr viel Wasser gegart werden, um überschüssige Stärke abzuwaschen, benötigt Reis ein präziseres Garverfahren. Kocht man Reis mit viel Wasser und gießt ihn ab, verschwindet zusammen mit dem Wasser auch viel Geschmack im Abfluss, außerdem sind die Körner matschig und aufgedunsen. Am besten gelingt Reis, wenn man ihn mit der genau richtig bemessenen Menge Wasser zugedeckt im Topf gart. Aufgrund des geschlossenen Deckels verdampft das Wasser

nicht, sondern wird nach und nach von den Reiskörnern absorbiert. (Wenn zu viel Wasser verdampft, brennt der Reis an, bevor er gar ist.)

Stärkekörnchen, aus denen Reis zum größten Teil besteht, nehmen bei Zimmertemperatur fast kein Wasser auf. Erhitzt man Reis aber in Wasser, lockert die Energie der sich schnell bewegenden Wassermoleküle die Bindungen zwischen den Stärkemolekülen. Die Folge ist, dass Wasser eindringt. Dadurch quellen die Stärkekörnchen auf und geben Stärkemoleküle ab, die wie Kleister wirken und die Reiskörner miteinander verkleben. Der Reis wird weich und klebrig.

Wie Kartoffeln (siehe Konzept 2.3) enthält auch Reis zwei Arten von Stärkemolekülen: Amylose und Amylopektin. Die texturellen Eigenschaften von gekochtem Reis – von locker-luftig bis klebrig-pappig – werden vor allem durch die Amylose- und Proteinanteile der Stärkekörnchen bestimmt. Abgesehen von einigen Ausnahmen wird Reis mit hohem Amylose- und Proteingehalt (zum Beispiel Langkornreis) beim Kochen fluffig-locker, die Körner kleben kaum zusammen. Dagegen wird Reis mit niedrigerem Amylose- und Proteingehalt (zum Beispiel Arborio) feucht, weich und tendenziell klebrig.

Aufgrund des höheren Amylose- und Proteingehalts quillt und verkleistert die Stärke in Langkornreis erst bei deutlich höherer Temperatur (70 °C) als die Stärke in Mittelkornreis (62 °C). Die Stärkekügelchen, die schon bei geringerer Temperatur verkleistern, geben mehr Amylose ab, selbst wenn ihr Amylosegehalt insgesamt geringer ist. Die größere Menge freigesetzter Amylose lässt die Reiskörner aneinanderhaften.

Langkornreis enthält etwa 22 Prozent Amylose und 8,5 Prozent Protein; die Körner sind vier- bis fünfmal so lang wie breit. Langkornreis benötigt das meiste Wasser zum Garen. Gekocht besteht er aus einzelnen, relativ losen Körnern, die beim Abkühlen hart werden (Grund ist der höhere Amylosegehalt). Langkornreis verwenden wir zum Beispiel für Pilaw-Gerichte.

Mittelkornreis hat circa 18 Prozent Amylose und 6,5 Prozent Protein; die Körner sind zwei- bis dreimal so lang wie breit. Zum Kochen benötigt Mittelkornreis etwas weniger Wasser als Langkornreis. Gegart ist er zart und leicht klebrig. Mittelkornreissorten wie Arborio sind ideal für Gerichte wie Risotto, die cremig, aber nicht pappig sein dürfen.

Rundkornreis schließlich enthält rund 15 Prozent Amylose und 6 Prozent Protein; die Körner sind nahezu rund. Dieser Reis benötigt die geringste Garwassermenge und wird durchs Garen meist sehr weich und klebrig. Für Gerichte, die stark klebenden Reis benötigen, wie Sushi, ist er ideal.

DAS EXPERIMENT

Angeblich gart Reis, den man vor dem Kochen in Wasser einweicht, schneller und besser. Was ist dran an diesem Rat? Zur Beantwortung der Frage haben wir einen einfachen Versuch durchgeführt: Manche Rezepte empfehlen, braunen Reis vor dem Kochen drei Stunden einzuweichen – und genau das haben wir getan. Wir haben eine Probe braunen Reis eingeweicht und dann nach unserem Rezept auf Seite 116 gegart (mit etwas weniger Wasser als angegeben). Eine zweite Probe haben wir nicht eingeweicht, sondern nur abgespült, und dann nach demselben Rezept zubereitet (mit der normalen Wassermenge). Den gleichen Versuch haben wir mit weißem Langkornreis und Basmatireis, einem anderen Langkornreis, wiederholt.

DAS ERGEBNIS

Egal, welche Reissorte wir ausprobiert haben, das Ergebnis war immer das gleiche: Der zuvor eingeweichte Reis war zu weich und aufgedunsen, mit teilweise aufgeplatzten Körnern.

DIE ERKENNTNIS

Das Einweichen war reine Zeitverschwendung, so viel ist sicher. Selbst brauner Reis, der noch die Samenschale, die Aleuronschicht und den Keimling enthält und deshalb zwei- bis dreimal so lange zum Garen braucht wie weißer Reis, wurde mit dieser Methode unangenehm weich. Der Grund: Durch das Einweichen nimmt der Reis zu viel Wasser auf, was dazu führt, dass die Stärkekörnchen sofort beginnen zu quellen, sobald sie erhitzt werden.

Heißt das, dass man bei der Reiszubereitung ganz auf Wasser verzichten sollte (abgesehen vom Kochwasser natürlich)? Nicht unbedingt. Mehrfaches Abspülen zum Beispiel kann bei weißem Langkornreis und Basmatireis durchaus sinnvoll sein, für einen lockeren Pilaw ist es sogar unerlässlich. Durch das Abspülen wird an der Kornoberfläche sitzende Stärke abgewaschen, wodurch die Reiskörner weniger zusammenkleben. Und welche Wirkung hat Abspülen bei braunem Reis? Bei unseren Versuchen konnten wir keinen Effekt feststellen, weder einen positiven noch einen negativen. Logisch, denn die Körner von braunem Reis stecken noch in der Samenschale, weshalb es an der Oberfläche keine Stärke gibt, die sich abspülen ließe. Bei braunem Reis ist Abspülen nur eins: Zeit- und Wasservergeudung.

EINGEWEICHTER REIS KANN BEIM GAREN PLATZEN

EINGEWEICHT
Der Reis ist aufgedunsen und übergart.

NUR ABGESPÜLT
Dieser Reis ist perfekt gekocht.

REISZUBEREITUNG AUF DEM HERD IN DER PRAXIS: REIS-PILAW

Für einen Reis-Pilaw ist es wichtig, genau die richtige Menge Wasser zu verwenden. Wenn der Reis das gesamte Wasser aufgesogen hat, ist er weich und auf den Punkt gegart. Hierzu ist ein Topf mit dicht schließendem Deckel unentbehrlich. Sitzt der Deckel nicht richtig, verdampft das Wasser, bevor es vom Reis aufgenommen werden kann, und der Reis brennt an.

EINFACHER REIS-PILAW
(FÜR 6 PORTIONEN)

Für dieses Rezept benötigen Sie einen Topf mit dicht schließendem Deckel. Der weiße Langkornreis kann durch Basmatireis ersetzt werden.

400 g	weißer Langkornreis
45 g	Butter oder 3 EL Pflanzenöl
1	kleine Zwiebel, fein zerkleinert
725 ml	Wasser
1 TL	Salz
	Pfeffer

1. Reis in einen Durchschlag oder ein feinmaschiges Sieb geben und unter fließendem kalten Wasser abspülen, bis das abfließende Wasser klar ist. Das Sieb auf eine Schüssel setzen und beiseitestellen.

2. Die Butter in einem großen Topf bei mittlerer Hitze zerlassen. Die Zwiebel hinzufügen und etwa 4 Minuten dünsten, bis sie weich, aber noch nicht braun ist. Den Reis dazugeben und unter ständigem Rühren 1 bis 3 Minuten mitgaren, bis die Körner glasig aussehen. Wasser, Salz und nach Geschmack Pfeffer hinzufügen, die Herdplatte auf höchste Stufe stellen und alles zum Kochen bringen. Den Topf etwas schwenken, um die Zutaten zu vermischen. Anschließend die Hitze auf kleine Stufe reduzieren, den Deckel auflegen und das Ganze 18 bis 20 Minuten köcheln lassen, bis die Flüssigkeit vollständig aufgenommen worden ist. Den Topf vom Herd nehmen. Den Deckel kurz abheben, ein einmal zusammengefaltetes Geschirrtuch über den Topf legen und den Deckel wieder auflegen. 10 bis 15 Minuten stehen lassen, dann den Reis mit einer Gabel auflockern und servieren.

REIS-PILAW MIT KORINTHEN UND PINIENKERNEN

2 fein gehackte Knoblauchzehen, ½ TL gemahlenen Kurkuma und ¼ TL gemahlenen Zimt zu der gedünsteten Zwiebel geben und etwa 30 Sekunden mitgaren, bis es aromatisch duftet. Bevor das Geschirrtuch über den Topf gelegt wird, 30 g Korinthen über den Reis streuen (aber nicht untermengen). Wenn der Reis mit der Gabel aufgelockert wird, 30 g geröstete Pinienkerne dazugeben.

🍲 WARUM DAS REZEPT FUNKTIONIERT

Reis-Pilaw sollte eine zart-lockere Textur haben, gut abgedämpft sein und aromatisch duften. Es gibt zahllose Pilaw-Rezepte, die genau das versprechen, aber über die richtige Methode herrscht alles andere als Einigkeit. In vielen Rezepten wird empfohlen, den Reis zu waschen und über Nacht einzuweichen, allerdings sind wir da etwas anderer Meinung. Einweichen über Nacht ist unserer Erfahrung nach überflüssig (siehe Abschnitt „Das Experiment" auf Seite 113), das Abspülen vor dem Kochen dagegen ist wichtig, damit die Körner später nicht zusammenkleben. Am besten gelingt unser Pilaw mit weißem Langkornreis (noch besser ist Basmati, falls Sie welchen zur Hand haben). Das kurze Anbraten in Butter verleiht dem Reis und damit dem Pilaw ein schön rundes Aroma.

DER RICHTIGE REIS Pilaw soll leicht und fluffig sein, deshalb verwenden wir Langkornreis. Normaler weißer Langkornreis ist in der Regel neutral im Geschmack, weshalb er sich gegenüber den Aromen anderer Zutaten dezent im Hintergrund hält. Hochwertiger weißer Reis hat bissfest gekocht eine angenehm zart-federnde Textur und einen leicht buttrigen Eigengeschmack. Das Butteraroma wird durch den natürlich vorkommenden Aromastoff 2-Acetyl-1-pyrrolin hervorgerufen,

der in hoher Konzentration an Popcorn erinnert. Basmatireis, der anstelle von weißem Langkornreis verwendet werden kann, wird wegen seines nussigen, süßen Aromas geschätzt. Basmatireis reift noch bis zu 18 Monate in Silos oder Jutesäcken, bevor er endgültig abgepackt wird. Durch die Reifung wird der Reis sehr trocken, was dazu führt, dass die Körner beim Kochen sehr stark aufquellen (stärker als alle anderen Langkornreis-Sorten). Was Sie für dieses Rezept besser nicht verwenden sollten, ist Parboiled-Reis. Er wird vor dem Abpacken mit Dampf behandelt, wodurch die Stärke im Inneren des Reiskorns verkleistert und die Stärke an der Oberfläche teilweise entfernt wird. Parboiled-Reis klebt nach dem Garen wenig, hat aber leider eine unangenehm gummiartige Textur, außerdem mögen unsere Testesser den Geschmack nicht.

WENIGER WASSER Das übliche Mengenverhältnis von Wasser zu Reis ist 2:1, doch damit wird der Reis zu klebrig und weich. Drei Teile Wasser auf zwei Teile Reis ist unserer Meinung nach ideal, wobei wir das Abspülen vor dem Kochen berücksichtigt haben.

DEN REIS SAUTIEREN Durch das kurze Sautieren in Butter entfalten sich die nussigen Geschmacksnoten im Reis und die Körner haften weniger aneinander. Außerdem können wir so im selben Schritt eine Zwiebel (oder eine andere aromatische Zutat) mit anbraten.

AUFKOCHEN LASSEN, DANN DIE HITZE REDUZIEREN Sobald der Reis außen glasig aussieht, wird Wasser und Salz zugegeben, alles zum Kochen gebracht, die Hitze ganz klein gedreht und der Deckel aufgelegt. Nach 18 bis 20 Minuten sollte der Reis weich sein und die gesamte Flüssigkeit aufgesogen haben.

ABDÄMPFEN Nach dem Kochen ist der Reis noch etwas pappig und schwer. Damit er lockerer wird, legen wir ein Geschirrtuch unter den Deckel und lassen den Topf ohne Wärmezufuhr 10 bis 15 Minuten stehen. Das Tuch nimmt einen Teil der Feuchtigkeit im Topf auf und lässt den Reis schön körnig werden. Jetzt brauchen Sie ihn nur noch kurz mit einer Gabel aufzulockern und zu servieren.

REISZUBEREITUNG IM OFEN IN DER PRAXIS:
BRAUNER REIS UND MEXIKANISCHER REIS

Bei langsam garenden Reisgerichten löst selbst ein dicht schließender Deckel nicht alle Probleme. Genauso wichtig ist, dass die Garhitze möglichst sanft und von allen Seiten auf den Reis einwirkt, damit er am Topfboden nicht anbrennt. Das funktioniert am besten im Ofen.

BRAUNER REIS AUS DEM OFEN
(FÜR 4 BIS 6 PORTIONEN)

Damit möglichst wenig Wasser verdampft, ist es wichtig, das Wasser mit geschlossenem Deckel zum Kochen zu bringen und es dann sofort zum Reis zu gießen. Anstelle einer mit Alufolie abgedeckten Auflaufform kann auch eine gleich große Keramikauflaufform mit Deckel verwendet werden. Um die doppelte Menge Reis zuzubereiten, verwenden Sie eine Auflaufform mit den Maßen 33 x 23 cm; an der Garzeit ändert sich nichts.

300 g	brauner Reis (Langkorn-, Mittelkorn- oder Rundkornreis)
10 g	Butter oder 2 TL Pflanzenöl
½ TL	Salz

1. Den Backofen auf 190 °C vorheizen. Den Reis gleichmäßig in einer Auflaufform (20 x 20 cm) verteilen.

2. 560 ml Wasser und Butter in einem mittelgroßen Topf mit Deckel zum Kochen bringen. Sobald das Wasser kocht, das Salz einrühren und das Wasser über den Reis gießen. Die Auflaufform dicht mit zwei Lagen Alufolie verschließen. Die Form auf der mittleren Schiene in den Ofen stellen und den Reis etwa 1 Stunde garen, bis er weich ist.

3. Die Auflaufform aus dem Ofen nehmen und die Folie entfernen. Den Reis mit einer Gabel auflockern, dann die Form mit einem Geschirrtuch abdecken und 5 Minuten stehen lassen. Das Tuch entfernen und weitere 5 Minuten stehen lassen, dann sofort servieren.

GEBACKENER BRAUNER REIS MIT CURRY, TOMATEN UND ERBSEN

Die Buttermenge auf 30 g erhöhen und diese in einer beschichteten Bratpfanne (ø 25 cm) auf mittlerer Stufe zerlassen. Eine fein gehackte kleine Zwiebel hinzugeben und 3 Minuten glasig anschwitzen. Eine fein gehackte Knoblauchzehe, 1 EL frisch geriebenen Ingwer, 1½ TL Currypulver und ¼ TL Salz dazugeben und etwa 1 Minute mitgaren, bis es aromatisch duftet. 400 g Tomatenstücke aus der Dose abtropfen lassen und etwa 2 Minuten in der Pfanne miterhitzen. Pfanneninhalt beiseitestellen. Das Wasser im Rezept durch Gemüsebrühe ersetzen und die Salzmenge auf eine Prise reduzieren. Die aufgekochte Brühe über den Reis gießen, den Pfanneninhalt unterrühren und alles gleichmäßig in der Form verteilen. Wie im Rezept angegeben backen, die Garzeit aber auf 70 Minuten verlängern. Bevor die Form mit dem Geschirrtuch abgedeckt wird, 70 g aufgetaute Tiefkühlerbsen einrühren.

GEBACKENER BRAUNER REIS MIT PARMESAN, ZITRONE UND KRÄUTERN

Die Buttermenge auf 30 g erhöhen und diese in einer beschichteten Bratpfanne (ø 25 cm) auf mittlerer Stufe zerlassen. Eine fein gehackte kleine Zwiebel hinzugeben und 3 Minuten glasig anschwitzen, dann beiseitestellen. Das Wasser im Rezept durch salzarme Geflügelbrühe ersetzen und nur eine Prise Salz hinzufügen. Nach dem Angießen der Brühe die Zwiebeln unter den Reis mischen, die Form abdecken und den Reis wie im Rezept angegeben garen. Die Alufolie abnehmen und folgende Zutaten in den Reis rühren: 40 g geriebenen Parmesan, 4 EL fein gehackte frische Petersilie, 4 EL gehacktes frisches Basilikum, 1 TL abgeriebene Zitronenschale, ½ TL Zitronensaft und 1 große Prise Pfeffer. Die Form mit einem Geschirrtuch abdecken und fortfahren, wie im Rezept beschrieben.

GEBACKENER BRAUNER REIS MIT CURRY, TOMATEN UND ERBSEN UND MIT SAUTIERTEN CHAMPIGNONS UND LAUCH, S. 116 UND 118

GEBACKENER BRAUNER REIS MIT SAUTIERTEN CHAMPIGNONS UND LAUCH

Das Wasser durch salzarme Geflügelbrühe ersetzen und nur 1 Prise Salz hinzufügen. Reis wie im Rezept angegeben garen. 10 Minuten vor Ende der Garzeit 15 g Butter mit 1 EL Olivenöl in einer beschichteten Pfanne (ø 30 cm) bei mittlerer bis starker Hitze zerlassen. Den weißen Teil einer Lauchstange in gut 0,5 cm breite Ringe schneiden, in die Pfanne geben und etwa 2 Minuten anbraten, bis der Lauch zusammenfällt, dabei ab und zu umrühren. 170 g braune Champignons (geputzt, in 0,5 bis 1 cm dicken Scheiben) und ¼ TL Salz zugeben und unter gelegentlichem Umrühren etwa 8 Minuten mitbraten, bis das Wasser verdampft ist und die Pilze gebräunt sind. 1½ TL fein gehackten frischen Thymian und 1 Prise Pfeffer unterrühren. Nach dem Abnehmen des Geschirrtuchs die Champignon-Lauch-Mischung zusammen mit 1½ TL Sherryessig unter den Reis mischen. Sofort servieren.

🍲 WARUM DAS REZEPT FUNKTIONIERT

Brauner Reis zeichnet sich durch einen nussigen, kräftigen Geschmack aus und sollte gegart etwas klebriger und kerniger als weißer Reis sein. Entscheidend ist das richtige Verhältnis der Wassermenge zur Reismenge, wobei wir uns hier grob am Verhältnis unseres Einfachen Reis-Pilaws (Seite 114) orientieren und 560 ml Wasser für 300 g Reis nehmen. Im Gegensatz zur Zubereitung von weißem Reis garen wir den braunen Reis im Ofen, um die moderate indirekte Wärmeübertragung eines Reiskochers zu simulieren. Einige Teelöffel Butter oder Öl im Kochwasser sorgen für einen milden Geschmack, lassen dem erdigen, nussigen Reisgeschmack aber ansonsten viel Raum zur Entfaltung.

OFEN STATT HERD Zwar benötigt brauner Reis nur wenig mehr Wasser als weißer Reis (ein zusätzlicher Esslöffel reicht), aber es dauert sehr viel länger, bis er weich wird. Das liegt daran, dass es sich bei braunem Reis um Vollkornreis mit intaktem Silberhäutchen handelt. Letzteres ist der Grund dafür, dass brauner Reis etwa doppelt so lange kochen muss wie weißer Reis, bei dem das Silberhäutchen abgeschliffen wurde. Im Ofen wird der Reis sehr sanft und gleichmäßig gegart, was die Gefahr verringert, dass die unterste Schicht am Topfboden anbrennt – ein häufiges Problem beim Kochen auf dem Herd.

NICHT ZU VIEL WASSER Wird brauner Reis auf dem Herd gekocht, beugen die meisten Rezepte dem Anbrennen mit einer Erhöhung der Wassermenge vor (in der Regel auf ein Verhältnis von 2:1). Leider ist das Resultat oft matschiger, zerkochter Reis. Unserer Meinung nach erzielt man mit weniger Wasser, das man aber sorgfältig in der Auflauf-

form „einschließt", ein viel besseres Ergebnis. Wenn man den Reis mit kochendem Wasser (statt kaltem Leitungswasser) übergießt, ist er nach nur einer Stunde gar. Damit die Auflaufform auch wirklich dicht verschlossen ist, verwenden wir zwei Lagen Alufolie.

FETT UND SALZ HINZUFÜGEN Denken Sie daran, den Reis zu würzen, bevor Sie ihn in den Backofen schieben. Mit etwas Fett erhält er ein mildes Aroma und wird zudem schön locker.

AUFLOCKERN UND RUHEN LASSEN Lockern Sie den Reis auf, wenn er aus dem Ofen kommt, damit die Körner nicht zusammenkleben. Anschließend decken Sie die Form mit einem sauberen Geschirrtuch ab, damit es Feuchtigkeit absorbiert.

MEXIKANISCHER REIS
(FÜR 6 BIS 8 PORTIONEN)

Bei Jalapeño-Chilis variiert die Schärfe von Schote zu Schote. Um die Schärfe besser dosieren zu können, entfernen wir bei den Chilis, die mitgegart werden, die Trennwände und Samen (in denen die meiste Schärfe steckt) und behalten eine komplette Chili zum Abschmecken bis zum Schluss zurück. Wichtig ist es, einen ofenfesten Topf mit circa 30 cm Durchmesser zu verwenden, damit der Reis gleichmäßig und in der angegebenen Zeit gegart wird. Die Topfhöhe spielt keine so große Rolle; die Ergebnisse waren in einer Bratpfanne mit hohem Rand genauso gut wie in einem Bräter. Egal, für welches Kochgeschirr Sie sich entscheiden – es muss einen dicht schließenden und ofenfesten Deckel haben. Die Hühnerbrühe kann durch Gemüsebrühe ersetzt werden.

2	Tomaten, entkernt und geviertelt
1	weiße Zwiebel, abgezogen und geviertelt
3	Jalapeño-Chilis; 2 ohne Strunk, entkernt und fein gehackt; 1 ohne Strunk und fein gehackt
400 g	weißer Langkornreis
80 ml	Pflanzenöl
4	Knoblauchzehen, fein gehackt
475 ml	salzarme Geflügelbrühe
1 EL	Tomatenmark
1½ TL	Salz
8 EL	frisches Koriandergrün, fein gehackt
	Limettenspalten

1. Den Backofen auf 180 °C vorheizen. Tomaten- und Zwiebelviertel in die Küchenmaschine geben und etwa 15 Sekunden glatt pürieren (Masse an der Schüsselwand

gen. Die Pfanne oder den Bräter mit dem Deckel verschließen und auf der mittleren Schiene in den Ofen stellen. 30 bis 35 Minuten garen, bis der Reis weich ist und er die Flüssigkeit komplett aufgenommen hat. Nach der Hälfte der Garzeit einmal kräftig durchrühren.

4. Zum Schluss nach Belieben Koriandergrün hinzufügen und mit der rohen gehackten Jalapeño-Schote abschmecken. Sofort servieren und die Limettenspalten dazu reichen.

MEXIKANISCHER REIS MIT SCHWARZ GERÖSTETEN TOMATEN, CHILISCHOTEN UND ZWIEBEL
(FÜR 6 BIS 8 PORTIONEN)

Für diese Rezeptvariante wird das Gemüse in einer gusseisernen Pfanne so lange gebraten, bis es ankohlt. Das fertige Gericht erhält dadurch eine sattere Farbe und leicht rauchige und röstige Noten. Zum Rösten des Gemüses eignet sich eine gusseiserne Pfanne am besten; in einer Edelstahlpfanne und auch in einer antihaftbeschichteten Pfanne bleiben verkohlte Stellen zurück, die sich nur schwer entfernen lassen. Die Geflügelbrühe kann durch Gemüsebrühe ersetzt werden. Hacken Sie die dritte Jalapeño-Schote mitsamt Samen und Trennwänden.

2	Tomaten, entkernt und geviertelt
1	weiße Zwiebel, abgezogen und geviertelt, das Wurzelende nicht entfernt
6	Knoblauchzehen, ungeschält
3	Jalapeño-Chilis; 2 ohne Strunk, halbiert und entkernt; 1 ohne Strunk und fein gehackt
400 g	weißer Langkornreis
80 ml	Pflanzenöl
475 ml	salzarme Geflügelbrühe
1 EL	Tomatenmark
1½ TL	Salz
8 EL	frisches Koriandergrün, fein gehackt
	Limettenspalten

zwischendurch nach unten streichen, falls nötig). Die Mischung in einen Messbecher umfüllen. Falls es mehr als 475 ml sind, die überschüssige Menge mit einem Löffel abnehmen und wegschütten.

2. Den Reis in ein großes, feinmaschiges Sieb geben und unter fließendem Wasser circa 1½ Minuten abspülen, bis das ablaufende Wasser klar ist. Danach den Reis kräftig im Sieb schütteln, damit möglichst viel Wasser abtropft.

3. Das Öl in einer ofenfesten Bratpfanne mit hohem Rand oder einem dickwandigen Bräter (in beiden Fällen ⌀ 30 cm) auf mittlerer bis hoher Stufe 1 bis 2 Minuten erhitzen. Einige Reiskörner in die Pfanne geben; wenn es brutzelt, ist das Öl heiß genug. Den Reis hinzufügen und unter häufigem Rühren 6 bis 8 Minuten braten, bis der Reis leicht gelblich und glasig wird. Die Hitze auf mittlere Stufe reduzieren, dann den Knoblauch und die 2 entkernten und gehackten Jalapeños hinzufügen und unter ständigem Rühren etwa 1½ Minuten mitbraten, bis es aromatisch duftet. Die pürierten Tomaten und Zwiebeln, Geflügelbrühe, Tomatenmark und Salz hinzugeben, die Hitze wieder auf mittlere bis hohe Stufe stellen und alles zum Kochen brin-

1. Eine gusseiserne Pfanne (⌀ 30 cm) auf mittlerer bis hoher Stufe etwa 2 Minuten erhitzen. Tomaten, Zwiebelviertel, Knoblauchzehen und die halbierten Jalapeño-Schoten hineingeben und rösten, dabei das Gemüse immer wieder mit einer Zange wenden, bis es weich und fast völlig schwarz ist (etwa 10 Minuten für die Tomaten, für das restliche Gemüse 15 bis 20 Minuten). Sobald das Gemüse aus-

reichend abgekühlt ist, das Wurzelende der Zwiebelviertel abschneiden und die Viertel halbieren. Die Knoblauchzehen abziehen und fein hacken. Die Jalapeño-Schoten ebenfalls fein hacken.

2. Den Backofen auf 180 °C vorheizen. Die angeschwärzten Tomaten und Zwiebeln in die Küchenmaschine geben und etwa 15 Sekunden glatt pürieren (Masse an der Schüsselwand zwischendurch nach unten streichen, falls nötig). Die Mischung in einen Messbecher umfüllen. Falls es mehr als 475 ml sind, die überschüssige Menge mit einem Löffel abnehmen und wegschütten.

3. Den Reis in ein großes, feinmaschiges Sieb geben und unter fließendem Wasser circa 1½ Minuten abspülen, bis das ablaufende Wasser klar ist. Danach den Reis kräftig im Sieb schütteln, damit möglichst viel Wasser abtropft.

4. Das Öl in einer ofenfesten Bratpfanne mit hohem Rand oder einem dickwandigen Bräter (in beiden Fällen ⌀ 30 cm) auf mittlerer bis hoher Stufe 1 bis 2 Minuten erhitzen. Einige Reiskörner in die Pfanne geben; wenn es brutzelt, ist das Öl heiß genug. Den Reis hinzufügen und unter häufigem Rühren 6 bis 8 Minuten braten, bis der Reis leicht gelblich und glasig wird. Die Hitze auf mittlere Stufe reduzieren, dann den gehackten Knoblauch und die gehackten Jalapeños hinzufügen und unter ständigem Rühren etwa 1½ Minuten mitbraten, bis es aromatisch duftet. Die pürierten Tomaten und Zwiebeln, Geflügelbrühe, Tomatenmark und Salz hinzugeben, die Hitze wieder auf mittlere bis hohe Stufe stellen und alles zum Kochen bringen. Die Pfanne oder den Bräter mit dem Deckel verschließen und auf der mittleren Schiene in den Ofen stellen. 30 bis 35 Minuten garen, bis der Reis weich ist und er die Flüssigkeit komplett

aufgenommen hat. Nach der Hälfte der Garzeit einmal kräftig durchrühren.

5. Zum Schluss nach Belieben Koriandergrün hinzufügen und mit der rohen gehackten Jalapeño-Schote abschmecken. Sofort servieren und die Limettenspalten dazu reichen.

🍲 WARUM DAS REZEPT FUNKTIONIERT

Auf mexikanische Art gekochter Reis ist ein wunderbar aromatisches Essen im Stil eines Reis-Pilaws, oft gerät er aber zu flüssig oder zu fettig. Auf dem Herd ist es mit den vielen Zutaten im Topf schwierig, den Reis wirklich gleichmäßig durchzugaren. Hier hilft häufiges Umrühren, was aber wiederum dazu führen kann, dass der Reis zu pappig wird. Durch das Garen im Ofen umgehen wir beide Probleme.

PRAKTISCHE WISSENSCHAFT: CHILISCHOTEN ENTKERNEN

Mit einem Kugelausstecher lassen sich Jalapeños bequem entkernen.

Um die Trennwände und Samen einer Chilischote mit dem Messer zu entfernen, bedarf es einer ruhigen Hand. Gut, dass es noch eine andere Methode gibt, die sicherer ist und auch gut funktioniert.

Halbieren Sie als Erstes die Schote der Länge nach mit einem Messer. Fahren Sie dann, beginnend am spitzen Ende, mit dem scharfen Rand eines kleinen Kugelausstechers an der Schoteninnenseite entlang und kratzen Sie die Trennwände und Samen heraus. Am Strunkende angekommen, trennen Sie den Kern heraus. (Mehr über Chilis erfahren Sie in Konzept 2.10.)

ABSPÜLEN UND „FRITTIEREN" Durch gründliches Abspülen wird überschüssige Stärke entfernt, die das fertige Gericht zu klebrig machen könnte. Das Braten in 80 ml Öl – was mehr oder weniger Frittieren entspricht – verleiht dem Reis einen angenehm vollen Röstgeschmack. In manchen Rezepten wird der Reis übrigens richtig frittiert, uns erscheint das aber übertrieben. (Brät man den Reis nur mit einem Esslöffel Öl etwas an, entwickelt er leider nicht genügend Aroma.)

TOMATEN: FRISCH UND AUS DER TUBE In den meisten Rezepten werden frische Tomaten verwendet, und nachdem wir es mit Dosentomaten versucht haben, war uns auch klar, warum: Die Dosentomaten schmecken in Mexikanischem Reis zu „gekocht" und flach, außerdem sind sie zu dominant. Die intensivere Farbe der Dosentomaten hat uns im Reis allerdings gut gefallen. Mit einem Esslöffel Tomatenmark erreichen wir die gleiche Färbung. Damit Geschmack, Farbe und Konsistenz auch wirklich so werden, wie wir es uns wünschen, rühren wir den Reis nach der Hälfte der Garzeit kräftig durch, damit sich die Tomaten noch einmal neu verteilen.

GESCHMACK UND KONSISTENZ VERFEINERN Wir haben festgestellt, dass Mexikanischer Reis am besten gelingt, wenn man die Tomaten püriert – und bei der Gelegenheit auch gleich die Zwiebel mit in die Küchenmaschine gibt. Den Knoblauch und die Chilischoten hacken wir dagegen lieber fein und braten sie mit dem Reis zusammen an, bevor das Tomaten-Zwiebel-Püree hinzugefügt wird. So entfalten sich die Aromen am besten. Auch das Kochen in Geflügelbrühe sorgt noch einmal für einen kräftigen Aromaschub.

ZUM SCHLUSS ETWAS FRISCHES In vielen traditionellen Rezepten sind das Koriandergrün und die gehackte rohe Chilischote optional, bei uns nicht. Die frischen kräuterigen Aromen des Korianders und die Schärfe der Chili kontrastieren perfekt mit dem eher voll-opulenten Geschmack von gekochten Tomaten, Knoblauch und Zwiebel. Ein Spritzer frischer Limettensaft hellt den Geschmack noch zusätzlich auf.

PRAKTISCHE WISSENSCHAFT: KANN MAN VON KRÄUTERN AUCH DIE STIELE VERWENDEN?

Korianderstiele schmecken wunderbar, bei Petersilie aber sollte man die Finger von den Stielen lassen.

Unsere Frage lautete: Kann man beim Kochen eigentlich auch die Stiele von Koriander und Petersilie verwenden? Wir haben unsere Testesser gebeten, jeweils komplette Stiele der beiden Kräuter zu kosten, von den zarten Blättern bis zum dicken Ende des Hauptstiels. Bei der Petersilie haben die Blätter wie erwartet frisch und kräuterig geschmeckt, doch je weiter wir uns am Stiel nach unten vorgearbeitet haben, desto erstaunter waren wir über den immer intensiver werdenden Geschmack. Angekommen am dicken Ende, haben unsere Testesser schließlich (lautstark) über bittere Aromen geklagt. Bei Koriander sieht die Sache anders aus: Ja, auch hier schmecken die Blätter aromatisch. Kommt man aber zu den Stielen, staunt man. Herrlich süß, frisch und intensiv – die Aromen wurden immer besser, je weiter wir Richtung Hauptstiel kamen, und das völlig ohne Bitternoten. Fazit: Brauchen Sie für ein Rezept Koriander und stören die etwas knackigeren Stiele im Gericht nicht weiter, verwenden Sie unbedingt neben den Blättern auch die Stiele. Bei Petersilie hingegen sollten Sie besser nur mit den Blättern würzen – es sei denn, es handelt sich um eine deftige Suppe oder Ähnliches, in der der kräftig herbe Geschmack kein Problem ist.

REISZUBEREITUNG AUF DEM HERD IN DER PRAXIS: RISOTTO

Wer Risotto auf traditionelle Weise zubereiten will, muss den Reis während des Kochens ununterbrochen umrühren. Das Rühren setzt Reisstärke frei und erzeugt so die legendäre cremige Textur. Wir haben das traditionelle Rezept abgewandelt und dabei das Rühren auf ein Minimum reduziert, trotzdem hat auch unser Reis zum Schluss eine perfekte, leicht bissfeste Konsistenz. Der Trick: Den Reis nicht abspülen und die Kochflüssigkeit fast komplett auf einmal angießen.

EINFACHER RISOTTO MIT PARMESAN UND KRÄUTERN
(FÜR 6 PORTIONEN)

Unsere vereinfachte Risotto-Methode erfordert genaues Timing, deshalb raten wir dringend dazu, einen Timer zu benutzen.

1,2 l	salzarme Geflügelbrühe
60 g	Butter
1	große Zwiebel, fein zerkleinert
	Salz und Pfeffer
1	Knoblauchzehe, fein gehackt
460 g	Arborio-Reis
240 ml	trockener Weißwein
60 g	Parmesankäse, gerieben
2 EL	frische Petersilie, fein gehackt
2 EL	frischer Schnittlauch, fein gehackt
1 TL	Zitronensaft

1. Brühe und 360 ml Wasser in einem großen Topf auf hoher Stufe zum Kochen bringen. Die Hitze auf niedrige bis mittlere Stufe reduzieren, sodass die Mischung leicht köchelt.

2. In einem dickwandigen Bräter auf mittlerer Stufe 30 g Butter zerlassen. Die Zwiebel und ¾ TL Salz hineingeben und unter häufigem Rühren 5 bis 7 Minuten anschwitzen, bis die Zwiebel weich ist. Den Knoblauch hinzufügen und unter Rühren etwa 30 Sekunden mitgaren, bis es duftet. Den Reis dazugeben und unter häufigem Umrühren etwa 3 Minuten anbraten, bis die Körner außen glasig werden.

3. Mit dem Wein ablöschen und unter ständigem Rühren 2 bis 3 Minuten köcheln lassen, bis er komplett eingekocht ist. 1,2 l der heißen Brühe-Mischung angießen, die Hitze auf niedrige bis mittlere Stufe reduzieren, den Deckel auflegen und 16 bis 19 Minuten köcheln lassen, bis fast die gesamte Flüssigkeit eingekocht und der Reis gerade al dente ist. Zwischendurch zweimal umrühren.

4. 180 ml der heißen Brühe-Mischung angießen und etwa 3 Minuten leicht und gleichmäßig rühren, bis der Risotto cremig wird. Den Parmesan einrühren. Den Bräter vom Herd nehmen, den Deckel auflegen und 5 Minuten stehen lassen. Die restlichen 30 g Butter, die Petersilie, den Schnittlauch und den Zitronensaft unterrühren. Um die Textur des Risottos lockerer zu machen, nach Belieben die

restliche Brühe-Mischung einrühren. Mit Salz und Pfeffer abschmecken und sofort servieren.

EINFACHER RISOTTO MIT HÄHNCHEN UND KRÄUTERN
(FÜR 6 PORTIONEN)

Unsere vereinfachte Risotto-Methode erfordert genaues Timing, deshalb raten wir dringend dazu, einen Timer zu benutzen.

1,2 l	salzarme Geflügelbrühe
1 EL	Olivenöl
2	Hähnchenbrusthälften mit Knochen und Haut (je 340 g), pariert und quer halbiert
60 g	Butter
1 große	Zwiebel, fein zerkleinert
	Salz und Pfeffer
1	Knoblauchzehe, fein gehackt
460 g	Arborio-Reis
240 ml	trockener Weißwein
60 g	Parmesankäse, gerieben
2 EL	frische Petersilie, fein gehackt
2 EL	frischer Schnittlauch
1 TL	Zitronensaft

1. Brühe und 480 ml Wasser in einem großen Topf auf hoher Stufe zum Kochen bringen. Die Hitze auf niedrige bis mittlere Stufe reduzieren, sodass die Mischung leicht köchelt.

2. Das Öl in einem dickwandigen Bräter auf mittlerer Hitze erwärmen, bis es sich kräuselt. Das Hähnchenfleisch mit der Haut nach unten ins Öl legen und 4 bis 6 Minuten braten, bis es goldbraun ist, dabei das Fleisch nicht bewegen. Das Fleisch wenden und von der anderen Seite etwa 2 Minuten anbraten, bis es leicht gebräunt ist. Das Fleisch in den Topf mit der köchelnden Brühe geben und 10 bis 15 Minuten mitkochen, bis es eine Kerntemperatur von 71 °C erreicht hat, dann auf einen großen Teller legen.

3. Im jetzt leeren Bräter auf mittlerer Stufe 30 g Butter zerlassen. Die Zwiebel und ¾ TL Salz hinzugeben und unter häufigem Rühren 5 bis 7 Minuten anschwitzen, bis die Zwiebel weich ist. Den Knoblauch hinzufügen und unter Rühren etwa 30 Sekunden mitgaren, bis es duftet. Den Reis dazugeben und unter häufigem Umrühren etwa 3 Minuten anbraten, bis die Körner außen glasig werden.

PRAKTISCHE WISSENSCHAFT: DER BESTE RISOTTOREIS

Von allen Reissorten ist der italienische Arborio am besten für Risotto geeignet.

Die rundlichen, milchig weißen Körner von Arborio-Reis sind bei Köchen sehr beliebt, da sie viel Stärke enthalten und einem Risotto eine wunderbar cremige Textur verleihen.

Arborio, der klassische Risotto-Reis schlechthin, unterscheidet sich von anderen weißen Reissorten in mehrfacher Hinsicht, zum Beispiel dadurch, dass sein Amylosegehalt zwischen 19 und 21 Prozent beträgt (im Unterschied zu weißem Langkornreis, der 22 Prozent Amylose enthält). Wichtiger aber ist sein beliebter „Biss", der eigentlich auf eine Art Defekt im Reiskorn zurückgeht. Während das Reiskorn heranwächst und reift, verformen sich die Stärkestrukturen im Innern des Korns, was beim Garen dazu führt, dass der Kern eines Arborio-Reiskorns fest bleibt.

Italienischer Reis wird in vier Kategorien eingeteilt: superfino, fino, semifino und tondo. Zu den Superfino- und Fino-Sorten zählen unter anderem Arborio (in den meisten Supermärkten erhältlich), Carnaroli und Vialone Nano. (Weitere Sorten sind zum Beispiel Baldo oder der neu entwickelte schnell kochende Poseidone-Reis – sie sind außerhalb Italiens allerdings nur schwer erhältlich.)

Im direkten Vergleich zwischen Arborio, Carnaroli und Vialone Nano hat die eine Hälfte der Testesser Arborio und die andere Carnaroli favorisiert. Jene Testesser, die Reis gern etwas kerniger mögen, haben Arborio bevorzugt, die Fans von weicheren, ganz cremigen Körnern gaben Carnaroli den Vorzug. Vialone ist im Vergleich durchgefallen, da er gegart zu weich und teigig wird; den Körnern fehlte die etwas festere Mitte. Mehr oder weniger zum Spaß haben wir auch Arborio integrale probiert, also Vollkorn-Arborio. Dieser brauchte zwar fast doppelt so lange zum Garen wie weißer Arborio und wurde bei Weitem nicht so cremig, aber einige Testesser waren angetan von seinem nussigen Aroma und der angenehmen Bissfestigkeit.

4. Mit dem Wein ablöschen und unter ständigem Rühren 2 bis 3 Minuten köcheln lassen, bis er komplett eingekocht ist. 1,2 l der heißen Brühe-Mischung angießen, die Hitze auf niedrige bis mittlere Stufe reduzieren, den Deckel auflegen und 16 bis 19 Minuten köcheln lassen, bis fast die gesamte Flüssigkeit eingekocht und der Reis gerade al dente ist. Zwischendurch zweimal umrühren.

Für Risotto oder Milchreis sollten Sie den Reis nicht abspülen, für körnig-lockere Gerichte hingegen schon.
Muss man Reis immer abspülen? Für Gerichte mit weißem Langkornreis, in denen die einzelnen Körner möglichst nicht zusammenkleben sollen, empfehlen wir es in der Regel. Durch das Abspülen wird überschüssige Stärke abgewaschen, die sonst Wasser absorbieren, aufquellen und die Körner verkleben würde. Um herauszufinden, ob das auch für andere weiße Reissorten gilt, haben wir drei der am häufigsten in unseren Rezepten verwendeten Sorten in typischen Gerichten zubereitet, jeweils abgespült und nicht abgespült: Wir haben einen Risotto mit Arborio (einer Mittelkornsorte) zubereitet, Milchreis mit Mittelkornreis gekocht und schließlich noch langkörnigen Basmati-Reis gedämpft. Nach einigen Vergleichsverkostungen war klar, dass Abspülen für gedämpften Basmati-Reis, der locker und körnig bleiben soll, unbedingt zu empfehlen ist. Bei Gerichten wie Risotto und Milchreis, die cremig sein müssen, verschlechtert Abspülen dagegen die Textur des fertigen Gerichts. Unsere Empfehlung: Wenn Sie eine eher klebrige, cremige Textur wollen, spülen Sie den Reis besser nicht ab.

5.   180 ml der heißen Brühe-Mischung angießen und etwa 3 Minuten leicht und gleichmäßig rühren, bis der Risotto cremig wird. Den Parmesan einrühren. Den Bräter vom Herd nehmen, den Deckel auflegen und 5 Minuten stehen lassen.

6.   Derweil die Haut und die Knochen vom Hähnchenfleisch entfernen und wegwerfen. Das Fleisch in mundgerechte Happen zerzupfen. Behutsam das Hähnchenfleisch, die restlichen 30 g Butter, die Petersilie, den Schnittlauch und den Zitronensaft unter den Risotto rühren. Um die Konsistenz des Risottos lockerer zu machen, nach Belieben die restliche Brühe-Mischung einrühren. Mit Salz und Pfeffer abschmecken und sofort servieren.

🍲 WARUM DAS REZEPT FUNKTIONIERT

Für einen guten klassischen Risotto muss man gut und gerne eine halbe Stunde am Herd stehen und rühren, damit er zufriedenstellend cremig wird. Unser Ziel war, das Rühren auf allerhöchstens fünf Minuten zu begrenzen. Die meisten Rezepte sehen vor, die Brühe nach dem Einkochen des Weins in kleinen Mengen hinzuzufügen – natürlich unter pausenlosem Rühren –, aber wir machen es uns einfacher: Wir geben fast die ganze Brühe auf einmal in den Topf, legen den Deckel auf und lassen den Reis friedlich vor sich hin köcheln, bis fast die gesamte Flüssigkeit eingekocht ist. Zwischendurch rühren wir lediglich zweimal um.

NICHT RÜHREN Um das Rühren auf ein Mindestmaß zu reduzieren, haben wir das Rezept völlig umgekrempelt. Unser Trick besteht darin, den Reis gleich am Anfang mit einem Großteil der Flüssigkeit zu übergießen und ihn dann im geschlossenen Topf schön gleichmäßig garen zu lassen. (Messen Sie die Flüssigkeiten sorgfältig ab, denn ob das Rezept gelingt oder nicht, hängt stark von den exakten Mengen und Mengenverhältnissen ab.) Den Arborio-Reis waschen wir nicht ab, da wir für unsere Zubereitungsmethode möglichst viel Stärke benötigen. Je mehr Stärke, desto cremiger unser Risotto. (Bei der traditionellen Zubereitung wird Risotto durch das Rühren cremig, wodurch sich Stärke aus dem Reis löst.) Normalerweise verhindert man mit Rühren, dass der Reis am Topfboden festklebt oder anbrennt, wir aber übergießen den Reis lieber mit reichlich Flüssigkeit und lassen ihn köcheln, denn so bleiben die Reiskörner von selbst in Bewegung. Folglich brennt der Reis nicht an und der Risotto wird wunderbar cremig.

EINEN BRÄTER VERWENDEN Statt eines normalen Topfs verwenden wir einen Bräter mit einem dicken, schweren Boden, hohem Rand und dicht schließendem Deckel – das perfekte Kochgeschirr, um die Wärme nicht entweichen zu lassen und sie so gleichmäßig wie möglich zu verteilen. Durch die größere Bodenfläche liegt der Reis im Topf außerdem in einer dünneren Schicht – bodennahe und bodenferne Reiskörner garen so mit mehr oder weniger gleicher Geschwindigkeit.

REIS MIT RESTWÄRME FERTIG KOCHEN Während des 16- bis 19-minütigen Köchelns rühren wir den Reis zweimal um, damit etwas Stärke freigesetzt wird und unser Risotto langsam andickt. Dann geben wir nochmals etwas Brühe dazu und rühren in aller Ruhe so lange, bis der Risotto richtig cremig ist. Das dauert nicht länger als drei Minuten. Zum Schluss nehmen wir den Topf vom Herd, legen den Deckel auf und warten fünf Minuten. Der dickwandige Bräter hat genug Wärme gespeichert, um den Reis auch ohne weitere Wärmezufuhr perfekt bissfest zu garen. Unser Risotto wird so geschmeidig-cremig, der Reis hat gerade noch etwas Biss. Durch die Zugabe des Parmesans vor dem Restwärme-Garen wird der Risotto extracremig.

EIN SCHUSS AROMA ZUM SCHLUSS Kurz vor dem Servieren machen wir die Risotto-Textur mit etwas zusätzlicher Butter noch geschmeidiger und geben noch ein paar Kräuter und einen Spritzer Zitronensaft hinzu.

KONZEPT 2.9
KNOBLAUCH UND ZWIEBELN RICHTIG SCHNEIDEN

Ohne Knoblauch und Zwiebeln wären viele herzhafte Rezepte nicht denkbar. Den meisten Köchen ist klar, dass beim Garen die stechenden Aromen von Knoblauch und Zwiebeln abgemildert werden und stattdessen süße Noten in den Vordergrund treten. Was Köche allerdings häufig nicht wissen, ist, dass bereits das Zerkleinern auf dem Schneidbrett eine große Rolle für den Geschmack spielt.

DIE WISSENSCHAFT DAHINTER

DAS GESCHIEHT BEIM SCHNEIDEN VON ZWIEBELN UND KNOBLAUCH

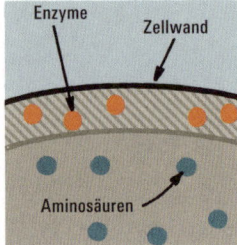

VOR DEM SCHNEIDEN Enzyme und Aminosäuren befinden sich in getrennten Teilen der Zelle.

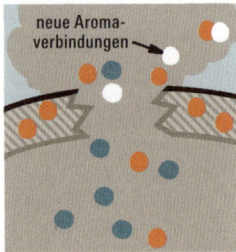

NACH DEM SCHNEIDEN Wird die Zellwand beschädigt, beispielsweise durch ein Messer, reagieren die Enzyme und Aminosäuren miteinander und es entstehen neue Verbindungen, die für die typischen Knoblauch- und Zwiebelaromen verantwortlich sind.

Knoblauch und Zwiebeln zählen zur Gattung der Lauche (Allium), zu der auch Schalotten und Lauch gehören. Im Gegensatz zu anderen stark aromatischen Lebensmitteln, wie gereifter Käse oder frisches Basilikum, sind Knoblauch und Zwiebeln zunächst fast geruchslos. Das liegt zum einen an der papierartigen Schale, die einen Teil der Aromastoffe zurückhält und daran hindert, uns in die Nase zu dringen, vor allem aber entwickeln die Aromastoffe erst ihre volle Kraft, wenn Zellstrukturen beschädigt werden. Mit anderen Worten fangen Knoblauch und Zwiebeln erst so richtig an zu riechen, wenn man sie schneidet.

Werden die Zellen einer Knoblauchzehe beschädigt, setzt das eine geruchsneutrale schwefelhaltige Aminosäure frei, die umgehend mit dem Enzym Alliinase reagiert. Durch die Reaktion entsteht die Verbindung Allicin, die verantwortlich ist für den typischen Geruch und den beißend scharfen Geschmack von Knoblauch. Je feiner der Knoblauch zerkleinert wird, desto mehr Enzyme treten aus und desto mehr Allicin bildet sich – das Aroma wird entsprechend intensiver. Wichtig zu wissen ist außerdem, dass die Allicinbildung beim Einschneiden des Knoblauchs erst der Anfang ist. Je länger man die geschnittenen Zehen stehen lässt, desto mehr Allicin bildet sich; der Geschmack wird immer stärker. Wir empfehlen daher, rohe Knoblauchzehen vor der Verwendung in einem Rezept nicht zu lange im Voraus zu hacken. (Glücklicherweise wird das beißen-

de Allicin beim Kochen in eine Vielzahl milderer Aromastoffe umgewandelt.)

In Zwiebeln entsteht der starke Geschmack und stechende Geruch durch schwefelhaltige Thiosulfinate, die dem Allicin des Knoblauchs ähneln. Sie entstehen, wenn Zellen beschädigt werden und das vom Knoblauch bereits bekannte Enzym Alliinase mit Isoalliin reagiert, einer geruchlosen schwefelhaltigen Aminosäure ähnlich der Aminosäure in Knoblauch. (Durch diese Reaktion entsteht bei Zwiebeln die tränenreizende Verbindung Thiopropanal-S-oxid.) Wie bei Knoblauch werden die scharfen Schwefelverbindungen beim Garen in mildere Sulfonate und Sulfide umgewandelt.

Bei unseren Versuchen haben wir entdeckt, dass sich die Menge der entstehenden geruchsstarken Verbindungen steuern lässt – jedenfalls bis zu einem gewissen Grad. Entscheidend ist, wie man den Knoblauch oder die Zwiebeln schneidet. Möchte man Knoblauch zum Beispiel weniger scharf haben, sollte man ihn in dünne Scheiben schneiden, statt ihn fein zu hacken. (In vielen Rezepten kommt es uns allerdings darauf an, dem Gericht schön kräftige Knoblaucharomen zu verleihen, die sich zudem möglichst gut verteilen sollen, weshalb wir die Zehen doch fein hacken.) Bei Zwiebeln kann es sinnvoll sein, sie längs durch das Wurzelende (nicht quer) zu schneiden – die Scheiben oder Ringe schmecken und riechen so merklich weniger beißend.

DAS EXPERIMENT

Die Art und Weise des Zwiebelschneidens hat Einfluss auf die Menge der entstehenden Thiosulfinate, also der Aromastoffe, die für den typischen Zwiebelgeschmack und -geruch verantwortlich sind. Mit diesem Wissen im Hinterkopf haben wir uns ein Experiment ausgedacht, das den Zusammenhang zwischen der Zahl der beschädigten Zellen einer Zwiebel und der Thiosulfinatmenge veranschaulicht. Der Versuch basiert darauf, dass Thiosulfinate antioxidativ wirken. Dadurch verhindern sie enzymatische Bräunung, eine Oxidationsreaktion, wie sie sich beispielsweise bei geschälten Kartoffeln beobachten lässt, die zu lange offen herumgestanden haben.

Wir haben 450 g Kartoffeln püriert, in ein Sieb gegeben und den abtropfenden Kartoffelsaft aufgefangen. Die Hälfte des Safts haben wir mit einer Zwiebel vermischt, die wir zuvor in der Küchenmaschine sehr fein zerkleinert haben – eine sehr „brachiale" Methode, bei der viele Zellen platzen. Die andere Hälfte haben wir ebenfalls mit einer Zwiebel vermischt, diese Zwiebel allerdings haben wir mit der Hand mit einem scharfen Messer fein gehackt (und so weit weniger Zellen beschädigt). Diese beiden Proben sowie eine Vergleichsprobe mit reinem Kartoffelsaft haben wir über Nacht in den Kühlschrank gestellt. Am nächsten Tag haben wir die Farben der Proben verglichen.

DAS ERGEBNIS

Die Vergleichsprobe ohne Zwiebeln ist über Nacht stark oxidiert und hat die Farbe von starkem schwarzen Tee angenommen (Bilder, die diesen Effekt sehr deutlich zeigen, finden Sie auf Seite 135). Der Saft, den wir mit der handgeschnittenen Zwiebel vermischt haben, war einige Nuancen heller (wie etwas dünnerer schwarzer Tee) und hat stark nach Zwiebeln gerochen. Ganz offensichtlich sind durch das Hacken per Hand Thiosulfinate entstanden (wir haben sie gerochen), aber die Menge hat nicht ausgereicht, um die Oxidation des Kartoffelsafts zu verhindern. Die Kartoffelsaftprobe mit der Zwiebel aus der Küchenmaschine war blass-gelblich und roch noch um einiges „zwiebeliger" als die Probe mit der handgeschnittenen Zwiebel. Die maschinell zerkleinerten, regelrecht zermatschten Stückchen haben nicht nur für intensiveren Geruch gesorgt, man hat auch gesehen, dass durch die sehr effiziente Zerkleinerung deutlich mehr Thiosulfinate entstanden sind, die den Kartoffelsaft vor Oxidation bewahrt haben.

DIE ERKENNTNIS

Was lernen wir aus all dem? Man sollte sich bewusst machen, wie man Zwiebeln zerkleinert. Je feiner die Zerkleinerung, desto mehr hoch aromatische Thiosulfinate entstehen. Eine schön sauber in Scheiben geschnittene Zwiebel hat deutlich weniger beißende Aromen als eine Zwiebel, die in der Küchenmaschine „brachial" geschreddert wurde. Wichtig beim Schneiden mit der Hand ist ein scharfes Messer, damit die Klinge leicht und sauber durch die Zwiebel gleitet und möglichst keine Zellen zerquetscht. Haben Sie nach dem Hacken eine große Zwiebelsaftlache auf dem Schneidbrett, ist Ihr Messer zu stumpf und Ihre Zwiebelstücke schmecken wahrscheinlich sehr intensiv.

Beim Schneiden von Zwiebeln (und Knoblauch) kommt es nicht nur auf die richtige Technik an, noch wichtiger ist, zu verstehen, dass stärkeres Zerkleinern mehr beschädigte Zellen bedeutet, wodurch mehr kräftige Aromaverbindungen entstehen. In manchen Rezepten will man aus einer einzigen Zwiebel möglichst viel Geschmack herausholen und diesen gleichmäßig im Gericht verteilen. In solchen Fällen hacken wir die Zwiebel meistens fein. In Rezepten dagegen, die eine große Menge Zwiebeln benötigen, zum Beispiel Zwiebelsuppe, schneiden wir die Zwiebeln nur in Ringe, damit ihr Aroma nicht zu dominant wird. Das gleiche Prinzip gilt auch für Knoblauch.

KNOBLAUCH DOSIEREN IN DER PRAXIS:
SUPPEN, SALATE UND PASTA

Wir verwenden Knoblauch in unseren Rezepten auf vielerlei Weise, wobei wir sein kräftiges Aroma so dosieren, wie es für das jeweilige Gericht am besten passt. Durch entsprechende Techniken wie feines Hacken, Pochieren oder Sautieren lässt sich der Geschmack abmildern oder verstärken.

KNOBLAUCH-KARTOFFELSUPPE
(FÜR 6 PORTIONEN)

Verzichten Sie bei dieser Suppe nicht auf eine Garnierung – sie verleiht der Suppe erst so richtig Textur. Wir finden Knoblauch-Chips prima, aber knusprige Bacon-Würfel, frittierter Lauch oder Croûtons sind auch möglich. Statt eines Pürierstabs können Sie auch einen Kartoffelstampfer verwenden, um die Kartoffeln im Topf zu zerkleinern, die Konsistenz wird dann allerdings weniger cremig. Wenn Sie keinen Lauch bekommen, geht auch die gleiche Menge einfache Speisezwiebeln. Uns schmeckt die Suppe am besten mit Geflügelbrühe, Sie können sie aber auch mit Gemüsebrühe zubereiten.

45 g	Butter
1 Stange	Lauch (nur weißer und hellgrüner Teil), längs halbiert, klein gehackt und gründlich gewaschen
3	Knoblauchzehen, fein gehackt + 2 ganze Knoblauchknollen, papierartige äußere Schale abgezogen, oberes Knollendrittel abgetrennt (wegwerfen)
1,5–1,75 l	salzarme Geflügelbrühe
2	Lorbeerblätter
	Salz und Pfeffer
700 g	mehligkochende Kartoffeln, geschält und 1–1,5 cm groß gewürfelt
450 g	rote Kartoffeln (ungeschält), 1–1,5 cm groß gewürfelt
125 ml	Sahne (mind. 35 % Fett)
1½ TL	frischer Thymian, fein gehackt
4 EL	frischer Schnittlauch, fein gehackt
	Knoblauch-Chips (Rezept nachfolgend)

1. In einem dickwandigen Bräter bei mittlerer Hitze die Butter zerlassen. Den Lauch 5 bis 8 Minuten darin dünsten, bis er weich, aber noch nicht braun ist. Die gehackten Knoblauchzehen hinzufügen und etwa 1 Minute mitgaren, bis es aromatisch duftet. Die Knoblauchknollen, 1,5 l Brühe, die Lorbeerblätter und ¾ TL Salz in den Topf geben. Den Deckel auflegen, den Topf aber nicht ganz verschließen, und alles auf mittlerer bis hoher Stufe zum Köcheln bringen. Die Hitze reduzieren und das Ganze 30 bis 40 Minuten köcheln lassen, bis der Knoblauch sich beim Einstechen mit dem Messer sehr weich anfühlt. Die mehligkochenden und roten Kartoffeln dazugeben und mit leicht geöffnetem Deckel 15 bis 20 Minuten köcheln lassen, bis sie weich sind.

2. Die Lorbeerblätter entfernen. Die Knoblauchknollen aus dem Bräter nehmen und am Wurzelende mit einer Zange oder mit Küchenpapier zusammenpressen, bis die Zehen aus ihren Schalen gleiten. Die Zehen in einer Schüssel mit einer Gabel zu einer glatten Paste zerdrücken.

3. Sahne, Thymian und die Hälfte der Knoblauchpaste in die Suppe einrühren. Die Suppe etwa 2 Minuten wieder richtig heiß werden lassen. Die Suppe probieren und je nach Geschmack noch mehr Knoblauchpaste einrühren.

4. Die Suppe mit einem Pürierstab pürieren (Suppe sollte anschließend größtenteils cremig sein, aber auch noch Kartoffelstücke enthalten). Alternativ 250 g Kartoffeln mit 250 ml Flüssigkeit im Mixer oder der Küchenmaschine glatt pürieren. (Für eine dickflüssigere Suppenkonsistenz mehr Kartoffeln pürieren.) Die pürierten Kartoffeln zurück in den Topf geben und unterrühren. Die Konsistenz der Suppe mit bis zu 250 ml zusätzlicher Brühe nach Belieben verdünnen. Mit Salz und Pfeffer abschmecken, dann mit Schnittlauch und Knoblauch-Chips bestreut servieren.

KNOBLAUCH-CHIPS
(ERGIBT ETWA 4 EL)

---

3 EL	Olivenöl
6	Knoblauchzehen, längs in dünne Scheiben geschnitten
	Salz

Das Öl mit dem Knoblauch in einer Pfanne (ø 25 cm) auf mittlerer bis hoher Stufe erhitzen. Den Knoblauch etwa 3 Minuten unter häufigem Wenden anbraten, bis er leicht angebräunt ist. Mit einem Schaumlöffel auf einen mit Küchenpapier belegten Teller geben. Mit Salz würzen.

🍴 WARUM DAS REZEPT FUNKTIONIERT

Unser Rezept für diese günstige und einfach zubereitete Suppe, die gleichzeitig cremig und stückig ist, orientiert sich an der klassischen französischen Kartoffelsuppe, der Potage Parmentier. Wir verwenden zwei Kartoffelsorten und sehr viel Knoblauch, den wir gleich auf dreifache Weise zubereiten.

ZWEI KARTOFFELSORTEN Als Erstes ging es bei der Rezeptentwicklung darum, die beste Kartoffelsorte zu finden. Geschälte mehligkochende Kartoffeln zerfallen beim Kochen etwas und dicken die

Brühe an. Das gefällt uns, wir nehmen aber zusätzlich noch ein paar rote Kartoffeln, die den Kartoffelgeschmack der Suppe intensivieren. (Mehr über die verschiedenen Kartoffelsorten erfahren Sie auch in Konzept 2.3.)

KNOBLAUCH HOCH DREI Entscheidend für köstlichstes Knoblaucharoma ist nicht die Menge, sondern die Gartechnik, wie wir festgestellt haben. Sautierter Knoblauch war uns zu streng, pochierter zu mild – unsere Lösung: beides. Bevor wir die Geflügelbrühe, unsere Suppenbasis, angießen, braten wir zunächst drei Zehen in Butter an. Dann pochieren wir zwei komplette Knollen in der Brühe, drücken die einzelnen Zehen aus der Schale, zermusen sie zu einer Paste und geben sie zurück in die Suppe. Zum Schluss toppen wir die Suppe noch mit schön röstigen, angenehm bitter schmeckenden Knoblauch-Chips.

LAUCH, SAHNE UND THYMIAN DÜRFEN NICHT FEHLEN

Lauch und Kartoffeln ergänzen sich geschmacklich aufs Feinste, besonders wenn noch fette Sahne mit mind. 35 % Fettgehalt (von unseren Testessern für besser als eine Halb-halb-Mischung aus Milch und Sahne befunden) und frischer Thymian (erst zum Schluss dazugegeben, damit das Aroma möglichst kräftig bleibt) mit von der Partie sind.

CREMIG UND STÜCKIG Die französische Küchensprache kennt für „Suppe" drei Begriffe: consommé (klare Suppe), soupe (eine dicke, stückige Suppe im Stil eines Eintopfs) und potage (eine Mischung aus consommé und soupe, die einerseits glatt-cremig ist, andererseits noch Stücke enthält). Für unsere eher deftige Suppe streben wir eine der Potage ähnliche Textur an, weshalb wir einen Teil der Kartoffeln cremig pürieren und den Rest in Stücken belassen.

PRAKTISCHE WISSENSCHAFT: KNOBLAUCH-GESCHMACK DURCH GAREN BEEINFLUSSEN

Wie Knoblauch schmeckt, hängt auch vom Garverfahren ab.

Wie wir wissen, beeinflusst bereits die Schneidemethode die Geschmacksintensität von Knoblauch. Gleiches gilt für die Garmethode. Roh schmeckt Knoblauch am schärfsten. Erhitzt man ihn auf circa 65 °C, werden seine Enzyme zerstört und es entstehen keine neuen Aromaverbindungen mehr. Stattdessen werden die bereits entstandenen Verbindungen von der Wärme in milder schmeckende Schwefelverbindungen umgewandelt. Deshalb hat gerösteter oder gebratener Knoblauch ein mildes, leicht süßliches Aroma. Trotzdem ist beim Garen auch Vorsicht geboten: Bräunt Knoblauch bei hoher Temperatur (150 bis 175 °C) sehr stark, wird er bitter. (Auf Knoblauch-Chips trifft das nur eingeschränkt zu: Sie werden erst mild und bräunen dann leicht an. Das Ergebnis ist ein süßer Grundgeschmack mit nur leichten Bitternoten.)

KNOBLAUCH	GESCHMACK
Ganze Knolle, gebraten	Sehr mild, süß, karamellartig
Ganze Zehe, geröstet	Mild, nussig
Dünne Scheiben, sautiert	Mild
Fein gehackt, sautiert	Voll, rund
Gepresst, sautiert	Sehr kräftig, scharf
Paste, roh	Stechend, beißend

CAESAR SALAD
(FÜR 4 BIS 6 PORTIONEN)

Wenn Sie kein Ciabatta bekommen, tut es auch ein anderes rustikales Brot mit knuspriger Kruste. Da Anchovis-Filets nicht immer die gleiche Größe haben, kann es sein, dass Sie mehr als 6 Filets für 1 EL fein gehackte Anchovis benötigen. Am einfachsten lässt sich Knoblauch mithilfe einer feinen Reibe in Paste verwandeln.

FÜR DIE CROÛTONS

2	Knoblauchzehen, geschält
5 EL	Olivenöl (nativ extra)
½–¾	Ciabatta, in 1,5–2 cm große Würfel geschnitten
60 ml	Wasser
¼ TL	Salz
2 EL	Parmesankäse, fein gerieben

FÜR DEN SALAT

2–3 EL	Zitronensaft
2	Eigelb (Gr. M)
6	Anchovis-Filets, abgespült, trocken getupft, fein gehackt und mit einer Gabel zu Paste zerdrückt (1 EL)
½ TL	Worcestersauce
5 EL	Rapsöl
5 TL	Olivenöl (nativ extra)
45 g	Parmesankäse, fein gerieben
	Pfeffer
2–3	Römersalatherzen (350–500 g), in 1,5–2 cm große Stücke geschnitten, abgespült und abgetrocknet

1. Die Knoblauchzehen fein reiben oder mit einer Knoblauchpresse zerdrücken. Von der entstehenden Paste ½ TL für die Croûtons und ¾ TL fürs Dressing abnehmen, den Rest wegwerfen. In einer kleinen Schüssel 1 EL Olivenöl und ½ TL Knoblauchpaste vermengen und beiseitestellen. In einer großen Schüssel 2 EL Zitronensaft und ¾ TL Knoblauchpaste mit einem Schneebesen vermischen. 10 Minuten stehen lassen.

2. FÜR DIE CROÛTONS: Die Brotwürfel in eine große Schüssel geben, mit dem Wasser beträufeln und mit ¼ TL Salz bestreuen. Vermengen und dabei das Brot leicht andrücken, damit es das Wasser aufnimmt. Die eingeweichten Brotwürfel mit 4 EL Olivenöl in einer beschichteten Pfanne (ø 30 cm) bei mittlerer bis starker Hitze 7 bis 10 Minuten rösten, bis das Brot braun und knusprig ist, dabei häufig wenden.

3. Die Pfanne vom Herd nehmen. Die Croûtons an den Rand schieben, sodass in der Pfannenmitte eine freie Fläche entsteht; die Knoblauch-Öl-Mischung darauf verteilen und etwa 10 Sekunden mithilfe der Pfannenrestwärme garen. Alles mit dem Parmesan bestreuen und die Croûtons gut durchmischen.

4. FÜR DEN SALAT: Die Eigelbe, die Anchovispaste und die Worcestersauce mit einem Schneebesen in die Knoblauch-Zitronensaft-Mischung einrühren. Unter Rühren mit dünnem Strahl das Raps- und das Olivenöl dazugießen, bis eine stabile Emulsion entstanden ist. Zwei Drittel des Parmesans und nach Belieben Pfeffer dazugeben. Das Ganze mit dem Schneebesen gründlich vermischen.

5. Den Salat zum Dressing geben und damit vermischen. Die Croûtons untermengen. Mit dem restlichen Zitronensaft abschmecken (max. 1 EL). Sofort servieren und den restlichen Parmesan separat reichen.

⬛ WARUM DAS REZEPT FUNKTIONIERT

Für unseren Caesar Salad wollten wir knackig frischen Römersalat, eingebettet in ein cremiges Knoblauchdressing mit leicht salziger Note, das Ganze durchsetzt mit schön knusprigen, röstigen Croûtons. Wir mischen extranatives Olivenöl mit Rapsöl, was den herben Olivenölgeschmack etwas abmildert. Anstelle eines ganzen Eies nehmen wir zwei Eigelb, dadurch wird das Dressing reichhaltiger. Knoblauchpaste mit Zitronensaft, Parmesan im Doppelpack sowie unsere innovative Röstmethode für Croûtons machen den Salat perfekt.

KNOBLAUCH ZU PASTE VERARBEITEN Ein Caesar-Salad-Dressing steht und fällt mit seinem Knoblaucharoma. Aus diesem Grund haben wir uns zunächst durch eine ganze Reihe von Versuchen gearbeitet, in denen wir den Knoblauch jeweils anders zubereitet haben – wir haben die Zehen mit Salz fein gehackt, die Schüssel mit Knoblauch ausgerieben und einiges mehr. Letztendlich hat uns der Knoblauch am besten in zermuster Form geschmeckt. Die Knoblauchpaste, hergestellt mithilfe einer feinen Reibe, löst sich förmlich im Dressing auf und verleiht ihm ein kräftig „knoblauchiges" (aber keineswegs beißendes) Aroma. Besonders gut wird das Aroma, wenn man die Knoblauchpaste erst mit Zitronensaft vermischt und ein paar Minuten

Legt man Knoblauch in Zitronensaft ein, wird sein Geschmack angenehm mild.

In unserem Dressing für Caesar Salad zählt jedes kleinste Detail – besonders das Aroma des rohen Knoblauchs ist kritisch. Aus Erfahrung wissen wir, dass gehackter Knoblauch, der zu lange steht, sehr intensiv und scharf schmeckt. Bei diesem Dressing war die Frage, ob bereits die zehn Minuten, die wir nach dem Schneiden des Knoblauchs benötigen, um die restlichen Salatzutaten vorzubereiten, einen negativen Effekt haben, und falls ja, ob womöglich Zitronensaft Abhilfe schaffen kann (wie es die französische Küche behauptet).

Wir haben drei Proben Caesar-Dressing zubereitet: Für die erste haben wir den Knoblauch gerieben und sofort mit den anderen Dressingzutaten vermengt. Für die zweite Probe haben wir die geriebenen Zehen zehn Minuten in Zitronensaft eingelegt, bevor wir das Dressing fertig zubereitet haben. Für die dritte Probe schließlich haben wir den geriebenen Knoblauch zehn Minuten stehen gelassen und ihn dann mit den restlichen Zutaten vermischt.

Testesser haben den Knoblauch der dritten Probe als am schärfsten empfunden. Die anderen zwei Proben haben sie als milder beschrieben. Die Aromen des Dressings mit dem eingelegten Knoblauch waren ihrer Meinung nach besonders ausgewogen. Der beißend scharfe Knoblauchgeschmack roher Zehen rührt von einem Stoff namens Allicin her, der sich bildet, sobald in den Knoblauchzehen Zellen beschädigt werden. Lässt man den Knoblauch stehen, entsteht immer mehr Allicin. Die Zitronensäure des Zitronensafts beschleunigt die Umwandlung des beißenden Allicins in mildere Stoffe wie Thiosulfinate, Di- und Trisulfide – die gleichen Verbindungen, die sich bilden, wenn Knoblauch erhitzt wird. Während der Knoblauch im Zitronensaft liegt, bereiten wir die anderen Zutaten vor. Das deutlich mildere Knoblaucharoma des Dressings ist das bisschen Extraaufwand auf jeden Fall wert.

kleistert (geliert) die Stärke im Brot, während gleichzeitig ein Teil Stärke zu Glukose abgebaut wird. Beim Rösten bildet die verkleisterte Stärke an der Brotoberfläche eine knusprige Kruste, während sie im Brotinneren weich bleibt. Und die Glukose? Wie alle Zuckerarten beschleunigt sie die Bräunung – für unsere Croûtons auf jeden Fall ein Gewinn.

ANCHOVISPASTE SELBST HERSTELLEN Wir stellen aus ganzen Anchovisfilets selbst eine Paste her. Der volle und komplexe Geschmack von guten Anchovis in Öl ist für dieses Rezept ein absolutes Muss – der weit weniger komplexe, eher fischige Geschmack von fertiger Anchovispaste ist nicht zufriedenstellend. Die Filets müssen dafür gründlich zermust werden, denn selbst kleine Anchovis-Stückchen stören in Caesar Salad. Schneiden Sie die Anchovis in kleine Stücke und zerdrücken Sie diese mit einer Gabel – so entsteht eine herrlich würzige, gar nicht fischige Paste.

SPAGHETTI AGLIO E OLIO
(FÜR 4 PORTIONEN)

Verwenden Sie ein gutes und qualitativ hochwertiges Olivenöl – das Gericht gewinnt durch die Aromen kulinarisch viel hinzu.

stehen lässt, bevor man weitere Zutaten einrührt (siehe auch den Kasten oben: „Knoblauch ‚entschärfen'").

PERFEKTE CROÛTONS MIT WASSER Damit die Croûtons wirklich perfekt werden – außen schön goldbraun und knusprig, innen zart und nicht ausgetrocknet –, besprenkeln wir die mundgerecht geschnittenen Brotwürfel mit etwas Wasser, salzen sie und rösten sie dann in einer beschichteten Pfanne mit etwas Öl. Durch das Wasser ver-

450 g	Spaghetti
	Salz
6 EL	Olivenöl (nativ extra)
12	Knoblauchzehen, fein gehackt
4 EL	frische Petersilie, fein gehackt
2 TL	Zitronensaft
¾ TL	Chiliflocken
30 g	Parmesankäse, gerieben
	etwas grobes Salz

1. In einem großen Topf 4 l Wasser aufkochen lassen. Die Nudeln mit 1 EL Salz hineingeben und unter häufigem Rühren bissfest kochen. 80 ml vom Nudelkochwasser abnehmen und beiseitestellen, dann die Nudeln abgießen.

2. In der Zwischenzeit 3 EL Öl, zwei Drittel des gehackten Knoblauchs und ½ TL Salz in einer beschichteten Pfanne (ø 25 cm) auf niedriger Stufe heiß werden lassen. Rund 10 Minuten unter ständigem Rühren garen, bis der Knoblauch schäumt, klebrig ist und sich satt gelb gefärbt hat. Die Pfanne vom Herd nehmen und sofort den restlichen Knoblauch, die Petersilie, den Zitronensaft, die Chiliflocken und 2 EL des beiseitegestellten Kochwassers dazugeben.

3. Die Nudeln in eine vorgewärmte Servierschüssel geben und mit der Knoblauchmischung, 3 EL Öl und dem Rest des Nudelkochwassers vermengen. Mit grobem Salz abschmecken und sofort servieren. Den Parmesan separat reichen.

🍲 WARUM DAS REZEPT FUNKTIONIERT

Man könnte meinen: Was soll schon schiefgehen bei Nudeln mit Knoblauch und Öl? Doch zu oft gerät der italienische Rezeptklassiker Aglio e olio viel zu ölig oder schmeckt unangenehm nach angebranntem Knoblauch. Damit der Knoblauch schön mild und komplex schmeckt, braten wir den größten Teil davon sehr sanft bei geringer Hitze an. Etwas roher Knoblauch zum Schluss bringt dann noch einmal frischen Knoblauchgeschmack in die „Sauce". Damit die Spaghetti nicht zu trocken sind,

---

PRAKTISCHE WISSENSCHAFT: MILCHIGES KOCHWASSER, BREIIGE NUDELN

Milchig weißes Kochwasser ist meistens ein Zeichen dafür, dass die Nudeln sehr weich werden.

Milchiges Kochwasser muss nicht unbedingt bedeuten, dass Sie die Nudeln zu lange gekocht haben. Eher ist es ein Hinweis darauf, dass die Nudeln herstellungsbedingt eine zu lockere Struktur haben, die sich im Topf zu sehr löst. Beim Kochen werden diese Nudeln breiig. In einem Versuch haben wir Spaghetti unserer Lieblingsmarke und Spaghetti, die wir sonst nicht so gerne verwenden, getrennt gekocht. Bei unseren Lieblingsspaghetti, die anschließend wie erwartet eine schön bissfeste und federnde Konsistenz hatten, hat sich das Kochwasser nur leicht eingetrübt. Die anderen Spaghetti waren nach exakt gleich langer Garzeit sehr weich; das Wasser war milchig trüb.

Relativ klares Wasser =
feste Pasta

Trüberes Wasser =
weiche Pasta

mengen wir kurz vor dem Servieren noch etwas zusätzliches extranatives Olivenöl und Nudelkochwasser unter. Ein Spritzer Zitronensaft und eine großzügige Prise Chiliflocken verleihen diesem einfachen, doch erstaunlich aromatischen Gericht zusätzlich etwas aufhellende Säure und Schärfe.

VIEL KNOBLAUCH – ABER MILD, BITTE Dieses Rezept ist ohne Frage sehr knoblauchlastig. Der Trick ist, den Knoblauch ganz langsam und bei niedriger Temperatur anzubraten, etwa 10 Minuten. Er soll nicht bräunen, sondern nur goldgelb werden. Um das zu erreichen, geben wir den Knoblauch zusammen mit dem Öl in die noch kalte Pfanne und bringen diese dann langsam auf Temperatur. Der Knoblauch gart so besonders langsam und bräunt nicht. Bittere Knoblaucharomen gehören damit der Vergangenheit an.

FINISH MIT FRISCHEM KNOBLAUCH Den restlichen Knoblauch geben wir roh zusammen mit den Chiliflocken in die Pfanne. Er wird dadurch aromatischer, behält aber seine Schärfe. Da wir gleichzeitig etwas Nudelkochwasser hinzufügen, wird der Garvorgang sofort gestoppt und der Knoblauch brät nicht an.

KRÄFTIGE GEWÜRZE Ohne Chiliflocken werden die Spaghetti nur halb so gut. Ebenso wenig dürfen frische Petersilie, Zitronensaft und grobes Salz fehlen. Der Parmesan ist nicht unbedingt zwingend, unserer Meinung nach aber eine großartige (wenn auch nicht traditionelle) geschmackliche Bereicherung. Behalten Sie etwas Olivenöl bis zum Schluss zurück und mischen Sie es erst dann unter die Pasta. Die fruchtigen Aromen des extranativen Öls bleiben so gut erhalten.

PRAKTISCHE WISSENSCHAFT: WAS ZEICHNET GUTE PASTA AUS?

Gute Pastatextur hängt vor allem von zwei Faktoren ab: dem Wartungszustand der Pastapresse und dem Trocknungsprozess.
Nudeln verschiedener Marken unterscheiden sich geschmacklich kaum. Wir haben Produkte von verschiedenen Herstellern gekocht, mit etwas Olivenöl vermischt und von Testessern probieren lassen. Das Ergebnis: Sie haben sich sehr schwer getan, Unterschiede festzustellen. Noch schwieriger wurde es für sie, als sie die Nudeln in Tomatensauce probieren mussten.

Was die Textur angeht, hat die Sache anders ausgesehen. Zwar waren alle Pastaproben akzeptabel, aber wir konnten die Garzeit noch so genau im Auge behalten, einige Sorten wurden immer klebrig und teigig, während andere schön elastisch und bissfest wurden. Da alle Sorten zu 100 Prozent aus Hartweizengrieß bestanden haben, konnte es nicht an den Zutaten liegen. Lag es womöglich an der Verarbeitung des Nudelteigs?

Um aus Pastateig Nudeln zu formen, wird er in den meisten Fällen durch die Öffnungen einer Matrize gepresst. Ursprünglich wurden Pastamatrizen aus Bronzeblöcken gefertigt, wodurch die fertigen Nudeln eine raue Oberfläche bekamen. Manche Hersteller halten bis heute an diesem Verfahren fest und werben damit, dass die raue Oberfläche ihrer Nudeln der Sauce besonders guten Halt bietet. Andere Pastahersteller dagegen sind auf teflonbeschichtete Matrizen umgestiegen, vor allem aus optischen Gründen: Durch die Antihaft-Eigenschaften von Teflon sinkt beim Pressen der Nudeln die Oberflächenspannung, wodurch die Nudeln glatter und glänzender werden. In unseren Versuchen hat die Sauce zwar unabhängig vom Matrizentyp an allen Nudeln gleich gut gehaftet – aber

sorgt eine Bronzematrize womöglich dafür, dass Spaghetti besonders bissfest werden? Wie sich gezeigt hat, ist das nicht der Fall. Sowohl unser Favorit als auch die zwei „schlechtesten" Sorten des Vergleichs – beschrieben als „breiig weich" und „ohne Biss und Elastizität" – werden mit Bronzematrizen hergestellt.
Entscheidend ist nicht das Material der Matrize, sondern der technische Zustand der Maschine und der Matrize. Hitze, Reibung und Pressdruck lassen mit der Zeit die Mechanik der Pastamaschine verschleißen, sodass der Teig nicht mehr genügend stark komprimiert wird. Den so produzierten Spaghetti mangelt es an kompakter und fester Struktur, gekocht werden sie zu weich. Unsere Versuche legen den Schluss nahe, dass die Maschinen mancher Hersteller in besserem Zustand sind als die von anderen.
Der nächste wichtige Schritt bei der Pastaherstellung ist das Trocknen. Trockenzeit und Trockentemperatur schwanken dabei stark von Hersteller zu Hersteller. Manche Produzenten trocknen ihre Nudeln bei einer niedrigen Temperatur von 35 bis 38 °C sehr langsam über Stunden bis Tage in Trockenräumen. Ihr Hauptargument: Der Geschmack bleibe so am besten erhalten. Andere Hersteller entziehen ihren Pastaprodukten die Feuchtigkeit per Hochtemperaturtrocknung. Bei einer Temperatur von bis zu 88 °C trocknet die Pasta so deutlich schneller. Durch die hohe Temperatur kommt es zu einer Verfestigung des Glutennetzwerks, die Nudeln bekommen eine festere Konsistenz. Leider beeinträchtigt dieses Trocknungsverfahren aber teilweise den Geschmack der Pasta – die heiß getrockneten Nudeln haben etwas fade geschmeckt.

ZWIEBELN DOSIEREN IN DER PRAXIS:
DIPS UND SUPPEN

Beim Karamellisieren von Zwiebeln kommt es zu einer komplexen Folge chemischer Reaktionen. Durch die Wärmezufuhr spalten sich Wassermoleküle von den Zuckermolekülen der Zwiebeln ab. Die dehydratisierten Zuckermoleküle reagieren im weiteren Verlauf des Garens miteinander und bilden neue Verbindungen, die für Farbänderungen, neue Geschmacksnoten und Aromen sorgen. (Diese Reaktionen entsprechen übrigens den Reaktionen, die stattfinden, wenn man weißen Zucker in der Pfanne erhitzt, um Karamell herzustellen.) Uns dienen diese Reaktionen dazu, den Geschmack von Dips und Suppen zu verbessern.

BACON-DIP MIT KARAMELLISIERTEN ZWIEBELN
(ERGIBT ETWA 350 G)

Für diesen Dip brauchen Sie unsere Karamellisierten Zwiebeln (Rezept nachstehend), allerdings nur die halbe Menge davon. Verwenden Sie den Rest einfach für ein Omelett oder eine Pizza.

3 Streifen	Bacon, in gut 0,5 cm große Stücke geschnitten
180 ml	Sour Cream
150 g	Karamellisierte Zwiebeln (Rezept nachstehend)
2	Frühlingszwiebeln, fein gehackt
½ TL	Apfelessig
	Salz und Pfeffer

1. Die Baconstücke in einer Pfanne (ø 20 cm) auf mittlerer Stufe knusprig braten (etwa 5 bis 7 Minuten). Auf einen mit Küchenpapier belegten Teller geben und beiseitestellen.

2. In einer mittelgroßen Schüssel die Sour Cream, die karamellisierten Zwiebeln, die Frühlingszwiebeln, den Essig und den Bacon vermischen. Mit Salz und Pfeffer abschmecken und servieren. (Der Dip hält sich gekühlt bis zu 3 Tage.)

KARAMELLISIERTE ZWIEBELN
(ERGIBT ETWA 300 G)

Wenn die Zwiebeln in Schritt 2 brutzeln oder anbrennen, die Hitze reduzieren. Fangen sie nach 15 bis 20 Minuten nicht an zu bräunen, die Hitze etwas erhöhen.

15 g	Butter
1 EL	Pflanzenöl
1 TL	brauner Zucker
½ TL	Salz
900 g	Zwiebeln, halbiert und längs (durchs Wurzelende) in gut 0,5 cm dicke Scheiben geschnitten
1 EL	Wasser
	Pfeffer

1. Butter und Öl in einer beschichteten Pfanne (ø 30 cm) bei starker Hitze heiß werden lassen. Zucker und Salz einrühren. Die Zwiebeln dazugeben und im Fett wenden. Unter gelegentlichem Rühren etwa 5 Minuten garen, bis die Zwiebeln beginnen, weich zu werden und Flüssigkeit abzugeben.

2. Die Herdplatte auf mittlere Stufe stellen und die Zwiebeln etwa 40 Minuten karamellisieren, bis sie tiefbraun und leicht klebrig sind, dabei die Zwiebeln häufig umrühren.

3. Die Pfanne vom Herd nehmen und das Wasser unterrühren. Mit Pfeffer abschmecken. (Die Zwiebeln können gekühlt bis zu einer Woche aufbewahrt werden.)

🍴 WARUM DAS REZEPT FUNKTIONIERT

Zwiebel-Dips sind für viele verschiedene Gerichte sehr beliebt. Unser Rezept sollte allerdings deutlich besser schmecken als jene Dips, die aus einer Tütenzwiebelsuppe, Sour Cream und Mayonnaise bestehen. Damit auch anspruchsvollere Gaumen auf ihre Kosten kommen, nehmen wir für unseren Dip eigenhändig karamellisierte Zwiebeln, die wunderbar süß und vielschichtig schmecken. Außerdem haben wir bei der Rezeptentwicklung ein paar Dinge gelernt, auf die man achten sollte, sonst brennen die Zwiebeln an, schmecken fad oder werden gummiartig oder zu fettig. Um den Dip noch etwas üppiger zu machen, ergänzen wir weitere Zutaten: Der Bacon harmoniert mit seinen Raucharomen perfekt mit den süßen Zwiebelaromen. Gehackte frische Früh-

PRAKTISCHE WISSENSCHAFT: ZWIEBELN ALS ANTIOXIDATIONSMITTEL

Lässt man Kartoffelsaft über Nacht stehen, oxidiert er und färbt sich dunkel. In Zwiebeln enthaltene antioxidativ wirksame Aromastoffe (Thiosulfinate) können das verhindern. Wir haben zwei Proben Kartoffelsaft mit auf unterschiedliche Weise zerkleinerten Zwiebeln vermischt und die Ergebnisse verglichen.

Per Hand gehackte Zwiebel – stark oxidierter Kartoffelsaft
Würfelt man die Zwiebel sauber mit der Hand, bilden sich weniger antioxidative Aromaverbindungen, was weniger Oxidationsschutz bedeutet. Die Folge: Der Kartoffelsaft wird dunkelbraun.

Maschinell zerkleinerte Zwiebel – minimal oxidierter Kartoffelsaft
„Schreddert" man die Zwiebel in der Küchenmaschine, entstehen jede Menge Thiosulfinate, die die Oxidation des Kartoffelsafts verhindern. Der Saft verfärbt sich kaum.

lingszwiebeln sorgen für feinen frischen Zwiebelgeschmack und hübsche Farbsprenkel im Dip.

DIE RICHTIGEN ZWIEBELN Welche Zwiebelsorte schmeckt karamellisiert am besten? Wir haben alle erhältlichen Sorten ausprobiert und dann eine zum Sieger erkoren: die normale braune Speisezwiebel. Sie bietet ein besonders ausgewogenes Verhältnis aus herzhaften und süßen Aromen, schmeckt mild zwiebelig scharf und hat außerdem eine schöne Farbe. Ihre Konkurrenten aus dem Supermarkt: weiße Zwiebeln, rote Zwiebeln und milde Gemüsezwiebeln. Weiße Zwiebeln waren bei den Testessern umstritten – manche fanden sie angenehm süß und mild, während andere sie als zu süß und ohne aromatische Tiefe empfanden. Rote Zwiebeln schmecken karamellisiert angenehm süß, doch leider werden sie sehr dunkel und entwickeln eine ziemlich klebrige Konsistenz. Milde Gemüsezwiebeln schließlich schmecken am süßesten, bekommen aber beim Erhitzen eine leicht „kreidige", klebrige Textur.

DAS RICHTIGE KOCHGESCHIRR Die Zwiebeln müssen unbedingt ohne Deckel auf dem Herd karamellisiert werden, damit sie nicht die vom Deckel zurückgehaltene Feuchtigkeit wieder aufnehmen und so unangenehm klebrig werden. Wir haben das Ganze in einer normalen Pfanne, in einer beschichteten Pfanne und in einem schweren Bräter ausprobiert. An der hohen Topfwand des Bräters ist der aufsteigende Wasserdampf kondensiert, weshalb das Karamellisieren gut eine Viertelstunde länger gedauert hat (Geschmack und Textur sind dadurch weder besser noch schlechter geworden). In den niedrigen Pfannen sind die Zwiebeln schneller braun geworden. Eine antihaftbeschichtete

Pfanne bietet aus unserer Sicht zwei Vorteile: Sie ist einfacher zu reinigen, und der hocharomatische Zwiebelsud setzt sich nicht am Pfannenboden fest, sondern wird beim Rühren zwangsläufig zurück unter die Zwiebeln gemischt.

MIT HOHER TEMPERATUR BEGINNEN Wir garen die Zwiebeln bei sehr hoher Temperatur an, damit sie schnell Wasser abgeben. Das beschleunigt den Karamellisierungsprozess. Dann drehen wir die Hitze auf mittlere Stufe runter und garen die Zwiebeln so lange, bis sie karamellbraun sind. Durch die Zugabe von Salz und Zucker gleich zu Beginn des Garens geben die Zwiebeln besonders bereitwillig ihr Wasser ab. Statt die Zwiebeln nur in Butter oder nur in Öl zu karamellisieren, ziehen wir eine Mischung aus beidem vor. Der zwiebelige Geschmack bleibt so unverfälscht und klar definiert und wird nur von den Butteraromen etwas „abgerundet".

ZUM SCHLUSS NOCH ETWAS WASSER Ein Esslöffel Wasser, ganz zum Schluss untergerührt, löst den anhaftenden karamellisierten Zwiebelsud vom Pfannenboden, ohne den Geschmack oder die Textur unserer Zwiebeln zu gefährden.

PERFEKTE FRANZÖSISCHE ZWIEBELSUPPE
(FÜR 6 PORTIONEN)

Für das Rezept benötigen Sie einen Bräter mit mindestens 6,5 Liter Fassungsvermögen. Nehmen Sie keine süßen oder zu milden Zwiebeln – diese machen die Suppe zu süß. Die Stein-

gutschalen müssen ofenfest sein. Stellen Sie die Schalen so in den Backofen, dass zwischen Geschirroberkante und Grill 10 bis 13 cm Platz bleiben; der Käse schmilzt so rasch und die Suppe wird perfekt gratiniert. Sollten Sie normale, nicht ofenfeste Suppentassen verwenden, bestreuen Sie das geröstete Brot mit dem Gruyère und platzieren Sie es so lange unter dem Grill, bis der Käse geschmolzen ist. Dann setzen Sie die Scheiben auf die heiße Suppe in den Schälchen.

FÜR DIE SUPPE

1,8 kg	Zwiebeln, geschält, halbiert und längs (durchs Wurzelende) in gut 0,5 cm dicke Scheiben geschnitten
45 g	Butter, in 3 Stücke geschnitten
	Salz und Pfeffer
500 ml	Wasser + Wasser zum Ablöschen
125 ml	trockener Sherry
1 l	salzarme Geflügelbrühe
500 ml	Rinderbrühe
6 Stiele	frischer Thymian, mit Küchenfaden zusammengebunden
1	Lorbeerblatt

FÜR DIE KÄSECROÛTONS

1	kleines Baguette, in 1–1,5 cm dicke Scheiben geschnitten
230 g	Gruyère-Käse, grob geraspelt

1. **FÜR DIE SUPPE:** Den Backofen auf 200 °C vorheizen. Einen dickwandigen Bräter großzügig mit Pflanzenöl aussprühen. Die Zwiebeln mit der Butter und 1 TL Salz hineingeben und zugedeckt 1 Stunde auf der zweiten Schiene von unten im Ofen garen. (Die Zwiebeln geben etwas Wasser ab und fallen leicht zusammen.) Den Bräter aus dem Ofen nehmen, die Zwiebeln durchrühren, dabei anhaftende Stücke vom Topfboden und der Topfwand lösen. Den Bräter mit nicht ganz geschlossenem Deckel zurück in den Ofen stellen. Zwiebeln 1½ bis 1¾ Stunden weitergaren, bis sie sehr weich und goldbraun sind, dabei nach 1 Stunde einmal durchrühren und Zwiebeln von Topfboden und -wand lösen.

2. Den heißen Bräter vorsichtig aus dem Ofen nehmen (verwenden Sie Topfhandschuhe und schalten Sie den Ofen nicht aus) und auf den Herd stellen. Die Zwiebeln bei mittlerer bis starker Hitze 15 bis 20 Minuten weiter anbräunen, bis die Flüssigkeit verdampft ist, dabei häufig umrühren und Zwiebeln mit einem Kochlöffel von Topfboden und -wand lösen (Hitze auf mittlere Stufe reduzieren, falls die

PRAKTISCHE WISSENSCHAFT: WANN SOLLTE MAN ZWIEBELN BEIM SAUTIEREN DAS SALZ HINZUFÜGEN?

Salzen Sie die Zwiebeln sofort, wenn Sie sie in die Pfanne geben. Das Salz entzieht den Zwiebeln Wasser, sorgt für eine zarte Garkonsistenz und viel Würze.

Wann ist der optimale Zeitpunkt, Zwiebeln in der Pfanne zu salzen? Dazu hatte in unserer Versuchsküche jeder Koch partout eine andere Meinung. Ein guter Grund, der Sache möglichst unvoreingenommen und wissenschaftlich auf den Grund zu gehen.

In einem ersten Versuch haben wir 300 g Zwiebelwürfel in einer mittelgroßen Pfanne auf mittlerer Stufe in Öl sautiert. Nach 6 Minuten mit häufigem Rühren waren die Zwiebeln satt goldbraun. Wir haben die Zwiebeln aus der Pfanne genommen und mit ½ TL Salz gewürzt. Die Testesser waren begeistert von den Aromen, die durch die Karamellisierung entstanden sind, haben aber die Knusprigkeit der Zwiebeln beanstandet. Sie haben außerdem kritisch angemerkt, dass die Zwiebelwürfel lediglich oberflächlich und nicht bis ins Innere gewürzt seien. Im nächsten Schritt haben wir alles unverändert gelassen, nur dass wir das Salz gleich zu Anfang zusammen mit den Zwiebeln in die Pfanne gegeben haben. Nach 6 Minuten hatten die Zwiebeln im Vergleich zum ersten Versuch noch nicht viel Farbe angenommen, sodass wir ihnen ein paar Extraminuten in der Pfanne gegönnt haben, bis sie goldbraun waren. Die Testesser haben sie wunderbar gefunden: schön zart und gleichmäßig durchgewürzt. Das Salz hat bewirkt, dass die Zwiebeln viel Wasser abgegeben haben, wodurch sie beim Garen sehr weich geworden sind. Gleichzeitig hat sich die Bräunung durch das Wasser verlangsamt, was zusätzliche Minuten in der Pfanne notwendig gemacht hat. Die Frage vom Anfang wäre also geklärt: Salzen Sie Zwiebeln gleich zu Beginn und lassen Sie sie dann so lange wie nötig in der Pfanne, um sie gut zu bräunen.

Zwiebeln zu schnell dunkel werden). 6 bis 8 Minuten unter häufigem Rühren weitergaren, bis sich am Topfboden eine dunkle Kruste gebildet hat (Hitze falls notwendig anpassen). Anhaftungen am Kochlöffel abkratzen und zurück in den Bräter geben. Die Zwiebeln mit 60 ml Wasser ablöschen, dann die Kruste mit dem Kochlöffel vom Boden kratzen. Alles 6 bis 8 Minuten köcheln, bis das Wasser verdampft ist und sich am Topfboden erneut ein dunkle feste Schicht gebildet hat. Das Ablöschen wie beschrieben noch

Fast jedes Suppen- oder Saucenrezept beginnt mit der Anweisung: „Das Öl auf niedriger Stufe erhitzen und die Zwiebeln darin dünsten, bis sie weich, aber noch nicht angebräunt sind." Warum beschleunigt man die Sache nicht einfach und stellt den Herd heißer? Und ist „Vorgaren" in Öl überhaupt notwendig? Wir haben drei Proben Tomatensauce zubereitet und sie im direkten Vergleich gekostet. Für die erste Sauce haben wir die Zwiebeln bei schwacher Hitze 10 Minuten in Öl gedünstet, bevor wir die Tomaten dazugegeben haben; für die zweite Probe haben wir die Zwiebeln 8 Minuten bei starker Hitze gegart; und für die letzte Probe schließlich haben wir die Zwiebeln zusammen mit den Tomaten in die Pfanne mit dem Öl gekippt. Die alte Küchenregel hat sich als korrekt erwiesen: Die Sauce mit den mäßig heiß vorgedünsteten Zwiebeln hat die Testesser am meisten überzeugt; sie haben ihren „vollen, runden und süßen Geschmack" gelobt. Die Sauce mit den auf hoher Stufe gegarten Zwiebeln haben die Testesser als „scharf" und „flach, ohne Komplexität" beschrieben, während die Sauce mit den rohen Zwiebeln noch „dünner" geschmeckt hat.

Zwiebeln enthalten eine Reihe verschiedener Schwefelverbindungen. Durch Schneiden und moderate Wärme wird das Enzym Alliinase freigesetzt, das gezielt einige dieser Verbindungen aufspaltet. Es entstehen scharf-beißende Aromastoffe, die allerdings mit der Zeit weiter in süßlich schmeckende Di- und Trisulfide umgewandelt werden. Je länger die Zwiebeln moderater Wärme ausgesetzt sind, desto mehr solcher Stoffe werden gebildet – und desto komplexer die Aromen, die die Zwiebeln in die Sauce einbringen. Starke Hitze dagegen deaktiviert die genannten Enzyme, sodass weniger Aromastoffe produziert werden.

Auch das Fett (Öl oder Butter) spielt beim Vordünsten eine wichtige Rolle. Kocht man Zwiebeln nämlich einfach in Wasser (oder mit wässrigen Zutaten wie beispielsweise Tomaten), kommt es zur Bildung unangenehm schmeckender und riechender Schwefelverbindungen. Ist beim Garen aber Fett vorhanden, legt es sich wie ein schützender Mantel um die Zwiebelstücke, sodass die Reaktion mit Wasser ausbleibt und sich weniger der unerwünschten Moleküle bilden. Klares Fazit: Geben Sie Zwiebeln viel Zeit, um sanft in Fett zu dünsten. Sie werden mit viel geschmacklicher Tiefe und Komplexität belohnt.

zwei- bis dreimal wiederholen, bis die Zwiebeln tief dunkelbraun sind. Nun den Sherry einrühren und unter häufigem Rühren etwa 5 Minuten miterhitzen, bis er verdampft ist.

3. 500 ml Wasser, die Geflügel- und Rinderbrühe, Thymian, Lorbeer und ½ TL Salz zugeben. Ein letztes Mal mit dem Kochlöffel den dunklen Satz vom Topfboden und die Zwiebeln von der Topfwand lösen. Das Ganze auf höchster Stufe zum Köcheln bringen. Dann die Hitze klein drehen, den Deckel aufsetzen und 30 Minuten köcheln lassen. Die Kräuter entfernen und die Suppe mit Salz und Pfeffer abschmecken.

4. FÜR DIE KÄSECROÛTONS: Während die Suppe köchelt, die Baguettescheiben in einer Lage auf einem Backblech verteilen und etwa 10 Minuten im Ofen rösten, bis das Brot trocken, knusprig und am Rand goldgelb ist. Anschließend beiseitestellen.

5. Vor dem Servieren: Den Oberhitzegrill des Backofens einschalten. Die Suppe auf 6 ofenfeste Steingutschälchen verteilen und auf ein Backblech setzen. In jedem Schälchen 1 oder 2 Scheiben Baguette auf die Suppe legen (ohne Überlappung) und gleichmäßig mit Gruyère bestreuen. 3 bis 5 Minuten unter dem Ofengrill gratinieren, bis der Käse geschmolzen ist und am Rand Blasen wirft. Die Suppe 5 Minuten abkühlen lassen, dann servieren.

Zubereitung im Voraus: Verfahren Sie mit den Zwiebeln wie in Schritt 1 beschrieben und lassen Sie sie im Bräter abkühlen. Die Zwiebeln können nun bis zu 3 Tage im Kühlschrank aufbewahrt werden. Fahren Sie dann wie beschrieben mit dem Rezept fort. Alternativ können Sie die Suppe auch bis einschließlich Schritt 3 zubereiten und sie dann bis zu 2 Tage im Kühlschrank aufbewahren.

FRANZÖSISCHE ZWIEBELSUPPE (SCHNELLE VARIANTE)

Für diese schnelle Rezeptvariante garen wir die Zwiebeln zunächst in der Mikrowelle, was die Zubereitungszeit drastisch verkürzt. Allerdings fällt das Zwiebelaroma mit dieser Methode nicht ganz so komplex und tief aus wie bei der zeitintensiveren Zubereitung im Ofen. Wenn Sie keine mikrowellentaugliche Schüssel haben, die groß genug für alle Zwiebeln ist, erhitzen Sie sie in zwei Durchgängen, das ist dann immer noch schneller als mit dem Verfahren bei unserem klassischen Rezept.

ZWIEBELN SCHNEIDEN OHNE TRÄNEN

Wir haben 20 „Tipps" getestet, die angeblich dazu führen, dass beim Zwiebelschneiden keine Tränen fließen. Am wirkungsvollsten sind Kontaktlinsen und Schwimmbrillen.

Aus Leserbriefen, Büchern und Kollegengesprächen haben wir mehr als 20 vermeintlich zuverlässige Tipps zusammengetragen, die alle eines vermeiden sollen: Tränen beim Zwiebelschneiden. Wir wollten wissen, was wirklich funktioniert und was nicht. Manche Tipps scheinen logisch, bei anderen schüttelt man nur den Kopf. Zwei grundsätzliche Ansätze waren besonders wirkungsvoll: Die Augen „schützen" und offenes Feuer. Durch eine Flamme in der Nähe des Schneidebretts – sei es eine Kerze oder der Brenner eines Gasherds – wird das schwefelhaltige Thiopropanal-S-oxid (siehe Seite 126) vollständig oxidiert, wahrscheinlich zerfällt es auch. Zwei Testpersonen, beides „Zwiebel-Heulsusen", haben die einzelnen Methoden mehrfach ausprobiert und die Wirksamkeit auf einer Skala von 1 (kaum bis gar nicht effektiv) bis 10 (sehr effektiv) bewertet.

METHODE	EFFEKT	WIRKSAMKEIT
Kontaktlinsen tragen	Fast keine Tränen, auch nicht nach mehreren Zwiebeln (leider nur für Kontaktlinsenträger praktikabel).	10
Ski- oder Schwimmbrille tragen	Sehr effektiv, aber man sieht aus wie ein Einbrecher.	9
Brennende Kerze neben dem Schneidebrett	Einfach zu bewerkstelligen; hat ziemlich gut funktioniert.	6,5
Schneidebrett neben der Gasherdflamme platzieren	Hat ähnlich gut wie die Kerze funktioniert, ist aber meist unpraktisch.	6,5
Ganze Zwiebeln 8 Stunden kühlen	Kalte Zwiebeln; mäßiges Weinen.	5
Geviertelte Zwiebeln 8 Stunden kühlen	Noch kältere Zwiebeln; mäßiges Weinen.	5
Zwiebeln 30 Minuten einfrieren	Eiskalte Zwiebeln; mäßiges Weinen.	5
Scheibe Brot im Mund halten	Hat lächerlich ausgesehen und nicht immer funktioniert.	5
Zwiebelscheibe auf dem Kopf balancieren	Sieht komplett bescheuert aus, zwingt Sie aber, den Kopf aufrecht zu halten, sodass Sie nicht direkt in die aufsteigenden Zwiebeldämpfe blicken, wodurch die Augen weniger gereizt werden.	5
Abgebranntes Streichholz zwischen den Zähnen halten	Hat lächerlich ausgesehen, hat aber besser funktioniert als das nicht angezündete Streichholz.	4
Zwiebeln unter fließendem Wasser schneiden	Zwiebelstücke wurden immer wieder weggespült; nervt dermaßen, dass einem die tränenden Augen völlig egal sind.	3
Zwiebeln mit abgetrennten Enden eine Minute in die Mikrowelle geben	Zwiebeln wurden angegart; schwache tränenmindernde Wirkung.	3
Zahnstocher zwischen den Zähnen halten	Hat lächerlich ausgesehen; wir haben viel geweint.	2
Zwiebeln unter der Dunstabzugshaube schneiden	Unter einem normalen Haushaltsabzug kaum Wirkung.	2
Mund und Nase mit Schal bedecken	Sah lächerlich aus; minimal weniger Tränen.	1
Zwiebeln 30 Minuten in Eiswasser einlegen	Nasse Zwiebeln; Tränen ohne Ende.	1
Zwiebeln 1 Minute blanchieren	Glitschige Zwiebeln; Tränen ohne Ende.	1
Schneidebrett mit Essig einreiben	Nach Essig schmeckende Zwiebeln; Tränen ohne Ende.	1
Zwiebeln neben einem aufgedrehten Wasserhahn schneiden	Keine Wirkung; Tränen ohne Ende.	1
Zwiebeln in einer Plastiktüte schneiden (Boden aufgeschnitten)	Unpraktisch und gefährlich, da man nicht richtig sieht, was man tut; unvermindert heftiges Weinen.	1
Nicht angerissenes Streichholz zwischen den Zähnen halten	Hat lächerlich ausgesehen; heftiges Weinen.	1
Wurzelende der Zwiebeln intakt lassen	Hat nicht funktioniert.	1

PRAKTISCHE WISSENSCHAFT: NIE WIEDER STINKEN-DE SCHNEIDEBRETTER

Um den Geruch stark riechender Schneidebretter zu entfer-nen, reibt man sie am besten mit Natronpaste ein.

Jeder kennt es, wenn das Schneidebrett nach dem Zerkleinern von Zwiebeln oder Knoblauch unangenehm riecht und auch Lebensmittel und Kräuter, die danach auf dem Brett landen, den Geruch annehmen. Wir haben uns gefragt, wie man die-sen Geruch möglichst effektiv neutralisieren kann.

Kunststoffbretter reinigt man am besten in der Spülmaschine, aber manchmal kann man keine zwei Stunden warten, bis die Maschine fertig ist, sondern benötigt das Brett sofort zum Weiter-arbeiten. Um herauszufinden, wie man den Geruch am bes-ten ohne Spülmaschine los wird, haben wir zunächst auf vier Schneidebrettern jeweils eine große Zwiebel gewürfelt und ge-hackten frischen Knoblauch zu einer Paste zerdrückt. Diese kräftig „duftenden" Bretter haben wir sodann verschiedenen Methoden zur Geruchsneutralisierung unterzogen und sie an-schließend in heißem Spülwasser abgewaschen. Das erste Brett haben wir mit einer Mischung aus 1 EL Bleiche und 3,8 Liter Wasser besprüht; das zweite wurde mit einer Paste aus 1 EL Natron und 1 TL Wasser abgebürstet; das dritte haben wir ebenfalls besprüht, allerdings mit Branntweinessig; das vierte Brett schließlich haben wir lediglich mit heißem Wasser und Spülmittel abgewaschen.

Nachdem wir die Bretter abgetrocknet hatten, haben wir auf jedem einen Apfel geschnitten. Unsere Testesser mussten nicht nur den Apfel probieren, um mögliche Fehlaromen zu identifizieren, sondern sie mussten auch an den Brettern rie-chen. Das Ergebnis war eindeutig: Nur das mit Natronpaste behandelte Brett war tatsächlich geruchsneutral; alle anderen Bretter rochen mehr oder weniger stark schwefelig oder lau-chig. Auch was den Apfel angeht, waren sich die Testesser fast einstimmig einig: Die auf dem Natronbrett geschnittenen Ap-felscheiben waren „in Ordnung" und besaßen „keine Fehlaro-men".

Wenn Sie also das nächste Mal Ihr Schneidebrett mit Zwiebel- oder Knoblauchgeruch „verpesten", tragen Sie mit einer Bürste Natronpaste auf und waschen Sie es danach in heißem Was-ser mit Spülmittel ab.

Die Zwiebeln mit 1 TL Salz in einer großen Schüssel vermen-gen und diese mit einem ausreichend großen Teller abde-cken. (Der Teller sollte die Schüssel komplett verschließen und nicht auf den Zwiebeln aufliegen.) 20 bis 25 Minuten in der Mikrowelle garen, bis die Zwiebeln weich sind und zu-sammenfallen, dabei nach der Hälfte der Zeit einmal durchrühren. (Die heiße Schüssel vorsichtig mit Backofen-handschuhen aus der Mikrowelle nehmen und den Teller so abheben, dass man sich nicht an dem heißen Dampf ver-brennt.) Zum Schluss die ausgetretene Flüssigkeit abgießen (es sollten ca. 125 ml sein). Die Butter im Bräter zerlassen, dann die weichen Zwiebeln hineingeben und wie oben be-schrieben mit Schritt 2 fortfahren.

🍲 WARUM DAS REZEPT FUNKTIONIERT

Damit die Zwiebelsuppe ihr maximal volles Aroma entfaltet, karamelli-sieren wir die Zwiebeln volle 2½ Stunden im Backofen und löschen sie dann mehrmals mit Wasser ab. Für die klassische Croûtoneinlage rös-ten wir das Brot, damit es in der Suppe nicht zu sehr aufweicht. Vor dem Gratinieren streuen wir nur gerade so viel Gruyère auf die großen Croûtons, dass sein nussiges Aroma den köstlichen Geschmack der Suppe ergänzt, aber nicht verdeckt.

DIE ZWIEBELN RICHTIG SCHNEIDEN Zwiebelscheiben schneidet man am besten längs von der Wurzel zur Spitze, also gewis-sermaßen „von Pol zu Pol". Auf diese Weise bleibt die Form der Zwie-beln etwas besser erhalten und die Stücke sind im Essen präsenter. Wie schon für unsere Karamellisierten Zwiebeln (siehe Seite 134) be-vorzugen wir auch für dieses Rezept einfache braune Speisezwiebeln. Rote Zwiebeln waschen aus und lassen die Suppe trüb werden. Weiße Zwiebeln sind zu mild, milde Gemüsezwiebeln zu süß. Braune Zwiebeln dagegen bieten genau die richtige Mischung aus süßen und herzhaften Noten für unsere Suppe.

ZWIEBELN IM OFEN KARAMELLISIEREN Unser Suppenre-zept ist inspiriert von Henri Pinon, einem befreundeten Koch aus Frank-reich. Bei einem seiner Besuche dünstete er zunächst mit viel Geduld über sehr kleiner Flamme 1,5 kg Zwiebeln in Butter an, bis sie gold-braun waren, was etwa 1½ Stunden dauerte. Dann löschte er sie mit Wasser ab und karamellisierte sie von Neuem. Das wiederholte er mehr als ein Dutzend Mal. Die fertige Suppe schmeckte fantastisch – aber die Zubereitung dauerte Stunden. Das war uns zu lang: Mithilfe des Backofens lässt sich Henris Methode beschleunigen. Dazu füllen wir ei-nen Bräter mit 1,8 kg Zwiebeln, setzen den Deckel auf und lassen das Ganze schön sanft und gleichmäßig im Ofen garen. Die Zwiebeln haben so jede Menge Zeit, um ihr Aroma zu entfalten. Nach einer Stunde öff-nen wir den Topf einen Spalt und gönnen den Zwiebeln weitere 1½ bis 1¾ Stunden.

AUF DEM HERD ABLÖSCHEN In den meisten Rezepten für französische Zwiebelsuppe werden die Zwiebeln höchstens einmal abgelöscht, wenn überhaupt. Durch die Zugabe der Flüssigkeit löst sich die schmackhafte dunkelkrustige Schicht am Topfboden – eine Art Bratensatz, aber ganz ohne Fleisch – und verleiht der Suppe großzügig Aroma. Das Geheimnis unseres Rezeptes ist, dass wir die Zwiebeln mindestens dreimal ablöschen. Dazu stellen wir den Topf auf den Herd, wo das wiederholte Ablöschen 45 bis 60 Minuten dauert. (Vorsicht, der Topf ist sehr heiß, wenn er aus dem Ofen kommt!)

ZWEI BRÜHEN SIND BESSER ALS KEINE Anstatt wie Henri die Suppe lediglich mit Wasser zuzubereiten, reichern wir sie zusätzlich mit Geflügel- und Rinderbrühe an. Die Suppe wird so geschmacklich tiefer und vielschichtiger.

KONZEPT 2.10
VON MILD PIKANT BIS FEURIG SCHARF: GEKONNT KOCHEN MIT FRISCHEN CHILIS

Beim Kochen mit frischen Chilis hat man oft den Eindruck, es sei das reinste Glücks-spiel. Ist es Ihnen nicht auch schon mal passiert, dass das Essen viel zu feurig geraten ist? Chilis verleihen zahllosen Gerichten viel geschmackliche Tiefe und Komplexität – nur leider ist ihre Schärfe kaum vorhersehbar. Was kann der kundige Koch tun, um die Schärfe verlässlich zu dosieren?

DIE WISSENSCHAFT DAHINTER

INNENLEBEN EINER CHILI

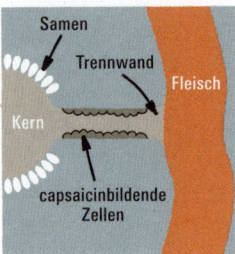

Für die Schärfe einer Chili ist das Capsaicin verantwortlich, ein che-mischer Stoff, der vor allem in den weißlichen Trennwänden produ-ziert wird (nicht in den Samen oder im Fleisch). Die Samen neh-men Capsaicin aus den Trennwän-den auf.

Zugegeben, Chilis können verwirrend sein. Zum einen gibt es eine schier unendliche Zahl von Sorten. Zum anderen bekommen manche Sorten einen anderen Namen, wenn die Scho-ten getrocknet verkauft werden, was die Sache nicht gerade einfacher macht.

Chilis sind frisch oder getrocknet erhält-lich. Die Farbe frischer Chilis reicht von grün bis rot, gelb und orange. Wie bei Gemüsepapri-ka werden grüne Chilis unreif gepflückt, rote, orange und gelbe dagegen erst, wenn sie ganz reif sind. Getrocknete Chilis sind rot, braun oder schwarz und werden meist reif geerntet. Oft sind die Aromen getrockneter Chilis kon-zentrierter und komplexer als die von frischen Chilis.

In allen Chilis sorgen Capsaicinoide für die Schärfe. Das bekannteste Capsaicinoid ist Capsaicin. Der Großteil des Capsaicins sitzt in den Trennwänden der Chili, ein Teil befindet sich aber auch in den Samen, und ein noch ge-ringerer Anteil im Fruchtfleisch. Beim Essen nehmen wir schon sehr geringe Mengen Cap-saicin wahr – der Stoff verursacht ein brennen-des Schmerzgefühl auf der Zunge und im Mundraum. Wir nehmen diese Schärfe auf ähnliche Weise wahr wie Geschmack. Die Wahrnehmung von Schärfe geschieht über die Enden des Trigeminusnervs, die aus dem Mundraum den Reiz „warm" und „Schmerz" signalisiert bekommen. Für Fans scharfer Ge-richte ist diese Art von Schmerz natürlich reins-ter Genuss.

Die Schärfe von Chilis unterscheidet sich je nach Sorte beträchtlich. Manche Sorten sind 10- oder sogar 100-mal schärfer als andere. Doch selbst Chilis einer Sorte können sehr un-terschiedlich scharf sein. Werden die Schoten beispielsweise in heißem und trockenem Klima angebaut, löst das in den Pflanzen „Stress" aus, was eine erhöhte Capsaicinproduktion zur Folge hat. In gemäßigtem Klima angebaute Chilis enthalten dementsprechend weniger Capsaicin. Exemplarisch haben wir uns den Capsaicin- und Dihydrocapsaicin-Gehalt, also die Menge der beiden hauptsächlichen „Scharfmacher", in fünf äußerlich sehr ähnli-chen Jalapeño-Chilis genauer angesehen. Laut Analyse waren einige Jalapeños 10-mal schär-fer als andere. Schärfe wird in Scoville-Einhei-ten (SHU, Scoville heat units) angegeben. Frü-her hat man für die Messung den Schärfestoff mit Alkohol extrahiert und dann so lange Tröpf-chen davon in eine Zuckerlösung gegeben, bis sensorisch geschulte Prüfer die Schärfe wahr-genommen haben. Heute verwendet man technisch aufwendige Analysegeräte.

Aber woher soll man nun wissen, welche Schoten scharf und welche mild sind? Verges-sen Sie alles, was Sie bisher über äußere Merk-male gehört haben, die die Schärfe einer Chili verraten sollen. Kleine Chilis sind keineswegs schärfer als große. Auch die „Maserung" man-cher Schoten, also die weißlichen Streifen auf der Schale, sagt nichts über den Schärfegrad aus. Zur Orientierung ist hilfreich, grob die Ei-genschaften verschiedener Chilisorten zu ken-nen. Serranos sind im Allgemeinen schärfer als Jalapeños. Doch auch wenn Sie das wissen, müssen Sie immer damit rechnen, mal eine besonders scharfe Schote zu erwischen.

DAS EXPERIMENT

Um herauszufinden, welcher Teil einer Chilischote die meisten Capsaicinoide enthält, haben wir einen einfachen Versuch durchgeführt. Mit Gummihandschuhen haben wir 40 grüne Jalapeño-Schoten zerlegt, und zwar in das äußere Fruchtfleisch, die weißlichen Trennwände und die Samen. Dann haben wir das Ganze an unser Lebensmittellabor geschickt.

DAS ERGEBNIS

Im grünen Jalapeño-Fleisch waren lediglich 5 mg Capsaicin pro Kilogramm enthalten (nicht genug, um die menschliche Zunge nennenswert zu reizen). In den Samen war es schon mehr: 73 mg/kg. Spitzenreiter waren mit 512 mg/kg die Trennwände.

DIE ERKENNTNIS

Die Trennwände sind reinste Capsaicin-Bomben, dort ist die Konzentration am höchsten. Schnell erklärt ist, warum auch die Samen mehr Capsaicin enthalten als das Fleisch: Sie sind eingebettet in die Trennwände und nehmen von dort Capsaicin auf. Wenn Sie Chili-Schoten „entschärfen" wollen, entfernen Sie vor allem die Trennwände – die Samen sind weit weniger feurig.

Um die Schärfe zu „dosieren", gehen wir in der Regel folgendermaßen vor: Wir entfernen bei sämtlichen frischen Chilis die Samen und Trennwände. Dann schneiden, hacken oder pürieren wir das Fleisch der Chilis und verwenden es, wie im Rezept angegeben. Stellen wir vor dem Servieren dann fest, dass das Essen noch mehr „Biss" vertragen könnte, würzen wir mit den Samen und den Trennwänden nach. Bei getrockneten Chilis brechen wir den Strunk ab, um die Chili zu öffnen, und kratzen die Samen aus der Schote. Da getrocknete Chilis meist ziemlich scharf sind, muss man bei ihnen fast nie nachwürzen und kann die Samen gleich wegwerfen.

WO SITZT DIE SCHÄRFE IN JALAPEÑO-CHILIS?

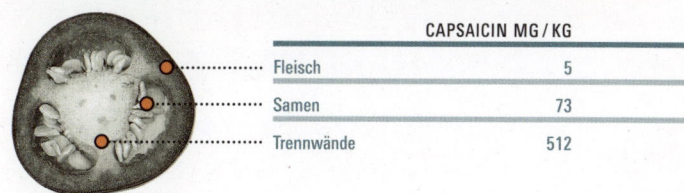

	CAPSAICIN MG / KG
Fleisch	5
Samen	73
Trennwände	512

DIE HÄUFIGSTEN FRISCHEN CHILISORTEN

Viele Köche geben freimütig zu, bei frischen Chilis nicht durchzublicken. Kein Wunder – manche Chilisorten wechseln ihren Namen mit dem Landesteil, in dem man sie kauft, und sind mal grün, mal rot, je nachdem, wann sie geerntet wurden. Damit Sie auch wirklich die Chilis kaufen, die im Rezept verwendet werden, ist es eine gute Idee, sich vor dem Einkaufen noch einmal ein Foto davon anzusehen. Unabhängig von der Sorte, sollten Sie beim Kauf darauf achten, dass die Schoten eine unbeschädigte und glatte Schale haben und sich fest anfühlen.

	Aussehen	Geschmack/Aroma	Schärfegrad	Ersatzsorten
Poblano	Groß, dreieckig; grün bis rot-braun	Frisch, gemüseartig	*	Anaheim, Gemüse-paprika
Anaheim	Groß, lang, schmal; gelb-grün bis rot	Mild säuerlich, gemüseartig	**	Poblano
Jalapeño	Klein, glatt, glänzend; grün oder rot	Säuerlich, grasig	**	Serrano
Serrano	Klein; dunkelgrün	Säuerlich, zitrusartig	***	Jalapeño
Bird's Eye	Schmal, zierlich; hell-rot	Voll, fruchtig	***	Serrano
Habanero	Knollenartig; hell-orange bis rot	Komplex floral, fruchtig	****	Doppelte Menge Bird's Eye

DIE HÄUFIGSTEN GETROCKNETEN CHILISORTEN

Ähnlich wie gedörrte Früchte, die einen konzentrierteren Geschmack haben als ihre frischen Verwandten, werden auch Chilis durchs Trocknen geschmacksintensiver. Da getrocknete Chilis an der Pflanze ausreifen können, schmecken sie häufig süßer als frische Chilis. Kaufen Sie Schoten, die beim Drücken elastisch nachgeben und die leicht fruchtig riechen.

	Aussehen	Geschmack/Aroma	Schärfegrad	Ersatzsorten
Ancho	Runzlig; dunkelrot	Voll, an Rosinen erinnernde Süße	*	Mulato
Mulato	Runzlig; dunkelbraun	Sehr rauchig, Noten von Lakritz und getrockneten Kirschen	*	Ancho
Chipotle	Runzlig; bräunlich rot	Rauchig, schokoladig, an Tabak erinnernde Süße	**	–
Cascabel	Klein, rund; rötlich braun	Nussig, holzig	**	New Mexican
New Mexican	Glatt; rotbraun	Leicht säurehaltig, erdig	**	Cascabel
Arbol	Glatt; hellrot	Säuerlich, rauchige Noten	***	Pequin
Pequin	Klein, rund; tiefrot	Säuerlich, zitrusartig	***	Arbol

CAPSAICIN DOSIEREN IN DER PRAXIS: CHILI- UND THAI-GERICHTE

Die Schärfe von frischen und getrockneten Chili-Schoten in Chiligerichten und thailändischen Pfannengerichten lässt sich einfach dosieren, indem man die Samen entnimmt. Bei frischen Chilis entfernen wir außerdem die weißlichen Trennwände. In den Samen und Trennwänden befindet sich der Großteil des Capsaicins, das Chilis so schön feurig macht. Für unseren Mexikanischen Reis (siehe Seite 118) verfahren wir genauso.

WEISSES CHILI MIT HÄHNCHENFLEISCH
(FÜR 6 BIS 8 PORTIONEN)

Dosieren Sie die Schärfe des Chilis, indem Sie in Schritt 6 mehr oder weniger der fein gehackten Trennwände und Samen der letzten Jalapeño-Schote hinzufügen. Falls Sie keine Anaheim-Chilis bekommen, nehmen Sie jeweils eine Poblano- und Jalapeño-Schote mehr. Servieren Sie das Chili mit Sour Cream, Tortilla-Chips und Limettenspalten.

1,4 kg	Hähnchenbrusthälften oder Hähnchenkeulen (jeweils mit Knochen), pariert
	Salz und Pfeffer
1 EL	Pflanzenöl + mehr Öl, je nach Bedarf
3	Jalapeño-Chilis, grün
3	Poblano-Chilis, grün, ohne Strunk und Samen, in große Stücke geschnitten
3	Anaheim-Chilis, grün, ohne Strunk und Samen, in große Stücke geschnitten
2	Zwiebeln, in große Stücke geschnitten
6	Knoblauchzehen, fein gehackt
1 EL	gemahlener Kreuzkümmel
1½ TL	gemahlener Koriander
2 Dosen	Cannellini-Bohnen, abgespült (à 425 g)
750 ml	salzarme Geflügelbrühe
3 EL	Limettensaft (2 Limetten)
4 EL	Koriandergrün, fein gehackt
4	Frühlingszwiebeln, in feine Ringe geschnitten

1. Das Hähnchenfleisch mit 1 TL Salz und ¼ TL Pfeffer würzen. Das Öl in einem dickwandigen Bräter auf mittlerer bis hoher Stufe erhitzen, bis es sich kräuselt. Das Fleisch mit der Haut nach unten in den Bräter legen und ohne es zu bewegen etwa 4 Minuten anbraten, bis die Haut goldbraun ist. Mit einer Grillzange die Hähnchenstücke wenden und von der anderen Seite etwa 2 Minuten leicht an-

bräunen lassen. Das Fleisch auf einen Teller legen; die Haut entfernen und wegwerfen.

2. Während das Hähnchen anbrät, die Trennwände und Samen aus 2 Jalapeño-Chilis entfernen und wegwerfen. Die Schoten fein hacken und beiseitestellen. In der Küchenmaschine jeweils die Hälfte der Poblano-Schoten, Anaheim-Schoten und Zwiebeln zu einer stückigen Salsa zerkleinern (Maschine dazu etwa 10- bis 12-mal kurz betätigen; zwischendurch die an der Schüsselwand haftende Masse nach unten streichen). Die Mischung in eine mittelgroße Schüssel umschütten. Mit dem Rest der Poblanos,

Anaheims und Zwiebeln genauso verfahren und anschließend zur bereits fertigen Mischung in die Schüssel geben. Küchenmaschine noch nicht reinigen.

3. Das Fett bis auf einen Esslöffel aus dem Bräter abgießen (oder die Fettmenge mit Pflanzenöl auf 1 EL auffüllen, falls erforderlich). Die Hitze auf mittlere Stufe reduzieren. Die gehackten Jalapeños, die Chili-Mischung, Knoblauch, Kreuzkümmel, gemahlenen Koriander und ¼ TL Salz hinzugeben. Den Deckel auflegen und unter gelegentlichem Umrühren etwa 10 Minuten garen, bis das Gemüse weich ist. Den Bräter vom Herd nehmen.

4. Eine Tasse der heißen Gemüse-Mischung in die leere Küchenmaschine geben. 200 g Bohnen und 250 ml Brühe hinzufügen. Das Ganze etwa 20 Sekunden glatt pürieren. Die pürierte Gemüse-Bohnen-Mischung, die restliche Brühe und das Hähnchenfleisch in den Bräter geben und alles auf mittlerer bis hoher Stufe zum Kochen bringen. Die Hitze auf niedrige bis mittlere Stufe reduzieren und mit aufgelegtem Deckel unter gelegentlichem Rühren 15 bis 20 Minuten köcheln lassen, bis das Fleisch eine Kerntemperatur von 71 °C erreicht hat. (Bei Hähnchenkeulen: Etwa 40 Minuten köcheln lassen, bis sie eine Kerntemperatur von 79 °C erreicht haben.)

5. Das Hähnchenfleisch auf einen großen Teller legen. Die restlichen Bohnen in den Bräter geben und ohne Deckel 10 Minuten mitköcheln lassen, bis die Bohnen durcherhitzt sind und das Chili etwas eingedickt ist.

6. Die dritte Jalapeño aufschneiden und die Trennwände und Samen heraustrennen. Die Schotenhälften sowie die Trennwände und Samen getrennt fein hacken und beiseitestellen. Sobald sich das Hähnchenfleisch anfassen lässt, das Fleisch in mundgerechte Stücke zerteilen und die Knochen auslösen. Fleischstücke, Limettensaft, Koriandergrün, Frühlingszwiebeln und die fein gehackte Jalapeño-Schote (je nach gewünschter Schärfe mit den gehackten Samen und Trennwänden) ins Chili einrühren und alles wieder zum Köcheln bringen. Mit Salz und Pfeffer abschmecken und servieren.

🍲 WARUM DAS REZEPT FUNKTIONIERT

Unser Weißes Chili mit Hähnchenfleisch ist eine frischere, leichtere Variante des weit bekannteren roten Chili con Carne. Unser Rezept hat zahlreiche Vorzüge. Dass es mit Hähnchen statt Rindfleisch zubereitet wird, macht es für gesundheitsbewusste Menschen attraktiv. Außerdem sind keine Tomaten enthalten, die ein Gericht geschmacklich schnell dominieren; die Aromen der Chilis, Kräuter und Gewürze treten so wunderbar hervor. Rotes Chili wird mit getrockneten Schoten, Chili-

pulver und Cayennepfeffer (in beliebiger Zusammenstellung) zubereitet, unser Weißes Chili dagegen nur mit frischen grünen Chilis. Hähnchenfleisch mit Knochen und Haut, drei Sorten Chilis sowie püriertes Gemüse verleihen unserem Chili jede Menge Aroma und eine tolle Konsistenz.

HÄHNCHENFLEISCH MIT KNOCHEN BRÄUNEN Um das beste Fleisch für unser Rezept zu finden, haben wir mit Hähnchen-Hackfleisch, Hähnchenkeulen und Hähnchenbrust experimentiert. Das Hähnchen-Gehackte war saftig, aber schwammartig; die Keulen waren aromatisch, haben aber den Geschmack der frischen Chilis in den Hintergrund gedrängt; Hähnchenbrust ohne Knochen und Haut schließlich hat dem Chili so gut wie keinen Geschmack verliehen. Am besten hat uns das Chili mit Hähnchenbrusthälften mit Haut und Knochen geschmeckt (dicht gefolgt von den Keulen). Wir bräunen das Fleisch im Bräter an, um Bratensatz zu erhalten und Fett zu gewinnen, in dem wir anschließend das Gemüse samt Gewürzen andünsten. Nach dem Anbräunen entfernen wir die Haut; sie wird sonst labberig weich.

PRAKTISCHE WISSENSCHAFT: FRISCHE CHILIS FRISCH HALTEN

In Lake eingelegt halten sich frische Chilis mehrere Wochen. Frische Chilis wie Jalapeños und Serranos halten sich eigentlich nicht sehr lange, auch nicht, wenn man sie kühlt. Wir haben vier Aufbewahrungsmethoden im Kühlschrank ausprobiert, um herauszufinden, welche davon unsere frischen Schoten am längsten knackig frisch hält. Wir haben ganze Chilis in einen Plastikbeutel gegeben und diesen verschlossen. Eine zweite Probe haben wir lose ins Gemüsefach gelegt. Für die verbleibenden zwei Proben haben wir die Schoten zunächst halbiert (damit Flüssigkeit überall hin gelangen kann) und sie dann in Branntweinessig bzw. Lake (1 EL Salz auf 250 ml Wasser) gegeben, sodass sie ganz von der Flüssigkeit bedeckt waren. Die Chilis im Beutel und im Gemüsefach haben nach einer Woche begonnen, weich zu werden und sich braun zu verfärben. Auch die Aufbewahrung in Essig war nicht ideal – nach etwa einer Woche schmeckten die Chilis eher sauer eingelegt als frisch. Die Schoten in Lake dagegen sind über mehrere Wochen knackig geblieben und haben sowohl ihre Farbe als auch ihre frische Schärfe behalten. Kurz abgespült, waren sie von frischen Chilis nicht zu unterscheiden, weder roh noch in Salsa. Erst nach einem Monat wurden sie langsam weich, haben aber in gekochten Gerichten auch mehrere Wochen später noch einwandfrei geschmeckt.

DREIERLEI CHILIS Für ein besonders vielschichtiges Chili-Aroma nehmen wir eine Mischung aus Poblano-, Anaheim- und Jalapeño-Schoten. Jalapeños sind kleine, dunkelgrüne Chilis mit glatter Haut, pikanter Schärfe und einem leicht bitteren Geschmack, der an grüne Gemüsepaprika erinnert. Anaheim-Chilis sind lange, grüne Schoten mit milder Schärfe und einem zitronig sauren Bitteraroma. Poblanos sind groß, herzförmig und schwarz-grün. Sie haben eine milde bis mittlere Schärfe und volles, „gemüsiges", leicht süßes Aroma.

DAS GEMÜSE PÜRIEREN Wir zerkleinern die entkernten Chili-Schoten (und Zwiebeln) gleich zu Anfang in der Küchenmaschine. Dann dünsten wir die stückige Mischung mit Knoblauch und Gewürzen im geschlossenen Topf an, damit das Gemüse weich wird. Anschließend pürieren wir das Gemüse (zusammen mit einem Teil der Bohnen und der Brühe), damit das Chili dick wird und sich der Geschmack der Chili-Schoten gleichmäßig verteilt.

DAS HÄHNCHENFLEISCH KÖCHELN LASSEN Nachdem wir die pürierte Gemüse-Bohnen-Mischung zurück in den Bräter geschüttet und noch etwas mehr Brühe angegossen haben, lassen wir das gebräunte Hähnchenfleisch in der Flüssigkeit köcheln. Nachdem es etwas abgekühlt ist, wird es zerkleinert. Derweil werden die restlichen weißen Bohnen im Bräter durcherhitzt.

SCHÄRFE UND FRISCHE ZUM SCHLUSS Zum Abschluss wird das Chili mit einer weiteren fein gehackten Jalapeño-Schote gewürzt, deren Trennwände und Samen wir separat fein gehackt haben, um die Schärfe des Gerichts damit präzise steuern zu können. Schließlich bekommt das Chili noch mit Limettensaft, Koriandergrün und Frühlingszwiebeln einen kräftigen Schuss Frische und ein paar Farbtupfer.

PERFEKTES RINDFLEISCH-CHILI
(FÜR 6 BIS 8 PORTIONEN)

Das Steak aus dem Schild (blade steak) kann durch einen 1,8 kg schweren Rindernackenbraten (chuck eye roast) ersetzt werden (Fett möglichst gründlich entfernen). Bei diesem Gericht liegt ein Großteil der Chili-Aromen in Fett gelöst vor, deshalb sollte das Fett auf keinen Fall abgeschöpft werden. Statt der Ancho-Chilis können Sie genauso gut getrocknete New Mexican-, Mulato- oder Guajillo-Chilis verwenden. Die getrockneten Arbol-Chilis lassen sich jeweils durch 1 Prise Cayennepfeffer ersetzen. Wenn Sie ganz auf getrocknete Chilis

verzichten möchten, können Sie die Ancho- und Arbol-Scho-
ten durch 70 g handelsübliches Chilipulver und ¼ bis ½ TL Ca-
yennepfeffer ersetzen. Garnieren Sie das fertige Chili nach
Belieben mit gewürfelten Avocados, gehackten roten Zwie-
beln, gehacktem Koriandergrün, Limettenspalten, Sour
Cream und geriebenem Monterey-Jack-Käse (bzw. einem jun-
gen Schnittkäse) oder Cheddar.

230 g	getrocknete Pintobohnen (Wachtelbohnen), verlesen und gewaschen
	Salz
6	getrocknete Ancho-Chilis, Strunk und Samen entfernt, in ca. 2,5 cm große Stücke geschnitten
2–4	getrocknete Arbol-Chilis, Strunk und Samen entfernt, halbiert
3 EL	Maismehl
2 TL	getrockneter Oregano
2 TL	gemahlener Kreuzkümmel
2 TL	Kakaopulver
600 ml	salzarme Geflügelbrühe
2	Zwiebeln, in 1,5–2 cm große Stücke geschnitten
3	kleine Jalapeño-Chilis, Strunk und Samen entfernt, in 1–1,5 cm große Stücke geschnitten
3 EL	Pflanzenöl
4	Knoblauchzehen, fein gehackt
1 Dose	Tomatenstücke (400 g)
2 TL	Melasse
1,6 kg	Steak aus dem Schild (blade steak), ca. 2 cm dick, pariert und in 1,5–2 cm große Stücke geschnitten
1 Flasche	mildes Lagerbier (330 ml)

1. 4 l Wasser, die Bohnen und 3 EL Salz in einen dickwandigen Bräter geben und auf hoher Stufe aufkochen lassen. Den Bräter vom Herd nehmen, Deckel auflegen und 1
Stunde stehen lassen. Die Bohnen abgießen und abspülen.

2. Den Backofen auf 150 °C vorheizen. In einer Pfanne
(ø 30 cm) die Ancho-Schoten auf mittlerer bis hoher Stufe
erhitzen und unter häufigem Rühren 4 bis 6 Minuten rösten, bis sie zu duften beginnen. Die Hitze reduzieren, falls
die Chilis anfangen zu rauchen. Chilis in die Schüssel der
Küchenmaschine geben und abkühlen lassen. Die Pfanne
nicht abwaschen.

3. Arbol-Chilis, Maismehl, Oregano, Kreuzkümmel,
Kakaopulver und ½ TL Salz zu den gerösteten Anchos in die
Maschine geben. Das Ganze etwa 2 Minuten fein zerkleinern. Maschine laufen lassen und langsam 125 ml Brühe
angießen, bis nach etwa 45 Sekunden eine glatte Paste ent-

standen ist (falls nötig, an der Schüsselwand haftende Masse nach unten streichen). Die Paste in eine kleine Schüssel
geben. Die Zwiebeln in die jetzt leere Küchenmaschine geben und grob zerkleinern (Maschine dazu etwa 4-mal kurz
betätigen). Jalapeño-Chilis hinzufügen und die Maschine
erneut 4-mal kurz betätigen, bis eine stückig-saucige Masse
entsteht (falls nötig, an der Schüsselwand haftende Masse
nach unten streichen).

4. Im Bräter 1 EL Öl auf mittlerer bis hoher Stufe erhitzen. Die Zwiebelmischung hinzufügen und unter gelegentlichem Rühren etwa 7 bis 9 Minuten garen, bis die Flüssigkeit verdampft ist und die Stückchen weich sind. Den
Knoblauch dazugeben und etwa 1 Minute mitgaren, bis er
duftet. Chilipaste, Tomaten und Melasse hinzufügen und
sorgfältig unterrühren. Die restliche Brühe und die abge-
gossenen Bohnen dazugeben, alles aufkochen und anschließend bei reduzierter Hitze köcheln lassen.

5. Derweil in der Pfanne 1 EL Öl auf mittlerer bis hoher
Stufe erhitzen, bis es sich kräuselt. Das Rindfleisch mit Kü-
chenpapier trocken tupfen und mit 1 TL Salz bestreuen. Die
Hälfte des Fleischs in der Pfanne etwa 10 Minuten von allen

THAI-RINDFLEISCHPFANNE MIT CHILIS UND SCHALOTTEN, S. 149

Seiten anbräunen, dann in den Bräter geben. Anschließend die Pfanne mit der Hälfte des Biers ablöschen, den Bratensatz vom Pfannenboden lösen und das Bier zum Köcheln bringen. Das Bier in den Bräter gießen. Vorgang mit 1 EL Öl sowie dem restlichen Fleisch und Bier wiederholen. Den Inhalt des Bräters durchrühren und zum Köcheln bringen.

6. Den Deckel auflegen und den Bräter auf der zweiten Schiene von unten in den Ofen stellen. Das Chili 1½ bis 2 Stunden garen, bis das Fleisch und die Bohnen ganz zart sind. Das Chili 10 Minuten ohne Deckel stehen lassen. Gut umrühren, mit Salz abschmecken und servieren. (Das Chili kann bis zu 3 Tage im Kühlschrank aufbewahrt werden.)

🍲 WARUM DAS REZEPT FUNKTIONIERT

Bei der Entwicklung des „perfekten" Chili-Rezepts wollten wir wissen, welche der „geheimen" Zutaten, die von der weltweiten Chili-Expertenschaft als unerlässlich empfohlen werden, tatsächlich unerlässlich sind und auf welche man getrost verzichten kann. Statt Rinderhack haben wir uns für Steak aus dem Schild entschieden, außerdem haben wir eine Mischung aus frischen und getrockneten Chilis verwendet und die Bohnen nassgepökelt, damit sie während der langen Garzeit schön cremig bleiben.

DAS RICHTIGE FLEISCH Als die Entscheidung für gewürfeltes Rindfleisch – anstelle von Hackfleisch – gefallen war, haben wir für das Chili sechs verschiedene Teilstücke ausprobiert: Flap-Meat, Brisket, Rindernackenbraten (chuck eye roast), Saumfleisch (skirt steak), Steak aus dem Schild (blade steak) und Short Ribs. Obwohl die Short Ribs herrlich zart waren, haben einige Testesser bemängelt, das Fleisch erinnere zu sehr an Schmorbraten. Brisket hat wunderbar fleischig geschmeckt, war aber mager und etwas zäh. Mit seiner zarten Konsistenz bei gleichzeitig üppig vollem Aroma hat das Steak aus dem Schild schließlich die Konkurrenz geschlagen. Rindernackenbraten ist eine gute Alternative.

DIE BOHNEN KURZ NASSPÖKELN Damit die Bohnen schnell gar werden und bis zum Schluss zart und cremig bleiben, ist es wichtig, sie in Salzwasser einzulegen (siehe Konzept 2.6). Wir erledigen das hier im Schnellverfahren, da die Bohnen in diesem Rezept kulinarisch nicht im Mittelpunkt stehen. Außerdem ist die Zubereitung des Chilis auch so schon zeitaufwendig genug. Die Abläufe passen perfekt zusammen: Während die Bohnen in der Lake liegen, wird die übrige Arbeit erledigt.

ENTKERNEN, RÖSTEN UND PÜRIEREN Um ein möglichst komplexes Chili-Aroma zu erhalten, verwenden wir statt des handelsüblichen Chilipulvers getrocknete Ancho- und Arbol-Chilis und frische Jalapeños (für frische Schärfe und grasige Noten). Die Ancho-Chilis rösten wir, damit sie ihr Aroma voll entfalten. Damit die Schärfe nicht außer Kontrolle gerät, entkernen wir sämtliche Chilis. Das Ganze ergän-

zen wir noch mit Oregano, Kreuzkümmel, Kakaopulver, Salz und Maismehl (zum Andicken).

MEHR GESCHMACK UND TEXTUR Bei den flüssigen Zutaten haben Bier und Geflügelbrühe andere Empfehlungen wie Rotwein, Kaffee und Rinderbrühe klar geschlagen. Wir wollten dem Gericht zudem eine ausgewogene Süße verleihen – hier hat sich helle Melasse als ideal erwiesen und weit ausgefallenere Zutaten (darunter Trockenpflaumen und Coca-Cola) weit hinter sich gelassen. Mehl und Erdnussbutter haben unserem Perfekten Chili nicht wie versprochen zur perfekten Konsistenz verholfen, stattdessen aber eine kleine Menge ganz gewöhnliches Maismehl.

THAI-RINDFLEISCHPFANNE MIT CHILIS UND SCHALOTTEN
(FÜR 4 PORTIONEN)

Wenn Sie kein Steak aus dem Schild (blade steak) bekommen, nehmen Sie Flanksteak. Da Sie bei letzterem weniger wegschneiden müssen, reichen etwa 800 g. Schneiden Sie das Flanksteak erst mit der Faser in 3,5 bis 4 cm breite Streifen, die Sie dann quer zur Faser in gut 0,5 cm dicke Scheiben schneiden. Damit sich das Fleisch besser schneiden lässt, legen Sie es 15 Minuten ins Tiefkühlfach. Weißer Pfeffer verleiht dem Gericht ein sehr charakteristisches Aroma, deshalb sollten Sie ihn keinesfalls gegen schwarzen Pfeffer austauschen. Reichen Sie zum Gericht gedämpften Jasmin-Reis.

FÜR DAS FLEISCH

1 EL	Fischsauce
1 TL	brauner Zucker
¾ TL	Koriander, gemahlen
1 Prise	weißer Pfeffer, gemahlen
900 g	Steak aus dem Schild (blade steak), pariert und quer zur Faser in gut 0,5 cm dicke Streifen geschnitten

FÜR DIE SAUCE UND DIE GARNIERUNG

2 EL	Fischsauce
2 EL	Reisessig
2 EL	Wasser
1 EL	brauner Zucker
1 EL	Chili-Knoblauch-Sauce (aus dem Asialaden)
3	Knoblauchzehen, fein gehackt
3 EL	Pflanzenöl
3	Serrano- oder Jalapeño-Chilis, Strunk, Trennwände und Samen entfernt, in dünne Streifen geschnitten

3	Schalotten, geschält, geviertelt und in die einzelnen Schichten zerteilt
½ Bund	frische Minzeblätter, große Blätter in mundgerechte Stücke zerzupft
½ Bund	frisches Koriandergrün
40 g	trocken geröstete Erdnüsse, grob gehackt
	Limettenspalten

1. **FÜR DAS FLEISCH:** Fischsauce, Zucker, Koriander und weißen Pfeffer in einer großen Schüssel vermischen. Das Fleisch dazugeben und alles gut vermengen. 15 Minuten marinieren.

2. **FÜR DIE SAUCE UND DIE GARNIERUNG:** In einer kleinen Schüssel Fischsauce, Essig, Wasser, Zucker und Chili-Knoblauch-Sauce verrühren, bis sich der Zucker ganz aufgelöst hat. In einer zweiten kleinen Schüssel den Knoblauch mit 1 TL Öl vermischen.

3. Auf hoher Stufe 2 TL Öl in einer antihaftbeschichteten Pfanne (ø 30 cm) erhitzen, bis es sich kräuselt. Ein Drittel des Fleisches hineingeben und in einer Schicht verteilen. Das Fleisch ohne Rühren etwa 2 Minuten gut anbräunen, dann unter Rühren etwa 30 Sekunden weiterbraten, bis das Fleisch außen gebräunt und in der Mitte nicht mehr rosa ist. Anschließend das Fleisch in eine mittelgroße Schüssel geben. Vorgang für das restliche Fleisch wiederholen (in zwei Durchgängen, jeweils mit 2 TL Öl).

4. Die Hitze auf mittlere Stufe reduzieren. 2 TL Öl schwenkend in der Pfanne verteilen. Die Chilis und Schalotten etwa 3 bis 4 Minuten andünsten, bis sie anfangen, weich zu werden. Gemüse an den Pfannenrand schieben, sodass die Mitte frei ist. Knoblauch-Öl-Gemisch in die Pfannenmitte geben, 15 bis 20 Sekunden anbraten, bis es duftet, dabei vorsichtig zerdrücken. Gemisch unter die Chilis und Schalotten mengen. Die Herdplatte auf höchste Stufe stellen und die Fischsaucen-Mischung dazugeben. Etwa 30 Sekunden erhitzen, bis die Flüssigkeit leicht reduziert und angedickt ist.

5. Das Rindfleisch samt ausgetretenem Saft zum Gemüse und zur Sauce in die Pfanne geben und alles gut vermengen. Die Hälfte der Minze und des Koriandergrüns unterrühren. Sofort servieren, dabei die einzelnen Portionen mit Erdnüssen und den restlichen Kräutern bestreuen. Limettenspalten separat reichen.

🍲 WARUM DAS REZEPT FUNKTIONIERT

Für eine traditionelle thailändische Rindfleischpfanne benötigt man eigentlich so exotische Zutaten wie Thai-Ingwer, Palmzucker und ge-

trocknete Garnelen. Die Vorbereitungen (einschließlich Frittieren) können schnell einmal ein paar Stunden in Anspruch nehmen. Wir dagegen wollten ein möglichst zügig zubereitetes Gericht mit überall erhältlichen Zutaten. Wir haben uns für ein günstiges Steak aus dem Schild entschieden, da es kräftiges Fleischaroma hat und durchgegart recht zart bleibt. Schon eine Viertelstunde in unserer Marinade aus Fischsauce, weißem Pfeffer, Koriander und etwas braunem Zucker reicht aus, um das Fleisch gut zu würzen. Für Extraschärfe verwenden wir Chili-Knoblauch-Sauce; damit lässt sich die Schärfe einfach dosieren,

---

PRAKTISCHE WISSENSCHAFT: FRIEREN SIE FRISCHE CHILIS NICHT EIN

Frische Chilis, die schon ein paar Tage alt sind, sollten Sie entweder schnell aufbrauchen oder in Lake einlegen. Auf keinen Fall jedoch sollten Sie sie einfrieren.

Aus unserer Versuchsküche wissen wir, dass sich frische Chilischoten etwa eine Woche halten, wenn man sie richtig, in feuchtes Küchenpapier eingewickelt im Gemüsefach lagert. Ebenfalls wissen wir, dass sie sich gut in Lake einlegen lassen (siehe Kasten „Frische Chilis frisch halten" auf Seite 145). Bleibt die Frage: Halten Sie sich eingefroren womöglich noch länger? Wir haben es ausprobiert und ganze Jalapeño- und Poblano-Chilis eingefroren. Nach zwei Wochen haben wir sie aufgetaut und sie mit frischen Chilis verglichen – die Jalapeños in einer Salsa, die Poblanos pur. Die Textur der aufgetauten Chilis ließ sehr zu wünschen übrig, ihr ursprünglich knackiges Fleisch war breiig und wässerig. Das Aroma der Tiefkühl-Poblanos war deutlich abgeschwächt, und vom „grasig frischen" Aroma und der „sich langsam aufbauenden Schärfe" der Jalapeños war auch kaum noch etwas übrig. Brauchen Sie Ihre Chilis also auf, bevor sie schlecht werden, oder legen Sie sie ein. Im Gefrierfach jedenfalls haben frische Chilis nichts zu suchen.

außerdem bereichert die Sauce unsere Rindfleischpfanne zusätzlich mit röstigen Knoblauchnoten.

SALZIGE MARINADE Für asiatische Pfannengerichte setzen wir meist auf Sojasauce als Marinadenbasis, hier jedoch nicht. Stattdessen verwenden wir Fischsauce, die genauso salzig wir Sojasauce ist, aber aus fermentiertem Fisch hergestellt wird und in Thailand in Chili-Rindfleisch-Gerichten üblich ist. (Mehr über die Wirkung von Salz in Marinaden können Sie in Buch 1, Konzept 1.13 nachlesen.) Durch die Fischsauce bekommt unser Pfannengericht die salzige Note, für die in traditionellen Rezepten getrocknete Garnelen und Garnelenpaste sorgen. Dazu ergänzen wir unsere Marinade noch mit etwas braunem Zucker, Koriander und weißem Pfeffer, der beißend scharf ist und zudem leicht nach Wild schmeckt.

IN DER RICHTIGEN REIHENFOLGE BRATEN Wie bei allen unseren Pfannengerichten, die ihren Ursprung in der asiatischen Wok-Küche haben, ist auch für dieses Rezept beim Braten eine bestimmte Reihenfolge einzuhalten, die Sie kaum noch überraschen dürfte. Als Erstes bräunen wir das Fleisch in kleinen Teilmengen möglichst kräftig an (siehe Buch 1, Konzept 1.2). Dann kommt das Gemüse – in diesem Fall Chilis und Schalotten – in die Pfanne. Den Knoblauch geben wir, damit er nicht anbrennt, erst kurz vor Garende dazu. Eine gute Sauce zu einem Thai-Gericht wie diesem sollte sowohl salzige und süße als auch scharfe und saure Komponenten enthalten. Das erreichen wir mit salziger Fischsauce und süßem braunen Zucker. Für leichte Säure greifen wir zu Reisessig, die Chilis sorgen für ordentlich Schärfe. Was für ein echt thailändisches Pfannengericht zum Abschluss noch fehlt, sind frische Kräuter und etwas Knuspriges. Unsere Lösung: Koriandergrün, Minze und geröstete Erdnüsse.

SCHARF, ABER NICHT ZU SCHARF Wir entfernen die Samen und Trennwände der Chilis, um ihre Schärfe etwas abzumildern, und schneiden die Schoten dann in Streifen. Doch noch eine zweite Zutat liefert Schärfe: Chili-Knoblauch-Sauce aus dem Asialaden. Ihr Geschmack ist wunderbar komplex – scharf, dabei röstig und selbstverständlich mit deutlichem Knoblaucharoma. Die Verwendung von zwei „Scharfmachern" gibt uns die Möglichkeit, den Schärfegrad des Gerichts sehr feinstufig zu regulieren.

KONZEPT 2.11
KRÄFTIGE GEWÜRZE – SO LASSEN SICH AROMEN DURCH ERHITZEN VERSTÄRKEN

Viele Hobby-Köche sind sehr zurückhaltend, wenn es um Gewürze geht. Man verwendet sie in Gebäck (wie Lebkuchen), vielleicht noch bei herzhaften Gerichten, natürlich bei Grillfleisch (wie Gewürz-Rubs) oder Gerichten bestimmter kulinarischer Traditionen (wie in der Tex-Mex- oder Cajun-Küche). Das Problem bei Gewürzen ist zum einen die Frische – die Pulver in den alten Döschen in Ihrem Gewürzschrank dürften ihre besten Tage hinter sich haben –, zum anderen muss man wissen, wie Gewürze „funktionieren".

DIE WISSENSCHAFT DAHINTER

SO ENTFALTEN GEWÜRZE IHR AROMA IN HEISSEM ÖL

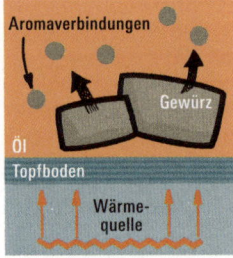

IN HEISSEM ÖL Erhitzt man fettlösliche Gewürze in Öl, gehen viele ihrer Aromastoffe ins Öl über, wodurch sowohl das Öl aromatisiert wird als auch das Gewürz selbst intensiver schmeckt.

Gewürze werden in der Regel aus Beeren, Pflanzensamen, Wurzeln oder Rinde hergestellt. Trocknet man diese, verstärkt sich ihr Geschmack. In den Handel kommen sie entweder „im Ganzen" oder in Pulverform, also gemahlen. Gewürznelken beispielsweise sind getrocknete Knospen. Man kann sie ganz kaufen und die intensiv schmeckenden kleinen „Nägelchen" als Bratengewürz oder in Glühwein verwenden. Oder man kauft sie gemahlen, dann eignen sie sich für Gewürzkuchen und Gewürz-Cookies.

Allen Gewürzen ist gemein, dass sie der Geschmackgebung dienen. Schon seit Jahrtausenden nutzt der Mensch Gewürze beim Kochen. Doch nicht immer wurden sie nur als würzende Zutaten gesehen: Sie waren begehrte und kostbare Handelswaren, da sie für religiöse Rituale und Medizin eine wichtige Rolle spielten. Die Nachfrage ließ ein weltweites, mächtiges Handelssystem entstehen.

Warum schmecken Gewürze so intensiv? Ihr Geschmack rührt hauptsächlich von Aromen her, die nichts anderes als flüchtige, in die Luft davonschwebende Moleküle sind, die wir wahrnehmen. Gewürze enthalten sehr viele solcher Moleküle, weshalb sie so unglaublich aromatisch sind und kräftig schmecken – so kräftig, dass man Gewürze eigentlich nicht mit Genuss pur essen kann.

In den meisten Gewürzen ist eine breite Palette verschiedener Aromastoffe vorhanden, aus deren Kombination sich das charakteristische und komplexe Aroma des jeweiligen Gewürzes ergibt. Nehmen wir zum Beispiel schwarze Pfefferkörner. Ihr einzigartiges Aroma stammt von flüchtigen Ölen, Terpene genannt, die wir als Noten von Terpentin, Nelke und Zitrusfrüchten wahrnehmen. Daneben enthalten Pfefferkörner Pyrazine, die für erdige, röstige und grün-pflanzliche Aromanoten sorgen. Der scharfe „Biss" entsteht durch den Stoff Piperin, der als Nebenwirkung unseren Trigeminusnerv reizt, der für die Empfindungen „heiß" und „scharf" zuständig ist.

Gewürze lassen sich grob in drei Klassen einteilen: Gewürze mit wasserlöslichen Aromastoffen, mit fettlöslichen Aromastoffen und jene, in denen durch trockene Hitze neue Aromaverbindungen entstehen. Das bedeutet, dass Aromen, die sich gut in Wasser lösen, besonders effektiv mithilfe einer salzigen Marinade („Lakinade", siehe Buch 1, Konzept 1.13) ins Grillfleisch transportiert werden, fettlösliche hingegen entfalten ihre Wirkung besser in einer ölbasierten Marinade (wie die für unsere Knoblauch-Shrimps nach spanischer Art in Buch 1 auf Seite 178). Andere Gewürze wiederum profitieren einfach davon, wenn man sie trocken in einer Pfanne röstet.

Erhitzt man Gewürze, ändert sich der Geschmack (und die Intensität) je nach Methode mitunter drastisch. Man kann Gewürze direkt erhitzen, wie beim Rösten von Gewürzen oder wie beim Grillen, wenn der Gewürz-Rub direkt der Hitze der Flammen ausgesetzt ist. Röstet man ein Gewürz im Ganzen, dringen seine aromatischen Öle an die Oberfläche und machen den Geschmack kräftiger und komplexer. Bei bestimmten Gewürzen, zum Beispiel Kreuzkümmel und Koriander, kommt es auch zu Maillard-Reaktionen, an denen bestimmte Zucker und Aminosäuren beteiligt sind (siehe Buch 1, Konzept 1.2) und durch die sehr intensive Aromaverbindungen wie Pyrazine entstehen. Unserer Erfahrung nach ist es am besten, Gewürze im Ganzen zu rösten und dann erst zu mahlen, da durch das Zerkleinern Wasser und flüchtige Öle in die Luft entweichen. Beim anschließenden Rösten fallen die chemischen Reaktionen dann aufgrund des Mangels an „Reaktionsmaterial" schwächer aus.

Manche Gewürze erhitzt man besser in Fett. Fettlösliche Gewürze, im Ganzen oder gemahlen, werden auf diese Weise intensiver. (Ganze Gewürzteile entfernen wir vor dem Servieren, da sie unangenehm stark schmecken.) Beim Erhitzen in Fett gehen die fettlöslichen Aromamoleküle vom festen Zustand in den gelösten Zustand über, in dem sie sich vermischen und miteinander reagieren. Das Gesamtaroma wird so noch komplexer. Wie die meisten Substanzen lösen sich auch die Aromastoffe besser in einem heißen Lösungsmittel (Fett oder Öl) als in einem kalten. Aber Vorsicht: Ist die Butter oder das Öl zu heiß, können die Gewürze anbrennen.

DAS EXPERIMENT

Schmecken Gewürze und Kräuter intensiver, wenn man sie in Öl statt in Wasser erhitzt? Um die Frage zu klären, haben wir das folgende Experiment durchgeführt: Wir haben jeweils 50 g zerstoßene Chiliflocken genau 20 Minuten lang in 100 g Rapsöl und 100 g Wasser erhitzt. Die Temperatur des Öls bzw. Wassers wurde dabei konstant auf 93 °C gehalten. Dann haben wir die Chiliflocken abgeseiht und das Öl sowie das Wasser auf weißem Reis probiert. Zusätzlich haben wir Proben beider Flüssigkeiten an ein Labor geschickt, um dort die Menge des enthaltenen Capsaicins (das für die Schärfe von

Chiliflocken verantwortlich ist) per Hochleistungsflüssigkeitschromatographie (high performance liquid chromatography, HPLC) bestimmen zu lassen. Um die Wirkung von heißem Öl auf robuste Kräuter zu untersuchen, haben wir den Versuch mit Thymian wiederholt und die Konzentration des wichtigsten Aromastoffes, Thymol, messen lassen. Wir haben das Experiment insgesamt dreimal durchgeführt.

DAS ERGEBNIS

Zunächst zum Geschmack: Bei den Chiliflocken wie auch beim Thymian hat der Reis mit dem Öl deutlich intensiver als mit Wasser geschmeckt. Das wurde durch die Zahlen aus dem Labor bestätigt: Die Wasserprobe der Chiliflocken hatte eine Schärfe von im Schnitt 1 113 Scoville-Einheiten (SHU), während das Öl etwa doppelt so scharf war, nämlich 2 233 SHU. Für den Thymian haben die Werte noch weiter auseinandergelegen: Der Thymol-Gehalt des Wassers hat 19,4 ppm betragen (parts per million, „Teile pro Million"), das Öl dagegen hat etwa zehnmal so viel Thymol, im Schnitt 197 ppm, enthalten.

DIE ERKENNTNIS

Das Fazit: Für maximales Aroma sollte man viele Gewürze (und einige Kräuter) in Öl erhitzen. Das bedeutet nicht unbedingt zusätzliche Arbeit – geben Sie die Gewürze (oder Kräuter) zum Fett in den Topf, bevor Sie die flüssigen Zutaten hinzufügen. Bei einem Chili-Eintopf etwa braten Sie die Gewürze einfach zusammen mit den Zwiebeln und dem Knoblauch an, anstatt sie gemeinsam mit der Flüssigkeit dazuzugeben, wie es viele Rezepte vorsehen.

Und welche Tricks gibt es noch, um Gewürzen möglichst viel Aroma zu entlocken? Selber mahlen, zum Beispiel. Kaufen Sie Gewürze „im Ganzen" und zerkleinern Sie sie selbst. Sie bleiben so länger frisch und schmecken und duften intensiver. Gewürze, die Sie fertig gemahlen kaufen, sollten Sie nach einem Jahr austauschen (ganze Gewürze behalten bis zu zwei Jahre ihr volles Aroma). Manche Gewürze erhitzen wir nicht in Öl, sondern rösten sie trocken in der Pfanne. Durch die Hitze steigen die hocharomatischen Öle der Gewürze an die Oberfläche.

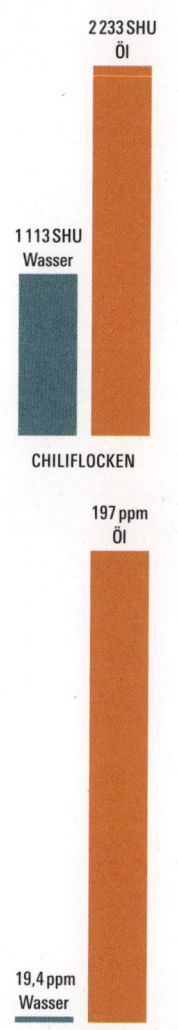

KONZENTRATION VON AROMASTOFFEN BEIM ERHITZEN VON GEWÜRZEN IN WASSER BZW. ÖL

2 233 SHU
Öl

1 113 SHU
Wasser

CHILIFLOCKEN

197 ppm
Öl

19,4 ppm
Wasser

THYMIAN

* Capsaicingehalt bestimmt per HPLC (in Scoville-Einheiten, SHU)
** Thymolgehalt bestimmt per HPLC (in parts per million, ppm)

GEWÜRZE ERHITZEN IN DER PRAXIS:
CHILIS, CURRYS, RUBS UND MEHR

Werden Gewürze durch Erhitzen „aufgeschlossen", potenziert sich ihre Würzkraft und das Essen schmeckt aromatischer und köstlicher als je zuvor. In diesem Abschnitt wenden wir unsere Methode auf Chilis, Currys, schwarzgebratenen Fisch und Steaks mit Pfefferkruste an.

EINFACHES RINDFLEISCH-CHILI MIT KIDNEYBOHNEN
(FÜR 8 BIS 10 PORTIONEN)

Garnieren Sie das fertige Chili nach Belieben mit gewürfelten frischen Tomaten, gewürfelten Avocados, Frühlingszwiebelringen, gehackten roten Zwiebeln, gehacktem frischen Koriandergrün, Sour Cream und/oder einem milden Schnittkäse oder Cheddar. Wenn Sie es scharf mögen, nehmen Sie etwas mehr Cayennepfeffer oder mehr Chiliflocken – alternativ auch beides. Das Chili schmeckt am besten, wenn es gut durchgezogen ist; bereiten Sie es also falls möglich schon am Vortag zu.

2 EL	Pflanzenöl
2	Zwiebeln, fein zerkleinert
1	rote Paprika, ohne Strunk, entkernt, in 1–1,5 cm große Stücke geschnitten
6	Knoblauchzehen, fein gehackt
4 EL	Chilipulver (Mischung, siehe Seite 156)
1 EL	gemahlener Kreuzkümmel
2 TL	gemahlener Koriander
1 TL	Chiliflocken
1 TL	getrockneter Oregano
½ TL	Cayennepfeffer
900 g	Rinderhackfleisch (15 % Fett)
2 Dosen	rote Kidneybohnen (jeweils 425 g), abgespült
1 Dose	Tomatenstücke (800 g), abgetropft (Saft auffangen und beiseitestellen)
1 Dose	passierte Tomaten (800 g)
	Salz
	Limettenspalten

1. Das Öl in einem dickwandigen Bräter bei mittlerer Hitze heiß werden lassen, bis es sich kräuselt. Zwiebeln, Paprika, Knoblauch, Chilipulver, Kreuzkümmel, Koriander, Chiliflocken, Oregano und Cayennepfeffer dazugeben und unter gelegentlichem Rühren etwa 10 Minuten erhitzen, bis das Gemüse weich ist und zu bräunen beginnt. Die Hitze auf mittlere bis hohe Stufe stellen und die Hälfte des Hackfleischs in den Bräter geben. Hackfleischklumpen mit einem Kochlöffel zerteilen und alles 3 bis 4 Minuten braten, bis das Fleisch nicht mehr rosa ist und gerade eben anbräunt. Dann das restliche Fleisch zufügen, Klumpen mit dem Löffel zerteilen und 3 bis 4 Minuten garen, bis es nicht mehr rosa ist.

2. Die Bohnen, Tomatenstücke, passierten Tomaten und ½ TL Salz hinzufügen. Alles aufkochen lassen, dann die Hitze ganz klein stellen und 1 Stunde zugedeckt köcheln lassen, dabei ab und zu umrühren. Den Deckel abnehmen und etwa 1 Stunde unter gelegentlichem Rühren weiter köcheln lassen, bis das Hackfleisch zart ist und das Chili schön dunkel aussieht und leicht angedickt ist. (Sollte das Chili am Topfboden anhaften, 125 ml Wasser dazugießen und weiterköcheln lassen.) Mit Salz abschmecken. Servieren und Limettenspalten und Garnierzutaten (falls gewünscht) zum Chili reichen. (Das Chili kann im Kühlschrank bis zu 2 Tage aufbewahrt werden.)

RINDFLEISCH-CHILI MIT BACON UND
SCHWARZEN BOHNEN

8 Streifen Bacon in 1 bis 1,5 cm große Stücke schneiden und in einem schweren Bräter auf mittlerer Stufe etwa 8 Minuten anbräunen, dabei häufig umrühren. Bis auf 2 EL das Fett abgießen, dabei den Bacon im Bräter lassen. Dem Hauptrezept folgen, in Schritt 1 allerdings das Öl weglassen und das Gemüse und die Gewürze stattdessen im Baconfett anbraten. Die Kidneybohnen aus der Dose durch schwarze Bohnen aus der Dose ersetzen.

🍲 WARUM DAS REZEPT FUNKTIONIERT
Ein einfaches, schnell zubereitetes Chili, das besser schmeckt als nur die Summe seiner Teile – so lautete unsere Zielvorgabe für das Rezept.

EINFACHES RINDFLEISCH-CHILI MIT KIDNEYBOHNEN, S. 154

Dabei haben wir entdeckt, dass Chilipulver sehr viel intensiver schmeckt, wenn man es zusammen mit dem Gemüse in die Pfanne gibt. Mit ein paar weiteren sorgsam ausgewählten Gewürzen wird der Geschmack des Chilis noch besser. Das Hackfleisch darf nicht zu mager, aber auch nicht zu fett sein. Und schließlich halten wir den Deckel die erste Hälfte der Garzeit über geschlossen, was für eine üppig-dicke Chili-Konsistenz sorgt.

DIE GEWÜRZE FRÜH DAZUGEBEN Ganz anders als unser Perfektes Rindfleisch-Chili (siehe Seite 146) ist dieses Chili der Inbegriff der Einfachheit. Um mit überall erhältlichen Zutaten möglichst viel Würze und Geschmack zu zaubern, müssen wir aus abgepackten Gewürzen maximales Aroma herauskitzeln. In vielen Chilirezepten werden die Gewürze erst nach dem Anbräunen des Fleischs hinzugefügt, wir wissen jedoch, dass gemahlene Gewürze manchmal kräftiger schmecken, wenn sie direkt in heißem Öl erhitzt werden. Um das zu überprüfen, haben wir drei Töpfe Chili zubereitet: Für das erste Chili haben wir die Gewürzpulver vor dem Fleisch in den Topf gegeben, für das zweite nach dem Fleisch, und für das dritte schließlich haben wir die Gewürze ohne Fett in einer Pfanne angeröstet, bevor wir sie nach dem Anbraten des Fleischs in den Topf gegeben haben. Ergebnis: Das zweite Chili, dem wir die Gewürze nach dem Fleisch zugefügt hatten, hatte kaum Geschmack. Das dritte Chili – Gewürze separat geröstet – hat schon etwas intensiver geschmeckt, allerdings haben die Gewürze auch hier noch nicht ihre volle Kraft entfaltet, da in der trockenen Pfanne flüchtige Aromamoleküle nicht gebunden werden, sondern verdampfen. Unser klarer Favorit war das erste Chili, in dem wir die Gewürze noch vor dem Fleisch in den Topf gegeben haben. Gibt man die Gewürze gleich zu Beginn des Kochens in heißes Fett, werden die fettlöslichen Aromen optimal aufgeschlossen und entfalten ihr volles Würzpotenzial.

PEPPIGER GEWÜRZMIX Unser Chilipulver besteht zu 80 Prozent aus gemahlenen getrockneten Chilis und zu 20 Prozent aus Knoblauch- und Zwiebelpulver, Oregano, gemahlenem Kreuzkümmel und Salz. Achten Sie bei Ihrem nächsten Einkauf auf diese typisch amerikanische „Chilipulver-Mischung", die Sie in gut sortierten Gewürzabteilungen finden. Für kräftigeres Aroma erhöhen wir die übliche Chilipulvermenge und peppen es mit extra Kreuzkümmel, Oregano und etwas Cayennepfeffer noch zusätzlich auf. Auch unser Trio aus geschmackgebenden Gemüsen – Zwiebel, rote Paprika, Knoblauch – trägt seinen Teil zum Gesamtaroma des Chilis bei.

MAGER, ABER NICHT ZU MAGER Wir haben für unser Chili Hackfleisch mit verschiedenen Fettanteilen ausprobiert. Mit Hackfleisch aus der Schulter (20 Prozent Fett) haben sich auf dem Chili orangefarbene Fettaugen gebildet. Mageres Hackfleisch (10 Prozent Fett) dagegen ließ das Chili eine Spur zu fade werden – zwar nicht schlecht, aber nicht so schön aromatisch fleischig wie mit Hack mit 15 Prozent Fett, unserem Favoriten. Bräunen Sie das Fleisch nicht zu stark an, es wird sonst unangenehm zäh; braten Sie es nur genau so lange, bis es nicht mehr roh und rosa ist.

TOMATEN IM DOPPELPACK Wir haben unser Chili mit Wasser (zu wässerig), Geflügelbrühe (zu starker Geschmack nach Huhn, außerdem fade), Rinderbrühe (zu metallisch), Wein (zu sauer) sowie ohne zusätzliche Flüssigkeit nur mit Tomaten (samt Saft) zubereitet. Mit den Tomaten hat unser Chili schön rindfleischig und bei Weitem am besten geschmeckt. Passierte Tomaten geben unserem Chili sämige Fülle, die Tomatenstücke sorgen für Substanz.

MIT DEN BOHNEN NICHT ZU LANGE WARTEN In den meisten Chilirezepten erhitzt man die Bohnen nur gegen Ende kurz mit, damit sie nicht unnötig zerfallen. Allerdings kann es so passieren, dass man zwar insgesamt ein schmackhaftes Chili hat, die Bohnen selbst aber keinen Geschmack annehmen. Um das zu vermeiden, geben wir die Bohnen schon früh zusammen mit den Tomaten in den Topf. Je länger die Bohnen im Topf sind, desto mehr können sie vollen Geschmack annehmen.

INDISCHES CURRY MIT KARTOFFELN, BLUMENKOHL, ERBSEN UND KICHERERBSEN
(FÜR 4 BIS 6 PORTIONEN)

Mit nur einer Chilischote wird das Curry mittelscharf. Für mehr Schärfe nehmen Sie eine halbe Schote mehr. Wollen Sie das Curry lieber mild, kochen Sie die Samen und Trennwände der Chili nicht mit. (Mehr zu Chilis erfahren Sie in Konzept 2.10, siehe Seite 142.) Die Zwiebeln können kurz in der Küchenmaschine zerkleinert werden. Garam Masala lässt sich durch 2 TL gemahlenen Koriander, ½ TL schwarzen Pfeffer, ¼ TL gemahlenen Kardamom und ¼ TL gemahlenen Zimt ersetzen. Servieren Sie das Curry mit unserem Relish oder dem Chutney, Einfachem Reis-Pilaw (siehe Seite 114) und Naturjoghurt (volle Fettstufe).

FÜR DAS CURRY

2 EL	süßes oder mildes Currypulver
1½ TL	Garam Masala
1 Dose	Tomatenstücke (400 g)
60 ml	Pflanzenöl
2	Zwiebeln, fein zerkleinert
340 g	rote Kartoffeln, in 1–1,5 cm große Stücke geschnitten
3	Knoblauchzehen, fein gehackt
1 EL	frischer Ingwer, gerieben
1–1½	Serrano-Chilis, Strunk entfernt, Samen und Scheidewände beiseitegelegt, fein gehackt

Kartoffeln hinzufügen und unter gelegentlichem Rühren etwa 10 Minuten braten, bis die Zwiebeln karamellisiert und die Kartoffeln am Rand goldbraun sind. (Falls die Zwiebeln zu schnell bräunen, Hitze auf mittlere Stufe reduzieren.)

3. Hitze auf mittlere Stufe reduzieren. Die Mitte des Bräters mit einem Kochlöffel freimachen und 1 EL Öl zusammen mit dem Knoblauch, dem Ingwer, der Chili und dem Tomatenmark hineingeben. Unter ständigem Rühren etwa 30 Sekunden anbraten, bis es duftet. Die gerösteten Gewürze hinzufügen und das Ganze unter ständigem Rühren etwa 1 Minute anbraten. Den Blumenkohl dazugeben und alles unter ständigem Rühren noch etwa 2 Minuten weiterbraten, bis die Blumenkohlröschen mit den Gewürzen überzogen sind.

4. Tomaten, Kichererbsen, 300 ml Wasser und 1 TL Salz hinzufügen. Alles auf mittlerer bis hoher Stufe zum Kochen bringen, dabei mit einem Holzlöffel den dunklen Bratensatz vom Boden lösen. Den Deckel auflegen und die Hitze auf mittlere Stufe stellen. Unter gelegentlichem Rühren 10 bis 15 Minuten kräftig köcheln lassen, bis das Gemüse gar ist.

5. Die Erbsen und die Sahne oder Kokosmilch einrühren. Etwa 2 Minuten weitergaren, bis alles durcherhitzt ist. Mit Salz abschmecken und sofort servieren. Die Garnierungen getrennt zum Chili reichen.

1 EL	Tomatenmark
½ Kopf	Blumenkohl (450 g), Strunk entfernt, in 2,5 cm große Röschen geschnitten
1 Dose	Kichererbsen (425 g), abgespült
	Salz
220 g	gefrorene Erbsen
60 ml	Sahne (mind. 35 % Fett) oder Kokosmilch

FÜR DIE GARNIERUNG
Zwiebelrelish (Rezept rechts)
Koriander-Minze-Chutney (Rezept Seite 158)

1. Das Currypulver mit dem Garam Masala unter ständigem Rühren in einer kleinen Bratpfanne auf mittlerer bis hoher Stufe etwa 1 Minute rösten, bis die Gewürze etwas dunkler werden und aromatisch duften. In eine kleine Schüssel geben und beiseitestellen. Tomaten in der Küchenmaschine grob zerkleinern (Maschine dazu 3- bis 4-mal kurz betätigen).

2. In einem dickwandigen Bräter auf mittlerer bis hoher Stufe 3 EL Öl erhitzen, bis es sich kräuselt. Zwiebeln und

ZWIEBELRELISH
(ERGIBT ETWA 100 G)

Wenn Sie eine normale Speisezwiebel verwenden, nehmen Sie einen ganzen Teelöffel Zucker.

1	große, milde Gemüsezwiebel, fein gewürfelt
1 EL	Limettensaft
½ TL	Zucker
½ TL	Paprikapulver
1 Prise	Salz
1 Prise	Cayennepfeffer

Alle Zutaten in einer mittelgroßen Schüssel gründlich vermengen. (Das Relish hält sich bis zu einem Tag im Kühlschrank.)

KORIANDER-MINZE-CHUTNEY
(ERGIBT ETWA 100 G)

---

1 Bund	frisches Koriandergrün
½ Bund	frische Minze
80 ml	Naturjoghurt (10 % Fett)
1	kleine Zwiebel, fein zerkleinert
1 EL	Limettensaft
1½ TL	Zucker
½ TL	gemahlener Kreuzkümmel
¼ TL	Salz

Alle Zutaten etwa 20 Sekunden in der Küchenmaschine zerkleinern, bis eine glatte Masse entsteht, dabei nach der Hälfte der Zeit die an der Schüsselwand sitzende Masse nach unten streichen. (Das Chutney hält sich bis zu einem Tag im Kühlschrank.)

🍲 WARUM DAS REZEPT FUNKTIONIERT
Gemüsecurrys können sehr aufwendig sein, mit endlosen Zutatenlisten und pingeligen Zubereitungsanweisungen – alles nur, um das Aroma des fehlenden Fleischs zu kompensieren. Wir wollten ein Rezept für ein schnelles Curry entwickeln, das in weniger als einer Stunde fertig ist –

PRAKTISCHE WISSENSCHAFT: GEWÜRZE SELBST MAHLEN

Kaufen Sie Gewürze „im Ganzen" und zerkleinern Sie sie selbst.
In welcher Form sollte man Gewürze kaufen? In den meisten Fällen ist es ratsam, Gewürze „ganz" zu kaufen und sie selbst zu mahlen, mörsern etc. Ganze Gewürze sind etwa doppelt so lang haltbar wie gemahlene Gewürze, außerdem haben frisch gemahlene Gewürze mehr Geschmack und Aroma. Schwarzen Pfeffer beispielsweise kaufen wir nie fertig gemahlen. Sobald ein Pfefferkorn beschädigt wird, beginnen die flüchtigen Substanzen, die dem Pfeffer sein kräftiges Aroma und seinen subtilen Geschmack verleihen, zu entweichen. Nach einiger Zeit ist nur noch das stabilere, nicht flüchtige Piperin übrig, das zwar noch für ein „brennendes" Gefühl im Mund sorgt, aber sonst geschmacklich kaum mehr zu bieten hat. Egal, ob ganz oder gemahlen, man sollte Gewürze immer in möglichst kleinen Mengen kaufen. Auch ein Blick auf das Haltbarkeitsdatum kann nicht schaden.

---

ohne Abstriche beim Geschmack, aber auch ohne das Curry mit zu viel Gewürzen zu überladen. Einfaches Currypulver, in der Pfanne angeröstet, hat sich zu diesem Zweck als wahres Aromawunder erwiesen, und mit ein paar Prisen Garam Masala zusätzlich wird unser Curry perfekt würzig.

GEWÜRZE RÖSTEN UND STAUNEN Für unser Curry haben wir Currypulver und Garam Masala – eine Mischung aus warmen Gewürzen wie Zimt, Koriander, Kardamom sowie schwarzem Pfeffer – in einer Bratpfanne ohne Fett angeröstet, damit sich die Aromen voll entfalten. Die Wirkung ist beeindruckend. Was genau geschieht in der Pfanne? Wenn man Gewürze in eine köchelnde Sauce gibt, werden sie maximal 100 °C heiß. In einer trockenen Pfanne aber kann die Temperatur bis zu 260 °C erreichen, wodurch den Gewürzen alles an Aroma entlockt wird, was sie zu bieten haben. (Man kann es jedoch auch übertreiben und die Gewürze verbrennen, deshalb ist Vorsicht geboten.) Currypulver und Garam Masala profitieren außerdem vom Rösten, da es durch die große Hitze zu Maillard-Reaktionen kommt, deren Reaktionsprodukte das Aroma regelrecht potenzieren (siehe Buch 1, Konzept 1.2). In heißem Öl finden diese Reaktionen nicht im selben Maße statt. Die gerösteten Gewürze werden zu den Zwiebeln und dem angebratenen Gemüse in den Bräter gegeben, wo die Aromen im heißen Öl noch komplexer werden.

AUCH DAS GEMÜSE BRINGT AROMA Während die Zwiebeln mit den anderen Zutaten karamellisieren und bräunen, bildet sich am Topfboden hocharomatischer Bratensatz, ähnlich wie beim Braten von Fleisch. Dann fügen wir Knoblauch und Ingwer hinzu, außerdem eine fein gehackte frische Chilischote für die Schärfe. Tomatenmark mag zwar keine authentisch indische Zutat sein, es verleiht dem Curry aber eine angenehme leichte Süße, unterstützt die Bräunung und sorgt durch seinen Umami-Geschmack sogar für Fleischaroma (siehe Buch 1, Konzept 1.17).

DIE KARTOFFELN ANBRÄUNEN Kartoffeln schmecken nicht unbedingt spannend – es sei denn, man backt sie im Ofen, was aber zu zeitaufwendig ist. Für unser Curry bräunen wir sie zusammen mit den Zwiebeln an, das reicht aus. Außerdem haben wir überlegt, wie sich das Aroma des übrigen Gemüses intensivieren ließe. Die indische Küche bietet dafür eine geeignete Zubereitungsmethode, bhuna genannt, bei der die Gewürze und Hauptzutaten zusammen angebraten werden, um die Aromen zu intensivieren und zu verschmelzen. Hier wenden wir diese Methode beim Blumenkohl an, der dadurch ein volleres, komplexeres Aroma erhält. (Die Technik funktioniert übrigens genauso gut mit anderen festen Gemüsesorten wie grünen Bohnen oder Auberginen.)

FLÜSSIGKEIT DAZU Eine Mischung aus Wasser und pürierten Dosentomaten mit einem Schuss Sahne oder Kokosmilch hält sich geschmacklich dezent im Hintergrund und lässt die Gemüse- und Gewürznoten schön in den Vordergrund treten.

SCHWARZGEBRATENER HEILBUTT VOM GRILL
(FÜR 4 PORTIONEN)

Achten Sie beim Kauf von Heilbutt auf das Nachhaltigkeits-siegel des MSC. Sollten die Filets dicker oder dünner als 2 cm sein, müssen Sie die Garzeit entsprechend anpassen. Servie-ren Sie den Fisch mit Zitronenspalten oder Remoulade (Re-zept siehe Seite 160).

2 EL	Paprikapulver
2 TL	Zwiebelpulver
2 TL	Knoblauchpulver
¾ TL	gemahlener Koriander
¾ TL	Salz
¼ TL	Cayennepfeffer
¼ TL	schwarzer Pfeffer
¼ TL	weißer Pfeffer
45 g	Butter
4	Heilbutt-Filets (je ca. 170–230 g), knapp 2 cm dick

1. Paprika-, Zwiebel- und Knoblauchpulver, Koriander, Salz, Cayennepfeffer, schwarzen und weißen Pfeffer in einer Schüssel vermischen. Die Butter in einer Pfanne (ø 25 cm) auf mittlerer Stufe zerlassen. Die Gewürzmischung darin unter häufigem Rühren 2 bis 3 Minuten anbraten, bis die Gewürze duften und eine tiefe rostrote Farbe annehmen. Die Mischung in eine Auflaufform geben und auf Zimmertemperatur abkühlen lassen. Eventuelle Klumpen mit einer Gabel zerkleinern.

2. FÜR HOLZKOHLEGRILL: Bodenlüftung ganz öffnen. Einen großen Anzündkamin zu drei Vierteln mit Holzkohlebriketts füllen und entzünden. Sobald die obersten Briketts teilweise mit Asche überzogen sind, die glühenden Kohlen gleichmäßig in einer Hälfte des Grills verteilen. Nachdem der Grillrost einlegt wurde, den Deckel schließen und die Deckellüftung ganz öffnen. Den Grill etwa 5 Minuten heiß werden lassen. FÜR GASGRILL: Alle Brenner auf große Flamme stellen, den Deckel schließen und den Grill etwa 15 Minuten heiß werden lassen.

3. Grillrost reinigen und 5- bis 10-mal mit ölgetränktem Küchenpapier bestreichen, bis der Rost schwarz und glänzend ist.

4. In der Zwischenzeit die Fischfilets mit Küchenpapier trockentupfen. Mit einem scharfen Messer die Hautseite des Fischs alle 2 bis 3 cm vorsichtig diagonal einschneiden, ohne dabei bis ins Fleisch zu schneiden. Die Filets mit der Hautseite nach oben auf einen großen Teller legen und mit den Fingern dünn und gleichmäßig mit der Gewürzmischung einreiben (auch die Seiten). Die Fischfilets umdrehen und von der anderen Seite einreiben (Gewürzmischung ganz aufbrauchen). Filets bis zum Grillen in den Kühlschrank stellen.

5. Den Fisch mit der Hautseite nach unten schräg zum Rost auf den Grill legen (beim Holzkohlegrill auf die heiße Seite). 3 bis 5 Minuten grillen, bis die Haut tief dunkelbraun und knusprig ist. Den Fisch vorsichtig wenden und etwa 5 Minuten weitergrillen, bis er dunkelbraun ist und die Fleischsegmente sich gerade voneinander lösen. Die Filets sollten in der Mitte nicht mehr glasig, aber noch feucht sein.

REMOULADE
(ERGIBT ETWA 150 G)

Die Remoulade kann bis zu drei Tage im Kühlschrank aufbewahrt werden.

125 ml	Mayonnaise
1½ TL	Gurkenrelish
1 TL	Tabasco
1 TL	Zitronensaft
1 TL	fein gehackte Petersilie
½ TL	Kapern, abgespült
½ TL	Dijon-Senf
1	kleine Knoblauchzehe, fein gehackt
	Salz und Pfeffer

Alle Zutaten in der Küchenmaschine zerkleinern, bis sie gut vermischt, aber nicht glatt püriert sind (Maschine dazu etwa 10-mal kurz betätigen). Mit Salz und Pfeffer abschmecken. In eine Servierschüssel umfüllen.

🍲 WARUM DAS REZEPT FUNKTIONIERT
Schwarzgebratener Fisch, ein beliebtes Gericht der Cajun-Küche, wird eigentlich in einer gusseisernen Pfanne zubereitet, aber danach ist Ihre Küche völlig verqualmt. Das wollten wir Ihnen ersparen, indem wir den Fisch grillen. Doch das bringt eine Reihe ganz neuer Probleme mit sich, zum Beispiel Filets, die sich aufrollen und am Rost festkleben, und Gewürze, die roh und beißend schmecken. Drei Maßnahmen lösen die Probleme: die Haut einritzen, den Rost gründlich reinigen und einen fetthaltigen Gewürz-Rub verwenden. So entwickeln die Filets eine schöne, intakte Kruste und schmecken perfekt würzig.

DEN RUB SELBST HERSTELLEN
Nachdem wir sechs verschiedene Cajun-Rubs gekauft und ausprobiert hatten, haben wir festgestellt, dass ein selbstgemischter Rub einfach um Längen besser schmeckt. Mit etwas gemahlenem Koriander, der starke Hitze gut verträgt, bekommt unsere Eigenmischung eine schön blumige Note. Außerdem enthält unsere Mischung Knoblauch- und Zwiebelpulver, süßes Paprikapulver, Cayennepfeffer, schwarzen und weißen Pfeffer sowie Salz.

GEWÜRZE IN BUTTER ANBRATEN
Vielleicht möchten Sie bei diesem Schritt einwenden, die Gewürze würden auf dem Grill schon noch genug Hitze abbekommen. Das stimmt, trotzdem ist vorheriges Anbraten in Butter sinnvoll, denn dadurch werden noch ganz andere Aromen freigesetzt. Das riecht man, und man sieht es: Die Gewürze werden durch das Anbraten um einige Schattierungen dunkler (das leuchtende Rot verwandelt sich in dunkles Rostbraun). Nach dem Ab-

kühlen zerdrücken wir die Klumpen des Rubs und reiben die Fischfilets dünn damit ein. Wenn der Fisch gar ist, sind die Gewürze schwarz.

FILETS FLACH HALTEN
Filets mit Haut wölben sich auf dem heißen Grill, weil sich die Haut stärker zusammenzieht als das Fleisch. Ritzt man die Haut vor dem Grillen ein, bleiben die Filets schön flach. Schneiden Sie die Haut vor dem Einreiben vorsichtig mit einem scharfen Messer ein, ohne ins Fleisch zu schneiden.

OHNE HAFTUNG
Den Fisch in der Küche schwarzzubraten, ist nicht zu empfehlen – die Belüftung dort reicht keinesfalls aus, um der Rauchentwicklung Herr zu werden. Wir verlagern die Zubereitung deshalb nach draußen auf den Grill. Damit der Fisch auf diesem nicht anhaftet, sind einige Maßnahmen notwendig. Die erste: den Fisch kühlen. Bei Zimmertemperatur sind die Filets labbrig und kleben leichter am Grill fest. Maßnahme Nummer zwei: Wir lassen den Grill heiß werden, bürsten den Rost sauber und reiben ihn dann mindestens fünfmal mit ölgetränktem Küchenpapier ab, bis er schwarz glänzt. Zum Braten wird der Fisch diagonal zu den Streben mit der Haut nach unten auf den Grill gelegt. Damit auch beim Wenden nichts schiefgeht, schieben Sie einen Bratenwender unter das Filet und drücken Sie von oben mit einem zweiten darauf, während Sie es hochheben und umdrehen.

FILETSTEAKS MIT PFEFFERKRUSTE
(FÜR 4 PORTIONEN)

Wenn Sie keinen Mörser zur Hand haben, können Sie auch einfach eine Bratpfanne verwenden: Um die Pfefferkörner zu zerstoßen, verteilen Sie am besten die Hälfte davon auf einem Schneidebrett, legen eine Bratpfanne darauf, drücken die Pfanne mit beiden Händen fest an und schieben sie dabei hin und her. Wiederholen Sie das Ganze mit der anderen Hälfte. Obwohl die Schärfe der Pfefferkörner durch das Erhitzen in Öl um einiges nachlässt, ist das Gericht immer noch ziemlich scharf. Wenn Sie ein milderes Pfefferaroma bevorzugen, gießen Sie die abgekühlten Pfefferkörner in Schritt 1 durch ein feinmaschiges Sieb ab, vermischen Sie sie mit 5 EL frischem Öl, fügen Sie das Salz hinzu und fahren Sie dann wie im Rezept angegeben fort. Reichen Sie Blauschimmelkäse-Schnittlauch-Butter (Rezept rechts) zu den Steaks.

5 EL	schwarze Pfefferkörner, zerstoßen
5 EL + 2 TL	Olivenöl
1 EL	Salz aus der Mühle
4	Filetsteaks aus der Filetmitte (je 200–230 g, 4–5 cm dick)

BLAUSCHIMMELKÄSE-SCHNITTLAUCH-BUTTER
(ERGIBT ETWA 100 G)

45 g	milder Blauschimmelkäse (Zimmertemperatur)
45 g	Butter (weich)
1	große Prise Salz
2 EL	Schnittlauch, fein gehackt

Alle Zutaten in einer mittelgroßen Schüssel vermischen. Während die Steaks ruhen, jeweils 1 bis 2 EL Butter darauf verteilen.

WARUM DAS REZEPT FUNKTIONIERT
Schwarze Pfefferkörner können den milden Geschmack von Filetsteaks wunderbar aufpeppen, aber sie können auf der Zunge auch ein loderndes Feuer entzünden. Damit die Pfefferkruste den Geschmack der Filetsteaks nicht komplett überdeckt, haben wir die Schärfe der Pfefferkörner durch sanftes Braten in Olivenöl abgemildert.

AUS SCHARF MACH MILD In diesem Rezept erhitzen wir den Pfeffer, damit sein natürlicher Reizstoff Piperin in komplexere, weniger scharfe Aromastoffe umgewandelt wird. Dadurch wird das Aroma intensiver und vielschichtiger, während gleichzeitig die Schärfe abnimmt. Wie das funktioniert? Bei längerer Lagerung wird das Piperin in den

1. Die Pfefferkörner mit 5 EL Öl in einem kleinen Topf auf der niedrigsten Stufe erhitzen, bis sich kleine Bläschen bilden. 7 bis 10 Minuten ganz sacht braten, dabei den Topf gelegentlich schwenken, bis der Pfeffer aromatisch duftet. Den Topf vom Herd nehmen und beiseitestellen. Wenn die Mischung auf Zimmertemperatur abgekühlt ist, Salz hinzufügen und verrühren. Die Steaks mit der Pfeffer-Öl-Mischung einreiben und dabei Ober- und Unterseite jedes Steaks gründlich mit Pfeffer bedecken. Steaks mit Frischhaltefolie abdecken und vorsichtig andrücken, damit die Pfefferkörner gut haften. 1 Stunde bei Zimmertemperatur stehen lassen.

2. In der Zwischenzeit ein Backblech auf der mittleren Schiene in den Ofen schieben und diesen auf 230 °C vorheizen. Wenn der Ofen heiß ist, 2 TL Öl in einer Pfanne (ø 30 cm) auf mittlerer bis hoher Stufe erhitzen, bis es sich kräuselt. Die Steaks in die Pfanne legen und ohne sie zu bewegen 3 bis 4 Minuten anbraten, bis sich eine dunkelbraune Kruste gebildet hat. Mit einer Grillzange wenden und etwa 3 Minuten weiter anbraten, bis die Steaks auch von der anderen Seite gut gebräunt sind. Die Steaks auf das heiße Backblech im Ofen legen. 3 bis 7 Minuten garen, bis das Fleisch die gewünschte Kerntemperatur erreicht hat (46 bis 49 °C für blutig/rare; 49 bis 52 °C für rosa/medium rare; 54 bis 57 °C für halb durch/medium). Steaks auf einen Rost legen und vor dem Servieren 5 Minuten locker mit Alufolie abgedeckt ruhen lassen.

PRAKTISCHE WISSENSCHAFT: PFEFFER NICHT RÖSTEN

Schwarzer Pfeffer verliert beim Rösten seine Schärfe.
Oft empfehlen wir, Gewürze zu rösten, um ihren Geschmack zu intensivieren – aber wie sieht es mit schwarzem Pfeffer aus? Wir haben zwei Proben unseres Lieblingspfeffers genommen, die eine trocken in der Pfanne geröstet und die andere belassen, wie sie war. Dann haben wir beide Proben probiert: pur, gemahlen in Rührei und grob zerstoßen und angebraten auf einem Pfeffersteak. Die ungerösteten Pfefferkörner haben in sämtlichen Fällen besser abgeschnitten. Den Testessern hat zwar die rauchigere Note des gerösteten Pfeffers gefallen, dafür hat ihm aber der „Biss" der ungerösteten Probe gefehlt. Die Erklärung ist einfach: Die Schärfe des Pfeffers wird durch Piperin-Moleküle erzeugt, die beim Erhitzen in weniger „stechende" Moleküle (sogenannte Isomere) umgewandelt werden. Ohne Piperin hat Pfeffer keinen Biss, und ohne Biss ist Pfeffer sinnlos.

DIE HÄUFIGSTEN GEWÜRZE UND WIE MAN SIE VERWENDET

Wer soll sich die Eigenschaften aller Gewürze im Gewürzregal merken können? Es hilft zu wissen, worin sie sich lösen und in welcher Form man sie kaufen sollte.

GEWÜRZ	GANZ ODER GEMAHLEN KAUFEN?	LÖSLICH IN …	VERWENDUNG
Cayennepfeffer	Gemahlen	Öl	Ursprünglich aus Cayenne-Chilis hergestellt, wird dieses Gewürz heute aus den getrockneten und gemahlenen Schoten diverser Chili-Sorten hergestellt. Cayennepfeffer enthält einen hohen Anteil flüchtiger Öle, weshalb das Aroma innerhalb weniger Monate an Intensität verliert.
Chilipulver (Mischung)	Gemahlen	Öl	Dieses Chilipulver ist eine Mischung aus verschiedenen Gewürzen (meist 80 Prozent gemahlene getrocknete Chilis, dazu Knoblauchpulver, Oregano und Kreuzkümmel). Damit sich die komplexen Aromen voll entfalten, sollte man Chilipulver in Öl erhitzen.
Currypulver	Gemahlen	Öl	Currypulver ist eine Gewürzmischung. Die meisten Rezepturen enthalten Kardamom, Chili, Kreuzkümmel, Fenchel, Bockshornklee, Muskatnuss und Kurkuma. Letzterem verdankt das Pulver seine charakteristische gelbe Farbe. Für die meisten Gerichte bevorzugen wir mildes Currypulver; scharfes Pulver, das einen höheren Chilianteil hat, ist häufig zu scharf. Currypulver sollte man in Öl anbraten, damit die Aromen sich voll entfalten.
Gewürznelken	Gemahlen	Öl	Gewürznelken sind hocharomatisch und sollten deshalb sparsam verwendet werden. Da sich ganze Nelken nur schwer mahlen lassen, kaufen wir sie bereits als Pulver. Nehmen Sie ganze Nelken zum Aromatisieren heißer Flüssigkeiten (die Fett oder Alkohol enthalten, denn darin sind die Nelkenaromen löslich) oder um damit Schinken zu spicken.
Kardamom	Ganz	Öl	Ganzer Kardamom besteht aus grünen Samenkapseln, die etwa 20 kleine schwarze Samen enthalten. Das Aroma sitzt in den Samen, deshalb muss ganzer Kardamom vor der Verwendung zerstoßen werden.
Koriander (Samen)	Ganz	Öl	Koriandersamen sind die Samen des Echten Korianders, dessen grüne Pflanzenteile ebenfalls in der Küche verwendet werden (als frischer Koriander, Koriandergrün). Koriandersamen sind ganz und gemahlen erhältlich, aber die ganzen Samen liefern ein kräftigeres, komplexeres Aroma. Durch Rösten entfalten sich die Aromen von ganzen Samen besonders gut.
Kreuzkümmel	Ganz	Öl	Der hocharomatische Kreuzkümmel gehört zur Familie der Doldenblütler. Wenn wir Zeit haben, rösten wir ganze Samen am liebsten und mahlen sie dann – so schmeckt Kreuzkümmel komplexer und „pfefferiger", als wenn man ihn fertig gemahlen kauft.
Muskatnuss	Ganz	Öl	Muskatnüsse sind streng genommen keine Nüsse, sondern die getrockneten Kerne der Frucht eines immergrünen Baumes. Gemahlen verlieren sie schnell ihr Aroma, deshalb sollte man ganze Nüsse kaufen und sie bei Bedarf selbst reiben. Achtung: Meist reicht schon eine kleine Menge.
Paprikapulver	Gemahlen	Öl	Paprikapulver besteht aus fein gemahlenen getrockneten roten Chilischoten. Wir bevorzugen die komplex schmeckenden süßen Varianten, vor allem aus Ungarn und Spanien.
Safran	Ganz	Wasser und Öl	Safran, das teuerste Gewürz der Welt, besteht aus den handgeernteten Blütenstempeln einer Krokusart. Um die Aromen aufzuschließen, zerdrücken Sie die Fäden mit den Fingern, bevor Sie sie ins Essen geben. Verwenden Sie Safran sparsam – zu viel davon erzeugt einen metallischen Geschmack.
Zimt	Gemahlen	Öl	Zimt ist eins der wenigen Gewürze, die man besser gemahlen kauft. Ganze Zimtstangen eignen sich aber zum Aromatisieren von heißen Flüssigkeiten.

Pfefferkörnern in verwandte Moleküle („Isomere" genannt) umgewandelt, die etwas andere Geschmackseigenschaften haben und Nase und Mund nicht so stark reizen. Bei Zimmertemperatur im Küchenschrank dauert diese Umwandlung Monate, in der Pfanne dagegen läuft sie wie im Zeitraffer ab, da das heiße Öl als beschleunigender Katalysator wirkt. Die Schärfe des Pfeffers wird hier noch zusätzlich abgemildert, weil ein Teil des Piperins verdunstet. Da Piperin und seine Isomere in Öl löslich sind, geht außerdem beim Braten ein Teil der Schärfe ins Öl über. Dieses kann abgegossen werden, um das Gericht noch milder zu machen.

EINREIBEN UND ANDRÜCKEN Um Steaks mit einer köstlich gebräunten Pfefferkruste zu erhalten, gehen wir in zwei Schritten vor: Zuerst reiben wir das Fleisch mit einer Paste aus Öl, angebratenen zerstoßenen Pfefferkörnern und Salz ein, dann decken wir Frischhaltefolie darüber und drücken die Paste leicht in die Steaks, damit die Körner nicht abfallen. Die Paste bringt nicht nur zusätzliches Aroma, sondern unterstreicht auch wunderbar das eigene Rindfleischaroma der Steaks. Indem wir der Paste – der späteren Pfefferkruste – das Salz hinzufügen, müssen wir das Fleisch nicht extra salzen. Während der folgenden einstündigen Ruhephase hat das Salz dann Zeit, seine Wirkung zu entfalten (siehe Buch 1, Konzept 1.12).

SCHARF ANBRATEN, DANN IN DEN OFEN Die Steaks werden für dieses Rezept scharf angebraten, damit sie bräunen und Aroma entwickeln (siehe Buch 1, Konzept 1.2). Anschließend werden sie im Ofen auf einem vorgeheizten Backblech fertiggegart (siehe Buch 1, Konzept 1.5). So wird einerseits sichergestellt, dass die Steaks sanft und gleichmäßig garen, andererseits wird verhindert, dass die Pfefferkruste durch zu langes Anbraten anbrennt.

IN DER RUHE LIEGT DER SAFT Lassen Sie die Steaks vor dem Servieren auf jeden Fall kurz ruhen (siehe Buch 1, Konzept 1.3). Wenn Sie mögen, können Sie jetzt auch die Blauschimmelkäse-Schnittlauch-Butter auf die Steaks geben.

KONZEPT 2.12
NICHT ALLE KRÄUTER GEHÖREN IN DEN KOCHTOPF

Häufig sind es die Kräuter, die aus einem guten ein großartiges Gericht machen. Manchmal ist ihr Zweck aber auch eher dekorativer Natur, zum Beispiel wenn sie im Restaurant als Garnitur den Teller zieren. Auf keinen Fall sollte man ihre Bedeutung unterschätzen. In vielen Gerichten spielen sie eine zentrale Rolle, und jeder Koch sollte genau wissen, wie man mit Kräutern am besten umgeht.

DIE WISSENSCHAFT DAHINTER

KOCHEN MIT ROBUSTEN UND EMPFINDLICHEN KRÄUTERN

ROBUSTE KRÄUTER Kräuter wie Rosmarin und Oregano enthalten stabilere Aromastoffe, die beim Garen im Essen bleiben.

EMPFINDLICHE KRÄUTER Kräuter wie Basilikum, Petersilie und Koriandergrün enthalten flüchtige Aromen, die beim Garen schnell entweichen.

Auch wenn Basilikum, Rosmarin, Petersilie und Oregano in Ihrem Garten vielleicht im selben Beet wachsen, heißt das nicht, dass man sie beim Kochen alle gleich behandeln darf. In der Küche ist es hilfreich, Kräuter in zwei große Gruppen einzuteilen.

Manche Kräuter haben eine robuste, beinahe holzige Beschaffenheit; die Blätter sind derb, die Stiele fest und zäh. Dazu zählen Rosmarin, Oregano, Salbei, Thymian und Majoran. Diese Kräuter sind zudem sehr geschmacksintensiv, sodass oft ein kleine Menge zum Würzen ausreicht. Aus den genannten Gründen ist es günstig, diese Kräuter mitzugaren. Oft gibt man sie mit in den Topf, wenn man das Gemüse anbrät oder andünstet. Durch das Garen werden die Kräuter weich und ihr Geschmack durchdringt das ganze Gericht. Robuste Kräuter schmecken so kräftig, dass sie in lang garenden Gerichten wie Suppen, Eintöpfen und Chilis auch getrocknet noch gut schmecken.

Andere Kräuter dagegen haben eine eher empfindliche, feine und „blätterige" Textur. Die Stiele sind zart und können oft sogar mitgegessen werden. Zu dieser Gruppe gehören Basilikum, Petersilie, Koriandergrün, Dill, Minze, Schnittlauch und Estragon. Kräuter dieser Gruppe welken und verfärben sich schnell. Auch muss man oft zu einer größeren Menge greifen, damit sie im Essen richtig „durchschmecken". Ein paar Esslöffel gehackte Petersilie als Finish sind in einem Pfund Nudeln kein Problem – aber nehmen Sie mal die gleiche Menge Oregano und Ihr Essen ist mit Sicherheit total verwürzt. Empfindliche Kräuter gibt man am besten erst ganz zum Schluss, kurz vor Garende ans Gericht oder verwendet sie roh. Während robuste Kräuter auch getrocknet noch gut würzen, verlieren Petersilie und Co. beim Trocknen einen Großteil ihres Aromas.

Wie kommt es zu diesen Unterschieden in der Intensität und Haltbarkeit von Kräuteraromen? Die wichtigsten Aromaverbindungen in Kräutern und Gewürzen gehören zu folgenden Stoffgruppen: Kohlenwasserstoffe, Aldehyde, Ketone und Phenole. Die meisten Kräuter und Gewürze verdanken ihren Geschmack und ihr Aroma einer Kombination mehrerer Gruppen, in einigen wenigen entsteht das Aroma aber auch nur durch Moleküle einer oder zweier dieser Gruppen. Die Robustheit von Kräutern hängt davon ab, wie flüchtig oder stabil ihre Aromaverbindungen sind. In empfindlichen Kräutern entweichen beim Garen oder Trocknen Aromaverbindungen. Das Aroma von Dill beispielsweise wird schwächer, weil ein Teil seiner aromagebenden Verbindungen, wie der Kohlenwasserstoff Phellandren, beim Kochen und Trocknen nicht stabil bleibt und sich verflüchtigt. Im Gegensatz dazu sind die vorherrschenden Aromaverbindungen in Oregano relativ nicht flüchtige und chemisch stabile Phenole, beispielsweise Carvacrol und Thymol; Rosmarin enthält die stabilen Terpene Cineol und Campher. Man kann also sagen, dass robuste Kräuter besonders „robuste" Aromaverbindungen enthalten, während empfindliche Kräuter deshalb so heißen, weil sie „empfindliche" Verbindungen enthalten.

Die Aromen frischer Kräuter kann man auf verschiedene Art und Weise freisetzen und sie so ins Essen einbringen. Eine Methode ist Zerkleinern. Das Messer beschädigt die Zellen der Kräuter, wodurch Aromastoffe frei werden. Zerdrücken oder zerstoßen ist eine andere wirkungsvolle Methode. Und schließlich: Erhitzen. Robuste Kräuter kochen wir meist von Anfang an mit, damit sie über die gesamte Garzeit ihre Aromen abgeben. Empfindliche Kräuter gibt man am besten erst zum Schluss in den Topf.

DAS EXPERIMENT

Mit getrockneten Kräutern hat man beim Kochen weniger Arbeit als mit frischen – meist muss man nur den Deckel eines Döschens abschrauben, und schon kann man sie verwenden. Manche Köche schwören auf getrocknete Kräuter, andere weigern sich, sie zu verwenden. Wir wollten dieser Streitfrage auf den Grund gehen. Dazu haben wir die folgenden Kräuter gekauft, jeweils frisch und getrocknet: Basilikum, Schnittlauch, Dill, Oregano, Petersilie, Rosmarin, Salbei (in grob und fein gerebelter und gemahlener Form), Estragon und Thymian. Mit diesen haben wir dann insgesamt 24 Rezepte zubereitet (darunter Marinaden, Saucen und Schmorgerichte), je einmal mit frischen und einmal mit getrockneten Kräutern. Die zwei Versionen eines Gerichts haben wir auf Geschmacksunterschiede hin verglichen.

DAS ERGEBNIS

Für alle Verwendungszwecke außer einem haben die Testesser den frischen Kräutern den Vorzug gegeben. Bei den getrockneten Kräutern ist häufig zu hören gewesen, dass sie „staubig" und „alt" schmecken würden, während die frischen Kräuter „rein" und „frisch" geschmeckt haben. Offensichtlich sind durch den Trocknungsvorgang viele feine Aromanuancen verloren gegangen.

DIE ERKENNTNIS

Die gute Nachricht ist, dass es immerhin einige Fälle gegeben hat, in denen das Essen auch mit getrockneten Kräutern passabel geschmeckt hat, vor allem in Gerichten, die eine relativ lange Garzeit benötigen (ab 20 Minuten) und die viel Flüssigkeit enthalten. Hier sticht besonders das Chili hervor, das als einziges Gericht mit getrockneten Kräutern (Oregano) sogar besser geschmeckt hat als mit frischen. Auch getrockneter Rosmarin, Salbei und Thymian waren in einigen Gerichten akzeptabel. Aus anderen Versuchen wissen wir, dass auch getrocknete Lorbeerblätter und getrockneter Majoran bei ähnlicher Verwendung zufriedenstellend schmecken. Die Aromaverbindungen in diesen Kräutern bleiben bei hohen Temperaturen relativ stabil, wodurch sie das Trocknen gut überstehen. Dagegen ist in den Kräutern, die unserer Einteilung nach zu den „empfindlichen Kräutern" zählen (Basilikum, Schnittlauch, Dill, Petersilie, Estragon), beim Trocknen der Großteil des Aromas zerstört worden; diese Kräuter haben wir alle frisch bevorzugt.

Manchmal hört man, getrocknete Kräuter würden nicht so stark würzen wie frische. Doch so stimmt das nicht. Je nach Sorte enthalten frische Kräuter zwischen 80 und 90 Prozent Wasser. Beim Trocknen verdunstet das Wasser; die Kräuter schrumpfen und werden leichter. Die flüchtigen ätherischen Öle, die den Kräutern ihr charakteristisches Aroma verleihen, dringen näher an die Oberfläche. Aufgrund des starken Wasserverlusts sind trockene Kräuter weitaus intensiver als frische. Unsere Versuche – für die wir die getrockneten Kräuter jeweils neu gekauft haben – haben ergeben, dass ein Teil getrocknete Kräuter etwa die gleiche Würzintensität hat wie drei Teile frische Kräuter. Sind die getrockneten Kräuter allerdings gemahlen, ist das Verhältnis eher 1:4.

Wenn Sie getrocknete Kräuter verwenden, sollten Sie darauf achten, ihre aromatischen Öle erst richtig freizusetzen, bevor Sie die Kräuter ans Essen geben. Dazu zerreiben Sie die Kräuter zwischen den Fingerspitzen oder in einem feinen Küchensieb. Außerdem gilt: In allen Rezepten, in denen Kräuter roh verwendet werden (wie Pesto) oder in denen die Kräuter erst ganz zum Schluss dazugegeben werden, müssen es frische Kräuter sein – hier gibt es keine Alternative.

EMPFINDLICHE KRÄUTER IN DER PRAXIS: SAUCEN

Um unseren Gerichten frische und grüne Noten zu verleihen, bedienen wir uns häufig empfindlicher Kräuter. Weitere Rezepte mit vielen Kräutern: Argentinische Steaks vom Grill mit Chimichurri-Sauce (Buch 1, Seite 45), Deftige Minestrone (Seite 93) und Französischer Kartoffelsalat mit Dijon-Senf und feinen Kräutern (Seite 57).

KLASSISCHES BASILIKUMPESTO
(FÜR 450 G NUDELN)

Das Basilikum in selbstgemachtem Pesto verliert schnell seine frische Farbe, man kann das Grün aber mit Petersilie etwas auffrischen. Wer das Pesto etwas würziger möchte, nimmt Pecorino romano statt Parmesan. Verdünnen Sie das Pesto vor dem Servieren mit 3 bis 4 EL Nudelkochwasser, so verteilt es sich besser in der Pasta.

3	Knoblauchzehen (ungeschält)
30 g	Pinienkerne
1 Bund	frische Basilikumblätter
2 EL	frische Petersilienblätter (falls gewünscht)
7 EL	Olivenöl (nativ extra)
	Salz und Pfeffer
20 g	Parmesan oder Pecorino romano, fein gerieben

1. Die Knoblauchzehen rund 8 Minuten in einer kleinen Pfanne (ø 20 cm) bei mittlerer Hitze rösten, bis sie weich und stellenweise gebräunt sind, dabei die Pfanne zwischendurch schütteln. Die Zehen etwas abkühlen lassen und abziehen. Während der Knoblauch abkühlt, die Pinienkerne in der Pfanne bei mittlerer Hitze 4 bis 5 Minuten rösten, bis sie goldgelb sind und duften.

2. Das Basilikum und die Petersilie (falls gewünscht) in einen wiederverschließbaren Plastikbeutel mit 4 l Fassungsvermögen geben und mit der flachen Seite eines Plattiereisens oder einem Rollholz kräftig andrücken, bis alle Blätter angequetscht sind.

3. Die Kräuter zusammen mit dem Knoblauch, den Pinienkernen, dem Öl und ½ TL Salz in der Küchenmaschine etwa 1 Minute glatt pürieren (falls nötig, zwischendurch die an der Schüsselwand sitzende Masse mit einem Teigspatel nach unten streichen). Die Mischung in eine kleine Schüssel umfüllen, den Parmesan unterrühren und mit Salz und Pfeffer abschmecken. (Das Pesto kann bis zu 3 Tage im Kühlschrank aufbewahrt werden. Verschließen Sie die Schüssel mit Frischhaltefolie oder geben Sie eine dünne Schicht Öl auf das Pesto.)

🥘 WARUM DAS REZEPT FUNKTIONIERT

Bei der Rezeptentwicklung für unser Pesto ging es vor allem darum, das Basilikumaroma und das Knoblaucharoma in harmonische Balance zu bringen. Dazu musste das Basilikum intensiviert, der Knoblauch abgemildert werden. Wir nehmen sehr viel frisches Basilikum und zerdrücken es, um seine aromatischen Öle freizusetzen. Dem rohen Knoblauch nehmen wir die Schärfe, indem wir ihn rösten. Auch die Pinienkerne rösten wir, damit sie mehr Geschmack entwickeln. Schließlich machen wir es uns einfach und pürieren alle Zutaten in der Küchenmaschine.

DEN KNOBLAUCH RÖSTEN Das größte Problem der meisten Pestorezepte ist zu kräftiger Knoblauchgeschmack. Der Knoblauch schmeckt scharf und bitter. Nimmt man allerdings weniger Knoblauch, verliert das Pesto seinen Pep. Die Lösung: die Knoblauchzehen rösten. So wird das Aroma garantiert nicht zu scharf, da der Knoblauch durch die Wärmeeinwirkung süßlich und mild wird (siehe Konzept 2.9). Lassen Sie die Zehen zunächst in ihrer Schale und rösten Sie sie trocken in der Pfanne, bis sie stellenweise dunkel werden. Nachdem die Zehen abgekühlt sind, ziehen Sie sie ab. Die Zehen sind nun leicht angegart.

PRAKTISCHE WISSENSCHAFT: BASILIKUM RICHTIG AUFBEWAHREN

Am besten bewahrt man Basilikum in feuchtes Küchenpapier eingewickelt in einem unverschlossenen Plastikbeutel im Kühlschrank auf.

Wenn man Pesto macht, muss man sich meistens keine Sorgen machen, was man mit dem restlichen Basilikum anfangen soll – die üppigen Basilikum-Bunde aus dem Supermarkt sind schnell verbraucht. Aber was ist, wenn man nur zwei oder drei Blätter braucht, um ein Gericht damit zu würzen? Wir wollten wissen, wie lange sich Basilikum hält und wie man es am besten aufbewahrt.

Da die Aufbewahrung bei Zimmertemperatur nicht infrage kommt – das Basilikum ist sonst bereits nach wenigen Stunden welk –, war klar, dass das Basilikum in den Kühlschrank muss, auch wenn dort die Temperatur gut 8 °C unter der für Basilikum empfohlenen Temperatur liegt. Wir haben unser Test-Basilikum auf zwei wiederverschließbare Plastikbeutel aufgeteilt, diese aber offen gelassen, damit sich keine Feuchtigkeit darin staut (die Blätter werden sonst schnell schwarz). Das Basilikum in dem einen Beutel haben wir zusätzlich in feuchtes Küchenpapier eingewickelt – eine Methode, die wir auch für die meisten Blattgemüse anwenden. Nach drei Tagen im Kühlschrank waren beide Proben noch grün und frisch. Nach einer Woche aber hat sich ein anderes Bild gezeigt: Jetzt hat nur noch das feucht eingewickelte Basilikum frisch ausgesehen und auch so geschmeckt. Brausen Sie Basilikum übrigens erst kurz vor der Verwendung ab – als wir den gleichen Versuch mit gewaschenem Basilikum durchgeführt haben, hat sich die Haltbarkeitsdauer halbiert.

PRAKTISCHE WISSENSCHAFT: SO WIRD (UND BLEIBT) PESTO SCHÖN LEUCHTEND GRÜN

Wer keine verfärbten Basilikumblätter oder bräunlicholivgrünes Pesto möchte, der blanchiert das Basilikum.

Kann man die leuchtend grüne Farbe von Pesto retten, indem man das Basilikum blanchiert, bevor man es in der Küchenmaschine zerkleinert? Das wollten wir herausfinden. Dazu haben wir zwei Proben Pesto zubereitet, eine mit blanchiertem frischen Basilikum und eine mit nicht blanchiertem. Das Pesto aus den unblanchierten Blättern hat sofort zu dunkeln begonnen, als wir es mit einem Löffel aus der Maschine genommen haben; die blanchierte Probe dagegen ist schön hellgrün geblieben, auch noch nach einigen Stunden auf der Arbeitsplatte. Unsere Testesser konnten nahezu keine Geschmacksunterschiede feststellen. Nach einer ganzen Woche im Kühlschrank hat das blanchierte Pesto immer noch leuchtend grün ausgesehen, ebenso wie eine blanchierte Probe, die wir eingefroren und nach drei Wochen aufgetaut haben.

Und deshalb funktioniert Blanchieren: Zerkleinert oder zerdrückt man Basilikum (per Hand oder mit der Maschine), treten in den Blättern Enzyme aus, die stark oxidationsbeschleunigend wirken und so dafür sorgen, dass die hellgrüne Farbe stumpf und dunkel wird. Durch Blanchieren (d. h. 20- bis 30-sekündiges Eintauchen in siedendes Wasser und anschließendes Abschrecken in Eiswasser) werden diese Enzyme deaktiviert – die schöne Farbe bleibt erhalten.

Wenn Sie nur eine kleine Menge Pesto machen, um es direkt zu essen, lohnt sich Blanchieren nicht unbedingt. Haben Sie aber eine Rekorderte zu verarbeiten und wollen Pesto fürs ganze kommende Jahr machen, können Sie durch Blanchieren für eine appetitliche Farbe sorgen, die sich lange hält.

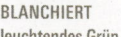

BLANCHIERT
leuchtendes Grün

UNBLANCHIERT
mattes und dunkles Grün

AUCH DIE PINIENKERNE RÖSTEN Beim Rösten von Nüssen und Kernen werden aromatische Öle freigesetzt, die den Geschmack und das Aroma kräftiger und komplexer machen. Sollten Sie eine größere Menge als für dieses Rezept erforderlich rösten wollen, verwenden Sie besser ein tiefes Backblech und den Backofen. Die Nüsse haben im Ofen nicht nur mehr Platz als in einer Pfanne, die Wärmeübertragung erfolgt dort auch sanfter und gleichmäßiger, sodass Sie seltener umrühren müssen.

DIE KRÄUTER „ANQUETSCHEN" Das Zerdrücken des Basilikums (und der Petersilie) ist ein wichtiger Arbeitsschritt. Nur so tritt die volle Breite der kräuterigen und anisartigen Aromanuancen zutage – durch alleiniges Zerkleinern in der Küchenmaschine bliebe das Aroma flacher. Zerdrückt man die Basilikumblätter mit einem Plattiereisen in einem wiederverschließbaren Beutel, wird das Pesto anschließend wunderbar mild und rund.

PETERSILIE ALS „FARBSTOFF" Etwas Petersilie macht sich geschmacklich kaum bemerkbar, verleiht dem Pesto aber einen frischeren Grünton.

EXTRA-NATIVES OLIVENÖL IST EIN MUSS In Saucen aus rohen Zutaten, wie Pesto oder Salsa Verde (nächstes Rezept), schmeckt das verwendete Öl stark heraus. Hier sollten Sie also nicht knausern – nehmen Sie ein richtig gutes Öl.

SALSA VERDE
(ERGIBT ETWA 400 ML)

Salsa verde schmeckt vorzüglich mit gegrilltem oder gebratenem Fleisch, Fisch oder Geflügel. Auch zu pochiertem Fisch, Salzkartoffeln (gekocht oder gedämpft) oder einfach nur zu Tomaten schmeckt die Salsa prima, ebenso als Sandwichaufstrich. Die Rezeptmenge kann problemlos halbiert werden.

2–3 Scheiben	grober weißer Sandwichtoast, leicht getoastet und in 1–1,5 cm große Stücke geschnitten
250 ml	Olivenöl (nativ extra)
60 ml	Zitronensaft (2 Zitronen)
2 Bund	glatte Petersilienblätter
40 g	Kapern, abgespült
4	Anchovisfilets, abgespült
1	Knoblauchzehe, fein gehackt
¼ TL	Salz

Das Brot zusammen mit dem Öl und dem Zitronensaft in der Küchenmaschine zu einer glatten Masse pürieren (etwa 10 Sekunden). Die Petersilie, die Kapern, die Anchovis, den

Knoblauch und das Salz dazugeben und die Maschine etwa 5-mal kurz betätigen, bis die festen Zutaten fein zerkleinert sind (Mischung sollte nicht glatt sein). Das Ganze in eine Servierschüssel geben. (Salsa verde kann bis zu 2 Tage gekühlt aufbewahrt werden.)

SALSA VERDE MIT ZITRONE UND BASILIKUM

Die Hälfte der Petersilie durch ½ Bund frische Basilikumblätter ersetzen. Die Knoblauchmenge auf 2 Zehen erhöhen. 1 TL abgeriebene Zitronenschale hinzufügen.

🍲 WARUM DAS REZEPT FUNKTIONIERT

Obwohl die Zubereitung supereinfach scheint, kann bei Salsa verde einiges schiefgehen. Die meisten der Rezepte, die wir ausprobiert haben, waren zu kräftig und scharf und haben bei den Testessern für Stirnrunzeln und eine üble Knoblauchfahne gesorgt. Auch die Textur hatte ihre Tücken; in allen der erwähnten Salsas haben sich das Öl und die übrigen Zutaten voneinander getrennt. Die Folge: in Öl schwimmende Petersilienklumpen. Wir stellen zunächst mit Toastbrot, das wir mit Öl und Zitronensaft (nicht Essig) in der Küchenmaschine pürieren, eine glatte Saucenbasis her. Dann kommen die restlichen Zutaten dazu: Anchovis für mehr Komplexität, Kapern für den leicht salzigen Geschmack, etwas Knoblauch für scharfen Pep und natürlich Petersilie, damit die Salsa auch wirklich „verde" (grün) wird. Als Variante kann man die Hälfte der Petersilie durch duftendes Basilikum ersetzen.

GLATTE PETERSILIE VERWENDEN Es gibt glatte und krause Petersilie – wo liegt der Unterschied? Auch wenn beide Sorten unter derselben lateinischen Bezeichnung (Petroselinum crispum) zusammengefasst sind, sind sie alles andere als identisch. In gut bürgerlichen Restaurants ist krause Petersilie gewissermaßen das „Anstecksträußchen" Ihres Steaks. Hübsch hindrapiert, dient sie nur der Garnierung – und ist in der Küche eigentlich auch nicht zu viel mehr zu gebrauchen, da sie quasi geschmacklos ist. (Trotzdem wird sie in Restaurantküchen häufig auch zum Würzen genommen, da sie sich aufgrund ihres „Bauschs" und der geringen Feuchtigkeit so schön einfach zerkleinern lässt.) Glatte Petersilie dagegen hat kräftige grüne Aromen und ist deshalb ein vollwertiges Würzkraut. In Salsa verde ist sie ein integraler Bestandteil. Kaufen Sie also lieber glatte Petersilie für den Gaumen anstatt krause Petersilie fürs Auge.

DAS BROT TOASTEN Brot dämpft einige der besonders intensiven Aromen der Salsa etwas ab und macht sie milder. Gleichzeitig bekommt die Salsa durch das mit Öl und Zitronensaft pürierte Brot eine schön cremige Grundtextur. Wie ein Emulgator hält es das Öl und die anderen Zutaten gut vermischt. Luftiges und feuchtes Brot allerdings verwandelt die Salsa in eine ziemlich klebrige, zähe Masse. Ideal sind feste, trockene Brotsorten mit dichter Krume. Aber Sie müssen nicht extra Brot kaufen – 15 Sekunden im Toaster lassen selbst das saftigste Brot trocken werden.

DER SALSA SAURES GEBEN – UND SALZIGES Nachdem wir Oliven, Kapern und Cornichons ausprobiert hatten, allein und in verschiedenen Kombinationen, haben wir uns nur für die Kapern entschieden. Sie schmecken schön salzig und etwas pikant. Als saure Zutat hat Zitronensaft mit knappem Vorsprung eine Reihe diverser Essigsorten aus dem Rennen geworfen. Der Saft betont auf angenehme Weise die frischen und unverfälschten Noten der Petersilie. Zitronensaft ist im Gegensatz zu den meisten Essigsorten auch weniger beißend. Auf keinen Fall weglassen sollten Sie die Anchovisfilets, denn sie verleihen der Salsa viel würzige Tiefe – und das völlig ohne Fischgeschmack, wohlgemerkt.

ROBUSTE KRÄUTER IN DER PRAXIS: SAUCEN UND WÜRZÖLE

Kräftigeren, robusteren Kräutern wie Oregano und Rosmarin macht es nichts aus, wenn sie länger erhitzt werden, weshalb man sie gut zum Aromatisieren von Öl verwenden kann. Robuste Kräuter spielen auch für unseren Toskanischen Bohnenschmortopf (Seite 92), die Kubanischen schwarzen Bohnen mit Reis (Seite 96) sowie den Rinderbraten mit Knoblauch und Rosmarin vom Grill (Buch 1, Seite 93) eine wichtige Rolle.

MARINARA-SAUCE
(FÜR 450 G NUDELN)

Sowohl trockener Chianti als auch Merlot eignen sich gut für diese Sauce. Wir mögen die Sauce ziemlich sämig – wenn Sie sie etwas stückiger wollen, halten Sie sich mit dem Pürieren in Schritt 4 etwas zurück (Küchenmaschine nur 3- bis 4-mal betätigen).

2 Dosen	ganze Tomaten (je 800 g)
3 EL	Olivenöl (nativ extra)
1	Zwiebel, fein zerkleinert
2	Knoblauchzehen, fein gehackt
2 TL	frischer Oregano, fein gehackt, oder ½ TL getrockneter Oregano
80 ml	trockener Rotwein
4 EL	frisches Basilikum, grob gehackt
	Salz und Pfeffer
	Zucker

1. Einen Durchschlag auf eine große Schüssel setzen und die Dosentomaten hineingießen. Die Tomaten mit der Hand öffnen und entkernen (Samen und Gallerte wegwerfen), dann etwa 5 Minuten gut abtropfen lassen. Etwa 200 g Tomaten aus dem Durchschlag nehmen und beiseitestellen. 600 ml des abgetropften Safts zurückbehalten, den Rest anderweitig verwenden.

MARINARA-SAUCE, S. 169

2. In einer Pfanne mit 30 cm Durchmesser 2 EL Öl auf mittlerer Stufe heiß werden lassen, bis es sich kräuselt. Die Zwiebelstücke darin 5 bis 7 Minuten dünsten, bis sie weich und leicht angebräunt sind. Knoblauch und Oregano unterrühren und etwa 30 Sekunden mitgaren, bis es aromatisch duftet.

3. Die abgetropften Tomaten dazugeben und die Hitze auf mittlere bis hohe Stufe stellen. Unter häufigem Rühren 10 bis 12 Minuten einkochen lassen, bis die Flüssigkeit verdampft ist, die Tomaten beginnen anzuhaften und sich an der Pfannenwand eine braune Schicht bildet. Pfanneninhalt mit dem Wein ablöschen und etwa 1 Minute kochen, bis der Wein dick und sirupartig ist. Dann den beiseitegestellten Tomatensaft angießen, die Anhaftungen vom Pfannenboden lösen und alles unter gelegentlichem Rühren köcheln lassen, bis die Sauce schön dick ist (8 bis 10 Minuten).

4. Den Pfanneninhalt und die beiseitegestellten Tomaten in der Küchenmaschine zerkleinern, bis die Sauce leicht stückig ist (Maschine etwa 8-mal kurz betätigen). Die Sauce zurück in die Pfanne geben, das Basilikum und 1 EL Öl einrühren und alles mit Salz, Pfeffer und Zucker abschmecken.

🍲 WARUM DAS REZEPT FUNKTIONIERT

Eine Marinara-Sauce mit vollem, komplexem Geschmack, die in weniger als einer Stunde zubereitet ist – das waren unsere Zielvorgaben für dieses Rezept. Dazu verwenden wir ganze Tomaten aus der Dose, die wir für zusätzliches Aroma anbräunen. Eine fein gehackte Zwiebel sowie etwas Rotwein bereichern die Sauce um weitere Aromen. Den robust-kräftigen Oregano erhitzen wir ordentlich mit, damit seine Aromen gut aufgeschlossen werden, die empfindlichen Basilikumblätter dagegen rühren wir erst ganz zum Schluss ein.

OREGANO MIT DEN ZWIEBELN ERHITZEN Wir geben den Oregano zusammen mit dem Knoblauch zu den Zwiebeln ins heiße Öl, damit sich die Aromen voll entfalten (ganz ähnlich, wie wir es auch bei bestimmten Gewürzen tun, siehe Konzept 2.11). Oregano gehört zu den robusten Kräutern, weshalb ihm das lange Erhitzen in der Sauce nicht schadet. Für dieses Rezept eignen sich sowohl frischer als auch getrockneter Oregano.

TOMATEN ENTWÄSSERN UND ANBRÄUNEN Mit Tomatenstücken, Tomatenpulpe oder passierten Tomaten aus der Dose kann man sich beim Saucenkochen wirklich viel Arbeit sparen – Dose auf, Inhalt in den Topf, fertig. Wir verwenden für unser Rezept ganze Tomaten. Der große Nachteil ganzer Tomaten ist, dass man sie zerkleinern muss. Erledigt man das mit dem Messer auf dem Schneidebrett, gibt es eine ziemliche Sauerei. Unsere Lösung: Wir geben die Tomaten in einen Durchschlag und zerdrücken und entkernen sie mit der Hand. Dabei entfernen wir alle harten Teile aus dem Inneren sowie alle Schalenstücke, die sich in die Dose verirrt haben. Das übrig bleibende Tomatenfleisch erhitzen wir dann so lange, bis sich am Pfannenboden eine gebräunte Schicht bildet. Dann erst löschen wir den Pfanneninhalt mit Tomatensaft ab und lösen die Anhaftungen, wodurch die Sauce noch einmal einen kräftig Aromaschub erhält.

WEIN ANGIESSEN UND REDUZIEREN Als Wein für diese Sauce macht sich eine trockene Rebsorte am besten. Von Weinen mit viel Eichenaroma sollte man laut unseren Testessern die Finger lassen, besser schmecken Sorten mit wenig Eiche bis gar keiner. Besonders gut kamen Chianti und Merlot bei den Testessern an. Durch den Wein wird das Aroma der Sauce noch einmal ausgebaut. Wir kochen ihn stark ein, um ihm möglichst viel Alkohol zu entziehen. (Mehr über das Kochen mit Wein erfahren Sie in Buch 1, Konzept 1.18.)

FRISCHES BASILIKUM ZUM SCHLUSS Damit Farbe und Aroma der Basilikumblätter erhalten bleiben, fügen wir sie als letzte Zutat hinzu. Das florale Aroma des Basilikums ergänzt wunderbar die sorgfältig ausbalancierten süßen und sauren Noten der Sauce.

KNOBLAUCH-ROSMARIN-KARTOFFELN VOM GRILL
(FÜR 4 PORTIONEN)

Kleine Kartoffeln mit 3,5 bis 4 cm Durchmesser eignen sich für das Rezept am besten. Auch größere Kartoffeln gehen, man muss sie aber mehrmals durchschneiden: Kartoffeln mit 5 bis 7,5 cm Durchmesser sollte man vierteln, Knollen ab 7,5 cm Durchmesser achteln. Da die Kartoffeln in der Mikrowelle vorgegart werden, dürfen die Spieße nicht aus Metall sein.

4 EL	Olivenöl
9	Knoblauchzehen, fein gehackt
1 TL	frischer Rosmarin, fein gehackt
	Salz und Pfeffer
900 g	kleine rote Kartoffeln, gewaschen, halbiert und auf Holzspieße gesteckt
2 EL	frischer Schnittlauch, fein gehackt

1. Das Öl, den Knoblauch, den Rosmarin und ½ TL Salz in einer Pfanne (ø 20 cm) auf mittlerer Stufe erhitzen, bis es brutzelt (etwa 3 Minuten). Die Hitze auf mittlere bis niedrige Stufe stellen und alles rund 3 Minuten weitergaren, bis der Knoblauch gelblich-glasig ist. Die Mischung durch ein

feines Sieb in eine kleine Schüssel abseihen, dabei die Mischung andrücken. 1 EL der festen Zutaten und 1 EL Öl zusammen in eine große Schüssel geben und beiseitestellen. Die restlichen festen Zutaten wegwerfen. Das Öl beiseitestellen.

2. Die Kartoffelspieße nebeneinander auf einen großen Teller legen und jede Kartoffel mehrfach mit einem Spieß einstechen. Mit 1 EL des aromatisierten Öls bestreichen und salzen. Die Kartoffeln etwa 8 Minuten in der Mikrowelle garen (daher achten Sie darauf, dass Sie Holzspieße verwenden und keine aus Metall!), bis beim Einstechen mit einem spitzen Messer noch ein leichter Widerstand zu spüren ist. Die Spieße nach der Hälfte der Zeit einmal wenden. Ein Backblech mit 1 EL aromatisiertem Öl bepinseln und die Kartoffelspieße daraufgeben. Die Kartoffeln mit dem restlichen Öl bestreichen und mit Salz und Pfeffer würzen.

3. FÜR HOLZKOHLEGRILL: Die Bodenlüftungsschlitze ganz öffnen. Einen großen Anzündkamin mit 3 kg Holzkohlebriketts befüllen und entzünden. Sobald die obersten Briketts teilweise mit Asche überzogen sind, zwei Drittel der Kohle gleichmäßig im Grill verteilen und das restliche Drittel zu-

sätzlich in eine Grillhälfte schütten. Nachdem der Grillrost einlegt wurde, den Deckel schließen und die Deckellüftung ganz öffnen. Den Grill etwa 5 Minuten heiß werden lassen. FÜR GASGRILL: Alle Brenner auf große Flamme stellen, den Deckel schließen und den Grill etwa 15 Minuten heiß werden lassen. Die Brenner auf mittlere bis große Flamme stellen.

4. Grillrost reinigen und einölen. Die Kartoffelspieße auf den Grill legen (heiße Grillhälfte, falls Holzkohle) und 3 bis 5 Minuten grillen (mit geschlossenem Deckel, falls Gasgrill), bis die Kartoffeln Grillspuren zeigen. Nach der Hälfte der Zeit einmal wenden. Die Spieße auf die kühlere Grillhälfte legen (falls Holzkohle) bzw. alle Brenner auf niedrige bis mittlere Stufe stellen (falls Gas). Den Grilldeckel schließen und die Kartoffeln 5 bis 8 Minuten weitergrillen, bis sich ein spitzes Messer ohne spürbaren Widerstand einstechen und wieder herausziehen lässt.

5. Die Kartoffeln von den Spießen streifen und in die Schüssel mit der Knoblauchöl-Mischung geben. Schnittlauch hinzufügen, mit Salz und Pfeffer abschmecken. Alles vermengen, dann servieren.

🍲 WARUM DAS REZEPT FUNKTIONIERT

Kartoffeln vom Grill sind im Sommer ein Barbecue-Klassiker, wir wollten das übliche Rezept aber mit Rosmarin und Knoblauch etwas abwandeln und aufpeppen. Wie sich gezeigt hat, ist es gar nicht so einfach, normalen Grillkartoffeln die beiden Zutaten auf zufriedenstellende Weise beizufügen. Wir haben den Weg über das Öl gewählt: Wir aromatisieren Olivenöl mit Rosmarin und Knoblauch und würzen dann die Kartoffeln damit. Damit haben wir bekommen, was wir wollten: schön zarte Kartoffeln mit viel Raucharoma vom Grillfeuer und kräftigen Knoblauch- und Rosmarin-Noten.

WÜRZÖL SELBST HERSTELLEN Unser Ziel war es, den gegrillten Kartoffeln viel kräftiges Knoblauch- und Rosmarin-Aroma mitzugeben, ohne dass die beiden Extrazutaten auf dem heißen Grill anbrennen. Wir lösen das Problem, indem wir den Knoblauch und den Rosmarin vorher in Olivenöl erhitzen. Auf diese Weise entfalten sich schön die Aromen und gehen gleichzeitig ins Öl über. Die Aromazutaten seihen wir anschließend ab und fangen das Öl auf. Jetzt können wir die Kartoffeln damit gleich mehrfach einpinseln; die Aromen dringen so besonders tief ein. Diese Methode ist weit wirkungsvoller, als die Kartoffeln nur zum Schluss mit gehacktem Rosmarin zu vermischen, wie es in vielen Rezepten gemacht wird. Achtung: Knoblauch in Olivenöl sollte nicht länger als ein paar Tage aufbewahrt werden, selbst dann nicht, wenn der Knoblauch gebraten wurde. Der Grund sind toxische und potenziell tödliche Botulismus-Bakterien, die in Knoblauch vorhanden sein können. Wie eine Studie der Universität von Kalifornien warnt, werden die Sporen dieser Bakterien auch durch Braten nicht abgetötet. Daher sollten Sie auf Nummer sicher gehen

IN DIE MIKROWELLE, DANN AUF DEN GRILL Die Zubereitung der Kartoffeln erfolgt in zwei Schritten. Im ersten Schritt stechen wir sie ein, salzen sie und garen sie dann in der Mikrowelle vor. Das Vorgaren in der Mikrowelle trägt – anders als Vorkochen in Wasser – dazu bei, dass die Kartoffeltextur fester und die Schale salziger bleibt. Der zweite Schritt: Grillen. Wir finden es praktisch, die Kartoffeln gleich zu Anfang der Zubereitung aufzuspießen; so lassen sie sich gut bestreichen und bewegen. Durch die Zubereitung in mehreren Schritten bietet sich uns auch die Möglichkeit, die Kartoffeln mehrfach mit unserem Würzöl zu bepinseln: vor dem Vorgaren in der Mikrowelle, vor dem Grillen und ganz zum Schluss, wenn sie bereits gar sind.

SCHNITTLAUCH ALS ABSCHLUSS Um unsere Grillkartoffeln ganz zum Schluss noch einmal „aufzufrischen", vermischen wir sie mit frischem Schnittlauch. Das verleiht ihnen nicht nur leicht lauchige Noten, sondern auch ein paar hübsche grüne Tupfer. Da die Aromen und die Farbe von Schnittlauch sehr empfindlich sind, sollte man ihn wirklich erst kurz vor dem Servieren hinzufügen.

KONZEPT 2.13
VINAIGRETTE UND MAYONNAISE: SO BLEIBT DIE WASSER-ÖL-EMULSION STABIL

Eine Vinaigrette scheint auf den ersten Blick sehr simpel, denn sie besteht im Wesentlichen nur aus zwei Zutaten: Öl und Essig. Macht man aber Salat mit einer ungenügend vermischten Vinaigrette an, kann es passieren, dass der eine Bissen furchtbar sauer schmeckt, der nächste fad und ölig. Voraussetzung für eine gute Vinaigrette ist immer, dass sie stabil ist und nicht „bricht" – jedenfalls so lange, bis Sie den Salat damit angemacht und gegessen haben.

DIE WISSENSCHAFT DAHINTER

Jede Vinaigrette ist im Prinzip eine Emulsion, also ein Gemisch aus zwei Flüssigkeiten, die normalerweise nicht mischbar sind, beispielsweise Öl und Essig. Die einzige Möglichkeit, die Flüssigkeiten doch zur Mischung zu bewegen, ist kräftiges Rühren, bis eine der beiden Flüssigkeiten sich in winzige Tropfen auflöst. Wenn die Tropfen so klein sind, dass die andere Flüssigkeit sie komplett umgibt und voneinander getrennt hält, ist eine Emulsion entstanden – die beiden Flüssigkeiten bilden nun ein homogenes Gemisch.

Die Flüssigkeit in Tröpfchenform heißt „disperse Phase" (zum Beispiel der Essig in einer einfachen Vinaigrette ohne Emulgator), da die Tropfen in der Emulsion dispergiert, also

verteilt sind. Die Flüssigkeit, die die Tröpfchen umschließt, ist die „kontinuierliche Phase" (das Öl in einer emulgatorlosen Vinaigrette). Je nachdem, wie die Emulsion hergestellt wird, kann das Öl die disperse oder die kontinuierliche Phase bilden (Öl-in-Wasser- bzw. Wasser-in-Öl-Emulsion). Die Oberfläche einer Emulsion wird von der kontinuierlichen Phase gebildet, weshalb wir im Mund zuerst diese wahrnehmen. Das erklärt, warum Mayonnaise, die zwar bis zu 80 Prozent Öl enthält, sich auf der Zunge nicht fettig anfühlt: Die kontinuierliche Phase besteht hier aus Zitronensaft.

Leider beginnen die kleinen Tröpfchen der dispersen Phase sofort wieder zusammenzulaufen, sobald man aufhört, das Öl und den Essig zu verrühren. „Finden sich" genügend Essigtröpfchen und fließen zusammen, entmischt sich die Emulsion, und Öl und Essig trennen sich wieder. Macht man Salat mit einer derart entmischten Vinaigrette an, schmeckt er mal zu ölig, mal zu sauer, je nachdem, welches Blatt man erwischt.

Vielen Emulsionen wird zusätzlich ein Emulgator beigemischt, der dann zum Beispiel aus Essig und Öl eine homogene Sauce macht, die auch homogen bleibt. Eigelb, das das Phospholipid Lecithin enthält, ist solch ein Emulgator. Und so funktioniert es: Ein Lecithin-Molekül hat zwei Enden. Das eine Ende wird von Wasser angezogen (es ist hydrophil); das andere wird davon abgestoßen, verträgt sich aber gut mit Öl (es ist hydrophob). Fügt man nun einer einfachen Vinaigrette aus Essig und Öl Eigelb hinzu, verändert sich die Emulsion: Es bil-

ENTMISCHUNG EINER VINAIGRETTE

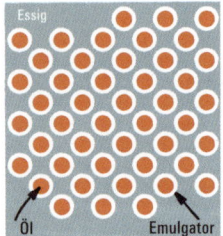  

PERFEKTE EMULSION Beim Vermischen von Öl und Essig werden winzige Öltröpfchen von einem hinzugefügten Emulgator umschlossen und gleichmäßig im Essig verteilt.

ENTMISCHUNG Mit der Zeit finden die Öltröpfchen wieder zueinander und vereinigen sich.

ENTMISCHT Schließlich liegen Öl und Essig wieder getrennt in zwei Phasen vor; die Vinaigrette ist entmischt.

det sich eine Öl-in-Wasser-Emulsion, in der Öltröpfchen in Essig dispergiert sind. Diese Form der Emulsion ist stabiler als die oben beschriebene. Grund ist das Lecithin: Seine hydrophilen Enden binden sich an den Essig, während die „freien" hydrophoben Enden sich rings um die Öltröpfchen anlagern. So kommt es, dass Mayonnaise beispielsweise aus einer Emulsion besteht, in der kleine Öltropfen in Zitronensaft oder Essig verteilt sind. Ein weiterer häufig verwendeter Emulgator ist Senf. Hier sorgt ein komplexes Polysaccharid für die emulgierende Wirkung, die allerdings weniger effektiv ist als die des Eigelb-Lecithins.

Emulgatoren spielen nicht nur in den Vinaigrette- und Mayonnaise-Rezepten dieses Konzepts eine zentrale Rolle, auch viele klassische französische Saucen, darunter Sauce béarnaise und Sauce hollandaise, benötigen Emulgatoren. Auch für Bratensaucen spielen die in diesem Konzept dargestellten Prinzipien eine wichtige Rolle; schlägt man zum Schluss kalte Butter statt warmer Butter in die Sauce ein, entsteht eine cremigere Emulsion. In emulgierten Saucen findet sich häufig eine weitere Zutat: Maisstärke. Diese verdickt die Emulsion und macht es so den dispergierten Tröpfchen schwerer, sich zu bewegen und zueinanderzufinden. Selbst Kuchen brauchen Emulgatoren; Pound Cake beispielsweise gelingt nur mithilfe der emulgierenden Wirkung der Eier.

DAS EXPERIMENT

Um die Wirkung der drei häufig verwendeten Emulgatoren Senf, Eigelb und Mayonnaise zu vergleichen, haben wir damit jeweils eine Vinaigrette zubereitet. Um sicherzustellen, dass alle Vinaigretten auch wirklich gleich stark vermischt werden, haben wir drei Standrührer mit Rührbeseneinsatz benutzt. In jede Rührschüssel haben wir 60 ml Essig gegeben, dazu in die erste Schüssel 1 EL Dijonsenf, in die zweite ein Eigelb und in die dritte Schüssel 1 EL Mayonnaise. Wir haben die Geräte auf mittlere bis hohe Stufe gestellt und jeweils langsam 180 ml Öl dazugegossen, sodass das Angießen genau

30 Sekunden gedauert hat. Anschließend haben wir die Proben in 15-Minuten-Intervallen überprüft. Als Kontrolle haben wir mit einem vierten Standrührer eine Vinaigrette nur aus Essig und Öl, ohne Emulgator, angerührt.

DAS ERGEBNIS

Die Vinaigrette mit Eigelb war eindeutig am stabilsten (Bilder zu diesem Versuch siehe Seite 177). Auch drei Stunden nach dem Anrühren hat sie sich nicht entmischt. Die Vinaigrette mit Mayonnaise hat nach 1½ Stunden erste Anzeichen der Entmischung gezeigt, die Senf-Vinaigrette schon nach einer halben Stunde. Die Kontrollprobe ohne Emulgator war bereits nach Ablauf des ersten 15-Minuten-Intervalls vollständig entmischt.

Und der Geschmack? Mit Eigelb hat die Vinaigrette „eiig" geschmeckt, was die Testesser bemängelt haben. (Kein Wunder, ein Salatdressing mit rohem Ei ist Geschmackssache, um es vorsichtig zu sagen.) Die Mayonnaise hat am Geschmack nicht viel geändert, hat die Konsistenz aber zur Freude der Testesser etwas cremiger gemacht. Das Senf-Dressing hat am besten geschmeckt.

DIE ERKENNTNIS

Saucen, die nicht mischbare flüssige Zutaten enthalten, aber trotzdem glatt und homogen sein sollen, bereitet man am besten mit einem Emulgator wie Eigelb, Mayonnaise oder Senf zu. Ein guter Emulgator sorgt aber nicht nur für eine stabile Emulsion, er fügt einem Gericht auch geschmacklich etwas hinzu – oder verschlechtert den Geschmack zumindest nicht. Eigelb ist ein sehr effektiver Emulgator, aber der Geschmack passt nicht zu allem. Auch Mayonnaise ist ein guter Emulgator – wenn auch etwas weniger wirkungsvoll –, da sie Eigelb enthält; man kann damit ein Dressing gut stabilisieren, ohne dass es nach Ei schmeckt. Senf schließlich ist ein akzeptabler Emulgator; sein größter Vorteil jedoch ist der gute Geschmack.

EMULGATOREN IN DER PRAXIS: VINAIGRETTE

Das Eigelb in Mayonnaise ist ein sehr wirkungsvoller Emulgator. Senf ist weniger wirkungsstark, schmeckt im Dressing dafür aber vorzüglich. Mit einer Mischung aus beiden Emulgatoren wird das Dressing schön homogen und schmeckt köstlich – vorausgesetzt, die Technik stimmt, denn auch die Art und Weise, wie der Essig und das Öl miteinander vermischt werden, wirkt sich auf die Stabilität der Emulsion aus.

PERFEKTE VINAIGRETTE
(ERGIBT 60 ML)

Sowohl Rotwein-, Weißwein- als auch Champagneressig eignen sich für das Rezept. Kaufen Sie nur wirklich gute Zutaten – eine Vinaigrette steht und fällt mit der Qualität ihrer Komponenten. Unsere Vinaigrette, einschließlich der Walnuss- und Kräutervariante, schmeckt zu fast allen Salatsorten. Möchten Sie den Salat mit einem Hauch Knoblauch? Dann reiben Sie die Salatschüssel mit einer Knoblauchzehe aus, bevor Sie den Salat hineingeben.

1 EL	Weinessig
1½ TL	fein gehackte Schalotte
½ TL	Mayonnaise (normal oder fettreduziert)
½ TL	Dijon-Senf
1 Prise	Salz
	Pfeffer
3 EL	Olivenöl (nativ extra)

1. Essig, Schalotte, Mayonnaise, Senf, Salz und Pfeffer in einer kleinen Schüssel aus Kunststoff, Glas oder Edelstahl mit einem Schneebesen gründlich vermischen, bis eine milchige Mischung ohne Mayonnaiseklumpen entstanden ist.

2. Das Öl in einen kleinen Messbecher oder ein anderes Gefäß geben, mit dem sich gut und kontrolliert gießen lässt. Die Essigmischung mit dem Schneebesen schlagen, dabei ganz langsam das Öl angießen. Wenn sich Öl an der Oberfläche sammelt, das Angießen unterbrechen und die Mischung gründlich vermischen, dann weiter langsam Öl dazugießen. Die Vinaigrette sollte glänzend und leicht angedickt sein, ohne schwimmendes Öl auf der Oberfläche. (Vinaigrette kann gekühlt bis zu 2 Wochen aufbewahrt werden.)

KRÄUTERVINAIGRETTE

Kurz vor dem Anmachen des Salats die folgenden Kräuter hinzufügen (jeweils frisch und fein gehackt): 1 EL Petersilie oder Schnittlauch, dazu ½ TL Thymian, Estragon, Majoran oder Oregano.

WALNUSSVINAIGRETTE

Statt des extranativen Olivenöls 1½ EL geröstetes Walnussöl und 1½ EL normales Olivenöl nehmen.

ZITRONENVINAIGRETTE

Diese Variante passt am besten zu mildem Salat.
Den Essig mit Zitronensaft ersetzen, die Schalotte weglassen. Zusammen mit Salz und Pfeffer ¼ TL fein abgeriebene Zitronenschale und 1 Prise Zucker hinzufügen.

BALSAMICO-SENF-VINAIGRETTE

Diese Variante passt am besten zu kräftigem, aromatischem Salat.
Den Weinessig mit Balsamessig ersetzen und die Senfmenge auf 2 TL erhöhen. Zusammen mit Salz und Pfeffer ½ TL fein gehackten frischen Thymian hinzufügen.

🍲 WARUM DAS REZEPT FUNKTIONIERT

Moderne Vinaigrette-Rezepte verlangen häufig vier Teile Öl auf einen Teil Essig, aber unserer Meinung nach wird das Dressing damit fade und ölig. Den Grund für den höheren Ölanteil muss man nicht lange suchen: In den meisten modernen Rezepten werden die Zutaten einfach zusammengekippt und verrührt bzw. geschüttelt. So entsteht kein wirklich gut emulgiertes Dressing, ein Mangel, den man mit mehr Öl zu kaschieren versucht. Für uns gilt weiterhin das klassische 3:1-Verhältnis der französischen Küche. Zugegeben, die Zubereitung dauert so etwas länger, aber man wird mit einem schön säuerlich frischen, köstlichen Dressing belohnt. Durch die beiden Emulgatoren Senf und Mayonnaise bleibt die Vinaigrette über Stunden stabil.

RÜHREN STATT SCHÜTTELN In vielen Vinaigrette-Rezepten werden die Zutaten in einem Glas geschüttelt oder der Essig und das Öl werden zusammen in eine Schüssel gegossen und verquirlt. Unsere Versuche haben gezeigt, dass diese Vinaigretten schnell „brechen" und zu sauer schmecken. Grund ist, dass Öl und Essig hier nicht vollständig emulgiert werden. Mit der klassischen Technik hingegen, bei der das Öl ganz langsam unter kräftigem Schlagen mit dem Schneebesen dazugegossen wird, schmeckt das Dressing glatter und ausgewogener und bleibt länger vermischt. Der Hintergrund: Öl und Essig sind eigentlich nicht mischbar, da Essig zu 95 Prozent aus Wasser besteht. Verwendet man Mayonnaise als Emulgator und gießt das Öl langsam unter kräftigem Einsatz des Schneebesens an, löst sich das Öl in sehr feine Tröpfchen auf, die sich leichter im Essig verteilen lassen und so für eine stabile Emulsion sorgen. Je kleiner die Tröpfchen, desto stabiler die Emulsion.

DIE GEWÜRZE IN DEN ESSIG GEBEN Salz löst sich in Öl nicht auf, deshalb sollte man es (zusammen mit den anderen Gewürzen und den Emulgatoren) zunächst mit dem Essig vermischen.

NICHT ZU VIEL DRESSING So lange Sie das 3:1-Verhältnis von Öl zu Essig beibehalten, können Sie beliebig mehr oder weniger Dressing machen, je nachdem, wie viel Sie brauchen. 60 ml Dressing sind genau die richtige Menge für vier Portionen. Der Salat sollte leicht mit Dressing benetzt sein. Geben Sie nur so viel Dressing dazu, dass sich am Boden der Schüssel keine Pfütze bildet.

PRAKTISCHE WISSENSCHAFT: LANGZEITWIRKUNG VON EMULGATOREN IN VINAIGRETTE

15 Minuten   30 Minuten   60 Minuten

KEIN EMULGATOR

SENF

MAYONNAISE

EIGELB

EMULGATOREN IN DER PRAXIS: **MAYONNAISE**

Mit Eigelb als Emulgator lässt sich aus dünnflüssigem Öl eine dicke, cremige Sauce zaubern. Das machen wir uns bei der Zubereitung von Vinaigrette zunutze, noch deutlicher wird die emulgierende Kraft von Eigelb allerdings in Mayonnaise, wo in einem Teil Eigelb/Zitronensaft satte 2,3 Teile Öl gelöst werden müssen.

AIOLI (KNOBLAUCHMAYONNAISE)
(ERGIBT ETWA 180 ML)

Falls vorhanden, entfernen Sie den grünen Trieb aus der Knoblauchzehe, bevor Sie sie zerdrücken oder reiben. Wenn Sie kein einfaches Olivenöl haben, nehmen Sie extranatives Olivenöl und ein anderes Pflanzenöl, gemischt zu gleichen Teilen. Wir verwenden weißen Pfeffer, im Prinzip geht aber auch schwarzer. Für „normale" Mayonnaise lassen Sie einfach den Knoblauch weg.

1	Knoblauchzehe, geschält
2	Eigelb (Gr. M)
4 TL	Zitronensaft
	Zucker, Salz und gemahlener Pfeffer
180 ml	Olivenöl

1. Knoblauch in einer Knoblauchpresse zerdrücken oder sehr fein reiben. 1 TL Knoblauch abmessen und beiseitestellen, den Rest wegwerfen.

2. Knoblauch, Eigelb, Zitronensaft, 1 Prise Zucker, ¼ TL Salz und Pfeffer (Menge nach Belieben) etwa 10 Sekunden in der Küchenmaschine vermengen. Die Maschine laufen lassen und in dünnem Strahl das Öl dazugießen (etwa 30 Sekunden), dann die an der Rührgefäßwand haftende Masse mit einem Teigschaber nach unten streichen und die Maschine noch einmal 5 Sekunden einschalten. Mit Salz und Pfeffer abschmecken und servieren. (Aioli kann in einem luftdichten Behälter bis zu 3 Tage im Kühlschrank aufbewahrt werden.)

AIOLI MIT ROSMARIN UND THYMIAN

Reichen Sie diese Aioli-Variante zu gebratenem und gegrilltem Fleisch oder gegrilltem Gemüse.
Zusammen mit dem Knoblauch und den anderen Zutaten 1 TL fein gehackten frischen Rosmarin und 1 TL fein gehackten frischen Thymian in die Küchenmaschine geben.

🍲 WARUM DAS REZEPT FUNKTIONIERT

Aioli ist eine schnell zubereitete Sauce auf Emulsionsbasis, die traditionell zu einfachen Gerichten mit Gemüse, Kartoffeln und gedünstetem Fisch gegessen wird. In schlecht gemachter Aioli dominiert der Knoblauch auf unangenehme Weise – die Aromen sind bitter, scharf und lange nachschmeckend. Bei unseren Kochversuchen haben wir bald festgestellt, dass man den Knoblauch so fein und gleichmäßig wie möglich zerkleinern muss, um kleine „Knoblauch-Explosionen" im Mund zu vermeiden und eine möglichst glatte Textur zu erhalten.

DEN KNOBLAUCH ZÄHMEN Knoblauch macht den Charakter von Aioli aus, aber manchmal schlägt er über die Stränge und drängt alles andere in den Hintergrund. Wir verwenden weniger Knoblauch als traditionell üblich und zerdrücken oder reiben ihn, damit er so fein wie möglich zerkleinert wird. (Nehmen Sie nicht mehr als 1 TL.)

DAS RICHTIGE ÖL Uns war das pfeffrige, fruchtige Aroma von extranativem Olivenöl etwas zu dominant für Mayonnaise. Die Testesser haben einfaches Olivenöl bevorzugt, das bei der Herstellung ziemlich viel Aroma einbüßt. Haben Sie kein einfaches Olivenöl im Haus, mischen Sie sich einfach einen Ersatz: Eine 1:1-Mischung aus Olivenöl nativ extra und Pflanzenöl erfüllt den Zweck gut.

EIGELB MIT ZITRONENSAFT AUFSCHLAGEN Damit die Mayonnaise sich nicht entmischt, muss man die Eigelbe zunächst sehr gründlich mit dem Zitronensaft vermischen. Der Grund: Eigelb enthält neben Wasser auch Fett. Erst muss aus dem Eigelb und dem Zitronensaft eine Emulsion hergestellt werden, dann kann man das Öl dazugeben.

DIE KUNST DES VERMENGENS Als wir die Aioli im Mixer vermischt haben, wurde die Emulsion viel zu dick. Kräftiges Vermischen mit dem Schneebesen dagegen hat wunderbar funktioniert, aber nach vier Minuten wurden uns die Arme schwer. Die beste Lösung bietet die Küchenmaschine: Damit vermischt, ist die Mayonnaise nach nur 30 Sekunden fertig. Natürlich können Sie Mayonnaise auch mit der Hand herstellen – französische Köche machen es schließlich seit Jahrhunderten so. Da Sie aber eine relativ große Menge Öl in sehr wenig Eigelb und Zitronensaft dispergieren wollen, muss das Öl in winzige Tröpfchen „zerschlagen" werden, damit eine stabile Emulsion entsteht. Wenn Sie doch zum Schneebesen greifen wollen, gießen Sie das Öl wirklich im Zeitlupentempo dazu und schlagen Sie die Mayonnaise ohne Pause mindestens vier Minuten.

AIOLI (KNOBLAUCHMAYONNAISE), S. 178

KONZEPT 2.14
ENTSCHEIDEND BEIM FRITTIEREN IST DIE ÖLTEMPERATUR

Pommes frites bekommt man so gut wie überall: im Fast-Food-Restaurant (mit Ketchup, das man aus kleinen Plastiktütchen herauspresst), im Sportstadion (mit Chili und Käse), im Gourmetrestaurant (besprenkelt mit Trüffelöl und Meersalzflocken). Aber warum macht man sie so selten zu Hause? Viele haben keine Lust auf das spritzende Fett beim Frittieren. Doch davon sollten Sie sich nicht abhalten lassen. Wenn man es richtig macht, ist Frittieren ein Kinderspiel. Besonders wichtig ist dabei die richtige Öltemperatur.

WAS PASSIERT MIT KARTOFFELN IN HEISSEM FETT?

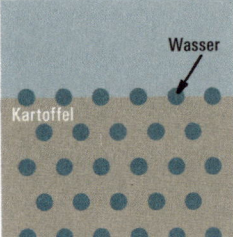

VORHER In rohen Kartoffeln ist das Wasser gleichmäßig verteilt.

FRITTIEREN Beim Frittieren verdampft ein Teil des Wassers und lässt Lücken zurück.

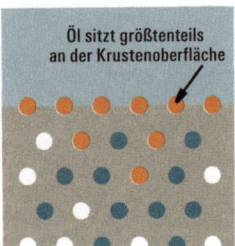

NACHHER Die kraterartigen Löcher an der Oberfläche füllen sich mit Öl, was dazu beiträgt, dass eine knusprig braune Kruste entsteht. Die Menge des absorbierten Öls ist direkt proportional zur Menge des verdampften Wassers.

DIE WISSENSCHAFT DAHINTER

Zum Frittieren erhitzt man Öl in der Regel auf 165 bis max. 180 °C. Gibt man Kartoffeln, Hühnerfleisch oder Shrimps in derart heißes Öl, verwandelt sich das an der Oberfläche befindliche Wasser sofort in Dampf (die sprudelnden Blasen, die entstehen, wenn man Essen in heißes Fett gibt – das ist nicht etwa siedendes Öl, sondern entweichender Wasserdampf).

Auch wenn es unlogisch klingt, zählt Frittieren zu den trockenen Garverfahren. Das Wasser des Frittierguts verdampft, wobei es kleine Krater zurücklässt. Gleichzeitig dringt eine begrenzte Menge Öl ins Lebensmittel und ersetzt das entwichene Wasser. Dabei trocknet die äußere Stärkeschicht (die meisten frittierten Speisen sind stärkehaltig oder zumindest von einer stärkehaltigen Hülle umschlossen) aus, wird porös und knusprig. Es bildet sich eine Kruste, die sehr viel Öl enthält.

Entscheidend ist die hohe Temperatur: Ist das Öl nicht heiß genug, verdampft das Wasser nicht, die Oberfläche bleibt feucht und die ersehnte Kruste kann sich nicht bilden. Warum, wird sofort klar, wenn man bedenkt, dass geschmackgebende Bräunungsreaktionen wie Karamellisierung (siehe Konzept 2.8) und Maillard-Reaktion (siehe Buch 1, Konzept 1.2) erst ab einer Temperatur von 150 °C richtig in Gang kommen. Entsteht keine krosse, ausreichend mit Öl gesättigte Außenschicht, dringt das Wasser des frittierten Lebensmittels ungehindert aus dem Innern an die Oberfläche und weicht sie auf. (Aus diesem Grund frittieren wir Lebensmittel oft portionsweise. Gibt man eine zu große Menge des Frittierguts auf einmal ins Öl, fällt dessen Temperatur zu stark ab. Die Folge: labberige Pommes ohne Biss.)

Eine knusprige Kruste ist nicht nur aromatisch, sie sorgt auch dafür, dass frittiertes Essen weniger fettig schmeckt. Die Öltemperatur ist nur ein Faktor, warum frittierte Lebensmittel manchmal scheinbar vor Fett triefen. Tatsächlich ist es so, dass je höher die Temperatur des Öls, desto mehr Wasser verdampft und desto mehr Fett wird aufgenommen. Die Fettaufnahme während des Frittierens ist allerdings zweitrangig, denn die meisten Speisen nehmen erst nach dem Garen richtig viel Fett auf, wenn es dem Öl an der Oberfläche gelingt, die Kruste zu durchdringen. Eine krosse Kruste kann demnach nicht verhindern, dass Öl absorbiert wird, aber sie sorgt dafür, dass das Lebensmittel nicht völlig aufweicht und ein fettiges Mundgefühl erzeugt.

Vergessen Sie aber nicht, dass das Öl auch zu heiß sein kann. Bei einer Temperatur über 200 °C brennt die Oberfläche schnell an, während das Innere längst nicht gar ist. Doch auch wenn das Innere gar ist, kann übermäßige Hitze das Lebensmittel austrocknen und zäh machen. Besonders kritisch wirkt sich eine zu hohe Öltemperatur auf die Qualität des Öls aus.

Obgleich die Begriffe häufig synonym verwendet werden, ist ein „Fett" per Definition bei Zimmertemperatur fest, während ein „Öl" flüssig ist. Frisches Frittieröl besteht zu 98 Prozent aus Triglyceriden, also Verbindungen aus

Glycerinmolekülen mit jeweils drei Fettsäuren. Triglyceride mit einem hohen Anteil an gesättigten Fettsäuren, wie sie in Fleisch vorkommen, sind bei Zimmertemperatur fest, solche mit überwiegend ungesättigten Fettsäuren, die meist pflanzlichen Ursprungs sind, sind flüssig. Erhitzt man ein Fett oder Öl und gibt Lebensmittel hinein, kann zweierlei passieren: Die Triglyceride reagieren mit dem Wasser des Lebensmittels, wodurch zusätzliche freie Fettsäuren sowie Glycerin entstehen, oder die ungesättigten Fettsäuren oxidieren durch den Kontakt mit Luft. Beide Reaktionen sorgen dafür, dass man das Fett nicht unendlich oft zum Frittieren verwenden kann, da die Temperatur, bei der es zu rauchen beginnt, von Mal zu Mal sinkt. Dieser Rauchpunkt ist von Fett zu Fett verschieden, abhängig davon, wie schnell es in freie Fettsäuren zerfällt. Die Menge freier Fettsäuren in einem Fett oder Öl bestimmt, wie gut es sich für hohe Temperaturen eignet (zum Beispiel beim Frittieren). Jedes Öl beginnt bei normaler Verwendung irgendwann zu rauchen. Aber je häufiger man ein Öl verwendet, desto tiefer sinkt der Rauchpunkt.

DAS EXPERIMENT

Um die ideale Öltemperatur für Pommes frites zu ermitteln, haben wir mehligkochende Kartoffeln in 6 mm dicke Stäbchen geschnitten und jeweils eine Probe in 135, 165 und 200 °C heißem Öl frittiert.

DAS ERGEBNIS

Die Unterschiede zwischen den drei Proben waren immens. Betrachten wir zunächst die Garzeit: Während die 200-Grad-Pommes nach wenigen Minuten im Öl schon fast angebrannt sind, war die in 135 °C heißem Öl gegarte Probe nach satten 10 Minuten noch nicht einmal angebräunt. Die 165-Grad-Probe lag genau dazwischen; nach etwa 6 Minuten hatte sie eine goldbraune Kruste. So viel zum Äußeren – doch wie sahen die Pommes innen aus? Nach einer einminütigen Abkühlphase haben wir die Kartoffelstäbchen „seziert", indem wir sie in der Mitte

durchgeschnitten haben. Innen hat sich ein ähnliches Ergebnis wie außen gezeigt: Die bei 165 °C gegarten Pommes waren perfekt, mit einem angenehm weichen, gerade eben gegarten Kern, umgeben von einer dicken knusprigen Kruste. Die 135-Grad-Probe war zwar ebenfalls schön weich – doch leider einschließlich der völlig aufgeweichten Kruste. Die 200-Grad-Pommes schließlich hatten einen komplett rohen Kern, der von einem dünnen Ring aus verkochter Kartoffelmasse umgeben war.

DIE ERKENNTNIS

Die Temperatur des Öls spielt zweifellos eine wichtige Rolle. In 200 °C heißem Öl frittierte Pommes bräunen viel zu schnell; außen schon fast schwarz, sind sie innen noch roh. Bei 135 °C garen Pommes zwar vollständig durch, aber da sich keine feste Kruste bildet, bleiben sie schlabberig weich. Optimal ist eine Öltemperatur von 165 °C. Bei dieser Temperatur verwandelt sich das Wasser in den Kartoffeln sofort in Dampf und die Oberfläche trocknet sehr schnell. Dadurch entsteht außen problemlos eine braune und knusprige Kruste, während die Pommes innen schön cremig werden. Achten Sie also beim Frittieren stets genau auf die Temperatur des Öls.

ÖLTEMPERATUR UND FARBE VON POMMES FRITES

ZU HELL In 135 °C heißem Öl frittiert, bleiben die Pommes sehr blass.

PERFEKT 165 °C ist die optimale Temperatur für eine krosse Kruste.

ZU DUNKEL Bei 200 °C werden die Pommes eindeutig zu dunkel und brennen fast an.

FRITTIEREN IN DER PRAXIS: POMMES FRITES

Frittierte Pommes sollen außen schön knusprig und innen zart-cremig sein. Um das zu erreichen, braucht es heißes (aber nicht zu heißes) Öl und einige Tricks, damit die in den Kartoffeln enthaltene Stärke genau das tut, was wir wollen. Am Ende des Kapitels stellen wir dann alles, was wir bisher über das Frittieren zu wissen glaubten, auf den Kopf und geben die Pommes bereits ins kalte Öl. Auch Hühnerfleisch wird gerne frittiert – lesen Sie dazu in Buch 1, Konzept 1.13 nach.

KLASSISCHE POMMES FRITES
(FÜR 4 PORTIONEN)

Wir geben einige Esslöffel Bacon-Fett ins Frittieröl, sodass die Pommes ein mildes Fleischaroma annehmen. Wenn Sie das nicht wollen, lassen Sie das Fett einfach weg – auf die Textur der fertigen Pommes hat es keinen Einfluss. Das Öl wallt beim Hineingeben der Kartoffeln auf, stellen Sie also sicher, dass zwischen Öl und Topfrand noch mindestens 7,5 cm Luft sind. Unser favorisiertes Frittierfett ist Erdnussöl, Pflanzenöl tut's aber auch. Sie brauchen für dieses Rezept einen Bräter mit mindestens 7 Liter Fassungsvermögen.

1,1 kg	mehligkochende Kartoffeln, geschält und längs in mind. 0,5 cm dicke Stäbchen geschnitten
2 EL	Maisstärke
3 l	Erdnussöl
4 EL	Bacon-Fett, abgeseiht (falls gewünscht) grobes Salz aus der Mühle

1. Die geschnittenen Kartoffeln in einer großen Schüssel so lange unter fließendem kalten Wasser abspülen, bis das ablaufende Wasser vollständig klar ist. Die Schüssel mit sehr kaltem Wasser und Eiswürfeln füllen (Pommes müssen bedeckt sein) und 30 Minuten bis maximal 12 Stunden in den Kühlschrank stellen.

2. Das Wasser abgießen, die Pommes auf sauberen Geschirrtüchern verteilen und gründlich trocken tupfen. Dann die Kartoffeln zurück in die Schüssel geben und gründlich mit der Maisstärke vermengen. Auf einem tiefen Backblech mit Rost verteilen und etwa 20 Minuten ruhen lassen, bis sich ein weißer Überzug auf den Pommes bildet.

3. In der Zwischenzeit das Erdnussöl und, falls gewünscht, das Bacon-Fett bei mittlerer Hitze in einem Bräter auf 165 °C erhitzen. Ein zweites tiefes Backblech mit eingesetztem Rost mit drei Schichten Küchenpapier belegen und beiseitestellen.

4. Die Hälfte der Kartoffeln handvollweise ins heiße Öl geben und den Herd auf hohe Stufe stellen. 4 bis 5 Minuten frittieren, bis die Pommes langsam Farbe annehmen, dabei mit einem Schaumlöffel aus Metall oder einem Frittierlöffel durchrühren. (Die Öltemperatur fällt während des Frittierens um gut 40 °C.) Die Pommes mit dem Löffel auf den mit Küchenpapier belegten Rost geben. Das Öl wieder auf 165 °C erhitzen und den Vorgang mit der zweiten Hälfte der Kartoffeln wiederholen. Pommes mindestens 10 Minuten abkühlen lassen.

5. Die Öltemperatur bei starker Hitze auf 180 °C erhöhen. Den Rost des ersten (jetzt leeren) Backblechs mit drei Lagen Küchenpapier belegen und beiseitestellen. Die Hälfte der Pommes handvollweise ins heiße Öl geben und 2 bis 3 Minuten frittieren, bis sie goldbraun und etwas aufgequollen sind, dann auf das vorbereitete Backblech mit Rost

geben. Das Öl wieder auf 180 °C erhitzen und den Vorgang mit der zweiten Hälfte der Kartoffeln wiederholen. Pommes nach Belieben salzen und sofort servieren.

🔥 WARUM DAS REZEPT FUNKTIONIERT

Selbstgemachte Pommes frites, die außen knusprig, innen cremig sind und dazu eine dezente erdige Süße haben, sind ein nahezu himmlischer Genuss. Nehmen Sie frische Kartoffeln und frittieren Sie sie portionsweise in heißem Erdnussöl – das Ergebnis ist nicht zu toppen. Mit etwas Maisstärke wird die Kruste noch krosser.

DIE RICHTIGEN KARTOFFELN Selbstverständlich braucht man für gute Pommes frites auch gute Kartoffeln. Doch welche Sorte ist die richtige? Fest- oder mehligkochend? (Mehr über Kartoffeln in Konzept 2.7.) Wir haben zunächst zwei Sorten festkochende Kartoffeln (geringer Stärke-, hoher Wasseranteil) ausprobiert, doch die Ergebnisse haben uns ganz und gar nicht überzeugt. Die Kartoffeln waren sehr wässrig, was dazu geführt hat, dass während des Frittierens viel Wasser aus dem Kartoffelinneren verdampft ist und kleine Hohlräume hinterlassen hat, die sich mit Öl gefüllt haben. Die fertigen Pommes waren dementsprechend fettig. Als Nächstes haben wir es mit einer mehligkochenden Sorte (hoher Stärke-, geringer Wasseranteil) versucht. Damit wurden die Pommes genau so, wie wir sie wollten. Die Stärkekörner an der Kartoffeloberfläche quellen auf und platzen, wobei Amylose freigesetzt wird, die für eine perfekt knusprige Kruste sorgt.

GRÜNDLICH ABSPÜLEN Da mehligkochende Kartoffeln viel Stärke enthalten, muss die Oberfläche nach dem Schneiden sehr gut abgespült werden. (Mehr über Stärke und Kartoffeln in Konzept 2.8.) Dazu geben wir die geschnittenen Kartoffeln in eine Schüssel, lassen kaltes Wasser darüberlaufen und mischen sie mit den Fingern so lange durch, bis das ablaufende Wasser ganz klar ist. Der Schritt mag lästig und unnötig erscheinen, tatsächlich ist er aber entscheidend. Spült man die Pommes nicht ab, bräunen die Kartoffeln – genauer: die an der Oberfläche haftenden Zuckermoleküle – zu schnell. Schon im ersten

---

PRAKTISCHE WISSENSCHAFT: WANN IST FRITTIERFETT AM BESTEN?

Mischen Sie beim Frittieren eine Tasse bereits benutztes Öl zum frischen Öl. Die Kruste des Frittierguts wird so knuspriger, die Farbe satter.

Beim Frittieren ist der erste Durchgang nie der beste. Der amerikanische Gourmetkolumnist Russ Parsons beschreibt in seinem Buch „How to Read a French Fry" die fünf Phasen von Frittieröl: Break-in (zu frisch, um darin optimal zu frittieren), Fresh, Optimum, Degrading (Qualität vermindert), Runaway (dunkle Farbe, unangenehmer Geruch, niedriger Rauchpunkt). Lebensmittel, die in sogenanntem Optimum-Öl frittiert werden, sind goldgelb und knusprig. In Break-in- und Fresh-Öl bleiben die Speisen blasser und werden nicht so kross. In Degrading- und Runaway-Öl schließlich wird das Frittiergut dunkel und fettig und riecht außerdem ranzig.

Was ist der Grund? Öl, das noch zu frisch ist, gelingt es nicht, die wasserhaltige Schicht zu durchdringen, die das Lebensmittel beim Frittieren umgibt. Aber je länger das Öl Hitze ausgesetzt ist, desto stärker verändert es sich: Es zerfällt, wobei seifenartige Verbindungen entstehen, die die Wasserbarriere leichter passieren können. In Folge bräunt das Frittiergut durch den intensiveren Kontakt mit dem Öl stärker und wird knuspriger. (Durch mehrfache Verwendung erhöht sich der Anteil freier Fettsäuren von 0,03 bis 0,05 Prozent in Fresh-Öl auf 8 bis 10 Prozent in Runaway-Öl.)

Vor diesem Hintergrund haben wir uns gefragt, ob sich Optimum-Öl auch durch Vermischen von benutztem und frischem Öl herstellen ließe. Im Versuch haben wir Shrimps, Fisch und Pommes frites sowohl in frischem Öl als auch in einer Mischung aus frischem Öl und Öl, das bereits einmal für Pommes benutzt wurde (abgeseiht durch einen Kaffeefilter), frittiert. Tatsächlich wurden die frittierten Lebensmittel in dem gemischten Öl knuspriger und gleichmäßiger goldgelb als in ganz frischem Öl.

Bewahren Sie also stets eine bis zwei Tassen (250 bis 500 ml) benutztes Öl auf, um es beim nächsten Frittieren unter das frische Öl zu mischen (ein Mischungsverhältnis von 1:5 ist unserer Erfahrung nach optimal). Gießen Sie das abgekühlte Öl durch ein feines Küchensieb, das Sie mehrlagig mit einem Seihtuch oder Papierkaffeefiltern auslegen. Anschließend geben Sie es in einem luftdichten Behälter in den Kühlschrank (oder ins Gefrierfach, siehe Kasten „Aufbewahrung von benutztem Frittieröl", Seite 186). Auf diese Weise gelagert, sollte sich das Öl für die nächsten drei Monate halten. Beachten Sie aber, dass Frittierfett unerwünschte Aromen aufnehmen und „übertragen" kann. Haben Sie zum Beispiel Fisch frittiert, sollten Sie das Öl anschließend entsorgen. Hühnerfleisch und Kartoffeln können Sie problemlos im selben Öl frittieren, aber Öl, in dem Sie Donuts frittiert haben, sollte nur für Donuts wiederverwendet werden. Wichtig ist auch, das Öl beim Frittieren möglichst nicht zu verunreinigen: Fischen Sie Fremdstoffe heraus und lassen Sie kein Salz und kein Wasser hineingelangen. Und schließlich: Achten Sie sehr genau darauf, dass das Öl nicht zu heiß wird. Erreicht es während des Frittierens den Rauchpunkt, kann es dem Essen unangenehme Fehlaromen verleihen. Verwenden Sie es in diesem Fall besser kein zweites Mal.

Frittiergang werden die Pommes dann recht dunkel – zu dunkel, um sie im zweiten Durchgang noch kross frittieren zu können, ohne das Innere zu zerkochen.

KALTE KARTOFFELN INS HEISSE ÖL Wir stellen die in Eiswasser liegenden Kartoffeln mindestens eine halbe Stunde in den Kühlschrank. So sind sie, wenn sie in das heiße Öl gegeben werden, fast gefroren. Das Innere der Pommes gart so schön langsam und sanft durch, während sich außen eine knusprige und goldbraune Kruste bildet.

SCHÄLEN UND SCHNEIDEN Für Pommes frites schälen wir die Kartoffeln in aller Regel, da sich mit Schale nicht diese kleinen Bläschen auf den Pommes bilden, die wir so mögen. Ein weiterer Vorteil des Schälens ist, dass man dunkle Stellen leichter entdeckt und entfernen kann. Um möglichst gleichförmige Pommes zu erhalten, sollte man die Kartoffeln zuerst quaderförmig zuschneiden, indem man an allen sechs Seiten eine dünne Scheibe abtrennt. Diese Quader zerteilt man dann in gut 5 mm dicke Platten, die wiederum in 5 mm dicke Stäbchen geschnitten werden.

MAISSTÄRKE VERWENDEN In vielen Fast-Food-Restaurants werden Pommes vor dem Zubereiten mit einer dünnen stärkehaltigen Schicht überzogen. Das mussten wir natürlich selbst ausprobieren. Mit verblüffendem Ergebnis: Sowohl mit Maisstärke, Kartoffelstärke als auch Pfeilwurzmehl knusperten unsere Pommes auf Anhieb stärker. Der Grund ist, dass die zusätzliche Stärke einen Teil der Oberflächenfeuchtigkeit der Kartoffeln absorbiert und einen gelartigen Überzug bildet. Aus diesem tritt Amylose aus, die in heißem Öl eine krachend knusprige Kruste entstehen lässt. Wir bevorzugen Maisstärke; bereits

2 EL reichen aus für einen geschmacksneutralen Stärkeüberzug, mit dem knusprige Pommes garantiert sind.

DAS RICHTIGE FETT Welches Fett ist perfekt für perfekte Pommes? Um das herauszufinden, haben wir Schweineschmalz, ungehärtetes Pflanzenfett (sogenanntes Shortening), Rapsöl, Maisöl und Erdnussöl ausprobiert. In Schmalz und ungehärtetem Pflanzenfett gelingen Pommes zwar sehr gut, aber wir nehmen an, dass die meisten von Ihnen auf diese beiden Frittierfette lieber verzichten, da sie große Mengen gesättigter Fettsäuren enthalten. Als Nächstes haben wir Rapsöl ausprobiert. Leider ist das Ergebnis enttäuschend ausgefallen: Die Pommes haben fade und nahezu verwässert geschmeckt. Mit Maisöl kann man nicht viel falsch machen, aber unser Favorit ist eindeutig Erdnussöl: Darin frittierte Pommes schmecken voll und röstig, aber nicht zu fettig, das erdige Aroma der Knollen ist dezent vorhanden. Trotzdem fehlte uns noch etwas: die herzhaft-fleischige Note, die nur tierisches Fett zu verleihen mag. Diesen Mangel beheben wir mit etwas abgeseihtem Bacon-Fett. Gibt man einen großzügig bemessenen Esslöffel davon auf einen Liter Erdnussöl, bekommen die Pommes einen Hauch von Fleischaroma, und das (fast) ganz ohne gesättigte Fettsäuren.

ZWEIMAL FRITTIEREN Wir frittieren unsere Pommes im ersten Durchgang bei relativ geringer Temperatur, damit sich die vollen und erdigen Kartoffelaromen entfalten können. Dann frittieren wir sie ein zweites Mal, diesmal heißer, damit sie schön bräunen. In den meisten Rezepten wird für das erste Frittieren eine Temperatur von 180 °C empfohlen, für den zweiten Durchgang 190 bis 200 °C. Uns erscheint das deutlich zu hoch, daher beginnen wir mit 165 °C und lassen die Öltemperatur dann auf max. 180 °C steigen. Bei niedrigeren Temperaturen sinkt die Gefahr, dass man das Frittiergut übergart; bei großer Hitze dagegen reicht schon ein kurzer unachtsamer Moment, und das Essen ist hinüber.

ZWISCHEN DEN FRITTIERGÄNGEN RUHEN LASSEN Nach der zehnminütigen Ruhepause zwischen erstem und zweitem Frittieren bildet die Stärke an der Oberfläche der vorgegarten Pommes einen dünnen Film. Dieser trägt dazu bei, dass die Pommes im zweiten Frittiergang richtig kross werden.

EINEN FRITTIERLÖFFEL VERWENDEN In jeder Restaurantküche sieht man sie: langstielige Frittierlöffel mit einer flachen Drahtnetzschale. Köche heben damit blanchiertes Gemüse, Pommes frites oder empfindliche Wan-Tan-Teigtaschen aus dampfenden großen Töpfen voll brodelndem Wasser oder Öl. Mit diesem äußerst praktischen Utensil lassen sich problemlos gleich mehrere Handvoll des Frittier- oder Garguts aus dem Topf nehmen, ohne dass dabei eine nennenswerte Menge Flüssigkeit „mitgenommen" würde. Eine lohnenswerte Anschaffung, wie wir finden.

POMMES FRITES (EINFACHE VARIANTE), S. 184

PRAKTISCHE WISSENSCHAFT: **AUFBEWAHRUNG VON BENUTZTEM FRITTIERÖL**

Bewahren Sie bereits verwendetes Öl im Gefrierfach auf. Durch die Kälte verlangsamt sich die Oxidation, und das Öl wird nicht so schnell ranzig.

Wie bewahrt man am besten benutztes Öl auf, damit es nicht fischig und alt schmeckt, wenn man es wiederverwendet? Luft und Licht beschleunigen die Oxidation des Öls, wodurch es ranzig wird und Fehlaromen entwickelt. Ein kühler, dunkler Schrank ist für die kurzzeitige Aufbewahrung okay, wollen Sie das Öl aber länger als einen Monat aufbewahren, müssen Sie es kühlen. Wir haben es ausprobiert: Nachdem wir Hühnerfleisch frittiert und das Öl anschließend gefiltert hatten, haben wir es auf drei Proben aufgeteilt, die wir an unterschiedlichen Orten gelagert haben: in einem geschlossenen kühlen Schrank, im Kühlschrank und im Gefrierfach. Nach zwei Monaten haben wir Weißbrotwürfel in den Proben angebraten und anschließend den Geschmack untersucht. Das Öl aus dem Schrank schmeckte unangenehm fischig, und auch das im Kühlschrank gelagerte Öl war nicht viel besser. Nur das Öl aus dem Gefrierfach konnte uns mit seinem erstaunlich reinen Geschmack überzeugen. Warum? Der Schutz vor Licht ist zwar wichtig, doch eine niedrige Temperatur bremst die Oxidation und damit die Bildung von Peroxiden, die für den unangenehmen Geschmack und Geruch verantwortlich sind, noch weit effektiver. Wollen Sie Ihr bereits benutztes Frittieröl also möglichst lange frisch halten, geben Sie es ins eiskalte und stockfinstere Gefrierfach.

POMMES FRITES (EINFACHE VARIANTE)
(FÜR 3 BIS 4 PORTIONEN)

Wir geben einige Esslöffel Bacon-Fett ins Frittieröl, sodass die Pommes ein mildes Fleischaroma annehmen. Wenn Sie das nicht wollen, lassen Sie das Fett einfach weg – auf die Textur der fertigen Pommes hat dies keinen Einfluss. Unser favorisiertes Frittierfett ist Erdnussöl, Pflanzenöl tut's aber auch. Versuchen Sie gar nicht erst, Süßkartoffeln oder mehligkochende Kartoffeln für dieses Rezept zu verwenden – es wird nicht klappen. Reichen Sie die Pommes, falls gewünscht, mit Ketchup oder einem der beschriebenen Dips. Sie brauchen für dieses Rezept einen Bräter mit mindestens 6 Liter Fassungsvermögen.

1,1 kg	vorwiegend festkochende Kartoffeln, gewaschen, abgetrocknet und längs in mind. 0,5 cm dicke Stäbchen geschnitten
1,5 l	Erdnussöl
4 EL	Bacon-Fett, abgeseiht (falls gewünscht)
	grobes Salz aus der Mühle

1. Ein tiefes Backblech mit Einlegerost mit einer dreifachen Lage aus Küchenpapier belegen und beiseitestellen. Kartoffeln, Öl und Bacon-Fett (falls gewünscht) in einen Bräter geben und vermengen. Auf höchster Stufe etwa 5 Minuten erhitzen, bis das Öl wallend siedet. Die Kartoffeln ohne Umrühren etwa 15 Minuten darin frittieren, bis sie weich und biegsam sind, aber eine leichte Kruste entwickeln.

2. Die Kartoffeln mit einer Zange durchrühren und eventuell am Boden anhaftende Stücke vorsichtig lösen, dann 5 bis 10 Minuten unter gelegentlichem Rühren weiterfrittieren, bis sie goldbraun und knusprig sind. Die Pommes mit einem Schaum- oder Frittierlöffel auf den vorbereiteten Rost geben. Nach Belieben salzen und sofort servieren.

BELGISCHER DIP
(ERGIBT ETWA 250 ML)

In Belgien sind Pommes ohne Mayonnaise-Dip kaum vorstellbar. Unser Rezept verleiht der Mayonnaise mit Tabasco noch etwas „Pfeffer".

5 EL	Mayonnaise
3 EL	Ketchup
1	Knoblauchzehe, fein gehackt
½–¾ TL	Tabasco
¼ TL	Salz

Alle Zutaten mit einem Schneebesen in einer kleinen Schüssel vermischen.

DIP MIT SCHNITTLAUCH UND SCHWARZEM PFEFFER
(ERGIBT ETWA 250 ML)

5 EL	Mayonnaise
3 EL	Sour Cream

PRAKTISCHE WISSENSCHAFT: **KÜHL FRITTIEREN**

Überraschenderweise werden Pommes nicht fettiger, wenn man sie bereits ins kalte Öl gibt.

Unsere einfache Zubereitungsvariante für Pommes frites sieht vor, das Öl vor der Zugabe der Kartoffeln nicht erst heiß werden zu lassen. Anstatt die Kartoffeln zweimal zu frittieren, wie es bei der klassischen Zubereitung geschieht, frittieren wir sie nur einmal, dafür aber länger. Es stellt sich die Frage: Werden die Pommes durch die lange Zeit im Öl fettiger?

Um das genauer zu untersuchen, haben wir zwei Proben (à 1,1 kg) vorwiegend festkochende Kartoffeln frittiert. Die erste Probe haben wir mit der üblichen Methode in 2,8 Liter Erdnussöl zubereitet, das heißt, wir haben sie zweimal frittiert: Zuerst in 165 °C heißem Öl, bis die Kartoffeln leicht Farbe angenommen haben, dann haben wir sie herausgenommen und die Öltemperatur auf 180 °C erhöht. Als die Temperatur erreicht war, haben wir die Pommes ein zweites Mal frittiert, bis sie goldbraun waren. Insgesamt waren die Kartoffeln weniger als 10 Minuten im Öl. Die zweite Probe haben wir anders zubereitet: Wir haben dieselbe Menge Kartoffeln in 1,4 Liter

kaltes Öl gegeben und es etwa 25 Minuten auf höchster Stufe erhitzt. Die Temperatur stieg dabei bis auf 138 °C. Anschließend haben wir für beide Proben in einem Labor den Fettgehalt bestimmen lassen.

Das erstaunliche Ergebnis: Unsere Kaltstart-Pommes haben ein Drittel weniger Fett als die „klassisch" frittierten Pommes enthalten (13 Prozent Fett gegenüber 20 Prozent).

Der Grund: Frittierte Kartoffeln absorbieren Öl auf zweifache Weise. Beim Garen verdampft zunächst Wasser aus der Oberfläche; an dessen Stelle tritt Öl. Dann, nach dem Frittieren, wenn die Kartoffeln abkühlen, wandert dieses oberflächliche Öl tiefer ins Innere. Da die Pommes bei unserer Kaltstartfrittiermethode weitaus sanfter erhitzt werden, verdampft weniger Wasser (aber noch genug, damit die Pommes knusprig werden), wodurch die Kartoffeln dementsprechend weniger Öl aufnehmen. Hinzu kommt, dass die Pommes bei unserer vereinfachten Methode nur einmal abkühlen – im Gegensatz zu den zwei Abkühlphasen bei der Doppelfrittiermethode –, wodurch sie sich weniger „vollsaugen".

INS KALTE ÖL GEGEBEN
13 % Fett

DOPPELT FRITTIERT
20 % Fett

2 EL	frischer Schnittlauch, fein gehackt
1½ TL	Zitronensaft
¼ TL	Salz
¼ TL	Pfeffer

Alle Zutaten mit einem Schneebesen in einer kleinen Schüssel vermischen.

🍲 **WARUM DAS REZEPT FUNKTIONIERT**

Bei der Entwicklung eines Rezepts für Pommes frites, das nur die halbe Menge Öl benötigt und ohne doppeltes Frittieren auskommt, kamen wir auf die Idee, die Kartoffeln in das noch kalte Öl zu geben und sie so lange mitzuerhitzen, bis sie schön gebräunt und knusprig sind. Mit vorwiegend festkochenden Kartoffeln, die nur mäßig viel Stärke enthalten, gelingt das wunderbar.

POMMES MIT DEM ÖL ERHITZEN Unsere Alternative zum zweifachen Frittieren ist inspiriert von Jeffrey Steingarten, einem bekannten amerikanischen Gastrokritiker, der sich wiederum auf eine Technik des mit Michelin-Sternen überhäuften französischen Starkochs Joël Robuchon beruft. Robuchon überspringt in seinem Rezept das Abspülen und Wässern und gibt die Kartoffeln in zimmerwarmes, also „kaltes" Öl, das er sodann über starker Hitze samt Frittiergut heiß werden lässt. Überraschenderweise funktioniert das. Wieso? Bei dieser Methode gart das Innere der Kartoffelstäbchen zunächst in Ruhe weich, dann erst beginnt die Oberfläche knusprig zu bräunen. Dabei entspricht die erste Phase, in der sich das Öl langsam erwärmt, im Prinzip dem ersten vorgarenden Frittiergang der Standardmethode. Sobald das Öl dann heiß genug ist, setzt das Bräunen ein – ganz wie sonst beim zweiten Frittieren.

VORWIEGEND FESTKOCHENDE KARTOFFELN NEHMEN Als wir die Kaltstartmethode mit mehligkochenden Kartoffeln – unserer bevorzugten Sorte für die Standardzubereitung – ausprobiert haben, wurden die fertigen Pommes etwas zu zäh. Grund ist der hohe Stärkegehalt mehliger Kartoffeln. Für die normale Zweifach-Frittiermethode ist er von Vorteil: Die Stärkekügelchen der äußersten Kartoffelschicht quellen auf, platzen und geben Amylose frei, die sich zu einer krossen Kruste verfestigt. Bei längerer Garzeit jedoch zerplatzen zu viele der Kügelchen, sodass eine extrem dicke Kruste entsteht, die eher ledrig-zäh als knusprig ist. Der Schluss lag nahe, es mit weniger stärkehaltigen Kartoffeln zu versuchen. Wir haben also ein paar Kilo vorwiegend festkochende Kartoffeln geschnippelt, die weniger Stärke und mehr Wasser enthalten als ihre mehligkochenden Verwandten. Mit vorwiegend festkochenden Kartoffeln gelingt unsere Kaltstartmethode ganz ausgezeichnet; in Knusprigkeit stehen unsere einfachen Pommes den doppelt frittierten Pommes kaum nach, innen sind sie köstlich cremig. Offensichtlich halten wasserreiche, stärkearme Kartoffeln der langen Garzeit unseres Rezepts besser stand.

NICHT ABSPÜLEN Für dieses Rezept ist es nicht nötig, die geschnittenen Kartoffeln abzuspülen. Zum einen enthalten die verwendeten Kartoffeln wenig Stärke, und somit haften auch weniger Zuckermoleküle (Abbauprodukte der Stärke) an der Oberfläche, die vorzeitig bräunen könnten. Zum anderen wird der Bräunungsprozess durch die insgesamt niedrigere Gartemperatur verlangsamt – die Pommes garen innen schön durch und werden außen knusprig, ohne zu dunkel zu werden.

ERST SPÄT DURCHRÜHREN Normale Pommes frites rührt man beim Frittieren zwischendurch um, damit sie nicht anhaften. Bei unserer Kaltstartmethode werden die vorwiegend festkochenden Kartoffeln jedoch zunächst sehr weich, sodass sie beim Durchrühren leicht brechen würden. Wir lassen sie daher die ersten 20 Minuten im Topf völlig in Ruhe, bis sich eine stabilisierende Kruste gebildet hat. Dann kann man sie problemlos bewegen. Bei unseren Versuchen haben wir auch entdeckt, dass dünne Pommes (hier: ca. 5 mm) besser sind: Im Vergleich zu dicker geschnittenen Pommes neigen sie weniger zum Anhaften, außerdem begeistern sie mit einer proportional dickeren knusprigen Kruste.

FRITTIEREN IN DER PRAXIS: TEMPURA

Die Tempura für Shrimps sollte leicht und kross sein. Da der Teig jedoch so seine Tücken hat und die Garzeit sehr kurz ist, gelingt der erste Schub Shrimps (oder der zweite, dritte etc.) oft nicht wie gewünscht. Mit sehr heißem Öl und einem kleinen Überraschungscoup gelingt der Tempura-Teigmantel aber doch, und das bereits beim ersten sowie jedem weiteren Frittiergang.

TEMPURA-SHRIMPS
(FÜR 4 PORTIONEN)

Lassen Sie auf keinen Fall den Wodka weg, ohne ihn wird die Teighülle nicht richtig kross. Für das Rezept brauchen Sie einen Bräter mit mindestens 7 Liter Fassungsvermögen. Mischen Sie den Teig erst zusammen, wenn das Öl 195 °C heiß ist (Zieltemperatur: 205 °C). Sorgen Sie dafür, dass das Öl während der gesamten Garzeit sehr heiß bleibt. Das Rezept funktioniert auch mit kleineren Shrimps; frittieren Sie diese in drei statt zwei Durchgängen (Garzeit pro Durchgang auf 1½ bis 2 Minuten reduzieren). Beim Garen von Tempura-Shrimps zieht sich die Unterseite in der Regel stärker zusammen als die Oberseite, wodurch sich die Shrimps einrollen und sich der Teigmantel zu einem dicken Klumpen zusammenschiebt. Um das zu verhindern, schneiden Sie die Shrimps an der Unterseite zweimal leicht ein.

sen vermischen (kleine Klumpen sind okay). Die Hälfte der Shrimps in den Teig geben und untertauchen. Die Shrimps einzeln mit einer Zange aus dem Teig heben, kurz abtropfen lassen und vorsichtig ins heiße Öl geben (Temperatur sollte nun 205 °C betragen). 2 bis 3 Minuten frittieren, bis die Shrimps leicht angebräunt sind, dabei mit einem Essstäbchen oder einem Holzspieß durchrühren, damit sie nicht anhaften. Die Shrimps mit einem Schaumlöffel auf einen mit Küchenpapier belegten Teller geben und mit Salz bestreuen. Kurz warten, bis das Papier das überschüssige Öl aufgesogen hat, dann die Shrimps auf einem tiefen Backblech mit Einlegerost auf der zweiten Schiene von oben in den Backofen schieben.

4. Das Öl wieder auf 205 °C erhitzen (etwa 4 Minuten) und den Vorgang mit den restlichen Shrimps wiederholen. Shrimps anschließend sofort mit einem Dip servieren.

INGWER-SOJA-DIP
(ERGIBT ETWA 180 ML)

60 ml	Sojasauce
3 EL	Mirin
1 TL	Zucker
1 TL	Sesamöl geröstet
1	Frühlingszwiebel, in dünne Scheiben geschnitten
2 TL	frischer Ingwer, gerieben
1	Knoblauchzehe, fein gehackt

Alle Zutaten mit einem Schneebesen in einer mittelgroßen Schüssel vermengen.

CHILI-AIOLI-DIP
(ERGIBT ETWA 180 ML)

Sriracha-Sauce, eine asiatische Würzsauce aus Chili und Knoblauch, verleiht diesem Dip Schärfe und viel Aroma.

115 g	Mayonnaise
2 EL	Sriracha-Sauce (aus dem Asialaden)
2 EL	Limettensaft
1 EL	frischer Ingwer, gerieben
¼ TL	Sojasauce

3 l	Pflanzenöl
680 g	sehr große Shrimps (XXL, 8–12 Stück pro lb) mit Schwanz, geschält und entdarmt
210 g	Mehl (Type 550)
70 g	Maisstärke
250 ml	Wodka
1	Ei (Gr. M)
250 ml	Mineralwasser mit Kohlensäure
	grobes Salz aus der Mühle
	Dip (Rezepte rechts)

1. Den Backofen auf 100 °C vorheizen. Das Öl im Bräter auf niedriger bis mittlerer Herdstufe auf 195 °C erhitzen.
2. Während das Öl heiß wird, die Shrimps an der Unterseite an zwei Stellen etwa 5 mm tief einschneiden (Abstand der Schnitte ca. 2,5 cm). Mehl und Maisstärke in einer großen Schüssel vermengen. In einer zweiten großen Schüssel den Wodka und das Ei verquirlen, dann das Mineralwasser einrühren.
3. Sobald das Öl 195 °C heiß ist, die Wodkamischung zur Mehlmischung gießen und leicht mit einem Schneebe-

Alle Zutaten mit einem Schneebesen in einer mittelgroßen Schüssel vermengen.

TEPPANYAKI-SENF-DIP
(ERGIBT ETWA 180 ML)

Senf, Ingwer und Meerrettich verleihen diesem Dip eine gehörige Portion Schärfe.

3 EL	Mayonnaise
2 EL	Dijon-Senf
2 TL	Limettensaft
2 TL	Meerrettichpaste
2 TL	Sojasauce
1 TL	frischer Ingwer, gerieben

Alle Zutaten mit einem Schneebesen in einer mittelgroßen Schüssel vermengen.

🍲 WARUM DAS REZEPT FUNKTIONIERT

Viele frittierte Gerichte, darunter Tempura-Shrimps, werden mit einem stärkehaltigen Teig (meist mit Mehl) überzogen und dann ins heiße Öl gegeben. Wenn man alles richtig macht, wird das Fleisch der Shrimps wunderbar zart und der Teigmantel schön knusprig-leicht. Vermengt man den Teig aber auch nur etwas zu kurz, wird er zu dünnflüssig und schützt die Shrimps beim Frittieren nicht ausreichend vor der Hitze des Öls. Vermischt man ihn dagegen zu stark oder lange, entsteht eine viel zu dicke Teighülle, die eher an einen Corndog als an einen Shrimp in Tempura erinnert. Unser Ziel war ein idiotensicheres Rezept mit einem Teigmantel zwischen diesen beiden Extremen. Dazu verwenden wir sehr heißes Öl und ein Teigrezept mit einer eher ungewöhnlichen Zutat: Wodka. Mit unserer Methode werden die Shrimps garantiert leicht und knusprig, egal, ob es die erste, zweite oder dritte Frittierportion ist.

SHRIMPS BEGRADIGEN Beim Frittieren von Tempura-Shrimps zieht sich die Unterseite stärker zusammen als die Oberseite, weshalb die Shrimps sich aufrollen und in der Mitte einen dicken Teigklumpen zusammenschieben, der innen roh bleibt. Um das zu vermeiden, legen Sie sie nach dem Schälen und Entdarmen mit dem Rücken auf ein Schneidbrett und schneiden Sie sie an der Unterseite zweimal im Abstand von etwa 2,5 cm ein (nicht tief, etwa 5 mm genügen).

MEHL UND MAISSTÄRKE Bei unseren ersten Tempura-Versuchen haben wir zunächst lediglich Mehl für den Teig verwendet. In Mehl bildet sich durch die Zugabe von Wasser Gluten, das notwendig ist, um einen festen Teigmantel entstehen zu lassen. Leider ist der Grat zwischen der genau richtigen Glutenmenge und zu viel Gluten sehr schmal, und selbst wenn die erste Portion Shrimps noch gut wird, hat die zweite und dritte oft einen zu massigen und teigigen Tempura-Mantel. Ein Teig nur mit Maisstärke (hier entsteht kein Gluten) ist dagegen auch nicht zu empfehlen – die Teighülle wird damit kompakt und fest wie Styropor. Ideal ist eine Mischung aus Mehl und Maisstärke für den Teig. Die Tempura-Hülle bekommt so die optimale Struktur.

MINERALWASSER UND WODKA Rührt man Tempura-Teig mit Eiswasser an, verlangsamt sich die Glutenbildung – bis sich das Wasser erwärmt. Auf der Suche nach einer Alternative probierten wir unter anderem Mineralwasser mit Kohlensäure aus, in der Hoffnung, die unzähligen Bläschen würden unseren Teig auflockern. Unsere Hoffnung wurde erfüllt und sogar übertroffen: Kohlensäurehaltiges Mineralwasser hat einen pH-Wert von 4, ist also etwas saurer als Leitungswasser, was die Glutenbildung verlangsamt (diese kommt bei einem pH-Wert von 5 oder 6 so richtig auf Touren). Aber immer noch passierte es leicht, dass der Teig durch zu starkes Vermengen oder längeres Stehenlassen zu dick wurde. Alkohol ist keine Lösung, sagt man, in diesem Fall aber schon: Wodka. Mit Wasser bildet sich Gluten, mit Alkohol nicht. Eine Mischung aus gleichen Teilen Wodka und kohlensäurehaltigem Mineralwasser bremst die Glutenbildung merklich. Der Teigmantel unserer Shrimps wird damit endgültig perfekt.

TEIG ERST IN LETZTER MINUTE ANRÜHREN Auch ohne Rühren bildet sich Gluten, der Teig wird also auch mit jeder Sekunde, die er einfach nur steht, dicker. Für eine möglichst locker-luftige Tempura-Hülle sollten Sie den Teig wirklich erst in letzter Minute zusammenrühren.

FRITTIEREN BEI HEIKLEN TEMPERATUREN Bei Fisch und Meeresfrüchten benötigt Tempura eine Temperatur über der heiklen Grenze von 180 °C. Bei diesen höheren Temperaturen reagiert die Stärke im Teigmantel mit dem sehr heißen Fett und es können sogenannte Acrylamide entstehen, die ab einer bestimmten Konzentration und bei häufigem Verzehr gesundheitsschädlich sein können. Vor allem Kinder sollten diese frittierten Leckerbissen daher nicht essen!

PRAKTISCHE WISSENSCHAFT: **TEMPURA MIT SCHNAPS**

Mit Wodka lässt sich die Glutenbildung verlangsamen.
Guter Tempura-Teig ist alles andere als leicht hinzubekommen.
Rührt man ihn nur ein kleines bisschen zu stark oder lässt ihn etwas zu lange stehen, wird er nach dem Frittieren zu dick und
schwer. Selbst wenn die erste Portion frittierte Shrimps knusprig-
leicht ist, kann es passieren, dass der Teigmantel mit jedem weiteren Frittiergang dicker und fettiger wird. Für Mürbeteig, dessen Zubereitung auch so seine Tücken hat, gibt es ein Patentrezept: Man
ersetzt einen Teil des Wassers durch Wodka. Wir haben uns gefragt, ob das auch für Tempura funktionieren würde.
Zur Beantwortung der Frage haben wir Tempura-Shrimps mit zwei
unterschiedlichen Teigmischungen zubereitet (jeweils in zwei Portionen frittiert). Der erste Teig enthielt ein Ei, 210 g Mehl, 70 g
Maisstärke und 500 ml Mineralwasser mit Kohlensäure. Im zweiten
Teig haben wir 250 ml Wasser gegen 250 ml Wodka ausgetauscht.

Der Wodka-Teig zeigte von der ersten zur zweiten Frittierportion
Shrimps keine Veränderung, der Teigmantel aus Tempura wurde
beide Male leicht und knusprig. Ohne Wodka dagegen war die
Tempura-Hülle der zweiten Portion Shrimps deutlich schwerer und
fettiger als die der ersten Shrimps. Beim Vermengen von Wasser
und Mehl bildet sich aus den Mehlproteinen Gluten, das einen zu-
sammenhängenden Teig entstehen lässt. Vermengt man den Teig
aber nur etwas zu stark (oder lässt ihn etwas zu lange stehen), entsteht zu viel Gluten. Da Wodka aus 60 Prozent Wasser und 40 Prozent Alkohol (der sich nicht mit dem Mehlprotein verbindet und
Gluten bildet) besteht, entsteht damit zwar ein flüssiger Teig,
gleichzeitig aber wird die Glutenbildung verlangsamt.

GENAU RICHTIG
Eine überraschende Zutat und die richtige Technik lassen
die Tempura knusprig und luftig-leicht werden.

AUFGEBLÄHT
Mit Eischnee bläht sich der Teig auf wie ein Ballon.

ZU DICK
Zu stark vermengter Teig lässt eine dicke, brotartige
Teighülle entstehen.

ZU DÜNN
Vermengt man den Teig nicht ausreichend, bleibt der Teig
dünn und die Shrimps garen zu stark.

KONZEPT 2.15
FETT MACHT EIERSPEISEN ZART

Ein duftender, dampfender Berg aus herrlich großen, zarten, saftigen Flocken – so stellen wir uns perfektes Rührei vor. Die Flocken sollten fest genug sein, um beim Schneiden die Form zu halten, und doch so weich, dass man sie mit dem Löffel zerteilen kann. Ein Omelett muss sich rollen oder zusammenlegen lassen, ohne zu zerfallen, und trotzdem so zart sein, dass es sich mit der Zunge am Gaumen zerdrücken lässt. Die Realität sieht häufig anders aus: Was als Rührei und Omelett auf den Teller kommt, ist oft eine trockene, gummiartige Eimasse. Häufig ist zu langes Garen schuld, aber manchmal brauchen die Eier auch etwas Hilfe in Form von Fett, um auch vollständig gestockt noch zart zu bleiben.

SO VERÄNDERT SICH DAS PROTEIN VON EIERN BEIM GAREN

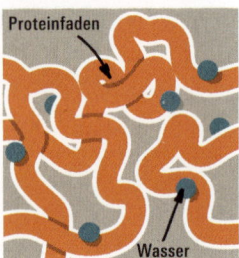

ROH In rohen Eiern liegen die Proteine als kugelförmige Knäuel vor, in denen sich Wassermoleküle befinden.

OHNE FETT GEGART Durch Erhitzen entwirren sich die Proteinknäuel; die Proteinfäden glätten und verbinden sich. Bei anhaltender Wärmezufuhr wird die Verbindung so eng, dass die Wassermoleküle herausgepresst werden.

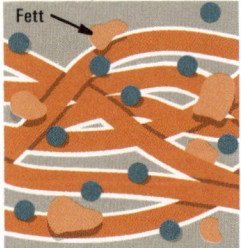

MIT FETT GEGART Fett verlangsamt den Vorgang; die Eier bleiben locker und feucht.

DIE WISSENSCHAFT DAHINTER

Rührei trägt diesen Namen natürlich deshalb, weil die Eier vor dem Garen verrührt werden. Eigentlich müsste es „gestocktes Ei" heißen, denn genau das geschieht beim Kochen: Die verrührten Eier stocken. Stocken heißt nichts anderes, als dass sich die Eiproteine durch Wärmezufuhr entfalten – sie gerinnen oder denaturieren – und ein netzartig strukturiertes Gel bilden. Aus dem flüssigen Ei wird so eine halbfeste Substanz, die sich mit der Gabel essen lässt. Demselben Effekt ist es zu verdanken, dass man Cremes, Puddings und Saucen mit Eiern binden kann.

Um den Gerinnungsprozess besser zu verstehen, müssen wir uns zunächst klar machen, dass Eier aus zwei Komponenten bestehen, die ganz unterschiedliche Eigenschaften besitzen: Da ist zunächst das Eiweiß (Eiklar), das etwa zwei Drittel des Eivolumens ausmacht und sich aus 88 Prozent Wasser, 11 Prozent Protein und 1 Prozent Mineralstoffen und Kohlenhydraten zusammensetzt. Die zweite Komponente ist das Eigelb (Dotter), das zu 50 Prozent aus Wasser, zu 34 Prozent aus Lipiden (Fette und ähnliche Substanzen) sowie zu 16 Prozent aus Protein besteht.

Erhitzt man Eier, verdampft das in ihnen enthaltene Wasser. Gleichzeitig entwirren sich die Proteinfäden, verkleben miteinander und ordnen sich zu einem geflechtartigen Netzwerk an. Idealerweise ist dieses Netzwerk so lose, dass es das Wasser der Eier hält, denn das ist die Voraussetzung für zartes, lockeres Rührei. Erhitzt man Eier zu lange, wird das Proteinnetzwerk so dicht und fest, dass das Wasser verdrängt wird und austritt. Das traurige Ergebnis: eine trockene, zähe Eimasse.

Die meisten Rührerezepte enthalten Milch oder ein Milchprodukt. Aus gutem Grund: Das Fett der Milch umschließt die Proteine und verlangsamt so den Gerinnungsprozess. Mit der Milch wird dem Rührei Wasser zugeführt, wodurch es zarter wird. Das zusätzliche Wasser führt gleichzeitig zu vermehrter Dampfentwicklung, was das Rührei auflockert und luftiger macht.

Mit Omeletts verhält es sich ähnlich, aber um übermäßiges Gerinnen zu verhindern, muss man etwas anders vorgehen. Während Rührei schön locker und luftig sein soll, muss ein Omelett eine relativ kompakte Struktur haben, damit man es rollen oder zusammenlegen kann. Zusätzliches Wasser und mehr Dampf sind hier also nicht gefragt. Tatsächlich ist Milch in Omeletts eher nachteilig – die Garzeit verlängert sich, das Omelett wird zu fest. Wir geben stattdessen klein gewürfelte Butter hinzu, denn diese enthält in erster Linie Fett und kaum Wasser. Das Fett umhüllt die Eiproteine, wodurch das Omelett beim Stocken zart und saftig bleibt. Noch besser funktioniert gefrorene Butter, da sie nicht so schnell schmilzt und sich gleichmäßiger mit den Eiern vermischt.

DAS EXPERIMENT

Um zu zeigen, wie sich Fett in Eierspeisen auswirkt, haben wir Omeletts zubereitet. Dabei sind wir unserem Rezept für Perfekte französische Omeletts (Seite 199) gefolgt, für das zwei Eier, ein zusätzliches Eigelb sowie ein halber Esslöffel Butter (gefroren und gewürfelt) pro Omelett benötigt werden. Zunächst haben wir zwei Omeletts genau nach Rezept zubereitet, eins zum Probieren und eins für den Belastungstest. Zwei weitere Omeletts haben wir ohne die gefrorene Butter zubereitet. Alle vier Omeletts wurden folgendermaßen zubereitet: Zuerst haben wir eine 20-cm-Pfanne etwa 10 Minuten bei schwacher Hitze heiß werden lassen. Nachdem wir die Eier hineingegeben hatten, haben wir die Hitze auf mittlere Stufe erhöht und die Eier mit Essstäbchen durchgerührt, bis sich kleine Flocken bildeten. Dann haben wir die Pfanne vom Herd genommen, die Eimasse glatt gestrichen und mit geschlossenem Deckel von der Resthitze fertig garen lassen. Anschließend haben wir die Omeletts zusammengerollt. Von den Omeletts mit Butter haben wir eins gekostet und das andere mittig mit einem 900 g schweren Angelgewicht beschwert. Mit den zwei Omeletts ohne Butter sind wir exakt gleich verfahren. Insgesamt haben wir den Test dreimal wiederholt.

DAS ERGEBNIS

Zunächst das Votum unserer Testesser: Einstimmig haben sie die Omeletts mit Butter für zarter als die butterlosen Omeletts befunden. Der Belastungstest hat das eindrucksvoll bestätigt: Das Omelett mit Butter wurde vom Gewicht sofort zerdrückt, während das Omelett ohne Butter nur leicht nachgab.

Da die Omeletts ohne Butter nur wenig Fett enthalten, das die Proteingerinnung hemmen könnte, bildet sich ein sehr stabiles Proteinnetzwerk. Dadurch wird das Omelett zäher und robuster – was großartig ist, wenn man schwere Dinge darauflegen möchte, den kulinarischen Genuss jedoch sehr schmälert.

Anders die Omeletts mit Butter: Nachdem die gefrorenen Butterwürfel geschmolzen sind, hindert das flüssige Fett die Proteinfäden der Eier daran, ein fest verbundenes Netzwerk auszubilden. Das Omelett ist formstabil, aber zart.

DIE ERKENNTNIS

Ein Omelett sollte fest genug sein, dass es sich rollen oder falten lässt, aber nicht so fest, dass man es als zäh empfindet. Zusätzliches Fett, hier in Form von gefrorener Butter, legt sich um die Proteinfäden, hält das Proteinnetzwerk locker und sorgt so für ein zartes Omelett.

OMELETTS: ZART ODER HART?

OMELETT OHNE BUTTER
Ohne das zusätzliche Fett der Butter wird das Omelett sehr fest und trägt mühelos ein 900-Gramm-Gewicht.

OMELETT MIT BUTTER
Mit Butter wird das Omelett deutlich zarter. Es wird von unserem Testgewicht sofort zerdrückt.

PROTEINGERINNUNG IN DER PRAXIS: **RÜHREI**

Garen verwandelt flüssiges Ei in eine halbfeste Substanz. Die Kunst besteht darin, Rührei stocken zu lassen, es aber gleichzeitig saftig und zart zu halten. Zu diesem Zweck fügt man in der Regel Milch oder ein anderes Milchprodukt hinzu. Damit gerinnt das Ei (es stockt), bleibt aber locker. Wir verwenden vorzugsweise eine Mischung aus Vollmilch und Sahne. Das Milchfett umschließt die Eiproteine und verhindert so, dass sie zu stark gerinnen und Wasser verdrängen. Durch das Wasser der Milch und Sahne wird dem Rührei zusätzliche Flüssigkeit hinzugefügt, die verdampft und das Rührei besonders leicht und luftig werden lässt.

PERFEKTES RÜHREI
(FÜR 4 PORTIONEN)

Halten Sie sich im Rezept vor allem an unsere optischen Hinweise, da die Zeitangaben je nach Dicke der Pfanne stark variieren. Stellen Sie bei einem Elektroherd eine Platte auf niedrige und eine auf mittlere bis hohe Stufe, dann können Sie, wenn der Zeitpunkt gekommen ist, die Hitze zu reduzieren, die Pfanne einfach auf die kühlere Platte ziehen. Wenn Ihnen an den Eiern noch eine frische Note fehlt, fügen Sie nach dem Reduzieren der Hitze 2 EL Petersilie, Schnittlauch, Basilikum oder Koriandergrün bzw. 1 EL Dill oder Estragon hinzu (jeweils frisch und fein gehackt).

8	Eier + 2 zusätzliche Eigelb (Gr. M)
2 EL	Milch
2 EL	Sahne
	Salz und Pfeffer
15 g	gekühlte Butter

1. Die Eier und Eigelb mit Milch, Sahne, ¼ TL Salz und ¼ TL Pfeffer mit einer Gabel gerade so lange leicht schlagen, bis die Mischung gleichmäßig gelb ist.

2. Die Butter in einer beschichteten Pfanne (ø 25 cm) auf mittlerer bis hoher Stufe zerlassen (Butter sollte noch nicht bräunen) und durch Schwenken in der Pfanne verteilen. Die Eimischung zugeben und 1½ bis 2½ Minuten heiß werden lassen, dabei ständig und mit festem Druck mit einem hitzebeständigen Teigspatel am Pfannenboden und der Pfannenwand entlangfahren und die Eimasse lösen. Sobald die Masse leicht stockt und der Spatel am Pfannenboden eine Spur hinterlässt, die Hitze auf niedrige Stufe reduzieren. Die Eier 30 bis 60 Sekunden vorsichtig immer wieder wenden und unterheben, bis sich große, noch leicht feuchte Flocken bilden. Das Rührei auf vorgewärmte Teller geben, mit Salz abschmecken und sofort servieren.

🍳 WARUM DAS REZEPT FUNKTIONIERT

Entscheidend für wirklich gutes Rührei ist, die rohen Eier mit Salz, Milch und Sahne zu vermischen und sie dann nur leicht aufzuschlagen. Durch das zweistufige Garen macht unser Perfektes Rührei dann endgültig seinem Namen alle Ehre: Die Eier werden so, wie man sie sich wünscht – saftig glänzend, zart und locker.

ZUBEREITUNGSSCHEMA FÜR PERFEKTES RÜHREI

Das in der Milch-Sahne-Mischung enthaltene Wasser verdampft beim Garen und lässt die Rühreiflocken schön luftig-zart werden.
Der folgenden Tabelle entnehmen Sie alle Angaben für die Zubereitung der gewünschten Rühreimenge.

PORTIONEN	EIER (GR. M)	MILCH-SAHNE-MISCHUNG	GEWÜRZE	BUTTER	PFANNEN-DURCHMESSER	GARPHASEN (ZEIT/HERDSTUFE)
1	2 + 1 Eigelb	1 EL	1 Prise Salz, 1 Prise Pfeffer	¼ EL	20 cm	30–60 Sekunden/mittel bis hoch, dann 30–60 Sekunden/niedrig
2	4 + 1 Eigelb	2 EL	1 große Prise Salz, 1 große Prise Pfeffer	½ EL	20 cm	45–75 Sekunden/mittel bis hoch, dann 30–60 Sekunden/niedrig
3	6 + 1 Eigelb	3 EL	¼ TL Salz, 1 große Prise Pfeffer	¾ EL	25 cm	1–2 Minuten/mittel bis hoch, dann 30–60 Sekunden/niedrig

EIER NUR LEICHT SCHLAGEN Damit das Rührei eine homogene Textur bekommt, muss man die rohen Eier schlagen. Aber Vorsicht, man kann es damit auch übertreiben. Manche Rezepte empfehlen, einen Schneebesen oder sogar einen elektrischen Handrührer zu verwenden, doch unserer Meinung nach ist damit die Gefahr viel zu hoch, dass das Eiprotein vorzeitig gerinnt und das Rührei beim Garen zu fest wird. Es reicht leichtes Aufschlagen mit der Gabel, bis die Eimischung gleichmäßig gelb ist, alle weißen Schlieren verschwunden sind und sich große Blasen bilden.

WELCHES MILCHPRODUKT? Wir haben unser Rezept mit Milch, einer Mischung aus Milch und Sahne sowie Sahne mit einem Fettanteil von mindestens 35 Prozent getestet. Nur mit Milch wurden die Rühreiflocken schön „fluffig" und leicht, gleichzeitig aber haben sie stark dazu geneigt, Wasser abzusondern. Mit fetter Sahne trat zwar kein Wasser aus, dafür wurde die Eimasse sehr fest und kompakt. Einige Testesser haben außerdem bemängelt, das Rührei sei so zu fettig. Zum Schluss waren sich alle einig, dass Rührei mit einer Mischung aus Milch und Sahne am besten schmeckt. Die Zugabe eines Milchprodukts bewirkt im Rührei dreierlei: Erstens verdünnt das enthaltene Wasser das Eiprotein und wirkt so der Bildung eines festen Netzwerks entgegen, wodurch sich die Gerinnungstemperatur nach oben verschiebt und man die Eier nicht mehr so leicht übergaren kann. Zweitens verdampft ein Teil dieses Wassers und „hebt" die Rühreiflocken (ähnlich wie in einem Brotteig). Sie werden dadurch lockerer. Und schließlich: Das Milchfett wirkt gerinnungshemmend, da es die Proteinmoleküle des Eis umhüllt und gegeneinander isoliert; das Proteinnetzwerk wird so weniger fest und dicht.

EIGELB HINZUFÜGEN Einige zusätzliche separate Eigelb verstärken den Eigeschmack und überdecken die Milcharomen. Man sollte es aber nicht übertreiben – zwei Eigelb auf acht Eier genügen völlig, um die Aromen zu harmonisieren. Ein praktischer Nebeneffekt: Der hohe Fettgehalt und die Emulgatoren des Eigelbs verschieben den Gerin-

nungspunkt nach oben, und die Gefahr übermäßigen Stockens verringert sich abermals.

DIE RICHTIGE PFANNENGRÖSSE Die Größe der Pfanne spielt für Rührei eine wichtige Rolle. Ist die Pfanne zu groß, läuft die Eimischung weit auseinander und übergart schnell. In einer kleineren

---

PRAKTISCHE WISSENSCHAFT: EIER VOR DEM GAREN SALZEN

Salzen Sie Rührei, bevor Sie es in die Pfanne geben; die Rühreiflocken werden so schön saftig und locker.

Manchmal liest man, Rührei dürfe man erst ganz zum Schluss salzen. Als vermeintlicher Grund wird angegeben, dass geschlagene rohe Eier durch Salz wässrig würden. Um das zu überprüfen, haben wir zwei Proben Rührei zubereitet: Die erste haben wir eine Minute vor dem Garen gesalzen, die zweite erst nach dem Durchrühren in der heißen Pfanne.

Die Testesser haben die nachträglich gesalzene Probe als zu fest und gummiartig befunden. Das Rührei, das wir vor dem Garen gesalzen hatten, war dagegen schön zart und saftig. (Perfektionistisch, wie wir sind, wollten wir natürlich wissen, ob sich das Ergebnis noch verbessern ließe, wenn man die verquirlten Eier salzt und dann eine Stunde „ziehen" lässt. Unsere Hoffnung wurde enttäuscht: Das Rührei hat sich kaum von direkt vor dem Garen gesalzenen Rührei unterschieden.)

Die molekularen Vorgänge sind schnell erklärt: Salz verändert die elektrische Ladung der Eiproteine derart, dass sie sich weniger bereitwillig miteinander verbinden. Das entstehende Proteinnetzwerk wird dadurch loser, das Rührei dementsprechend zarter.

HERZHAFTES RÜHREI MIT SALSICCIA, ROTER PAPRIKA UND CHEDDAR, S. 197

Pfanne dagegen liegen die Eier zwangsläufig kompakter. Die Folge: eingeschlossener Dampf, der die Eier lockert.

ZWEI GARPHASEN Da Rührei schnell zu stark durchstockt, empfehlen viele Köche eine eher niedrige Gartemperatur. Ein schwerwiegender Fehler, denn die Pfanne muss richtig heiß sein, damit sich viel Wasserdampf bildet, der schön luftige und lockere Rühreiflocken produziert. Hält man die Pfanne jedoch die ganze Zeit sehr heiß, wird das Rührei leicht zu trocken und fest. Um hier Abhilfe zu schaffen, garen wir das Rührei in zwei Phasen mit je unterschiedlicher Temperatur. Wir erhitzen die Eier erst bei mittlerer bis starker Hitze, wobei wir ständig mit einem Spatel durch die Eimasse fahren und sie lösen. So bilden sich nach und nach große, saftige Flocken. Sobald der Spatel eine langsam schließende Spur in der Pfanne hinterlässt (nach etwa zwei Minuten), reduzieren wir die Temperatur. Um die großen Flocken nicht zu zerstören, heben wir sie jetzt behutsam mit dem Spatel unter, etwa 45 Sekunden lang. Sobald die Eier gerade gestockt sind und noch feucht glänzen, geben wir das Rührei sofort auf Teller, um das Weitergaren effektiv zu unterbinden.

gelegentlich durchrühren. Bacon mit einem Schaumlöffel auf einen mit Küchenpapier belegten Teller geben. Bis auf 2 TL das Fett aus der Pfanne abgießen, dann die Zwiebel hineingeben und unter gelegentlichem Rühren 2 bis 4 Minuten leicht anbräunen. Zwiebel auf einen zweiten Teller geben.

3. Die Pfanne mit Küchenpapier auswischen. Die Butter auf mittlerer Stufe in der Pfanne zerlassen und schwenkend verteilen. Die Ei-Mischung zugeben und mit einem hitzebeständigen Kunststoffspatel langsam und stetig durchrühren und unterheben, dabei das Ei vom Pfannenboden und der Pfannenwand lösen, bis sich große, noch sehr feuchte Flocken gebildet haben (nach 2 bis 3 Minuten). (Das Ei nicht zu stark verrühren, sonst werden die Flocken zu klein.) Die Pfanne vom Herd nehmen und vorsichtig die Zwiebelstücke, den Käse und die Hälfte des Bacons unter die Eier heben. Wenn das Rührei noch zu flüssig ist, die Pfanne noch einmal maximal 30 Sekunden bei mittlerer Hitze auf den Herd stellen. Das Rührei auf Teller geben, mit dem restlichen Bacon und der Petersilie (falls gewünscht) bestreuen und servieren.

HERZHAFTES RÜHREI MIT BACON, ZWIEBELN UND PEPPER-JACK-KÄSE
(FÜR 4 BIS 6 PORTIONEN)

Für das Dünsten der Zwiebel benötigen Sie 2 TL des Bacon-Fetts. Lassen Sie den Bacon nach dem Braten gut auf Küchenpapier abtropfen, sonst wird das Rührei zu fettig.

12	Eier (Gr. M)
3 EL	Milch
3 EL	Sahne
¾ TL	Salz
¼ TL	Pfeffer
4 Streifen	Bacon, in 1–1,5 cm große Stücke geschnitten
1	Zwiebel, grob zerkleinert
15 g	Butter
45 g	Pepper-Jack-Käse oder Monterey-Jack-Käse, grob geraspelt (alternativ junger Schnittkäse mit Pfeffer oder Chili)
1 TL	frische Petersilie, fein gehackt (falls gewünscht)

1. Eier, Milch, Sahne, Salz und Pfeffer mit einer Gabel in einer mittelgroßen Schüssel leicht schlagen, bis alles gut verquirlt ist.

2. Den Bacon in einer beschichteten Pfanne (ø 30 cm) auf mittlerer Stufe kross braten (5 bis 7 Minuten), dabei

---

HERZHAFTES RÜHREI MIT SALSICCIA, ROTER PAPRIKA UND CHEDDAR
(FÜR 4 BIS 6 PORTIONEN)

12	Eier (Gr. M)
3 EL	Milch
3 EL	Sahne
¾ TL	Salz
¼ TL	Pfeffer
1 TL	Pflanzenöl
230 g	Salsiccia, ohne Haut, in 1–1,5 cm große Stücke zerdrückt
1	rote Paprikaschote, ohne Strunk, entkernt und in 1–1,5 cm große Würfel geschnitten
3	Frühlingszwiebeln, schräg in dünne Scheiben geschnitten, weiße und grüne Teile getrennt
15 g	Butter
45 g	würziger Cheddar-Käse, grob geraspelt

1. Eier, Milch, Sahne, Salz und Pfeffer mit einer Gabel in einer mittelgroßen Schüssel leicht schlagen, bis alles gut verquirlt ist.

2. Das Öl in einer beschichteten Pfanne (ø 30 cm) auf mittlerer Stufe erhitzen, bis sich die Oberfläche kräuselt. Die Würstchenstücke zugeben und etwa 2 Minuten braten, bis sie außen leicht braun werden, innen aber noch rosa sind. Die Paprika und die weißen Frühlingszwiebelscheiben hinzufügen und unter gelegentlichem Rühren etwa 3 Minuten mitgaren, bis die Würstchen durchgebraten sind und die Paprikastücke braun werden. Den Pfanneninhalt auf einen Teller geben und möglichst großflächig verteilen.

3. Die Pfanne mit Küchenpapier auswischen. Die Butter auf mittlerer Stufe in der Pfanne zerlassen und schwenkend verteilen. Die Ei-Mischung zugeben und mit einem hitzebeständigen Kunststoffspatel langsam und stetig durchrühren und unterheben, dabei das Ei vom Pfannenboden und der Pfannenwand lösen, bis sich große, noch sehr feuchte Flocken gebildet haben (nach 2 bis 3 Minuten). (Das Ei nicht zu stark verrühren, sonst werden die Flocken zu klein.) Die Pfanne vom Herd nehmen und vorsichtig die Würstchen, das Gemüse und den Käse unter die Eier heben. Wenn das Rührei noch zu flüssig ist, die Pfanne noch einmal maximal 30 Sekunden bei mittlerer Hitze auf den Herd stellen. Das Rührei auf Teller geben, mit den grünen Frühlingszwiebelscheiben bestreuen und servieren.

HERZHAFTES RÜHREI MIT RUCOLA, GETROCKNETEN TOMATEN UND ZIEGENKÄSE
(FÜR 4 BIS 6 PORTIONEN)

Brausen Sie die eingelegten getrockneten Tomaten ab und tupfen Sie sie anschließend trocken. So wird das Rührei weniger fettig.

12	Eier (Gr. M)
3 EL	Milch
3 EL	Sahne
¾ TL	Salz
¼ TL	Pfeffer
2 TL	Olivenöl
½	Zwiebel, fein zerkleinert
1 Prise	Chiliflocken
140 g	Rucola, in 1–1,5 cm breite Streifen geschnitten
15 g	Butter
50 g	getrocknete Tomaten in Öl, abgespült, trocken getupft und fein zerkleinert
85 g	Ziegenfrischkäse, zerbröselt

1. Eier, Milch, Sahne, Salz und Pfeffer mit einer Gabel in einer mittelgroßen Schüssel leicht schlagen, bis alles gut verquirlt ist.

2. Das Öl in einer beschichteten Pfanne (ø 30 cm) auf mittlerer Stufe erhitzen, bis sich die Oberfläche kräuselt. Zwiebel und Chiliflocken zugeben und etwa 2 Minuten braten, bis die Zwiebelstücke glasig sind. Den Rucola hinzufügen und 30 bis 60 Sekunden unter leichtem Rühren mitgaren, bis er zusammenfällt. Den Pfanneninhalt auf einen Teller geben und möglichst großflächig verteilen.

3. Die Pfanne mit Küchenpapier auswischen. Die Butter auf mittlerer Stufe in der Pfanne zerlassen und schwenkend verteilen. Die Ei-Mischung zugeben und mit einem hitzebeständigen Kunststoffspatel langsam und stetig durchrühren und unterheben, dabei das Ei vom Pfannenboden und der Pfannenwand lösen, bis sich große, noch sehr feuchte Flocken gebildet haben (nach 2 bis 3 Minuten). (Das Ei nicht zu stark verrühren, sonst werden die Flocken zu klein.) Die Pfanne vom Herd nehmen und vorsichtig die beiseitegestellte Rucola-Mischung und die Tomaten unter die Eier heben. Wenn das Rührei noch zu flüssig ist, die

Pfanne noch einmal maximal 30 Sekunden bei mittlerer Hitze auf den Herd stellen. Das Rührei auf Teller geben, mit dem Ziegenkäse bestreuen und servieren.

🍳 WARUM DAS REZEPT FUNKTIONIERT

Fügt man Rührei Gemüse hinzu, wird es leicht zu feucht und sondert Wasser ab. Durch die Zugabe von gebratenen Würstchen, Bacon oder Käse wird die Sache noch komplizierter. Mit unserer Methode wird Rührei weich und locker, ohne dass es in einer Pfütze schwimmt.

EXTRAZUTATEN VORGAREN Durch Vorgaren verliert das Gemüse Wasser, das unser Rührei sonst ruinieren würde. Wenn Sie Rührei mit Würstchen oder Bacon zubereiten möchten, sollten Sie das Fleisch vorher anbraten, um einen Teil des Fetts auszulassen (das können Sie dann prima verwenden, um das Gemüse vorzugaren und ihm zusätzliches Aroma zu verleihen). Die Gefahr, dass die Eier übermäßig

Wasser absondern, sinkt noch weiter, wenn man die vorgegarten Zutaten sowie den Käse erst unter das fast fertige Rührei hebt.

MILCH UND SAHNE Da die Extrazutaten in jedem Fall zusätzliches Wasser enthalten, sollte man versuchen, auch den Wassergehalt des Rühreis an sich möglichst zu reduzieren. In den meisten Rezepten wird Rührei mit Milch zubereitet. Wir nehmen stattdessen eine geringere Menge Milch und Sahne zu gleichen Teilen, denn durch den hohen Fettanteil der Sahne sinkt der Wasseranteil.

WENIGER HITZE Als letzten Optimierungsschritt garen wir das Rührei lediglich bei mittlerer Hitze. Dadurch passiert es nicht so schnell, dass die Eier zu fest und trocken werden. Durch unsere Optimierungen fallen die herzhaften Rührei-Variationen mit Gemüse, Fleisch und Käse zwar etwas weniger luftig-locker aus als Rührei ohne Extra-Zutaten (weniger Hitze lässt weniger Wasserdampf entstehen), aber immerhin droht keine Pfützenbildung.

PROTEINGERINNUNG IN DER PRAXIS:
OMELETTS

Anders als Rührei, das nur so lange erhitzt wird, bis die Eier gerade eben stocken, muss ein Omelett etwas länger in der Pfanne bleiben, schließlich soll man es rollen und falten können. Leider werden die Eier durch die zusätzliche Garzeit mit ziemlicher Sicherheit zäh. Dagegen hilft Butter, die das Eiprotein mit viel Fett überzieht, ohne den Eiern allzu viel unerwünschtes Wasser hinzuzufügen. Zerteilt man die Butter in Würfel und lässt sie gefrieren, schmilzt die Butter schön langsam und verteilt sich besonders gut im Ei. Die Butter ist genau dann geschmolzen, wenn die Eier beginnen zu stocken.

PERFEKTE FRANZÖSISCHE OMELETTS
(ERGIBT 2 OMELETTS)

Die Omeletts sind schneller fertig, als Sie glauben – halten Sie daher alle Zutaten und Hilfsmittel griffbereit. Wenn Sie keine Essstäbchen oder Holzspieße zum Durchrühren haben, nehmen Sie den Stiel eines Holzlöffels. Wärmen Sie die Teller bei 100 °C im Ofen vor.

30 g	Butter, in 2 Stücke geschnitten
½ TL	Pflanzenöl
6	Eier (Gr. M), gekühlt
	Salz und Pfeffer
2 EL	Gruyère-Käse, grob geraspelt
4 TL	frischer Schnittlauch, fein gehackt

1. Ein Stück Butter halbieren. Das zweite in kleine Stücke schneiden, in eine kleine Schüssel geben und mindestens 10 Minuten ins Gefrierfach stellen. In der Zwischenzeit die Eier vorbereiten (Schritt 2) und das Öl auf niedriger Stufe in einer beschichteten Pfanne (ø 20 cm) etwa 10 Minuten heiß werden lassen.

2. 2 Eier in eine mittelgroße Schüssel aufschlagen. Ein Ei trennen und das Eigelb zu den Eiern in die Schüssel geben (Eiweiß für anderweitige Verwendung aufbewahren). Je 1 Prise Salz und Pfeffer zugeben. Die Eigelb mit einer Gabel zerdrücken, dann die Mischung leicht schlagen (etwa

80 nicht zu schnelle Gabelschläge), bis Eiklar und Eigelb gut vermengt sind. Die Hälfte der gefrorenen Butterwürfel zugeben.

3. Die vorgeheizte Pfanne mit Küchenpapier auswischen, dabei auf Pfannenboden und -wand einen dünnen Ölfilm zurücklassen. Das erste halbe Stück Butter in der Pfanne zerlassen und schwenkend verteilen. Die Eier zugeben und den Herd auf mittlere bis starke Hitze stellen. Eier mit zwei Essstäbchen oder Holzspießen mit schnellen kreisförmigen Bewegungen durchrühren und in der Pfanne bewegen, dabei Anhaftungen von der Pfannenwand lösen. 45 bis 90 Sekunden garen, bis die Eier angestockt, aber noch leicht flüssig sind. Die Pfanne vom Herd nehmen und die Eimasse mit einem hitzefesten Gummispatel glatt streichen. Das Omelett mit 1 EL Gruyère-Käse und 2 TL Schnittlauch bestreuen. Den Deckel auf die Pfanne setzen und kurz stehen lassen, damit das Omelett durchstockt (je nach gewünschter Festigkeit 1 bis 2 Minuten).

4. Die geschlossene Pfanne bei geringer Hitze etwa 20 Sekunden auf den Herd stellen, dann den Deckel entfernen und das Omelett mit einem Kunststoffspatel am Rand

lösen. Ein gefaltetes Stück Küchenpapier auf einen vorgewärmten Teller legen. Das Omelett aus der Pfanne so auf den Teller gleiten lassen, dass es flach liegt und das Küchenpapier etwa 2,5 cm darunter hervorschaut. Das heiße Omelett mithilfe des Küchenpapiers sauber zusammenrollen und beiseitestellen. Die Pfanne auf niedriger Hitze wieder etwa 2 Minuten heiß werden lassen, dann das zweite Omelett wie beschrieben zubereiten (ab Schritt 2). Servieren.

PRAKTISCHE WISSENSCHAFT: SICHERE EIER

Um einer Salmonellenvergiftung vorzubeugen, sollte man Eier auf 71 °C erhitzen oder pasteurisierte Eier kaufen. Salmonellen können sich vor allem auf der Schale aber auch im Inneren des Eis befinden, wenn die Henne mit den Bakterien infiziert war. Bei der Verwendung von Eiern gilt das Prinzip: je frischer das Ei, desto geringer die Chancen, dass sich die Bakterien vermehren. Besonders wichtig ist eine sachgemäße Lagerung der Eier, denn vor allem bei Zimmertemperatur können sich Salmonellen explosionsartig vermehren und die Gesundheit gefährden. Bei der Verwendung von Eiern bedeutet das, dass Sie auf sauberes Arbeiten größten Wert legen sollten. Beschädigte Eier sollten sofort verarbeitet und komplett durcherhitzt werden. Sind Sie sich unsicher wie alt das beschädigte Ei ist, entsorgen Sie es besser. Wenn Sie rohe Eier verarbeiten, reinigen Sie die Arbeitsflächen und Küchengeräte gründlich mit heißem Wasser und Spülmittel - auch die Hände! Salmonellen sind zwar selten, aber gehen Sie kein Risiko ein.

EIER SICHER GAREN Salmonellen werden bei einer Gartemperatur von 71 °C zerstört. Erhitzte Eier, die gerade erst leicht stocken und noch teilweise flüssig sind, haben diese Temperatur noch nicht erreicht. Dagegen haben ganz durchgestockte Eier, zum Beispiel hart gekochte Eier oder Eier in einer Frittata, eine sichere Temperatur. Wollen Sie ganz sicher gehen, sollten Sie Eier mindestens fünf Minuten in sprudelnd kochendem Wasser garen.

PASTEURISIERTE EIER KAUFEN Pasteurisierte ganze Eier werden vom Hersteller in einem präzisen Prozess so erhitzt, dass zwar Bakterien absterben, die Eier aber nicht garen. Ganz spurlos geht das Erhitzen am Aussehen und der Konsistenz der Eier trotzdem nicht vorbei, was man sieht, wenn man sie aufschlägt. Zumindest in Gerichten, in denen pasteurisierte Eier durchaus sinnvoll sein können (wie Mayonnaise), kann man sie ebenso gut verwenden wie normale, nicht pasteurisierte Eier; für Kuchen und Gebäck raten wir eher davon ab.

PRAKTISCHE WISSENSCHAFT: DIE PFANNE LANGSAM HEISS WERDEN LASSEN

Für Omeletts sollte man die Pfanne auf niedriger Stufe vorheizen, damit die Eier gleichmäßig garen.

Beim Ausarbeiten unseres Omelett-Rezepts haben wir festgestellt, dass es eine entscheidende Rolle spielt, mit welcher Temperatur man die Pfanne erhitzt, bevor die Eier hineingegeben werden. Nur mit niedriger Vorheiztemperatur bekommen die Omeletts eine schön zarte Konsistenz und ein gleichmäßig goldgelbes Äußeres. Anstatt der verbreiteten Empfehlung zu folgen und die Pfanne 2 bis 3 Minuten bei mittlerer bis starker Hitze vorzuheizen, lassen wir die Pfanne 10 Minuten bei geringer Hitze heiß werden.

Auf einem Gasherd erhitzt ein Brenner auf hoher Stufe nicht nur den Pfannenboden, sondern unter Umständen auch die Pfannenwand, wodurch im Randbereich der Pfanne sehr heiße Stellen entstehen können. Die ungleichmäßige Wärmeverteilung kann dazu führen, dass das Omelett an den besonders heißen Stellen stärker bräunt und dunkle Flecken bekommt. Durch „sanftes" Aufheizen der Pfanne verteilt sich die Wärme in der Pfanne gleichmäßiger. Und noch einen weiteren Vorteil hat das sanfte Vorheizen: Das Zeitfenster, in dem man die Eier in die Pfanne geben sollte, wird größer. Bei starker Hitze steigt die Temperatur der Pfanne in gerade einmal 30 Sekunden von 120 auf 150 °C, das heißt von einer noch akzeptablen Temperatur auf eine Temperatur, bei der die Eier garantiert zäh werden. (Anmerkung am Rande: Das Vorheizen einer Pfanne für Omeletts ist einer der seltenen Fälle, in denen ein Elektroherd tatsächlich vorteilhafter ist als ein Gasherd. Durch die breiten, flachen Heizplatten ist die Wärmeverteilung im Kochgeschirr selbst auf höchster Stufe immer gleichmäßig. Trotzdem empfehlen wir auch auf einem E-Herd sanftes Vorheizen, denn so verlängert sich die Zeit, in der Sie die Eier am besten in die Pfanne geben.)

MITTLERE BIS HOHE STUFE = UNGLEICHMÄSSIG GEBRÄUNT   NIEDRIGE STUFE = EINHEITLICH GOLDGELB

Wie wichtig es ist, die Pfanne auf niedriger Stufe vorzuheizen, zeigt auch unser Versuch: Wir haben zwei Pfannen mit geriebenem Parmesankäse ausgestreut und sie erhitzt, die erste bei mittlerer bis starker Hitze, die andere bei geringer Hitze. Der Käse in der stärker erhitzten Pfanne hat am Rand eine deutliche Bräunung gezeigt, in der anderen Pfanne ist er zu einer einheitlich goldgelben Schicht geschmolzen.

🍳 WARUM DAS REZEPT FUNKTIONIERT

Das zusätzliche Fett der gefrorenen Butter lässt das Omelett schön zart und weich werden. Doch noch ein paar andere wichtige Schritte sind für das erfolgreiche Gelingen des Rezepts unerlässlich.

EIKLAR WEGLASSEN Für zwei Omeletts benötigen wir sechs Eier, wobei wir von zweien nur die Eigelb nehmen. Der Grund: Damit das Protein von drei ganzen Eiern keine zu kompakte Masse bildet, ist so viel Butter notwendig, dass das Omelett sehr schwer und fett wird. Lässt man pro Omelett ein Eiklar weg, reicht eine geringere Menge Butter. So wird die Eimasse wesentlich luftiger und unsere käsigen Omeletts schmecken deutlich leichter.

EIER NUR LEICHT SCHLAGEN Viele Rezepte sehen vor, die Eier mit einem Schneebesen oder gar einem elektrischen Mixer zu schlagen. Derart starkes Vermischen führt jedoch dazu, dass das Eiprotein denaturiert und beim Garen ein starres Netzwerk bildet. Das Resultat

DOTTERHAUT

Diese Membran umschließt das Dotter und schützt es. Mit zunehmenden Alter des Eis verliert sie ihre Stabilität, sodass das Dotter leichter zerfließt. Aus diesem Grund lassen sich frische Eier besser trennen als ältere.

DOTTER

Das Dotter enthält den Großteil der im Ei enthaltenen Vitamine und Mineralstoffe sowie das gesamte Fett und die Hälfte des Proteins. Dazu enthält es Lecithin, einen hocheffektiven Emulgator (dessen Wirkung es zu verdanken ist, dass die Fett-in-Wasser-Emulsion in Mayonnaise und Sauce hollandaise stabil bleibt). Gekühlt ist das Dotter besonders stabil und zerläuft weniger leicht. Gekühlte Eier lassen sich daher besser trennen.

SCHALE

Die Schale und die innen anliegende Schalenhaut halten den Inhalt des Eis zusammen und schützen ihn vor Bakterien. Die Schale ist luftdurchlässig, weshalb der Inhalt des Eis mit der Zeit verdunstet. Eier mit beschädigter Schale sollten grundsätzlich nicht verwendet werden.

EIKLAR/EIWEISS

Das Eiklar (auch „Albumin") setzt sich aus Proteinen sowie Wasser zusammen und ist in Schichten unterschiedlicher Viskosität unterteilt, wobei die dotternahe Schicht am dickflüssigsten ist. Ganz frische Eier haben leicht trübes Eiklar. Mit zunehmendem Alter des Eis wird das Eiklar dünner und transparenter.

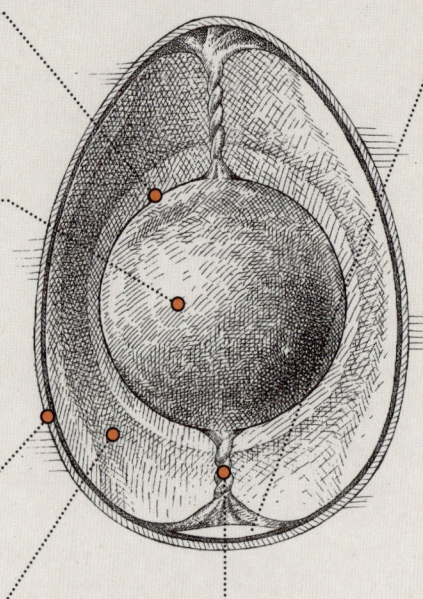

LUFTKAMMER

Der Lufteinschluss am stumpfen Pol des Eis bildet sich, wenn der Inhalt des Eis nach dem Legen abkühlt und schrumpft. Mit zunehmendem Alter vergrößert sich die Luftkammer, da im Ei enthaltenes Wasser durch die Schale verdunstet.

HAGELSCHNUR

Zwei dieser weißlichen Schnüre spannen sich von den Eipolen zum Dotter und halten es in der Mitte des Eis. Je älter das Ei, desto mehr geben die Hagelschnüre nach, sodass das Dotter seine zentrale Position verlieren kann. Da die Hagelschnüre die Textur und das Aussehen von Speisen beeinträchtigen können, seihen wir Saucen und Cremes häufig ab.

EINKAUF

KENNZEICHNUNG UND FRISCHE

Um den Käufern eine Orientierung beim Eierkauf zu geben, gibt es in Deutschland Regelungen, was auf einer Verpackung von Hühnereiern stehen muss. Das betrifft die Güte- und Gewichtsklasse, die Art der Legehennenhaltung und die Erläuterung des Erzeugercodes, ebenso müssen die Kennnummer der Packstelle und die Zahl der verpackten Eier auf dem Karton stehen. Das angegebene Mindesthaltbarkeitsdatum (MHD) liegt bei maximal 28 Tagen nach dem Legen, und auf jeder Verpackung muss der Hinweis „Bei Kühlschranktemperatur aufbewahren – nach Ablauf des Mindesthaltbarkeitsdatums durcherhitzen" stehen. Werden die Eier lose angeboten, müssen die Angaben auf einem Schild gut sichtbar neben der Ware angegeben sein. Darüber hinaus gibt es freiwillige Angaben der Erzeuger wie das Legedatum oder die Art der Fütterung. Aus welcher Haltung Eier stammen, zeigt auch ihr Erzeugercode auf der Schale. Wer den Erzeugerbetrieb wissen will, kann das im Internet recherchieren. Die Frische von Eiern können Sie am Dotter erkennen: Ist dieses hochgewölbt, handelt es sich

---

ist eine zähes Omelett. Allerdings können wir auf das Schlagen auch nicht ganz verzichten, denn vor dem Garen müssen Eiklar und Eigelb gut vermischt werden. Nehmen Sie eine Gabel zum Schlagen – das funktioniert prima, und man läuft damit nicht Gefahr, die Eier zu stark zu schlagen. Schlagen Sie die Eier nur so lange, bis sie gut vermischt sind (etwa 80 „Schläge").

MIT STÄBCHEN DURCHRÜHREN Hält man die Eier in Bewegung, während sie stocken, bilden sich kleine Flocken, die die Textur der fertigen Omeletts glatter und weicher werden lassen. Ein Kunststoffspatel, das übliche Rührutensil für beschichtetes Kochgeschirr, eignet sich dazu allerdings nur bedingt. Viel besser funktionieren die Zinken einer Gabel, denn damit werden die Flocken kleiner. Leider ist eine Gabel problematisch, da man damit die Pfannenbeschichtung zerkratzt. Unsere Lösung, die auch prima funktioniert: Essstäbchen aus Holz oder Bambusspieße. Haben Sie keine zur Hand, tut es behelfsweise auch der Stiel eines Holzkochlöffels.

DECKEL DRAUF Durch das langsame Vorheizen (siehe Kasten „Die Pfanne langsam heiß werden lassen", Seite 201) verteilt sich die Hitze sehr gut in der Pfanne und die Gefahr übergarter, zu fester Omeletts sinkt. Ein Problem bleibt jedoch: Die Omeletts ganzflächig gleich-

mäßig zu garen. Weit von der Hitzequelle entfernte Stellen des Omeletts sind oft erst dann gar, wenn die Unterseite des Omeletts schon zu fest ist. Glücklicherweise gibt es eine einfache Lösung: Sobald die Eier leicht stocken (sie sind dann immer noch ziemlich flüssig), ziehen wir die Pfanne vom Herd, streichen die Eimasse glatt, streuen den Käse und den Schnittlauch darüber und setzen den Deckel auf die Pfanne. Nach ein bis zwei Minuten – je nachdem, wie weich oder fest Sie das Omelett mögen – sind die Eier durch die Pfannenrestwärme, die sich unter dem Deckel staut, sanft fertig gegart. Da die Pfanne nicht mehr auf dem Herd ist, besteht keine Gefahr, dass das Omelett von unten zu heiß wird.

AUS DER PFANNE GLEITEN LASSEN UND ZUSAMMENROLLEN Die klassische Methode, das fertige Omelett auf den Teller zu befördern, macht was her: Der Koch hält die Pfanne in der Hand und schnippst das Omelett mit einer schnellen Bewegung aus dem Handgelenk teilweise in die Luft, sodass es auf ein Drittel gefaltet wieder in der Pfanne landet. Dann lässt er es auf einen Teller gleiten und hebt dabei das verbleibende Omelettdrittel mit dem Pfannenrand über den schon gefalteten Teil. Das ist hohe Kunst – und geht oft schief. Um es uns einfacher zu machen, lassen wir das Omelett auf einen Teller gleiten und um ein frisches Ei. Bei älteren Eiern wird das Dotter immer flacher. Das Mindesthaltbarkeitsdatum gibt Ihnen natürlich die sicherste Orientierung. Eier müssen nach Ablauf nicht grundsätzlich verdorben sein, sollten aber nur noch für Gerichte verwendet werden, die über 71 °C erhitzt werden.

Wir haben sowohl zwei als auch drei Monate alte Eier probiert und sie für einwandfrei befunden. Nach vier Monaten schwappte das Eiklar hörbar im Ei und das Eigelb schmeckte nach Kühlschrank – trotzdem waren die Eier noch genießbar. Unser Rat? Verlassen Sie sich auf Ihre Sinne. Riecht ein Ei seltsam oder ist es ungewöhnlich gefärbt, werfen Sie es weg. Alte Eier verlieren ihre strukturgebenden Eigenschaften, man sollte sich also überlegen, ob man sie noch zum Backen verwendet.

FARBE

Die Farbe der Schale variiert je nach Hühnerrasse. So legen die holländischen Welsumer braune, die deutschen Ramelsloher weiße Eier. An der Zusammensetzung ändert das nichts. Unsere Versuche zeigen auch, dass die Schalenfarbe keinerlei Einfluss auf den Geschmack oder die Nährwerte hat.

GESCHMACK

Bei unseren Geschmackstests schnitten frisch vom Bauern gekaufte Eier überdurchschnittlich gut ab. Die Eigelbe der aufgeschlagenen Eier waren groß, satt orange und hochgewölbt; die relativ kleinen Ei-

klar liefen nur wenig auseinander. Der Geschmack war voll und komplex. Auf dem zweiten Platz folgten Bio-Eier, gefolgt von vegetarischen Eiern (die Hühner werden rein vegetarisch gefüttert). Das Schlusslicht bildeten normale Supermarkteier. In Eiergerichten schmeckte man die Unterschiede deutlich, in Kuchen und Gebäck weit weniger.

GRÖSSE

Im Handel sind unterschiedliche Güteklassen („A oder frisch" und „A extra") und Gewichtsklassen (siehe Tabelle) erhältlich. Je nach Rezept macht die Größe der Eier durchaus einen Unterschied. In unseren Rezepten verwenden wir Eier der Größe M. Mit etwas Rechnen können Sie Eier einer Größe durch eine entsprechende Zahl Eier einer anderen Größe ersetzen.

GEWICHTSKLASSEN

Gewichtsklasse	Bezeichnung	Gewicht
S	Klein	Bis 53 g
M	Mittel	53–63 g
L	Groß	63–73 g
XL	Sehr groß	Über 73 g

AUFBEWAHRUNG

IM KÜHLSCHRANK

Eier sollten immer im Kühlschrank – im Eierfach oder im Karton – aufbewahrt werden. Lagern Sie die Eier so, dass sie nicht die Gerüche anderer, stark riechender Lebensmittel aufnehmen. Lagern die Eier im Karton, hat das den Vorteil, dass er die Luftfeuchtigkeit stabilisiert (70 bis 80 Prozent im Idealfall), wodurch sich die Verdunstung des Ei-Inhalts verlangsamt.

IM GEFRIERFACH

Überschüssige Eigelb bzw. Eiklar lassen sich einfrieren und sind dann 6–10 bzw. 12 Monate haltbar, allerdings büßen Eiklar dadurch teilweise ihre formgebenden Eigenschaften ein: Angel Food Cake (Biskuitkuchen) wurde damit nicht ganz so luftig, Baisers gingen weniger auf und blieben fester. Unkritisch ist eingefrorenes Eiklar in Rezepten, die nur eine geringe Menge benötigen (etwa ein Ei zum Panieren oder Bestreichen) oder für die das Eiweiß nicht steif geschlagen werden muss. Eigelb ist beim Einfrieren etwas heikel, da das enthaltene Wasser Eiskristalle bildet, die das Proteinnetzwerk zerstören. Durch Zugabe von etwas Zuckerlösung (2 Teile Zucker auf 1 Teil Wasser) lassen sie sich stabilisieren. Mischen Sie vor dem Einfrieren pro Eigelb knapp ¼ TL Zuckerlösung dazu.

rollen es dann mit den Fingern zusammen. Da das Omelett noch heiß ist und wir uns nicht gern die Finger verbrennen, bedienen wir uns eines Tricks: Bevor wir das Omelett aus der Pfanne gleiten lassen, legen wir ein Stück Küchenpapier auf den Teller. Damit lässt sich das Omelett gut – und schmerzlos – zusammenrollen.

KONZEPT 2.16
MIT STÄRKE VERKLUMPEN EIER NICHT

Das Ausflocken und Verklumpen der Eier in gebackenen Desserts lässt sich wirksam verhindern, indem man sie nur mäßig heiß backt (falls nötig im Wasserbad) oder sie vor dem Backen zunächst behutsam temperiert. Aber auch für andere Garmethoden und Gerichte, von Quiches über Suppen bis zu Patisseriecreme, ist Verklumpen eine Katastrophe. Hier heißt die Rettung: Stärke.

DIE WISSENSCHAFT DAHINTER

EIER UND STÄRKE

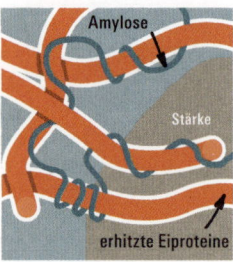

EIER UND STÄRKE Werden Eiproteine mit großen Stärkekörnchen vermischt, löst sich aus der Stärke fadenförmige Amylose, die sich um die Proteine legt. Dadurch fällt die Proteinvernetzung beim Garen der Eier weniger stark aus.

Wie wir bereits wissen, bestehen die Proteine in rohem Eiweiß und Eigelb aus langen, zu Knäueln verschlungenen Aminosäureketten. Beim Garen entwirren und glätten sie sich und verbinden sich zu einem festen Netzwerk, einem Gel, das das Wasser bindet, in dem die Proteine vorher gelöst waren.

Erhitzen ist eine Möglichkeit, damit sich die Eiproteine entwirren (denaturieren) und verbinden, mit anderen Worten: damit sie gerinnen. Die Gerinnungsgeschwindigkeit hängt dabei von der Menge der zugeführten Wärme ab. Werden die Proteine extrem stark erhitzt, geht die Denaturierung und Vernetzung so schnell und intensiv vonstatten, dass das entstehende Proteingeflecht sehr dicht und fest wird. Die Folge: Das Wasser wird aus dem Netzwerk herausgepresst; es kommt zum Ausflocken und Verklumpen.

Mit verschiedenen Zutaten kann man die Proteingerinnung steuern und verlangsamen. Milch beispielsweise verdünnt die Eiproteine, sodass es zu weniger Berührungen zwischen den Proteinfäden kommt und diese sich weniger häufig verbinden. Die Gerinnungstemperatur verschiebt sich dadurch nach oben. Auch durch die Zugabe von Zucker steigt die Gerinnungstemperatur, allerdings in diesem Fall durch die Verzögerung der Proteindenaturierung. Aus diesem Grund müssen eierhaltige Cremes und Ähnliches auf etwa 82 °C erwärmt werden, obwohl Eier allein schon viel früher gerinnen, Eiklar bei rund 60 °C und Eigelb bei 66 °C. Durch die zusätzlichen Zutaten steigt die Gerinnungstemperatur also um 16 °C.

Die Festigkeit des Proteinnetzwerks lässt sich auch durch Rühren beeinflussen. Für Puddings und Patisseriecreme, die auf dem Herd zubereitet werden, ist ständiges Rühren unerlässlich. Damit wird zum einen verhindert, dass sie anbrennen, und zum anderen, dass sich die Proteine zu stark vernetzen und eine feste Masse bilden. Eierzubereitungen werden auf dem Herd, wo sie gerührt werden, also dünnflüssiger als im Ofen, wo die Proteine ungestört ein festeres Gel bilden (siehe zum Beispiel unseren Cremigen Schokoladenpudding auf Seite 212 und die Quiche Lorraine auf Seite 206).

In diesem Konzept jedoch geht es um Stärke. Durch die Zugabe von Maisstärke – oder in bestimmten Fällen Mehl – verändert sich die Gerinnungsbereitschaft der Eiproteine und damit die Gerinnungstemperatur. Versetzt man Eier mit Stärke, lösen sich beim Erhitzen aus den Stärkekörnchen spiralförmige Amylosefäden, die die Verbindung der Proteine untereinander erschweren. Der Gerinnungspunkt des Eiproteins wird dadurch heraufgesetzt, das Gericht wird weniger hitzeempfindlich. Für uns ist das von Vorteil: Quichefüllungen bleiben cremig und verklumpen nicht so leicht; in heiße Suppe geträufeltes rohes Ei bildet die gewünschten feinen Flocken. Patisseriecremes und Puddings können deutlich länger und stärker erhitzt werden, ohne dass das Eiprotein ausflockt. Der Pudding wird auf diese Weise fest genug, dass er sich auf einen Löffel häufen lässt, die Creme bekommt die für eine Tarte notwendige schnittfeste Konsistenz.

DAS EXPERIMENT

Um die gerinnungsverzögernde Wirkung von Stärke zu demonstrieren, haben wir folgendes einfaches Experiment mit klassischer französischer Patisseriecreme durchgeführt. Das Rezept dafür sieht vor, 250 ml Milch und 250 ml Sahne mit 6 EL Zucker zu erwärmen. Dann wird die heiße Mischung nach und nach in eine zweite Mischung aus 5 Eigelb, 3 EL Maisstärke und 2 EL Zucker eingerührt. Anschließend lässt man alles aufkochen und eindicken. Wir haben die Patisseriecreme zuerst wie beschrieben zubereitet, dann in einem zweiten Durchgang die Maisstärke weggelassen. Insgesamt haben wir das Experiment zweimal durchgeführt und die Ergebnisse verglichen.

DAS ERGEBNIS

Die Patisseriecreme mit Stärke hatte eine wunderbar glatt-cremige, puddingfeste Konsistenz ohne jegliche Spur von verklumptem Ei. Die Creme ohne Stärke dagegen hat sich in zwei Phasen getrennt und wurde zu einer dünnen, wässerigen Basis, in der verklumpte Eistückchen schwammen. Schon auf dem Löffel war der Unterschied zwischen den Proben zu sehen, noch deutlicher aber wurde er, als wir mit einem Küchenpinsel eine dünne Schicht beider Proben auf eine schwarze Tafel gestrichen haben. Mit Stärke war der Pinselstrich voll und glatt, ohne Stärke war er klumpig und deckte nur ungleichmäßig.

DIE ERKENNTNIS

Beim Erhitzen der Patisseriecreme lösen sich aus den Kügelchen der zugegebenen Stärke Amylosefäden, die die Eiproteine einhüllen und verhindern, dass sie sich untereinander zu stark und zu schnell vernetzen. Die Gefahr des Ausflockens und Verklumpens wird so verringert.

Was lernen wir daraus? Stärke ist in einer Vielzahl von Rezepten eine entscheidende Zutat. Die Palette reicht dabei von Patisseriecreme und Schokopudding bis zu Quiche und Sauer-scharf-Suppe, einer chinesischen Ein-

VON KLUMPEN KEINE SPUR: MIT STÄRKE WIRD PATISSERIECREME SCHÖN CREMIG

MIT STÄRKE wird unsere Patisseriecreme cremig und glatt.

OHNE STÄRKE wird die Creme dünn und flockig.

MALEN MIT PATISSERIECREME

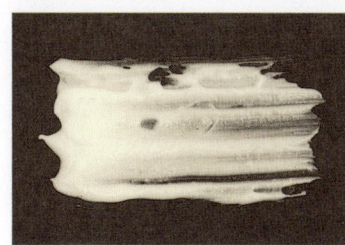 

MIT STÄRKE Streicht man die stärkehaltige Creme auf ein schwarze Oberfläche, wird der Pinselstrich voll und gut deckend.

OHNE STÄRKE „Malt" man dagegen mit Patisseriecreme ohne Stärke, ist der Pinselstrich durchbrochen und unregelmäßig.

laufsuppe. In allen diesen Rezepten werden Eier entweder sehr stark und/oder sehr lange erhitzt und würden ohne die Zugabe von Stärke verklumpen.

STÄRKE IN DER PRAXIS: QUICHE

Die üppige Eierfüllung einer Quiche ist vollgepackt mit Zutaten wie Speck, Zwiebeln und Käse. Kann das gut gehen? Eier sind empfindlich, wie wir wissen, und gerade mit dieser Masse an Extras droht unschönes Verklumpen. Doch Rettung naht: Maisstärke.

EXTRADICKE QUICHE LORRAINE
(FÜR 8 BIS 10 PORTIONEN)

Damit der Boden während des Blindbackens nicht abrutscht, sollte er etwas über den Rand der Form hängen und ausreichend mit Backkugeln beschwert werden. Verwenden Sie eine auslaufsichere Kuchenform mit mindestens 5 cm hohem senkrechten Rand. Zum Aufwärmen der ganzen Quiche geben Sie sie 20 Minuten bei 165 °C auf mittlerer Schiene auf einem Backblech in den Ofen; für einzelne Stücke reichen 10 Minuten bei 190 °C. Von den insgesamt 9 verwendeten Eiern wird eins getrennt: Bestreichen Sie mit dem Eiweiß den Boden und mischen Sie das Eigelb in die Füllung.

FÜR DEN BODEN

250 g	Mehl (Type 550)
½ TL	Salz
180 g	Butter, gekühlt und in 1–1,5 cm große Stücke geschnitten
3 EL	Sour Cream
4–6 EL	Eiswasser
1	Eiklar (Gr. M, leicht geschlagen)

FÜR DIE FÜLLUNG

8 Scheiben	Bacon, in 0,5–1 cm große Stücke geschnitten
2	Zwiebeln, fein zerkleinert
1½ EL	Maisstärke
360 ml	Vollmilch (3,5 % Fett)
8	Eier + 1 Eigelb (Gr. M)
360 ml	Sahne (mind. 35 % Fett, alternativ Konditorsahne)
½ TL	Salz
¼ TL	Pfeffer
1 Prise	Muskatnuss, gemahlen
1 Prise	Cayennepfeffer
170 g	Gruyère-Käse, gerieben

1. **FÜR DEN BODEN:** Das Mehl und das Salz etwa 3 Sekunden in der Küchenmaschine vermischen. Die Butter zufügen und die Maschine etwa 10-mal kurz betätigen, bis die Butterstücke etwa die Größe von großen Erbsen haben.

2. Sour Cream und 4 EL Eiswasser in einer kleinen Schüssel vermischen. Die Hälfte der Mischung zum Butter-Mehl-Gemisch in die Küchenmaschine geben und die Maschine 3-mal kurz betätigen. Vorgang mit der restlichen Sour-Cream-Mischung wiederholen. Den Teig zwischen Daumen und Zeigefinger prüfen – ist er noch trocken und mehlig und fällt auseinander, 1 bis 2 EL Eiswasser zusätzlich hinzugeben und Maschine 3- bis 5-mal kurz betätigen, bis sich große Teigklumpen bilden und kein trockenes Mehl mehr übrig ist.

3. Den Teig auf der Arbeitsfläche zu einem runden Teigstück (⌀ 15 cm) formen, in Frischhaltefolie einschlagen und 1 bis 2 Stunden im Kühlschrank fest, aber nicht hart, werden lassen. (Der Teig kann bis zu einem Tag im Kühlschrank aufbewahrt werden; nehmen Sie ihn 15 Minuten vor der Weiterverarbeitung heraus.)

4. Zwei 40 cm lange Bahnen Alufolie rechtwinklig zueinander in einer runden Backform (ø 22,5 cm) übereinander legen und sorgfältig die Form damit auskleiden. Die überragende Folie umschlagen und andrücken, sodass sie außen an der Form anliegt. Die Folie dünn mit Pflanzenöl besprühen.

5. Arbeitsfläche gut mit Mehl bestreuen und den Teig darauf zu einer 6 bis 7 mm dicken Scheibe (etwa ø 38 cm) ausrollen. Dann den Teig locker auf das Rollholz aufwickeln und in die vorbereitete Backform entrollen. Stück für Stück den Rand ringsum mit einer Hand anheben und den Teig mit der anderen Hand behutsam in die Form drücken, sodass er überall gut anliegt. Stellen, die mehr als 2,5 cm über den Rand überstehen, abschneiden. Mit dem abgeschnittenen Teig eventuelle Löcher oder Risse im Boden ausbessern. Übrig gebliebene Teigstücke in den Kühlschrank stellen. Den Teig in der Form etwa 30 Minuten im Kühlschrank fest werden lassen, dann 20 Minuten ins Gefrierfach stellen.

6. Den Backofen auf 190 °C vorheizen. Den Teig in der Backform mit Alufolie oder Backpapier bedecken, dann die Form komplett mit Backkugeln füllen und diese vorsichtig in den Übergang zwischen Wand und Boden drücken. Den Quicheboden auf einem Backblech auf der zweiten Schiene von unten 30 bis 40 Minuten backen, bis der überstehende Teigrand leicht bräunt, der Rest des Bodens aber noch hell ist. Vorsichtig die Backkugeln und die Alufolie bzw. das Backpapier entfernen. Sollten Löcher oder Risse entstanden sein, diese mit den aufbewahrten Teigresten ausbessern. Den Quicheboden zurück in den Ofen stellen und 15 bis 20 Minuten weiterbacken, bis der Boden goldbraun ist. Dann den Quicheboden aus dem Ofen nehmen und mit Eiklar ausstreichen. Beiseitestellen und die Ofentemperatur auf 180 °C reduzieren.

7. FÜR DIE FÜLLUNG: Den Bacon in einer Pfanne (ø 30 cm) auf mittlerer Stufe 5 bis 7 Minuten knusprig braten. Die Baconstreifen auf einem mit Küchenpapier belegten Teller abtropfen lassen. Das Fett aus der Pfanne bis auf 2 EL abgießen. Die Pfanne zurück auf den Herd stellen und darin bei mittlerer Hitze unter häufigem Rühren die Zwiebeln anschwitzen, bis sie weich und leicht angebräunt sind (etwa 12 Minuten). Die Pfanne vom Herd nehmen und etwas abkühlen lassen.

8. In einer großen Schüssel die Maisstärke und 3 EL Milch mit einem Schneebesen verquirlen, bis sich die Stärke aufgelöst hat. Dann die restliche Milch, die Eier, das Eigelb, die Sahne, Salz, Pfeffer, Muskatnuss und Cayennepfeffer zugeben und alles glatt verquirlen.

9. Die Zwiebeln, den Bacon und den Käse gleichmäßig auf dem Quicheboden verteilen. Vorsichtig die Eiermischung darübergießen. Mit einer Gabel behutsam durch die flüssige Füllung fahren, um Lufteinschlüsse aufzulösen, dabei die festen Zutaten in die Mischung drücken. Die Backform leicht auf der Arbeitsfläche aufstoßen, um alle Lufteinschlüsse zu beseitigen.

10. Die Quiche auf der zweiten Schiene von unten 1¼ bis 1½ Stunden backen, bis die Oberseite leicht gebräunt ist und an einem eingestochenen Zahnstocher keine Teigkrümel mehr haften. Die Kerntemperatur sollte 77 °C betragen. Die Quiche auf einem Rost etwa 2 Stunden abkühlen lassen.

11. Vor dem Servieren mit einem scharfen Messer sauber den überstehenden Teigrand abschneiden. Die Quiche in der Alufolie aus der Form heben und mit einem dünnen Spatel vorsichtig zwischen Quiche und Folie entlangfahren, um die Quiche abzulösen. Die Quiche auf eine Anrichteplatte gleiten lassen und in keilförmige Stücke schneiden. Heiß oder zimmerwarm servieren.

EXTRADICKE QUICHE MIT LAUCH UND BLAUSCHIMMELKÄSE

Den Bacon und die Zwiebeln weglassen. 15 g Butter bei mittlerer Hitze in einer Pfanne (ø 30 cm) zerlassen. Die weißen und hellgrünen Teile von 4 großen Stangen Lauch hineingeben (längs halbiert, in 0,5 bis 1 cm dicke Ringe geschnitten, gründlich abgebraust) und 10 bis 12 Minuten andünsten, bis das Gemüse weich ist. Die Hitze auf mittlere bis hohe Stufe erhöhen und den Lauch unter ständigem Rühren etwa 5 Minuten weitergaren, bis er leicht Farbe annimmt. Den Lauch auf einen mit drei Lagen Küchenpapier belegten Teller geben und mit zwei weiteren Lagen Papier anpressen, um möglichst viel Flüssigkeit aufzunehmen. Die Salzmenge der Füllung auf 1 TL verdoppeln. Statt des Gruyère-Käses die gleiche Menge zerbröselten Blauschimmelkäse verwenden. Käse und angebräunten Lauch gleichmäßig auf dem Quicheboden verteilen, dann die flüssige Füllung darübergießen. Die Backzeit auf 1 bis 1¼ Stunden verkürzen.

EXTRADICKE QUICHE MIT SALSICCIA, STÄNGELKOHL UND SCAMORZA

Verwenden Sie für diese Rezeptvariante ungeräucherten Scamorza.

Den Bacon und die Zwiebeln weglassen. 230 g süße oder pikante Salsiccia (Wursthülle entfernt, in 1 bis 1,5 cm große Stücke zerteilt) bei mittlerer Hitze in einer Pfanne (ø 30 cm) 5 bis 7 Minuten anbraten, bis die Wurst nicht mehr rosa ist. Die Wurststücke auf einem mit Küchenpapier belegten Teller abtropfen lassen. Das Fett aus der Pfanne bis auf 2 EL abgießen. 230 g Stängelkohl (geputzt und in 1 bis 1,5 cm große Stücke geschnitten) auf mittlerer Stufe etwa 6 Minuten darin andünsten, bis der Kohl weich wird. Den Kohl auf einen mit drei Lagen Küchenpapier belegten Teller geben und mit zwei weiteren Lagen Papier anpressen, um möglichst viel Flüssigkeit aufzunehmen. Die Salzmenge der Füllung auf 1 TL verdoppeln. Statt des Gruyère-Käses die gleiche Menge geraspelten Scamorza verwenden. Scamorza, Salsiccia-Stückchen und Stängelkohl gleichmäßig auf dem Quicheboden verteilen, dann die flüssige Füllung darübergießen. Die Backzeit auf 1 bis 1¼ Stunden verkürzen.

🍳 WARUM DAS REZEPT FUNKTIONIERT

Eine klassische, flache Quiche hat durchaus ihren Reiz, aber manchmal darf es etwas mehr sein: ein hoher und herrlich dicker Teigboden, randvoll mit einer cremig gestockten Eierfüllung, in der die üppigen Zutaten schön gleichmäßig verteilt sind. Damit dies gelingt, brauchen wir eine hohe Backform und entsprechend mehr Teig. Durch die Zwiebeln tendieren die Eier zum Verklumpen, aber mit Maisstärke lässt sich das Problem gut in den Griff bekommen.

EINE HOHE BACKFORM VERWENDEN Für uns muss eine Quiche richtig schön dick sein. Dafür braucht man natürlich sehr viel Füllung. So viel, dass sie nicht mehr in eine normale Quicheform passt. Wir könnten eine Springform verwenden, aber darin würde Flüssigkeit zwischen Boden und Rand durchsickern, ganz davon abgesehen, dass es einiges Geschick erfordert, den Teig der wirklich hohen Wand der Form anzupassen, ohne dass er reißt. Aus diesem Grund verwenden wir eine feste runde Kuchenform mit 22,5 cm Durchmesser und 5 cm hohem Rand. Diese ist hoch genug, um die gewünschte Menge Füllung aufzunehmen, und außerdem leckt sie nicht.

LÖCHER UND RISSE VERMEIDEN Damit der Quicheboden in der Kuchenform auch wirklich intakt bleibt, greifen wir zu drei praktischen Tricks: Erstens legen wir die Form mit einem „Kreuz" aus zwei langen Bahnen Alufolie aus, mit dessen Hilfe sich die Quiche unbeschadet aus der Form heben lässt. Zweitens rollen wir den Teig zu einer großen Scheibe mit 38 cm Durchmesser aus, sodass er ein gutes Stück über den Rand der Form hängt. Dadurch wird der Boden stabil in Position gehalten, kann nicht abrutschen oder schrumpfen. Und schließlich bestreichen wir den Boden vor dem Befüllen mit Eiklar, um auch feine Risse gründlich zu versiegeln. So wird unser butterreicher, herrlich mürber Quicheboden zum perfekt dichten, aufweichfesten Behältnis für die Füllung.

DIE OPTIMALE FÜLLUNG Unser Ziel war eine Quichefüllung mit weicher, puddingartiger Textur, in der die Eier sich so gerade eben zu einem Gel verfestigt haben. Eine solche Füllung ist eine empfindliche Sache und nicht leicht hinzubekommen. Entscheidend ist das richtige Mengenverhältnis von Eiern und Flüssigkeit (einschließlich des eventuell aus sonstigen Zutaten austretenden Wassers, wie zum Beispiel aus den Zwiebeln) und möglichst gleichmäßiges Garen bei niedriger Temperatur. Mit zu wenigen Eiern wird die Füllung zu locker und bleibt flüssig, mit zu vielen schmeckt sie zu stark nach Ei und bekommt eine gummiartig zähe Konsistenz. Unsere Empfehlung: 8 ganze Eier plus ein Eigelb (das vom Ausstreichen des Bodens übrig ist) und 720 ml Milch und Sahne ergeben die optimale Mischung.

MAISSTÄRKE HINZUFÜGEN Kompliziert wird es durch die zusätzlichen Zutaten der Füllung: Bacon, Zwiebeln und Käse. Die Säure, die aus den Zwiebeln austritt, modifiziert die elektrischen Ladungen der Eiproteine derart, dass sie fest zusammenklumpen und das gebundene Wasser herausgepresst wird. Die Stärkekörner der Maisstärke verhindern dieses Verklumpen, indem sie wie eine Barriere zwischen den Proteinen wirken und sie so daran hindern, das eingeschlossene Wasser zu verdrängen. Die Füllung wird so glatt und cremig. Der Maisstärke ist es zu verdanken, dass unsere Quiche Zwiebeln enthalten kann, ohne dass sich in der Füllung Klumpen bilden.

STÄRKE IN DER PRAXIS: **SUPPE**

Sauer-scharf-Suppe wird häufig mit Maisstärke angedickt, doch Stärke kann noch mehr als nur andicken. Der Stärke ist es zu verdanken, dass der Eiereinlauf in der heißen Suppe die gewünschten flockigen Gerinnsel bildet.

SAUER-SCHARF-SUPPE
(FÜR 6 BIS 8 PORTIONEN)

Damit sich das Fleisch leichter schneiden lässt, geben Sie es zunächst 15 Minuten ins Gefrierfach. Wir bevorzugen den charakteristischen Geschmack von schwarzem Reisessig aus dem Asia-Laden. Wenn Sie keinen auftreiben können, ersetzen Sie ihn durch Rotwein- und Balsamico-Essig; der Geschmack dieser Mischung kommt an den des Reisessigs recht nah heran. Die Suppe ist sehr scharf. Wenn Sie es nicht so scharf mögen, reduzieren Sie die Menge des Chiliöls auf 1 TL oder lassen Sie es ganz weg.

200 g	fester Tofu
60 ml	Sojasauce
1 TL	Sesamöl, geröstet
3½ EL	Maisstärke
1	Schweinekotelett (170 g, ohne Knochen, 1 bis 1,5 cm dick), pariert und in 2,5 cm lange und 3 mm dicke Stifte geschnitten
3 EL + 1 TL	kaltes Wasser
1	Ei (Gr. M)
1,5 l	salzarme Geflügelbrühe
1 Dose	Bambussprossen (abgetropft 140 g), längs in 3 mm dicke Stifte geschnitten
110 g	Shiitakepilze, frisch, ohne Stiel und in gut 0,5 cm dicke Scheiben geschnitten
5 EL	schwarzer Reisessig (alternativ 1 EL Rotweinessig + 1 EL Balsamico-Essig)
2 TL	Chiliöl
1 TL	weißer Pfeffer, gemahlen
3	Frühlingszwiebeln, in dünne Scheiben geschnitten

1. Den Tofu in eine mit Küchenpapier ausgelegte runde Quicheform legen und mit einem schweren Teller und zwei schweren Konservendosen beschweren und auspressen. Etwa 15 Minuten warten, bis etwa 125 ml Flüssigkeit ausgetreten sind.

2. 1 EL Sojasauce, das Sesamöl und 1 TL Maisstärke mit einem Schneebesen in einer mittelgroßen Schüssel verrüh-

ren. Das Fleisch darin mindestens 10 Minuten (maximal 30 Minuten) marinieren.

3. In einer kleinen Schüssel 3 EL Maisstärke mit 3 EL Wasser vermischen. Die restliche Maisstärke (½ TL) mit 1 TL Wasser in einer zweiten kleinen Schüssel vermengen. Das Ei mit einer Gabel in die Mischung einschlagen, bis alles gut vermengt ist.

4. Die Brühe in einem großen Topf bei mittlerer bis starker Hitze aufkochen lassen. Die Hitze auf mittlere bis niedrige Stufe verringern, dann die Bambussprossen und die Pilze zugeben. Alles etwa 5 Minuten köcheln lassen, bis die Pilze gerade eben weich sind. In der Zwischenzeit den Tofu in 1 bis 1,5 cm große Würfel schneiden. Tofu und Fleisch samt Marinade in den Topf geben. Durchrühren, damit sich die Fleischstücke voneinander lösen. Etwa 2 Minuten köcheln lassen, bis das Fleisch nicht mehr rosa ist.

5. Die Stärkemischung noch einmal kurz umrühren, dann in die Suppe geben und die Herdplatte auf mittlere bis hohe Stufe stellen. Unter gelegentlichem Rühren etwa 1 Minute erhitzen, bis die Suppe andickt und etwas klarer wird. Den Essig, das Chiliöl, den Pfeffer und 3 EL Sojasauce einrühren. Den Herd abschalten.

PRAKTISCHE WISSENSCHAFT: GERÖSTETES SESAMÖL

Geröstetes Sesamöl ist ein Würzmittel und nicht zum Braten geeignet.

Geröstetes Sesamöl wird aus stark gerösteten Sesamsamen hergestellt, die dem Öl seine dunkelbraune Farbe und sein volles, wohlriechendes Aroma verleihen. Es ist nicht zu verwechseln mit kalt gepresstem Sesamöl, das aus rohen Samen gewonnen wird, weshalb die Farbe sehr hell ist und Aroma und Geschmack nur schwach ausgeprägt sind. Während man kalt gepresstes Sesamöl genau wie andere pflanzliche Öle verwenden kann – selbst zum Garen von Speisen –, ist geröstetes Sesamöl aufgrund seines niedrigen Rauchpunkts (es verbrennt leicht) ein reines Würzöl. Geröstetes Sesamöl ist sehr empfindlich gegen Wärme und Licht, deshalb sollte man es in getönten Glasflaschen kaufen und diese im Kühlschrank aufbewahren.

SAUER-SCHARF-SUPPE, S. 209

6. Mit einem Suppenlöffel die Eiermischung langsam und in kleinen Mengen kreisförmig in die Suppe träufeln, ohne die Suppe umzurühren. Die Suppe 1 Minute stehen lassen, dann die Herdplatte wieder auf mittlere bis hohe Stufe stellen. Die Suppe leicht aufkochen lassen, dann sofort vom Herd nehmen und einmal kurz und langsam durchrühren, um den Eiereinlauf gleichmäßig zu verteilen. Die Suppe auf Schüsseln verteilen, mit Frühlingszwiebeln garnieren und servieren.

🍲 WARUM DAS REZEPT FUNKTIONIERT

Echte Sauer-scharf-Suppe enthält Zutaten wie eingemachtes Senfgemüse, Schweinsfüße oder getrocknete Seegurken. Unser Ziel war es, auch mit normalen Supermarktzutaten eine Suppe hinzubekommen, die so voll würzig und aromatisch komplex schmeckt wie das Original und die ihrem Namen alle Ehre macht. Für den sauren Geschmacksanteil sorgt schwarzer Reisessig, der sich aber auch gut durch eine Kombination aus Rotwein- und Balsamico-Essig ersetzen lässt. Für das scharfe Element setzen wir auf eine beträchtliche Menge beißend scharfen weißen Pfeffer und etwas Chiliöl. Die Maisstärke hat in diesem Gericht gleich drei Aufgaben: Sie dickt die Suppe an, sorgt als Marinadenzutat dafür, dass das Fleisch beim Garen zart bleibt und hält den eingeträufelten Eiereinlauf in locker-luftigen Flocken zusammen.

STÄRKE HÄLT DAS FLEISCH ZART Viele chinesische Köche verwenden Maisstärke nicht nur als Dickungsmittel, sondern schwören noch aus einem anderen Grund darauf: Sie mache das Fleisch besonders zart. Wir haben diese Theorie überprüft, indem wir unsere Sauerscharf-Suppe zweimal gekocht haben: Einmal haben wir das in streichholzgroße Streifen geschnittene Fleisch in einer einfachen Marinade aus Sojasauce und Maisstärke ziehen lassen, für die zweite Suppe haben wir die Stärke weggelassen. Das Ergebnis: Das mit Stärke marinierte Schweinefleisch war spürbar zarter. Die Erklärung: Die Stärke legt sich wie eine schützende Hülle um das Fleisch und vermindert so den Saftverlust beim Garen. Statt sich in trockene und lederig-zähe Fleischstifte zu verwandeln, bleibt unsere Fleischeinlage wunderbar saftig und zart.

SAUER UND SCHARF SOLL ES SEIN In traditionell zubereiteter Sauer-scharf-Suppe sorgen keine frischen Chilis für die Schärfe, sondern zermahlene weiße Pfefferkörner. Im Unterschied zu Chilis ist die kräftige Schärfe von weißem Pfeffer sehr direkt und kurzlebig, die Zunge brennt also nicht noch längere Zeit nach. Chiliöl fügt dem scharfen Geschmackselement eine zusätzliche Nuance hinzu – für diese Suppe zwar eher ungewöhnlich, aber eine prima Ergänzung des „bissigen" weißen Pfeffers. Zusammen bilden die beiden „Scharfmacher" ein interessantes Geschmacksgegenstück zu den säuerlichen Essigaromen. Traditionell verwendet man als Säuerungsmittel für Sauer-scharf-

---

PRAKTISCHE WISSENSCHAFT: FRÜHLINGSZWIEBELN

Die weißen und grünen Teile der Frühlingszwiebel unterscheiden sich in Textur und Geschmack.

Wir haben uns gefragt: Gibt es abgesehen von der Farbe noch weitere Unterschiede zwischen den weißen und grünen Teilen einer Frühlingszwiebel?

Um die Frage zu klären, haben wir zunächst rohe Frühlingszwiebeln unter die Lupe genommen. Testesser haben klar differenzierte Angaben zu beiden Teilen gemacht. Der weiße Teil hat einen zart-süßlichen Geschmack ähnlich einer Schalotte, beim grünen Teil dagegen dominieren grasige und pfefferige Noten. Auch in einer Salsa mit rohen Frühlingszwiebeln konnten die Testesser die Unterschiede noch ausmachen – ob allerdings der weiße oder der grüne Teil darin besser schmeckt, war Ansichtssache. Als Nächstes haben wir ein Schweinefleischgericht im Wok zubereitet und die Zwiebeln darin mitgebraten. Hier konnten die Testesser kaum noch Geschmacksunterschiede feststellen, dafür haben sie aber Unterschiede in der Textur angegeben: Die weißen Teile waren weich, aber noch leicht bissfest, die grünen dagegen haben sich im Mund schlaff und welk angefühlt, was einige Testesser bemängelt haben.

Wer diese Textur nicht mag, sollte nur die weißen Teile garen und die grünen zum Garnieren beiseitestellen. In Gerichten mit rohen Zwiebeln liefern die weißen Anteile sehr mildes Zwiebelaroma, während die grünen deutlich kräftiger „beißen".

Aber wie entsteht überhaupt das Aroma der Frühlingszwiebeln? Wie bei gewöhnlichen Gemüsezwiebeln (siehe Konzept 2.9) treten beim Schneiden aus den Zellen der Zwiebel Enzyme aus, die mit schwefelhaltigen Aminosäuren reagieren. In Folge bilden sich die typisch „zwiebeligen" Aromastoffe. Allerdings sollte man Frühlingszwiebeln nicht im Voraus schneiden – ihr frisches süßlich-scharfes, gleichzeitig grasiges Aroma, das wir in Suppen und Salaten so schätzen, geht sonst verloren. Zu früh geschnittene Frühlingszwiebeln, die zu lange auf ihre Weiterverwendung warten mussten, entwickeln einen dumpfen, seifigen Geschmack.

Suppe schwarzen Reisessig, der aus geröstetem Reis hergestellt wird. Da dieser nicht immer leicht zu bekommen ist, haben wir nach einer Alternative gesucht und sind mit einer Mischung aus fruchtigem Balsamico und kräftigem Rotweinessig fündig geworden.

WELCHES GEMÜSE? Fast alle traditionellen Rezepte enthalten vorgequollene getrocknete Mu-Err-Pilze und getrocknete Lilienblüten.

Leider haben Mu-Err-Pilze außer knackigem Biss kulinarisch nicht viel zu bieten. Wir versuchten es stattdessen mit handelsüblichen getrockneten braunen Champignons und Shiitakepilzen, aber ihre holzigen Noten harmonierten nicht gut mit den anderen Aromen der Suppe. Frische, milde Shiitakepilze fügen sich besser ins Gesamtgeschmacksbild ein. Getrocknete Lilienblüten werden aus den getrockneten Knospen der Tigerlilie hergestellt. Wir ersetzen sie in unserem Rezept durch zartknackige Bambussprossen aus der Dose. Geschmacklich liegen diese mit ihrer frischen Säure nicht weit entfernt vom moschusartig-sauren Aroma der Lilienblüten und sorgen durch ihre feste Textur für einen spannenden Kontrast zu den luftigen Flocken aus geronnenem Ei.

DEN TOFU AUSPRESSEN Beim Tofu stellte sich uns nur die eine Frage: Muss er gepresst werden? Die Antwort ist schlicht ja. Tofu saugt sich bei der Herstellung wie ein Schwamm mit Wasser voll; durch das Beschweren mit einem schweren Teller und Konservendosen werden die Tofu-Würfel fester und schmecken besser.

PERFEKTER EIEREINLAUF Nachdem das Fleisch gar und die Suppe angedickt ist, wird geschlagenes Ei hineingeträufelt, um die Textur der Suppe mit luftig-zarten Eierflocken noch etwas abwechslungsreicher zu gestalten. Wichtig ist dabei, dass das Ei sofort stockt, denn sonst besteht die Gefahr, dass es sich mit der Brühe vermischt und diese eintrübt. Damit an dieser Stelle nichts schiefgehen kann, bedarf es Essig in der Suppe und Maisstärke in der Eiermischung. Der Essig neutralisiert einen Teil der elektrischen Ladungen der Eiproteine und sorgt so dafür, dass die Proteine sich vermischen und verbinden, das Ei also augenblicklich gerinnt. Die Proteine bilden sichtbare feine Flocken und verteilen sich nicht, wie es ohne Essig der Fall wäre, so schnell in der heißen Flüssigkeit, dass sie höchstens noch als leichte Trübung wahrnehmbar wären. Das eigentliche Wunder aber vollbringt die Maisstärke: Die Stärkemoleküle stabilisieren die flüssigen Eiproteine derart, dass sie sich in der heißen Flüssigkeit nicht zu stark zusammenziehen.

Stellen Sie vor der Zugabe des Eis den Herd aus und warten Sie, bis die Suppenoberfläche sich beruhigt hat. Dann träufeln Sie mit einem Löffel langsam die Eimischung hinein. Warten Sie anschließend eine Minute. Dann schalten Sie den Herd wieder ein und rühren noch einmal vorsichtig um, damit der Eiereinlauf sich etwas feiner verteilt.

STÄRKE IN DER PRAXIS:
PUDDING UND PATISSERIECREME

Bei auf dem Herd zubereiteten Cremes und Puddings temperieren wir die Eier häufig vor dem eigentlichen Erhitzen, das heißt, wir rühren langsam eine kleine Menge heiße Flüssigkeit unter die kalten Eier, um sie zunächst anzuwärmen. Die Eier werden auf diese Weise sanfter erhitzt. Was wir jetzt noch brauchen, ist ein Verdickungsmittel. Gut geeignet ist Maisstärke, wie wir mittlerweile wissen, aber für einige Gerichte, zum Beispiel unsere Patisseriecreme, funktioniert auch Mehl. Mehl besteht zu 75 Prozent aus Weizenstärke und ist Maisstärke sehr ähnlich. Da Mehl nur anteilmäßig Stärke enthält, Maisstärke aber reine Stärke ist, müssen wir die Differenz ausgleichen, indem wir etwas mehr Mehl nehmen.

CREMIGER SCHOKOLADENPUDDING
(FÜR 6 PORTIONEN)

Wir bevorzugen für dieses Rezept Bitterschokolade mit 60 Prozent Kakaoanteil. Sollten Sie Schokolade mit einem höheren Anteil verwenden, wird der Pudding dicker. Die Vollmilch kann durch fettarme Milch mit 1 oder 2 Prozent Fett ersetzt werden, allerdings schmeckt der Pudding dann nicht mehr ganz so voll. Fettfreie Milch sollten Sie nicht verwenden.

2 TL	Vanilleextrakt
½ TL	Instant-Espressopulver
100 g	Zucker
3 EL	Kakao (alkalisiert)
2 EL	Maisstärke
¼ TL	Salz
3	Eigelb (Gr. M)
125 ml	Sahne (mind. 35 % Fett, alternativ Konditorsahne)
600 ml	Vollmilch (3,5 % Fett)
110 g	Bitterschokolade, fein zerkleinert
75 g	Butter, in 8 Stücke geschnitten

1. Vanilleextrakt und Espressopulver in einer Schüssel vermischen und beiseitestellen. Zucker, Kakao, Maisstärke und Salz in einem großen Topf vermischen. Eigelb und Sahne zugeben und mit einem Schneebesen gut vermengen (mit dem Schneebesen auch am Übergang von Topfboden zu Topfwand entlangfahren). Zum Schluss die Milch einrühren.

2. Den Pudding auf mittlerer Stufe unter ständigem Rühren 5 bis 8 Minuten aufkochen lassen, bis er angedickt ist und die gesamte Oberfläche Blasen wirft. Noch 30 Sekunden weiterkochen lassen, dann den Topf vom Herd nehmen. Schokolade und Butter einrühren, bis die Schokolade ganz geschmolzen und der Pudding schön glatt ist. Die Vanille-Espresso-Mischung einrühren.

3. Den Pudding durch ein feines Sieb in eine Schüssel abseihen. Die Oberfläche mit leicht eingefettetem Backpapier belegen und den Pudding mindestens 4 Stunden im Kühlschrank kalt stellen, dann servieren. (Der Pudding kann bis zu 2 Tage gekühlt aufbewahrt werden.)

🍲 WARUM DAS REZEPT FUNKTIONIERT

Häufig schmeckt selbstgemachter Schokopudding kaum nach Schokolade, da mit genau dieser allzu sehr gegeizt wurde, oder die Textur ist

PRAKTISCHE WISSENSCHAFT: MEHL ODER MAISSTÄRKE – WAS DICKT BESSER AN?

Mehl ist als Verdickungsmittel zwar weniger effektiv als Maisstärke, aber in unserer Patisseriecreme erweist es sich als zuverlässiger.

Während der Entwicklung des Rezepts für unsere Patisseriecreme ist es recht oft vorgekommen, dass unsere Creme aus Milch, Sahne, Eigelb und Maisstärke beim Erhitzen nicht richtig andickte. Wir wollten wissen, ob es mit Mehl möglicherweise zuverlässiger klappt.

Wir haben es mehrmals ausprobiert und jeweils zwei Proben Patisseriecreme zubereitet. Die erste Probe enthielt 3 EL Maisstärke (wie es unser Rezeptentwurf zum damaligen Zeitpunkt vorsah), für die zweite Probe nahmen wir statt der Maisstärke 4 EL Mehl (welches weniger stark bindet als Maisstärke). Außerdem haben wir die zweite Probe länger erhitzt, um den Mehlgeschmack zu neutralisieren.

Das Resultat: Die Cremeproben mit Mehl haben jedes Mal perfekt gebunden und blieben dauerhaft cremig, die Proben mit Maisstärke dagegen haben mehrmals entweder gar nicht angedickt oder haben sich nach dem Andicken bald wieder verflüssigt.

Erhitzt man Stärke in Flüssigkeit, absorbieren die Stärkekörner Wasser, quellen auf und platzen irgendwann, wobei das Stärkemolekül Amylose austritt. Dieses verteilt sich in der Lösung, wobei sich ein Wasser bindendes, gelartiges Netzwerk bildet. Da Maisstärke reine Stärke ist, enthält sie wesentlich mehr Amylose als Mehl (hier liegt der Stärkeanteil nur bei 75 Prozent) und kann Flüssigkeiten deutlich effektiver binden oder andicken. Leider ist Stärke in derart reiner Form aber auch ziemlich empfindlich. Wird eine eierhaltige Creme wie Patisseriecreme nicht genügend erhitzt, schwächt ein im Eigelb enthaltenes Enzym namens Amylase die Stärkegele. Die Folge: Die Creme bindet nicht genügend. Erhitzt man die Creme allerdings zu stark, besteht die Gefahr, dass die Stärkekügelchen platzen. Doch auch bei gut abgebundener Creme kann es noch passieren, dass die Bindungen der Stärkegele durch übermäßiges Rühren zerstört werden und die Creme sich wieder verflüssigt. Anders dagegen Mehl: Dieses enthält neben Stärke auch Proteine und Lipide, die die Bildung von Stärkegelen behindern, sodass fürs Andicken eine größere Menge benötigt wird. Doch die zusätzlichen Komponenten binden ebenfalls Wasser, wodurch die Creme nicht nur dickflüssiger wird, sondern auch so bleibt.

grießig, weil der Kakaobutteranteil zu hoch ist. Unser Pudding sollte perfekt sein: mit herrlich vollem Kakaoaroma und einer seidig-cremigen Konsistenz. Das erste Ziel haben wir durch eine relativ geringe Menge Bitterschokolade erreicht, die wir mit ungesüßtem Kakaopulver und Instant-Espresso ergänzt haben. Für die gewünschten Textureigenschaften hat sich Maisstärke als optimale Zutat zum Andicken des Puddings erwiesen. Etwas Salz und Vanille verstärken das schokoladige Aroma noch zusätzlich.

MILCH ALLEIN REICHT NICHT In den meisten Rezepten wird Schokoladenpudding nur mit Milch zubereitet; aber erst, wenn man 125 ml davon durch Sahne ersetzt, wird die Konsistenz so richtig schön üppig cremig.

FÜLLE DURCH EIER Ein Pudding nur mit Maisstärke ist eine halbe Sache, ihm fehlt die satte Fülle und Cremigkeit, die er durch die Zugabe von Eiern bekommt. Für unser Rezept nehmen wir drei Eigelb und keine Eiklar.

DIE OPTIMALE TEXTUR Bei der Entwicklung des Rezepts haben wir festgestellt, dass man dem Pudding nicht zu viel Schokolade hinzufügen darf. Ab einer gewissen Menge leidet die Textur und wird grießig. Haben wir dagegen die Menge des Kakaopulvers erhöht, hatte das keine Auswirkungen auf die Textur. Warum? Wie sich herausgestellt hat, ist die Kakaobutter das Problem, und davon enthält Schokolade weit mehr als Kakaopulver. Schokolade wird so hergestellt, dass das enthaltene Fett bei Zimmertemperatur fest ist, aber im Mund rasch flüssig wird bzw. „auf der Zunge zerschmilzt". Lässt man geschmolzene Schokolade wieder fest werden, verändert sich die kristalline Struktur der Kakaobutter. Die Kakaobutter wird wärmebeständiger und schmilzt bei niedrigen Temperaturen wesentlich langsamer. Enthält der Pudding eine große Menge dieser „gehärteten" Kakaobutter, kann es passieren, dass die Textur sich im Mund wie beschrieben grießig anfühlt. Kakaopulver dagegen intensiviert zwar den Schokoladengeschmack, erhöht aber den Kakaobutteranteil des Puddings nicht.

SCHOKOLADE ALS „DICKMACHER" Je höher der Kakaogehalt der verwendeten Schokolade, desto dicker wird unser Pudding. Der Grund ist, dass Schokolade mit höherem Kakaoanteil entsprechend mehr Kakaobutter und Kakaotrockenmasse enthält. Beide Bestandteile wirken andickend. Die Kakaobutter wirkt dabei ähnlich wie Fett in Sahne (die durch den höheren Fettanteil ja auch wesentlich dicker als Milch ist). Die in der Kakaobutter fein verteilte Kakaotrockenmasse verstärkt die andickende Wirkung, genau wie ein Gemisch aus Wasser und Mehl viskoser ist als reines Wasser. Aus den genannten Gründen sollten Sie auf jeden Fall Bitterschokolade mit ausreichend hohem Kakaogehalt verwenden.

ESPRESSOPULVER ALS GESCHMACKSVERSTÄRKER Ein Hauch von Kaffee verstärkt den Schokoladengeschmack unseres Pud-

dings, ohne damit zu konkurrieren. Die Röstnoten des Kakaos werden wunderbar betont.

PATISSERIECREME
(ETWA 500 ML)

Bereiten Sie mit dieser Creme zum Beispiel die Boston Cream Cupcakes im Buch 3 dieser Reihe zu.

240 ml	Milch
240 ml	Sahne
6	Eigelb (Gr. M, Zimmertemperatur)
100 g	Zucker
1 Prise	Salz
4 EL	Mehl (Type 550)
60 g	Butter, gekühlt und in 4 Stücke geschnitten
1½ TL	Vanilleextrakt

1. Milch und Sahne in einem mittelgroßen Topf bei mittlerer Hitze heiß werden lassen, bis die Mischung gerade eben köchelt. In der Zwischenzeit mit einem Schneebesen die Eigelb, den Zucker und das Salz in einer mittelgroßen Schüssel glatt verrühren. Das Mehl hinzufügen und einrühren, bis die Mischung wieder glatt ist. Die Milch-Sahne-Mischung vom Herd nehmen und 125 ml davon unter ständigem Rühren langsam den Eigelb zufügen, um diese zu temperieren. Ohne das Rühren zu unterbrechen, die angewärmte Eigelbmischung in den Topf mit der Milch-Sahne-Mischung geben.

2. Die Mischung auf mittlerer Stufe unter ständigem Rühren mit dem Schneebesen leicht andicken lassen (etwa 1 Minute). Dann die Hitze auf mittlere bis niedrige Stufe verringern. Die Mischung 8 Minuten köcheln lassen, dabei ständig umrühren.

3. Die Herdplatte wieder auf mittlere Stufe stellen und die Mischung unter kräftigem Rühren 1 bis 2 Minuten erhitzen, bis Blasen die Oberfläche durchbrechen. Den Topf vom Herd nehmen. Butter und Vanille mit dem Schneebesen einrühren, bis die Butter geschmolzen ist und alles glatt vermischt ist. Die Creme durch ein feines Sieb in eine mittelgroße Schüssel seihen. Die Oberfläche mit leicht eingefettetem Backpapier bedecken und die Creme im Kühlschrank mindestens 2 Stunden (bis zu 24 Stunden) fest werden lassen.

🍲 WARUM DAS REZEPT FUNKTIONIERT

Mit einer Mischung aus Milch und Sahne zu gleichen Teilen wird unsere Creme genau richtig: nicht zu leicht, nicht zu schwer, mit vollem Geschmack. Durch die Butter bekommt die Creme noch etwas mehr Fülle und Körper. Mehl als Verdickungsmittel schließlich ist der Garant für sicheres Gelingen und sorgt für die optimal cremige Textur.

DIE EIER TEMPERIEREN Wir mischen einen Teil der heißen Milch-Sahne-Mischung unter die rohen Eigelb, um sie vor dem eigentlichen Erhitzen auf dem Herd behutsam auf Temperatur zu bringen. Das Verklumpungsrisiko sinkt auf diese Weise.

STARK ERHITZEN Patisseriecreme stellt unter den eierbasierten Cremes eine Ausnahme dar. Große Hitze würde bei den meisten Cremes zu Verklumpung und Ausflockung führen, für Patisseriecreme jedoch ist es unerlässlich, dass sie fast kocht. Durch die hohe Temperatur verfestigen sich die Eier und die Stärke verkleistert (Stärkegelatinierung). Die Creme bekommt so genau die richtige Konsistenz.

Normalerweise geschieht beim Erhitzen einer eierhaltigen Creme Folgendes: Die zusammengeballten Eiproteine entwirren sich – sie denaturieren – und verflechten und verbinden sich miteinander, bis sich ein mehr oder weniger festes Netzwerk bildet. Es kommt zur Proteingerinnung und möglicherweise zum Verklumpen und Ausflocken. Warum ist es bei Patisseriecreme anders? Weil sie mit Stärke zubereitet wird, die die Textur in doppelter Weise beeinflusst. Erstens behindert Stärke die Proteinvernetzung und verzögert so die Gerinnung. Doch der eigentliche Grund, warum man Patisseriecreme richtig heiß machen muss, ist das im Eigelb enthaltene Enzym Amylase. Wird dieses Enzym nicht deaktiviert, spaltet es die Stärkemoleküle und unsere Patisseriecreme wird zu flüssig. Und das wäre fatal, denn egal, ob man die Creme als Grundschicht für eine Tarte, als Zwischenlage für einen Schichtkuchen oder als eingespritzte Eclair-Füllung verwenden will, sie muss dazu cremig und steif sein. Gibt man der Patisseriecreme Stärke hinzu, kann man sie fast bis zum Siedepunkt erhitzen, ohne dass die Eiproteine verklumpen. Dabei wird durch die große Hitze die Amylase in den Eidottern zerstört. Die richtige Temperatur ist dann erreicht, wenn an der Oberfläche drei oder vier Blasen zerplatzt sind und die Creme dickflüssig und glänzend aussieht. Orientiert man sich an der Temperatur, sollte das Thermometer 93 °C anzeigen.

KONZEPT 2.17
KÄSE SCHMELZEN: KEINE KLUMPEN DANK STÄRKE

Käse ist von unseren Tellern kaum wegzudenken. Manchmal servieren wir ihn kalt, als Häppchen auf Crackern oder auf einer Käseplatte, oft essen wir ihn aber auch heiß, auf gegrillten Sandwiches oder mit Pasta. Erhitzt man Käse, schmilzt er – eine Eigenschaft, ohne die Gerichte von Käsemakkaroni bis Lasagne nicht das wären, was sie sind.

WAS GESCHIEHT, WENN MAN KÄSE ERHITZT?

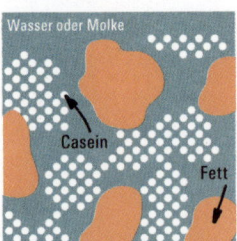

KALTER KÄSE Eingebettet in Wasser, bilden Caseine zwischen Fetttröpfchen zusammenhängende Strukturen.

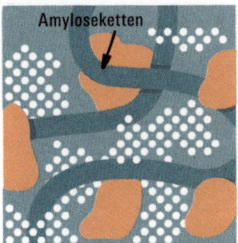

MIT STÄRKE GESCHMOLZENER KÄSE Die Caseinstrukturen zerteilen sich und geraten in Fluss; dabei verhindern die Amyloseketten der Stärke, dass das Casein verklumpt.

VERKLUMPTER KÄSE Schmilzt man Käse ohne Stärke, gruppieren sich die Caseine neu und bilden sehr große zusammenhängende Strukturen, die dem Käse eine grießige Textur verleihen. Gleichzeitig laufen die Fetttröpfchen zu größeren Ansammlungen zusammen.

DIE WISSENSCHAFT DAHINTER

Bevor wir uns näher damit beschäftigen, was beim Schmelzen von Käse geschieht, betrachten wir zunächst dessen Herstellung. Das Ausgangsprodukt für Käse ist immer Milch, ganz gleich, ob Kuh-, Schaf- oder Ziegenmilch. Je nach Tierart zeichnet sich die Milch durch andere Geschmacksmerkmale und Begleitstoffe aus, was zum Beispiel der Grund dafür ist, dass Käse aus Ziegenmilch (zum Beispiel Ziegenfrischkäse) oder Büffelmilch (Mozzarella) weiß, solcher aus Kuhmilch aber gelblich ist (zum Beispiel Gouda). Für die Herstellung von Käse gibt es verschiedene Verfahren. Wichtig sind vor allem die Verfahren für Schnitt- oder Hartkäse sowie das für Sauermilchkäse:

Für Weichkäse, halbfesten Schnittkäse, Schnitt- und Hartkäse wird Lab eingesetzt, ein Enzym, das in der Regel aus den Mägen sehr junger Kälber gewonnen wird – es gibt aber mittlerweile auch mikrobielles, also „vegetarisches" Lab. Lab spielt bei der Herstellung von Käse eine wichtige Rolle, da es im Gegensatz zu anderen Enzymen (wie beispielsweise die in Buch 1, Konzept 1.6 behandelten Fleischenzyme) nur genau eines der in Milch enthaltenen Proteine spaltet: Casein. Dieses wird dabei nicht wahllos in kleinere Teile zerlegt, sondern das Lab spaltet das Casein an einer spezifischen Stelle. Die so gespaltenen Caseine verbinden sich zu einem Gelnetzwerk, der sogenannten Gallerte, die zum eigentlichen Käse weiterverarbeitet wird. Die Gallerte wird in mittelgroße bis kleine Würfel geschnitten, die sich zusammenziehen und aus denen die erste Molke austritt (Süßmolke). Das Gemisch aus Käsewürfeln und Molke wird anschließend in löchrige Käseformen gefüllt und gepresst, sodass die Molke abfließt. Die durch das Pressen entstandenen Käselaibe kommen in ein Salzbad, um die Rindenbildung (natürlicher Schutz und Unterdrücken des Schimmelwachstums) zu fördern und den Geschmack zu verfeinern. Die nachfolgende Reifung kann viele Jahre dauern und mit jedem Jahr wird der Käse etwas fester und aromatischer. Durch die Wirkung von Enzymen (gebildet sowohl von Bakterien, die natürlicherweise in Milch enthalten sind, als auch von künstlich zugesetzten) werden die Proteine weiter abgebaut. So entwickeln und intensivieren sich mit der Zeit die typischen Käsearomen, die Emmentaler nussig süß und Bergkäse würzig machen oder Limburger seinen kräftigen Geruch verleihen. Andere Käsesorten, wie Mozzarella, sind direkt nach der Herstellung verzehrfertig und weisen daher noch das typische milchige Aroma auf.

Bei Sauermilchkäse – wie Quark oder streichfähigem Frischkäse – läuft die Herstellung anders ab. Hier wird die Milch mit speziellen Bakterien angereichert, die Milchzucker (Lactose) in Milchsäure umwandeln. Die entstehende Säure bewirkt, dass die Caseine ausfallen und ebenfalls ein Gelnetzwerk ausbilden. Aus diesem wird dann ebenfalls die Molke (Sauermolke) abgetrennt. Da nur wenig oder kein Lab zum Einsatz kommt, ist dieser Käse nicht schnittfest. Der Wassergehalt ist hoch, aber durch die gebildete Milchsäure ist der Frischkäse gekühlt haltbar. Der frische Sauermilchkäse kann durch Zugabe von Mikroorganismen gereift werden, wodurch auch Sauermilchkäse ein sehr kräftiges Aroma entwickeln kann.

Erhitzt man Käse, schmilzt er – wenn auch nicht im streng physikalischen Sinn, wie etwa ein Eiswürfel. Stattdessen lösen sich die Caseinstränge, die sich nach der Zugabe von Lab miteinander vernetzt haben, wieder voneinander. Die Käsemasse fließt wie geschmolzenes Plastik auseinander, was aussieht, als würde die Masse schmelzen.

„Junger", ungereifter Käse wie Mozzarella und Provolone haben einen hohen Wassergehalt und eine relativ instabile Proteinstruktur, weshalb die Proteine sich schon bei niedrigeren Temperaturen voneinander lösen und der Käse schmilzt. Durch den hohen Wasseranteil entstehen beim Schmelzen nicht so leicht Klumpen, und es werden seltener Fettaugen abgesondert. (Schmelzender Käse verklumpt, wenn das heiße, halb flüssige Proteingeflecht Wasser abgibt und sich immer dichter und fester vernetzt, bis sich Klumpen bilden.) Käsesorten dagegen, die gereift sind, zum Beispiel Gruyère und Bergkäse, enthalten weniger Wasser und haben eine festere Proteinstruktur. Dieser Käse schmilzt erst bei höheren Temperaturen, da mehr Wärme notwendig ist, um die Proteinvernetzung zu lösen, was die Voraussetzung für das Zerlaufen ist. Im verflüssigten Zustand gruppieren sich die komplexeren, da gereiften Proteinstrukturen dieser Käse neu zusammen und bilden kleine Klumpen, die sich von der restlichen Käsemasse absetzen. Die Textur des geschmolzenen Käses ist grießig, außerdem tritt Fett aus und bildet „Augen".

Klumpen sind für eine cremige Käsesauce natürlich eine Katastrophe. Abhilfe schafft die Zugabe von Stärke. Die Stärke – üblicherweise in Form von Mehl oder Maisstärke – hält die kleinen Caseinstrukturen beim Schmelzen auf Distanz. Die Proteine können sich auf diese Weise nicht zu größeren Verbünden gruppieren – die Gefahr des Verklumpens ist gebannt.

DAS EXPERIMENT

Manche Käsesorten neigen beim Schmelzen zur Klumpenbildung; mit Stärke jedoch erhält man trotzdem eine wunderbar glatte Käsemasse. Um das zu demonstrieren, haben wir zwei Proben Käsesauce zubereitet, die eine klassisch mit Mehlschwitze angedickt, die andere ohne Mehl. Für die erste Probe haben wir zunächst 3 EL Mehl (Type 550) in 30 g Butter angeschwitzt und 600 ml Milch eingerührt. Dann haben wir den Topf vom Herd genommen und nach und nach 230 g Cheddar in der Mehlschwitze schmelzen lassen. Für die zweite Probe haben wir die Butter und die Milch zum Köcheln gebracht, dann den Topf vom Herd genommen und den Käse eingerührt. Insgesamt haben wir den Versuch dreimal wiederholt.

DAS ERGEBNIS

Abgesehen davon, dass – wie nicht anders zu erwarten – die beiden Saucen unterschiedlich sämig geworden sind, war die Wirkung des Mehls auch in anderer Hinsicht nicht zu übersehen: Während die Sauce ohne Mehl deutliche Klumpen gebildet hat, die am Schneebesen klebten, war die traditionelle Sauce mit Mehlschwitze eine glatte und cremige Masse.

DIE ERKENNTNIS

Für eine fein-sämige Käsesauce ohne Klumpen ist Stärke unverzichtbar. Vermischt man Stärke mit schmelzendem Käse, treten aus den Stärkekörnern lange Amyloseketten aus, die sich um die Caseine legen und so verhindern, dass sie sich zu unschönen Klumpen verbinden und Fett herauspressen. Vergessen Sie also auf keinen Fall das Mehl!

Die Stärke kann man dem Käse auf verschiedene Weise hinzufügen. Für die Käsesauce unserer Klassischen Käsemakkaroni (siehe Seite 218) ist die Stärke beispielsweise in der Mehlschwitze (Mehl und Butter) enthalten. Anders bei Käsefondue – hier vermengt man den geraspelten Käse mit Maisstärke. Eine andere Möglichkeit ist, glatt schmelzenden Käse (relativ junge Käsesorten wie Fontina oder Mozzarella) mit tendenziell klumpig schmelzendem Käse (gereifte Sorten wie Gruyère oder Cheddar) zu kombinieren. In Gerichten wie unserer Vier-Käse-Lasagne (siehe Seite 220) profitiert man auf diese Weise doppelt: Der schmelzende Käse hat die cremige Textur des jungen Käses, aber das kräftige Aroma der gereiften Sorten.

CREMIGE KÄSESAUCE DANK STÄRKE

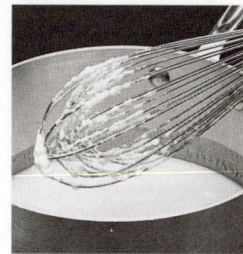

OHNE STÄRKE Käsesauce ohne Stärke wird grießig. Die kleinen Klumpen kleben an den Drähten des Schneebesens.

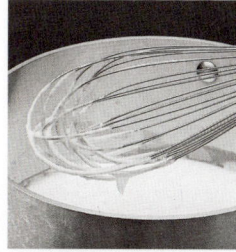

MIT STÄRKE Anders dagegen Käsesauce mit Stärke: Hier ist die Konsistenz glatt und cremig – von Klumpen keine Spur.

STÄRKE IN DER PRAXIS: KÄSESAUCEN

Klumpen in der Käsesauce, deren Textur eigentlich schön geschmeidig und cremig sein sollte, sind jedem Koch ein Graus. Um das zu verhindern, gibt man dem Käse beim Schmelzen Stärke hinzu. Das kann zum Beispiel in Form von Béchamelsauce oder einer vergleichbaren Sauce geschehen, die viel Butter, Milch und Mehl enthält. Die Käseproteine werden so stabilisiert, außerdem wird die Sauce aromatischer und voller. Aber es geht auch noch einfacher: Schon etwas stärkehaltiges Nudelwasser kann wahre Wunder bewirken.

KLASSISCHE KÄSEMAKKARONI
(FÜR 6 BIS 8 PORTIONEN)

Es ist wichtig, die Nudeln so lange zu kochen, bis sie gerade nicht mehr al dente sind. Das Rezept funktioniert sowohl mit Voll- als auch mit fettarmer Milch. Sie können auch nur die halbe Menge zubereiten, allerdings sollten Sie dann eine kleinere ofenfeste Form (quadratisch, 20 cm Kantenlänge) verwenden. Falls gewünscht, reichen Sie Tabasco zu den Makkaroni.

6 Scheiben	Sandwichtoast, in Viertel gerissen
75 g	zimmerwarme Butter + 45 g gekühlte Butter, in 6 Stücke geschnitten
450 g	kurze Makkaroni, alternativ Hörnchennudeln
	Salz
6 EL	Mehl (Type 550)
1½ TL	Senfpulver
¼ TL	Cayennepfeffer (optional)
1,2 l	Milch
225 g	Monterey-Jack-Käse, geraspelt (alternativ junger Schnittkäse wie Edamer oder Gouda)
225 g	alter Cheddar, geraspelt

1. Den Toast zusammen mit den gekühlten Butterstücken in der Küchenmaschine grob zerkleinern (Maschine etwa 10-mal kurz betätigen) und beiseitestellen.

2. Den Oberhitzegrill des Backofens einschalten. In einem großen Topf 4 l Wasser zum Kochen bringen. Die Nudeln mit 1 EL Salz hineingeben. So lange unter häufigem Rühren kochen, bis sie gerade weich sind, dann abgießen.

3. Im leeren Nudeltopf die Butter bei mittlerer bis hoher Hitze zerlassen. Mehl, Senfpulver, 1 TL Salz und den Cayennepfeffer (falls gewünscht) hineingeben und unter ständigem Rühren mit dem Schneebesen anschwitzen, bis die Mischung duftet und Farbe annimmt (etwa 1 Minute). Langsam die Milch angießen und unter ständigem Rühren

aufkochen lassen. Hitze auf mittlere Stufe reduzieren. Die Sauce etwa 5 Minuten köcheln lassen, bis sie angedickt ist, dabei gelegentlich durchrühren. Den Topf vom Herd nehmen und langsam mit dem Schneebesen beide Käse einrühren, bis sie vollständig geschmolzen sind. Dann die Nudeln zur Sauce geben und alles unter ständigem Rühren auf niedriger bis mittlerer Stufe erhitzen (etwa 6 Minuten), bis es aus dem Topf dampft und alles gut heiß ist.

4. Den Topfinhalt in eine ofenfeste Auflaufform (33 x 23 cm) geben und mit den Toastbröseln bestreuen. 3 bis 5 Minuten im Ofen überbacken, bis die Brotschicht satt goldbraun ist. Die Makkaroni vor dem Servieren 5 Minuten abkühlen lassen.

KLASSISCHE KÄSEMAKKARONI
MIT SCHINKEN UND ERBSEN

Zusammen mit den Nudeln 230 g Kochschinken (in 0,5 cm dicken Scheiben, in 2,5 cm große Stücke geschnitten) und 150 g tiefgefrorene Erbsen in die Sauce geben.

KLASSISCHE KÄSEMAKKARONI
MIT KRAKAUER UND SENF

In Schritt 3 eine fein gehackte Zwiebel in der zerlassenen Butter anschwitzen, bis sie weich und leicht angebräunt ist (5 bis 7 Minuten). Das Mehl zufügen und wie beschrieben fortfahren, dabei allerdings die Salzmenge für die Sauce auf ½ TL reduzieren. Zusammen mit den Nudeln 230 g Krakauer (längs geviertelt und in 1 bis 1,5 cm große Stücke geschnitten) und 4 TL körnigen Dijon-Senf in die Sauce geben.

🍲 WARUM DAS REZEPT FUNKTIONIERT

Für dieses beliebte altmodische Familiengericht machen wir es uns bewusst nicht leicht. Klares Ziel sind zarte Nudeln in einer glatt-sämigen und intensiv nach Käse schmeckenden Sauce. Zwei Käsesorten sind hier besser als eine: Der Monterey-Jack-Käse, ein in Amerika sehr beliebter junger Schnittkäse, hat beste Schmelzeigenschaften, während der alte Cheddar für Würze sorgt. Gebunden wird das Ganze mit einer Béchamelsauce aus Mehl, Butter und Milch. Das Mehl verhindert, dass sich im schmelzenden Käse Klumpen bilden.

DIE SAUCE BINDEN In den meisten Rezepten für Käsemakkaroni werden entweder Eier oder Stärke verwendet, um die Sauce zu binden. Mit Eiern funktioniert es wunderbar, wie wir aus eigener Erfahrung wissen, allerdings benötigt man dann Kondensmilch, damit die Eier nicht gerinnen, wodurch die fertige Sauce sehr, sehr mächtig wird. Für leichtere Käsemakkaroni sollte man lieber auf Mehl als Bindemittel zurückgreifen (in Form einer Béchamelsauce).

SAUCE MIT MEHLSCHWITZE Béchamelsauce ist eine weiße Grundsauce und wird mit einer hellen Mehlschwitze, d. h. in Butter angeschwitztem Mehl, zubereitet. Wir nehmen in etwa zu gleichen Teilen Butter und Mehl, dazu ein bisschen Senfpulver und Cayennepfeffer (falls gewünscht). Dann schlagen wir nach und nach Milch ein und erhitzen die Sauce, bis sie bindet und andickt.

KÄSE UND PASTA ZU GLEICHEN TEILEN Für dieses Rezept sind zwei Käsesorten besser als eine. Wir haben es mit Parmesan, Gruyère und lang gereiften Cheddarsorten ausprobiert, aber ihre

---

PRAKTISCHE WISSENSCHAFT: KÄSE SCHMELZEN

Der Wasser- und Fettgehalt sowie das Alter bestimmen die Schmelzeigenschaften eines Käses.

Je nach Sorte hat Käse einen unterschiedlich hohen Wasser- und Fettgehalt. Frischkäse beispielsweise hat einen Wassergehalt über 70 Prozent, Schnittkäse dagegen nicht mehr als 60 Prozent und lang gereifter Hartkäse nicht mehr als 55 Prozent. Auch das Alter spielt eine Rolle dabei, wie sich Käse beim Schmelzen verhält. Monterey Jack reift höchstens einige Monate, Cheddar hingegen manchmal Jahre.

Wie wirkt sich die unterschiedliche Reifezeit auf eine Käsesauce aus? Cheddar, besonders älterer Cheddar, hat eine grießige Schmelzkonsistenz, da sich die Caseinproteine im Laufe der Reifung stärker miteinander verbinden. Monterey Jack dagegen zerschmilzt zu einer glatten Masse, da das Caseinnetzwerk lockerer ist und daher Wasser und Fett besser hält. Ideal ist die Kombination von jungem Jack-Käse und mittelaltem Cheddar in Gerichten wie unseren Klassischen Käsemakkaroni – die Sauce erhält so eine glatt-sämige Konsistenz und dazu viel Käsearoma.

SO SCHMILZT KÄSE Bringt man Cheddar zum Schmelzen (rechts), trennt sich das Fett deutlich vom Käse. Bei Monterey Jack dagegen (links) sorgt der höhere Wassergehalt für eine cremigere Schmelzkonsistenz und weniger Fettabtrennung.

Schmelztextur war uns zu grießig und der Geschmack zu kräftig. Andererseits hat die Sauce mit milden und weichen Käsesorten wie Mascarpone und Ricotta überhaupt nicht nach Käse geschmeckt. Unsere Wahl fiel schließlich auf Monterey Jack (wegen seiner wunderbar cremigen Textur) und altem Cheddar (als Aromaquelle). Und wie viel Käse benötigt man insgesamt? Unserer Erfahrung nach haben Käsemakkaroni mit 450 g Käse und 450 g Nudeln die optimale Textur und den besten Geschmack. Und leicht zu merken ist es obendrein.

AUF DEM HERD ZUBEREITEN Bereitet man die Käsemakkaroni im Ofen zu, ist es schwierig, das Timing genau hinzubekommen. Meist gart die Pasta entweder zu lang oder zu kurz, und oft genug wird die Sauce klumpig, da sie zu heiß geworden ist. Es ist einfacher und zuverlässiger, die Nudeln und die Sauce auf dem Herd zu kochen.

DIE NUDELN WEICHER ALS AL DENTE KOCHEN Wichtig ist, die Nudeln so lange zu kochen, dass sie gerade nicht mehr bissfest sind. Tut man das nicht, geben sie Stärke in die Sauce ab und lassen diese grießig werden. Kocht man sie jedoch, bis sie richtig weich sind, nehmen die Nudeln anschließend keine Sauce mehr auf. Die richtige Garstufe: minimal weicher als al dente. Dann sind die Nudeln noch so fest, dass sie auch nach ein paar Minuten in der heißen Sauce nicht breiig werden. Gleichzeitig nehmen sie wunderbar den Käse auf.

„BACKOFEN-LOOK" Eine leckere Deckschicht aus gerösteten Toastbröseln lässt das Gericht so aussehen, als sei es im Ofen und nicht auf dem Herd zubereitet worden. Bestreuen Sie die Käsemakkaroni mit gebutterten Toastbröseln und gratinieren Sie sie kurz unter dem Ofengrill. Durch die Oberhitze trifft die Wärme zielgenau nur auf die Brösel und röstet sie schön goldbraun. Das dauert nicht länger als ein paar Minuten – ausreichend lang, damit die Brösel in die Käsesauce einsinken und so aussehen, als wären sie dort eingebacken worden.

VIER-KÄSE-LASAGNE
(FÜR 10 PORTIONEN)

Wer keinen Gorgonzola mag, kann ihn weglassen, allerdings wird der Geschmack der Lasagne dann nicht ganz so komplex. Es ist wichtig, die Lasagne nicht zu lange zu backen: Sobald die Sauce am Rand Blasen wirft, schalten Sie den Oberhitzegrill zu und gratinieren Sie die Lasagne ohne Deckel.

170 g	Gruyère-Käse, geraspelt
60 g	Parmesan, fein gerieben
340 g	Ricotta (mittlere Fettstufe)
1	Ei (Gr. M)
2 EL + 2 TL	frische Petersilie, fein gehackt
¼ TL	Pfeffer
45 g	Butter
1	Schalotte, fein gehackt
1	Knoblauchzehe, fein gehackt
50 g	Mehl (Type 550)
600 ml	Vollmilch (mind. 3,5 % Fett)
350 ml	salzarme Geflügelbrühe
½ TL	Salz
1	Lorbeerblatt
1 Prise	Cayennepfeffer
15	Lasagneblätter (ohne Vorkochen verwendbar)
230 g	Fontina-Käse, geraspelt
85 g	Gorgonzola, fein zerbröselt

1. Den Gruyère und die Hälfte des Parmesans in eine große ofenfeste Schüssel geben. Den Ricotta mit dem Ei, 2 EL Petersilie und dem Pfeffer in einer mittelgroßen Schüssel vermengen. Beide Schüsseln beiseitestellen.

2. Die Butter in einem mittelgroßen Topf bei mittlerer Hitze zerlassen. Unter häufigem Rühren die Schalotte und den Knoblauch darin etwa 2 Minuten andünsten, bis die Schalotte weich ist. Das Mehl dazugeben und etwa 1½ Minuten gründlich einrühren. Dann mit einem Schneebesen nach und nach die Milch und die Brühe einrühren. Die Mischung auf mittlerer bis hoher Stufe unter häufigem Rühren aufkochen lassen. Das Salz, Lorbeerblatt und den Cayennepfeffer zufügen und die Hitze verringern (niedrige bis mittlere Stufe). Die Sauce etwa 10 Minuten köcheln lassen, bis sie eindickt und auf etwa 1 l reduziert ist, dabei gelegentlich durchrühren (Anhaftungen am Topfboden lösen, besonders am Übergang vom Boden zur Wand).

3. Das Lorbeerblatt entfernen. Mit dem Schneebesen langsam 60 ml Sauce in die Ricotta-Mischung einrühren. Den Rest der Sauce in die Schüssel mit dem Gruyère und dem Parmesan geben und alles glatt rühren.

4. Den Backofen auf 180 °C vorheizen. So viel kochendes Wasser in eine ofenfeste Auflaufform (33 x 23 cm) gießen, bis sie etwa 5 cm hoch gefüllt ist. Die Lasagneblätter vorsichtig im Wasser verteilen und etwa 5 Minuten einweichen, bis sie biegsam werden, dabei die Blätter mit einem spitzen Messer voneinander lösen. Die Blätter aus dem Wasser nehmen und auf sauberen Geschirrtüchern in einer Schicht abtropfen lassen. Das Wasser weggießen, die Form abtrocknen und leicht mit Pflanzenöl besprühen.

5. 125 ml Sauce gleichmäßig auf dem Boden der Auflaufform verteilen und 3 Lasagneblätter darauflegen (ohne Überlappungen). 125 ml der Ricottamischung gleichmäßig auf den Nudeln verteilen und ein Viertel des Fontina und des Gorgonzola darüberstreuen. 125 ml Sauce daraufflöffeln. 3 weitere Lagen in die Form schichten. Für die Deckschicht die letzten 3 Lasagneblätter einlegen, vollständig mit der restlichen Sauce bedecken und mit 30 g Parmesan bestreuen.

6. Alufolie mit Pflanzenöl besprühen und die Auflaufform dicht verschließen. Die Lasagne auf der zweiten Schiene von oben 25 bis 30 Minuten backen, bis die Sauce an den Rändern Blasen wirft, dabei die Auflaufform nach der Hälfte der Zeit einmal um 180 Grad drehen. Die Alufolie entfernen und den Oberhitzegrill dazuschalten. Die Lasagne 3 bis 5 Minuten überbacken, bis sie stellenweise bräunt. Die Lasagne 15 Minuten abkühlen, mit 2 TL Petersilie bestreuen.

VIER-KÄSE-LASAGNE, S. 220

PRAKTISCHE WISSENSCHAFT: KÄSE RICHTIG AUFBEWAHREN

Wickeln Sie Käse zur Aufbewahrung doppelt ein: in Wachs- oder Backpapier und Alufolie.

Die Aufbewahrung von Käse ist eine knifflige Angelegenheit, was daran liegt, dass er permanent Wasser abgibt. Verdunstet es zu schnell, trocknet der Käse aus; kann es gar nicht verdunsten, schlägt es sich an der Oberfläche nieder und begünstigt die Schimmelbildung. Spezielles Käsepapier begegnet diesem Problem durch einen zweilagigen Aufbau. Der Käse kann darin atmen, ohne auszutrocknen. Leider gibt es dieses Papier meist nicht im Laden zu kaufen, sondern man muss es im Versandhandel bestellen. Um eine einfachere, jederzeit verfügbare Methode zu finden, haben wir Cheddar, Brie und frischen Ziegenkäse mit verschiedenen Materialien ein- und zweilagig eingepackt, sechs Wochen gekühlt gelagert und dabei ständig auf Anzeichen von Austrocknung und Schimmelbildung untersucht. Als Erstes schimmelten die Proben, die einlagig in Plastik (Frischhaltefolie und wiederverschließbare Plastikbeutel) verpackt waren. Die nur in Wachs- oder Backpapier eingeschlagenen Proben dagegen trockneten aus. Die beste Methode: Schlagen Sie Käse in Wachs- oder Backpapier ein und wickeln Sie zusätzlich locker Alufolie darum. Sowohl Wachs- als auch Backpapier saugen Flüssigkeit auf und halten die Käseoberfläche so trocken, während die äußere Hülle aus Alufolie die Verdunstung so reguliert, dass der Käse nicht austrocknet. Selbst leicht verderblicher Ziegenkäse hielt sich so eingepackt etwa eine Woche, der Brie und der Cheddar waren auch nach einem Monat noch so gut wie frisch.

🥘 WARUM DAS REZEPT FUNKTIONIERT

Käselasagne ist eine delikat-leichte Alternative zur klassischen Lasagne mit ihrer fleischlastigen roten Sauce. Leider schmeckt sie aber manchmal einfach nur schwer und fade, da der verwendete Käse zu mild ist. Und selbst bei einer Lasagne, die intensiv „käsig" schmeckt, kann die Textur eine herbe Enttäuschung sein. Suppig, zu trocken, vor Fett triefend – es kann eine Menge schiefgehen. Wir wollten eine Lasagne mit angenehm fester Struktur, cremiger Sauce und möglichst viel Käsegeschmack. Letzteres erreichen wir durch die Kombination von Fontina, Parmesan, Gorgonzola und Gruyère sowie einem fünften Käse als Bonus: Ricotta. Indem wir die Béchamelsauce mit relativ viel Mehl im Verhältnis zur Butter herstellen, erhalten wir eine sehr gut bindende Sauce, die die Lasagneschichten zusammenhält.

MODIFIZIERTE BÉCHAMELSAUCE Unsere Béchamelsauce mit hohem Mehlanteil funktioniert als Bindemittel zwar wunderbar, bereitet man sie aber nur mit Milch zu, schmeckt sie fade und verdünnt den Käsegeschmack des ganzen Gerichts. Wir behelfen uns mit einem Trick, inspiriert von der französischen Velouté, einer weißen Grundsauce. Diese wird wie Béchamelsauce zubereitet, nur dass man statt Milch Geflügelbrühe nimmt. Wir tauschen 350 ml Milch gegen die gleiche Menge Geflügelfond aus, so wird die Béchamel etwas weniger mächtig und die Käsearomen kommen besser zur Geltung. Für noch mehr Komplexität fügen wir eine Schalotte und eine Knoblauchzehe hinzu. Ein Lorbeerblatt und eine Prise Cayenne stärken die Geschmacksbasis, ohne die anderen Komponenten in den Hintergrund zu drängen.

GEREIFTEN KÄSE MIT SAUCE VERMISCHEN Häufig hat man bei Käselasagne das Problem, dass sich auf der Oberfläche unschöne Fettansammlungen bilden. Außerdem kann es passieren, dass der Käse ausflockt und leicht klumpig wird. Ein Trick der Schweizer Küche schafft hier Abhilfe: Für Käsefondue wird der Käse immer zusammen mit einer stärkehaltigen Zutat geschmolzen, damit im Topf keine Fettaugen schwimmen und der Käse nicht grießig wird. Wir vermischen daher den Gruyère mit der Béchamelsauce, die eine beträchtliche Menge Mehl enthält. Die Stärke sorgt dafür, dass das Fett eingeschlossen bleibt. Da Gruyère, ein gereifter Käse mit geringem Wasseranteil und sehr stabilem Proteinnetzwerk, beim Schmelzen das meiste Fett absondert, ist er der Topkandidat für die Sauce.

AUS VIER MACH FÜNF Erst durch einen fünften Käse wird unsere Vier-Käse-Lasagne perfekt: Ricotta. Er fügt dem Geschmack zwar kaum etwas hinzu, gibt der Lasagne aber viel zusätzliche Substanz, ohne dass sie dadurch zu mächtig würde oder nach Mehl schmeckt.

DIE LASAGNEBLÄTTER EINWEICHEN Unsere Lasagneblätter sind bereits vom Hersteller vorgekocht, sodass wir sie ohne eigenes Vorkochen verwenden können. Vor dem Einschichten weichen wir sie aber fünf Minuten lang ein, um die Garzeit der Lasagne zu verkürzen. In früheren Kochversuchen haben wir bereits ausprobiert, herstellervorgekochte Blätter durch normale Lasagneblätter, die wir selbst gekocht haben, zu ersetzen. Das Ergebnis hat enttäuscht. Rezepte mit herstellervorgekochten Nudeln brauchen mehr Flüssigkeit und können deshalb nicht so ohne Weiteres mit normalen Lasagnenudeln zubereitet werden, da die Lasagne sonst zu flüssig wird. Aber gilt das auch für dieses Rezept? Immerhin weichen wir die vorgekochten Platten für dieses Rezept in heißem Wasser ein, und die Sauce ist sehr sämig.

Um es auszuprobieren, haben wir das Rezept mit normalen, selbst gekochten Pastablättern getestet, mit dem Ergebnis, dass die Lasagne gut ausgesehen hat. Auf keinen Fall war sie zu flüssig. Dafür war sie jetzt sehr teigig und schwer. Die Blätter waren so dick aufgequollen, dass die Lasagne jetzt fast nur noch aus Pasta zu bestehen schien. Das vormals sehr ausgewogene Verhältnis zwischen Nudeln und Sauce war dahin. Daraufhin haben wir das Gewicht der beiden Nudeltypen verglichen und festgestellt, dass ein normales, nicht herstellervorgekochtes Lasagneblatt im rohen Zustand fast doppelt so viel wiegt wie ein vom Hersteller vorgekochtes Blatt. Für cremige, eher leichte Lasagnen – die traditionell mit frischer Pasta zubereitet werden – sind die dünneren, herstellervorgekochten Platten nicht nur schneller gar als normale getrocknete Lasagneblätter, sondern sie schmecken auch besser.

BACKEN, DANN ÜBERBACKEN Um die Garzeit weiter zu verkürzen, setzen wir auf ein zweistufiges Garverfahren. Erst backen wir die Lasagne zugedeckt bei 180 °C im Ofen, bis es am Rand leicht blubbert. Dann nehmen wir die Alufolie von der Auflaufform ab und spendieren ihr ein paar Minuten unter dem Oberhitzegrill, bis sie bräunt.

SPAGHETTI MIT PECORINO ROMANO UND SCHWARZEM PFEFFER (CACIO E PEPE)
(FÜR 4 BIS 6 PORTIONEN)

Wenn Sie das Gericht etwas „leichter" möchten, nehmen Sie statt 2 EL Sahne jeweils 1 EL Vollmilch und Sahne. Kochen Sie die Nudeln exakt in der angegebenen Menge Wasser, sonst gelingt das Rezept nicht wie gewünscht. Rühren Sie die Spaghetti dabei häufig um, damit sie nicht am Topfboden ankleben. Das in die Schüssel abgegossene Nudelwasser wärmt diese an, sodass das Gericht bis zum Servieren heiß bleibt.

170 g	Pecorino romano (110 g fein gerieben, 60 g geraspelt)
450 g	Spaghetti
	Salz
2 EL	Sahne (mind. 35 % Fett, alternativ Konditorsahne)
2 TL	Olivenöl (nativ extra)
1½ TL	schwarzer Pfeffer

1. Den fein geriebenen Pecorino in eine Schüssel geben. Einen Durchschlag auf eine große Schüssel setzen.

2. In einem großen Topf 2 l Wasser zum Kochen bringen. Die Spaghetti mit 1½ TL Salz darin unter häufigem Rühren al dente kochen. Die Nudeln in den Durchschlag abgießen, das Wasser in der Schüssel auffangen. Vom Nudelwasser 350 ml abnehmen und den Rest wegschütten. Die abgetropften Spaghetti in die leere Schüssel schütten.

3. Mit einem Schneebesen 250 ml des Nudelwassers in den fein geriebenen Pecorino einrühren, bis die Mischung glatt ist, dann die Sahne, das Öl und den Pfeffer einrühren. Die Käsemischung langsam über die Nudeln gießen und alles vermengen. Die Spaghetti 1 bis 2 Minuten stehen lassen, dabei häufig durchmischen. Die Sauce je nach gewünschter Konsistenz mit Nudelwasser verdünnen. Servieren und den geraspelten Pecorino separat zu den Nudeln reichen.

🍲 WARUM DAS REZEPT FUNKTIONIERT

Mit lediglich drei Hauptzutaten – Käse, Pfeffer und Spaghetti – ist dieses Gericht ein köstliches und trotzdem schnell zubereitetes Abendessen. Doch mit den Rezepten, die wir ausprobiert haben, haben sich in der cremigen Sauce stets sehr schnell Klümpchen gebildet. Damit unsere schön würzige Sauce nach dem Vermischen mit den Spaghetti noch glatt-sämig bleibt, vermengen wir den geriebenen Käse mit etwas stärkehaltigem Nudelwasser. Für noch mehr cremiges Mundgefühl sorgt die Sahne, mit der wir die sonst übliche Butter ersetzen. Selbst nachdem die Pasta fünf Minuten auf dem Tisch gestanden hat, zeigt sich mit unserer Methode in der Sauce nicht ein einziges Klümpchen.

GUTER KÄSE MUSS SEIN Gute Zutaten sind ganz entscheidend für dieses schlichte Gericht, das gilt vor allem für den Käse. Pecorino romano ist ein harter, lang gereifter Schafskäse mit sehr kräftigem Aroma und salzigem Geschmack. Es gibt mittlerweile auch Pecorino, dem Kuh- oder Ziegenmilch beigemengt wird, um ihn so günstiger anbieten zu können. Achten Sie beim Kauf darauf, dass er aus 100 Prozent Schafsmilch hergestellt wird, so wird sein Aroma nicht verfälscht.

GENÜGEND STÄRKE HINZUFÜGEN Selbst fein geriebener Käse kann verklumpen. Hier hilft Stärke. In einem harten Stück Pecorino werden Fett, Protein und Wasser, die drei Hauptbestandteile von Käse, durch die feste Struktur des Käses in ihrer Position gehalten. Erhitzt man den Käse, geraten die Proteine in Bewegung und können verklumpen. Gibt man jedoch etwas Nudelwasser hinzu, umhüllt die aus dem Weizengries der Nudeln ausgetretene Stärke die Proteine und verhindert, dass sie sich verbinden. Sehr wichtig ist, dass Sie die Spaghetti wirklich in der angegebenen Menge Wasser kochen: 2 Liter statt der üblichen 4 Liter für 450 g Nudeln. Nur mit dieser Menge erreicht die Stärkekonzentration des Nudelwassers ein ausreichend hohes Niveau.

AUCH SAHNE HILFT GEGEN KLUMPEN Stärke allein reicht nicht aus, um vollständig zu verhindern, dass der Käse klumpt, aber es gibt noch weitere Stoffe, die Einfluss auf die Interaktion von Fetten und Proteinen haben: Emulgatoren. Milch, Sahne und Frischkäse beinhalten sogenannte Lipoproteine, die sowohl Fettmoleküle als auch Proteine an sich binden können und deshalb als eine Art Bindeglied zwischen den beiden fungieren und ihre Trennung verhindern. Im Laufe der Käsereifung werden die Lipoproteine allerdings abgebaut und büßen ihre emulgierenden Eigenschaften ein. Kein Wunder also, dass Pecorino romano Klumpen bildet – schließlich hat er mindestens acht Monate gereift. Was tun? Durch die Zugabe von Milch oder Sahne statt der üblichen Butter fügt man dem Gericht eine frische Ladung Lipoproteine hinzu – und schon wird aus dem schmelzenden Käse eine wunderbar leichte und perfekt glatte Sauce, die gut an den Spaghetti haftet.

DIE RICHTIGE KÜCHEN-AUSSTATTUNG

Welche Utensilien braucht man in der heimischen Küche eigentlich wirklich? Die Antwort hängt sicher davon ab, was Sie erreichen wollen. Die Küche Ihrer Großmutter war wahrscheinlich nur mit dem Allernötigsten ausgestattet, und trotzdem konnte sie fantastisch kochen. Im Gegensatz dazu haben Sie womöglich Freunde, die eine teure Einbauküche und jedes für Geld erhältliche Küchengerät besitzen, deren Essen aber dennoch nur mittelmäßig schmeckt. Eine gut ausgestattete Küche macht noch lange keinen guten Koch, aber das richtige Werkzeug kann helfen.

Die folgende Übersicht führt die Geräte und Utensilien auf, die wir in unserer Versuchsküche für besonders nützlich halten. Seltener benötigte Gerätschaften, die nur für bestimmte Rezepte verwendet werden (wie zum Beispiel eine Springform, ohne die man keinen Käsekuchen zubereiten kann), haben wir ebenso wenig aufgelistet wie hilfreiche, aber nicht absolut notwendige Werkzeuge (wie ein Hackmesser zum Zerkleinern von Hühnerteilen für Brühen und Suppen). Beschränken Sie sich beim Kauf Ihrer Küchenausstattung zunächst auf die folgende Liste, und kaufen Sie Dinge, die für bestimmte Rezepte benötigt werden, nur bei Bedarf hinzu.

Da Töpfe, Pfannen und Messer beim Kochen besonders wichtig sind, widmen wir diesen Themen zusätzlich gesonderte Abschnitte (Seite 229–231).

MESSER UND MEHR

KOCHMESSER

→ aus rostfreiem Stahl mit hohem Kohlenstoffanteil
→ dünne, geschwungene Klinge (20 cm)
→ geringes Gewicht
→ rutschfester Griff, der gut in der Hand liegt

ALLZWECKMESSER

→ Klingenlänge 7,5 bis 9 cm
→ dünne, leicht geschwungene, spitze Klinge
→ gut in der Hand liegend

BROTMESSER

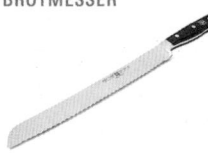

→ Klingenlänge 25 bis 30 cm
→ leicht flexible, leicht geschwungene Klinge
→ mittelgrober Wellenschliff

SCHINKENMESSER

→ lange Klinge (30 cm) zum Schneiden großer Fleischstücke
→ Kullenschliff
→ eher starre Klinge mit abgerundeter Spitze

SCHNEIDBRETT

→ große Arbeitsfläche (mindestens 38 x 50 cm); aus pflegeleichtem Holz
→ haltbare Längsholzkonstruktion (Maserung verläuft parallel zur Brettkante)

MESSERSCHÄRFER

→ diamantbeschichtete Schleifelemente bei elektrischen Messerschärfern
→ einfache Bedienung
→ gute und verständliche Anleitung

TÖPFE UND PFANNEN

KLASSISCHE BRATPFANNEN

→ Innenseite aus rostfreiem Stahl
→ Mehrschichtmaterial für optimale Wärmeverteilung
→ 30 cm Durchmesser, schräger Rand
→ hitzebeständiger Griff, der gut in der Hand liegt
→ Gargutfläche mit mindestens 23 cm Durchmesser
→ nach Möglichkeit auch eine zweite, kleinere Pfanne (ø 20 oder 25 cm)

ANTIHAFTBESCHICHTETE BRATPFANNEN

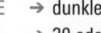

→ dunkle Oberfläche
→ 30 oder 31 cm Durchmesser
→ dicker Boden
→ hitzebeständiger Griff, der gut in der Hand liegt
→ Gargutfläche mit mindestens 23 cm Durchmesser
→ nach Möglichkeit auch eine zweite, kleinere Pfanne (ø 20 oder 25 cm)

BRÄTER

→ aus emailliertem Gusseisen oder rostfreiem Stahl
→ Fassungsvermögen mindestens 6 Liter
→ Durchmesser mindestens 23 cm
→ dicht schließender Deckel
→ breite, stabile Griffe

TÖPFE

→ ein großer Topf mit 3 bis 4 Liter Fassungsvermögen und ein kleiner, antihaftbeschichteter Topf mit 2 bis 2,5 Liter
→ dicht schließender Deckel
→ abgerundeter Übergang zwischen Topfboden und -wand (damit man mit dem Schneebesen überall hinkommt)
→ langer, gut in der Hand liegender Stiel (angeschrägt für gleichmäßigere Gewichtsverteilung)

BACKBLECHE

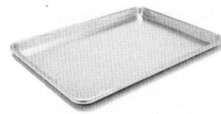

→ helle Oberfläche (erhitzt und bräunt Lebensmittel gleichmäßiger)
→ dickes, stabiles Material
→ Maße: 45 x 33 cm
→ am besten mindestens zwei Bleche, verschiedene Tiefen

BRATBLECH MIT BRATKORB

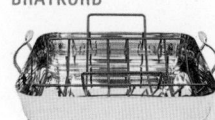

→ mindestens 38 x 28 cm
→ Innenseite aus rostfreiem Stahl, Aluminiumkern für gleichmäßige Wärmeverteilung
→ vertikale Griffe zum einfachen Fassen
→ helle Innenseite, um den Gargrad des Essens besser beurteilen zu können
→ fester Bratenkorb mit langen Griffen

PRAKTISCHE WERKZEUGE

ZANGE

→ löffelartige Zangenspitzen mit gewelltem Rand
→ 28 cm lang (um Verbrennungsgefahr zu minimieren)
→ leichtes Öffnen und Schließen

HOLZKOCHLÖFFEL

→ flache, breite Löffelschale
→ verfärbungsfestes Bambusholz
→ Griff, der gut in der Hand liegt

SCHAUMLÖFFEL

→ tiefe Löffelschale
→ langer Griff
→ ausreichend große Zahl von Öffnungen, damit Flüssigkeit schnell abfließt

PFANNENWENDER

→ Wender etwa 7,5 cm breit und 14 cm lang (Gesamtlänge mit Griff 28 cm)
→ Schlitzkonstruktion;
→ am besten mehrere Wender aus verschiedenen Materialien: Metall für normale Töpfe und Pfannen, Kunststoff für beschichtetes Kochgeschirr

TEIGSCHABER

→ breiter, steifer Spatel mit abgeflachtem Rand (Rand muss biegsam genug sein, um sich der Schüsselrundung anzupassen)
→ hitzebeständig

SCHNEEBESEN

→ mindestens 10 nicht zu dicke Draht-schlaufen
→ Griff, der gut in der Hand liegt; gut ausbalancierte Konstruktion, geringes Gewicht

ROLLHOLZ

→ Gewicht zwischen 500 und 1500 g
→ gerade Stange, 48 cm lang
→ leicht texturierte Holzoberfläche, damit Teig leicht anhaftet und sich besser aus-rollen lässt

KNOBLAUCHPRESSE

→ ausreichendes Fassungsvermögen für mehrere Knoblauchzehen
→ gebogener Griff aus Kunststoff
→ langer Griff und kurzer Abstand zwischen Gelenk und Presskolben für optimale Hebelwirkung

OFENHANDSCHUHE

→ gute Passform und nicht zu klobig, damit man gut damit arbeiten kann
→ geeignet für Waschmaschine
→ flexibles, hitzebeständiges Material

PFEFFERMÜHLE

→ Fassungsvermögen mindestens 125 ml
→ große, gut zugängliche Einfüllöffnung
→ Mahlgrad einfach zu verstellen

SCHÖPFKELLE

→ rostfreier Stahl; Stiel 23 bis 25 cm lang
→ abgewinkeltes Stielende zum Einhängen an der Topfkante
→ Schüttrand für tropffreies Portionieren

DOSENÖFFNER

→ einfaches und intuitives Ansetzen am Dosenrand
→ nur wenig Kraft zur Bedienung nötig
→ Magnet fürs Abheben des Dosendeckels (dadurch geringere Verletzungsgefahr)
→ Griff, der gut in der Hand liegt

DURCHSCHLAG

→ Fassungsvermögen 4 bis 7 Liter
→ runder Metallfuß für stabilen Stand
→ viele Öffnungen, damit Flüssigkeit schnell abläuft; kleine Öffnungen (ge-eignet für dünne Pasta)

SPARSCHÄLER

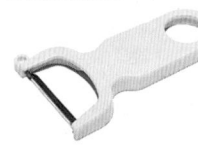

→ scharfe Stahlklinge
→ 2,5 cm Abstand zwischen Klinge und Griff, damit Schalen gut abfallen
→ geringes Gewicht, angenehm in der Hand liegend

FEINES KÜCHENSIEB

→ mindestens 15 cm Innendurchmesser
→ stabile Konstruktion

REIBE (GROB)

→ flache Konstruktion mit großer Reibefläche und Griff
→ scharfe, große Reibeöffnungen
→ rutschfeste Gummifüße
→ gut in der Hand liegender Griff

KARTOFFELSTAMPFER

→ stabile Lochplatte mit kleinen Öffnungen
→ gut in der Hand liegender Griff

REIBE (FEIN)

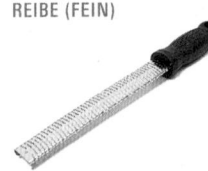

→ scharfe Reibezähne (damit schon wenig Druck zum Reiben ausreicht)
→ geeignet für runde und unregelmäßig geformte Lebensmittel
→ gut in der Hand liegender Griff

SALATSCHLEUDER

→ Außenschale ohne Löcher, um darin auch Gemüse waschen zu können
→ ergonomischer und leicht zu bedienender Schleudermechanismus

HILFSMITTEL ZUM MESSEN

MESSBECHER

→ gut ablesbare Messskala
→ hitzebeständiger, stabiler Becher mit Griff

DIGITALE KÜCHENWAAGE

→ gut lesbare Anzeige, die nicht von der Waagplatte verdeckt wird
→ Messbereich bis mindestens 3,5 kg
→ gut erreichbare Knöpfe
→ große Waagplatte

DIGITALES BRATENTHER-MOMETER

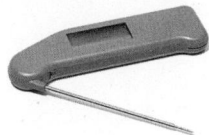

→ automatische Ausschaltfunktion
→ hohe Messgeschwindigkeit (Anzeige der Temperatur nach spätestens 10 Sekunden)
→ großer Messbereich (–40 bis 230 °C); lange Sonde, mit der sich die Kerntemperatur von großen Braten bestimmen lässt
→ wasserdicht

OFENTHERMOMETER

→ gut lesbare Skala
→ Haken zum Aufhängen oder stabiler Standfuß
→ großer Messbereich (bis 315 °C)

KÜCHENTIMER

→ großer Messbereich (1 Sekunde bis mindestens 10 Stunden)
→ sollte nach Auslösen des Alarms die Zeit weitermessen
→ einfache Bedienung, gut lesbare Anzeige

WICHTIGES BACKZUBEHÖR

AUFLAUFFORM (GLAS)

→ Größe 33 x 23 cm
→ tief genug für Aufläufe aller Art (herzhaft und süß)
→ mit Griffen

BACKFORM (RECHTECKIG)

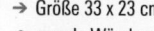

→ Größe 33 x 23 cm
→ gerade Wände; mit Antihaftbeschichtung für gleichmäßiges Bräunen und leichtes Herauslösen von Kuchen und sonstigen großen Gebäckstücken
→ mit Griffen

BACKFORM (QUADRATISCH)

→ gerade Wände
→ mit Antihaftbeschichtung für gleichmäßiges Bräunen und leichtes Herauslösen
→ am besten zwei Größen mit 23 bzw. 20 cm Kantenlänge

BACKFORM (RUND)

→ gerade Wände
→ mit Antihaftbeschichtung für gleichmäßiges Bräunen und leichtes Herauslösen
→ am besten zwei Größen mit 23 bzw. 20 cm Durchmesser

PIE-FORM

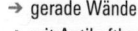

→ aus Glas (dadurch gleichmäßiges Bräunen, einfache Überprüfung des Gargrads)
→ 1 bis 1,5 cm breiter umlaufender Rand (ermöglicht einfaches Verzieren des Pie-Rands)
→ schräge, flache Wand (verhindert Abrutschen des Teigs)
→ nach Möglichkeit zwei Stück

KASTENFORM

→ mit Antihaftbeschichtung für gleichmäßiges Bräunen und leichtes Herauslösen
→ am besten zwei Größen: 21 x 11 cm und 23 x 13 cm

MUFFINBLECH

→ mit Antihaftbeschichtung für gleichmäßiges Bräunen und leichtes Herauslösen
→ großzügiger Abstand zwischen den Vertiefungen, breiter umlaufender Rand mit Erhöhung für besseres Handling
→ Fassungsvermögen pro Vertiefung 125 ml

ABKÜHLROST

→ feinmaschige Gitterkonstruktion aus dickem Draht; sollte in ein Standardbackblech (45 x 33 cm) passen; spülmaschinengeeignet

KLEINGERÄTE

KÜCHENMASCHINE

→ Fassungsvermögen 3,5 Liter
→ scharfe und langlebige Schneiden
→ große Einfüllöffnung
→ Grundzubehör: Schneidemesser, Teigrührer, Scheibeneinsätze (für Gemüsescheiben und -raspel)

HANDRÜHRGERÄT

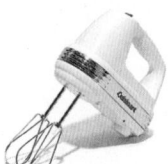

→ geringes Gewicht
→ Schlagbesen aus feinem Draht ohne Mittelachse
→ separater Auswurfknopf (getrennt vom Rad für die Geschwindigkeits- einstellung)
→ fein abgestufte Geschwindigkeitswahl
→ HINWEIS: Falls Sie häufig backen oder Brot backen wollen, lohnt sich die An- schaffung eines Standrührgeräts statt eines Handrührers.

MIXER

→ große, möglichst bodennahe Schneiden, die bis an den Rand des Mixgefäßes rei- chen
→ leistungsstarker Motor (mindestens 700 W)
→ automatische Abschaltung, damit Motor nicht überhitzt
→ durchsichtiges Mixgefäß, um den Zer- kleinerungsvorgang verfolgen zu können

VERBRAUCHSMATERIALIEN

BACKPAPIER

→ reißfestes Papier auch für schwere Teige
→ Backgut muss sich gut ablösen lassen
→ mindestens 35 cm breit

FRISCHHALTEFOLIE

→ anschmiegsam, gute Hafteigenschaften (auch nach mehrfachem Lösen)
→ Packung mit scharfer Abreiß-Säge
→ Klebepunkt als Anfangsfinder

GRILLZUBEHÖR

GASGRILL

→ große Grillfläche
→ eingebautes Thermometer
→ zwei Brenner für mehrere Wärmezonen (drei Brenner sind noch besser)
→ Seitentische als Ablage
→ mit Tropfblech/Fettschublade
→ HINWEIS: Wenn Sie nicht gerade in ei- ner Wohnung ohne Garten wohnen, sollten Sie auf jeden Fall einen Gas- oder Holzkohlegrill besitzen. Falls Sie sich für Holzkohle entscheiden, kaufen auch gleich einen Anzündkamin.

HOLZKOHLEGRILL

→ große Grillfläche
→ hoch gewölbter Deckel, unter den auch große Fleischstücke passen (z. B. eine Pute)
→ hochklappbarer Grillrost, um ans Feuer zu gelangen; Ascheauffangvorrichtung für einfache Reinigung

ANZÜNDKAMIN

→ Fassungsvermögen 6 Liter; Lüftungs- öffnungen im Zylinder, damit Luft um die Kohlen zirkulieren kann
→ stabile Konstruktion
→ hitzebeständiger Griff; zwei Griffe für sichere Handhabung

GRILLZANGE

→ 40 cm lang
→ Rand der Zangenspitzen gewellt (nicht scharf oder gezahnt)
→ muss sich leicht öffnen und schließen lassen; geringes Gewicht
→ Öffnungsfederung nicht zu stark

GRILLBÜRSTE

→ langer Stiel (etwa 35 cm)
→ abnehmbare Bürstenspitze aus rostfreier Stahlwolle

DAS BESTE MATERIAL FÜR TÖPFE UND PFANNEN

Kochgeschirr wird aus einer ganzen Reihe metallischer Materialien hergestellt, wobei jedes seine Vor- und Nachteile hat. Wie gut oder schlecht ein Metall Wärme leitet, hat Auswirkungen darauf, wie gut oder schlecht sich Lebensmittel in Pfanne oder Topf bräunen lassen, wie leicht sie anbrennen und wie gleichmäßig sich die Wärme im Kochgeschirr verteilt. Auch das Gewicht spielt eine Rolle. In einem leichten Edelstahltopf zum Beispiel wird das Fleisch für Ihren Schmoreintopf garantiert anhaften. Und schließlich ist beim Kochgeschirrkauf zu bedenken, wie pflegeleicht der neue Topf ist (oder nicht). Im Folgenden das Wichtigste, was Sie wissen sollten:

KUPFER leitet Wärme extrem gut, ist aber teuer, schwer und läuft leicht an. Kupfer reagiert außerdem mit einer Reihe von Lebensmitteln, wodurch es zu Fehlaromen und Verfärbungen im Essen kommen kann. Um das zu verhindern, ist Kupferkochgeschirr innen meist mit Zinn oder Edelstahl ausgekleidet.
→ Fazit: Kupfer sieht toll aus, ist aber den hohen Preis oft nicht wert.

ALUMINIUM ist nach Kupfer der zweitbeste Wärmeleiter unter den Metallen, die in Kochgeschirr Verwendung finden. Töpfe und Pfannen aus Aluminium sind leicht und preiswert und speichern die Wärme gut – vorausgesetzt, sie sind dick genug. Leider verbeult und verkratzt das weiche Metall leicht. Auch reagiert Aluminiumkochgeschirr unter Umständen mit säurehaltigen Speisen. Weniger reaktiv und empfindlich ist anodisiertes Aluminium, doch

macht die dunkle Farbe es manchmal schwierig, zu sehen, wie viel Bratensatz sich bildet.
→ Fazit: Aluminium funktioniert in Kochgeschirr am besten im Verbund mit anderen Metallen – es sei denn, es ist anodisiert.

GUSSEISEN wird nur sehr langsam heiß, speichert die Wärme dafür aber gut. Gusseisernes Kochgeschirr ist preiswert und hält ein Leben lang, allerdings wiegt es viel, ist reaktiv und muss vor der Benutzung „eingebrannt" werden (es sei denn, Sie kaufen bereits vom Hersteller eingebranntes Geschirr, was wir empfehlen). Gusseiserne Töpfe und Pfannen sind oft farbig emailliert, was nicht nur gut aussieht, sondern das Geschirr auch nicht reaktiv macht. Da schwere Töpfe aus Gusseisen die Wärme gut speichern, sind sie ideal für Frittier- und Schmorgerichte, bei denen es auf präzise gehaltene Temperaturen ankommt.
→ Fazit: Gusseisen ist sehr gut geeignet für Pfannen; für Bräter bevorzugen wir emailliertes Gusseisen.

EDELSTAHL ist ein schlechter Wärmeleiter. Billige Töpfe aus dünnem Edelstahl werden oft ungleichmäßig heiß und verziehen sich leicht. Trotzdem bietet Edelstahl auch Vorzüge: Das Material reagiert nicht mit Lebensmitteln, ist robust und optisch ansprechend, wodurch es sich in Töpfen und Pfannen sehr gut als Außenschicht im Verbund mit Aluminium oder Kupfer eignet.
→ Fazit: Kaufen Sie kein Kochgeschirr aus reinem Edelstahl, besser sind Kombinationen mit anderen Metallen.

MEHRERE METALLE IM VERBUND lautet unsere häufigste Empfehlung. Gemeint ist damit Kochgeschirr, das aus mehreren Metall-

REAKTIONSFREUDIGES KOCHGESCHIRR
Bereitet man säurehaltige Speisen in Töpfen und Pfannen aus „reaktiven" Materialien wie Aluminium oder nicht eingebranntem Gusseisen zu, werden winzige Mengen des jeweiligen Metalls ausgewaschen und gelangen ins Essen. Dies stellt zwar kein Gesundheitsrisiko dar, das Essen kann aber ungewollte metallische Geschmacksnoten annehmen. Um zu untersuchen, wie stark sich diese Noten bemerkbar machen, haben wir Tomatensauce in einem Aluminiumbräter und in zwei Brätern aus Gusseisen (der eine eingebrannt, der andere nicht) zubereitet. Zusätzlich haben wir die gleiche Sauce zum Vergleich in einem Bräter aus Edelstahl gekocht. Tester haben an der Sauce aus dem nicht eingebrannten Gusseisenbräter einen starken Eisengeschmack bemängelt. Auch die Sauce aus dem Alutopf hat metallisch geschmeckt, wenn auch nicht so stark. Die Saucen aus dem eingebrannten gusseisernen Bräter (dessen Innenseite von einer Patina aus Fettverbindungen bedeckt ist) und dem Edelstahlbräter dagegen schmeckten einwandfrei.
Wir haben Proben aller Saucen in einem unabhängigen Labor auf Spuren von Eisen und Aluminium untersuchen lassen. Das Ergebnis: Die Sauce aus dem nicht eingebrannten gusseisernen Bräter enthielt fast zehnmal so viel Eisen (108 mg/kg) wie die Sauce aus dem eingebrannten Bräter, die nur wenige Milligramm mehr Eisen enthielt als die Sauce aus dem Edelstahltopf. Die im Alubräter zubereitete Tomatensauce wies 14,3 mg/kg Aluminium auf, im Gegensatz zu weniger als 1 mg/kg in der Sauce aus dem Edelstahlbräter.
Unsere Empfehlung lautet daher, bei der Zubereitung von säurehaltigen Lebensmitteln auf reaktive Kochgeschirrmaterialen zu verzichten, da es sonst zu Geschmacksverfälschungen kommen kann.

schichten besteht, die unter hohem Druck und bei starker Hitze miteinander verbunden werden. Die meisten Töpfe und Pfannen dieser Herstellungsart haben eine „Sandwichkonstruktion" aus einem Aluminiumkern, der zwischen zwei Schichten aus Edelstahl sitzt.
→ Fazit: Kochgeschirr aus mehreren Metallen im Verbund werden schnell und gleichmäßig heiß und sind außerdem einfach zu pflegen.

WENIG BRATENSATZ IN BESCHICHTETEN PFANNEN

Für das Anbraten von Geflügel und Fleisch empfehlen wir auf jeden Fall die Verwendung einer unbeschichteten Pfanne. Es ist zwar schön, dass sich beschichtetes Kochgeschirr so einfach reinigen lässt, aber leider bildet sich darin kaum Bratensatz. (Zur Erinnerung: Bratensatz sind die dunklen Anhaftungen, die sich beim Bräunen von Lebensmitteln am Topf- oder Pfannenboden bilden und aus denen sich köstliche Saucen zaubern lassen.) Der folgende Versuch hat das bestätigt.

Wir haben Hühnerbrustfilets in einer Pfanne aus Verbundedelstahl und in einer antihaftbeschichteten Pfanne angebraten. Anschließend haben wir beide Pfannen mit 500 ml Wasser abgelöscht und die Menge auf 250 ml einkochen lassen. Das Ergebnis: Die Flüssigkeit aus der beschichteten Pfanne schmeckte nahezu nach nichts, das Wasser aus der Edelstahlpfanne dagegen hatte einen ausgeprägten Hühnerfleischgeschmack. Ein Blick auf die Färbung der beiden „Saucen" bestätigt unsere Empfehlung: Möchten Sie eine wohlschmeckende Bratensauce, braten Sie das Fleisch besser nicht in einer beschichteten Pfanne.

BESCHICHTETE PFANNE
Diese Sauce ist (fast) klar wie Wasser.

UNBESCHICHTETE PFANNE
Diese Sauce ist goldbraun und schmeckt deutlich nach Hühnerfleisch.

ANTIHAFTBESCHICHTETE PFANNEN – JA ODER NEIN?

Vielleicht fragen Sie sich, warum im vorigen Abschnitt Pfannen mit Antihaftbeschichtung fehlen. Diese Beschichtung lässt sich auf alle der genannten Materialien auftragen. In der Regel verwenden wir antihaftbeschichtete Pfannen nur für sehr empfindliche Lebensmittel, die leicht anhaften, wie zum Beispiel Fisch oder Eier. Unsere Erfahrung zeigt, dass Speisen in beschichtetem Kochgeschirr nicht so gut bräunen wie in unbeschichtetem. Oft bildet sich beim Garen von Fleisch darin kein Bratensatz, sodass wir schmerzlich auf die aromatische Basis für unsere Sauce verzichten müssen. (Lesen Sie dazu auch den Abschnitt „Wenig Bratensatz in beschichtetem Kochgeschirr", links.)

Man liest häufig über Sicherheitsbedenken und die möglichen Gefahren, die von beschichtetem Kochgeschirr ausgehen – ein wichtiges Thema, denn immer mehr Kochgefäße sind beschichtet. Um welche Bedenken geht es genau?

Zunächst einmal kann die Produktion von Antihaftbeschichtungen das Grundwasser belasten. Dieses Problem betrifft damit jeden, der in der Nähe von Fabriken lebt, in denen solche Beschichtungen hergestellt werden.

Zweitens nutzt sich die Beschichtung mit der Zeit ab und löst sich, sodass es passieren kann, dass winzige Teile davon ins Essen gelangen und mit diesem aufgenommen werden. Ob das gesundheitlich schädlich ist oder ob die Beschichtungspartikel vom Körper einfach wieder ausgeschieden werden, ist nicht endgültig geklärt. Vorsicht ist auf jeden Fall geboten. Abgesehen vom gesundheitlichen Aspekt, verliert eine beschädigte Beschichtung ihre Antihaftwirkung, man muss also neues Kochgeschirr kaufen.

Ein dritter kritischer Punkt betrifft die Dämpfe, die in antihaftbeschichtetem Kochgeschirr entstehen, wenn seine Temperatur auf über 315 °C steigt. Hersteller räumen ein, dass diese Dämpfe kleine Vögel töten können, weshalb sie empfehlen, keine Vögel in der Küche zu halten. Menschen können beim Einatmen der Dämpfe grippeähnliche Symptome entwickeln.

Aber besteht wirklich Anlass zu Sorge? Wird eine Pfanne in der Praxis so heiß? Wir haben mehrere Versuche durchgeführt, in denen wir sowohl billiges als auch teureres beschichtetes Kochgeschirr sehr starker Hitze auf dem Herd und unter dem Oberhitzegrill ausgesetzt haben. Ziel war dabei, zu prüfen, welche Temperaturen beim Kochen von Gerichten entstehen, die auf hoher Stufe gegart werden müssen (zum Beispiel Wok-Gerichte). Mit einem Infrarotthermometer haben wir dabei laufend die Temperaturentwicklung kontrolliert. Anschließend konnten wir eins mit Sicherheit sagen: Die einzige Möglichkeit, einen Topf auf 315 °C zu erhitzen, ist, ihn ohne Inhalt auf einen voll aufgedrehten Brenner zu stellen – und ihn dann dort zu vergessen.

UNSER RAT: Lassen Sie Ihr Kochgeschirr, egal ob beschichtet oder nicht, stets mit einer kleinen Menge Öl darin heiß werden. Bei 200 °C, also weit unter der Temperatur, bei der gefährliche Dämpfe entstehen, fängt das Öl an zu rauchen. Das qualmende Öl bemerken Sie auf jeden Fall und können die Pfanne rechtzeitig vom Herd ziehen. Auch für unbeschichtete Töpfe und Pfannen ist die Methode eine gute Idee.

Wir verwenden in unserer Testküche weiterhin Antihaft-Kochgeschirr, wer aber unbedingt darauf verzichten möchte, für den gibt es Alternativen. Die beste ist unserer Meinung nach Gusseisen, denn mit der Zeit entwickelt gusseisernes Kochgeschirr nahezu die Eigenschaften einer Antihaftbeschichtung. Grund sind polymerisierte Verbindungen, die sich beim Kochen aus den verwendeten Ölen und Fetten bilden (durch die Hitze ändern die Moleküle ihre Struktur und verketten sich) und die in der Pfanne eine sehr stabile Schicht bilden. Dieser Prozess braucht jedoch seine Zeit – je älter und damit „eingebrannter" die Pfanne ist, desto besser ihre Antihafteigenschaften. Jeder, der die gusseiserne Pfanne seiner Großeltern erbt, darf sich also freuen. Für uns andere gilt: Es ist nie zu spät, mit dem Einbrennen zu beginnen.

GRUNDLAGENWISSEN MESSER

Nicht jedes Messer eignet sich für jede Aufgabe, deshalb benötigen Sie in der Küche verschiedene Messertypen. Die Wellenschliffklinge eines Brotmessers beispielsweise „greift" auf der rauen, unregelmäßigen Oberfläche einer Brotkruste wesentlich besser als die glatte Schneide eines Kochmessers. Ebenso ist ein kleines Allzweckmesser praktischer als ein großes Kochmesser, wenn es darum geht, den Strunk von Erdbeeren herauszuschneiden oder Shrimps zu entdärmen. Im Kapitel „Die richtige Küchenausstattung" auf Seite 224 finden Sie eine Liste der Messer, die wir für Ihre Küche empfehlen.

EGAL, WELCHES MESSER SIE VERWENDEN

... es muss scharf sein. Wir wiederholen es zur Sicherheit noch einmal: Ihre Messer müssen scharf sein! Vor allem aus drei Gründen:

→ Scharfe Messer sind weniger gefährlich als stumpfe Messer, denn mit Letzteren rutscht man leichter ab und schneidet sich womöglich in die Hand.

→ Scharfe Messer zerschneiden Lebensmittel schneller als stumpfe Messer. Fragen Sie sich selbst: Möchte ich lieber zwei oder fünf Minuten damit zubringen, eine Zwiebel zu würfeln? Die Zeitersparnis mag auf den ersten Blick gering erscheinen, aber bei einem Rezept, für das eine große Menge Gemüse oder Fleisch vorbereitet werden muss, macht ein scharfes Messer wirklich einen Unterschied.

→ Mit einem scharfen Messer werden die geschnittenen Stücke gleichmäßiger. Hacken Sie Knoblauch mit einem stumpfen Messer, kommen grobe und teils große Stücke dabei heraus, die anbrennen und ihrem Essen einen bitteren Geschmack verleihen können. Hacken Sie den Knoblauch jedoch mit einer scharfen Klinge, werden die Zehen feiner und gleichmäßiger zerkleinert, was auch dem Geschmack zugutekommt.

Gleich nach dem Kauf sind Messer in der Regel optimal scharf, da der Hersteller sie vorgeschliffen hat. Die meisten Messerklingen haben einen keilförmigen Querschnitt. Der Klingenrücken (die der Schneide gegenüberliegende Seite) ist breit, damit man beim Schneiden daraufdrücken kann, um zusätzliche Kraft auszuüben. Die Schneide läuft spitz zu, wobei der Schleifwinkel der meisten europäischen Messertypen etwa 20 Grad beträgt.

Wieso wird ein Messer stumpf und was kann man dagegen tun? Schon nach ein paar Minuten Benutzung kann es sein, dass die Schneide leicht abgeknickt ist und das Messer sich etwas stumpf anfühlt. Es schneidet nicht mehr so gut, und der Koch muss mehr Kraft aufwenden, um die Klinge durch das Lebensmittel zu führen. Um dem Messer seine ursprüngliche Schärfe zurückzugeben und die Klinge wieder aufzurichten, ziehen Sie es einige Male über den Wetzstahl, der mit Ihrem Messerset geliefert wurde.

In den meisten nicht professionellen Küchen dürften die Messer jedoch weit stumpfer sein, denn die wenigsten Freizeitköche ziehen alle paar Minuten ihr Messer ab. So wird die fabrikgeschliffene Schneide mit der Zeit völlig rund und sehr stumpf. Fürs Schneiden ist nun deutlich mehr Kraft nötig, die Lebensmittel werden unnötig gequetscht. (Außerdem steigt die Verletzungsgefahr, da die Klinge abrutschen kann.) Der Punkt ist gekommen, an dem das Messer eine komplett neue Schneide benötigt. Dazu jedoch reicht ein Wetzstahl nicht mehr aus – die Klinge muss nun ganz neu geschliffen und ein Teil des Metalls abgetragen werden. Wollen Sie das Schleifen selbst vornehmen, benutzen Sie am besten einen elektrischen Messerschleifer (siehe Seite 256).

ABNUTZUNG VON MESSERKLINGEN

Mit einer scharfen Klinge (obere Abbildung) geht Schneiden und Hacken leicht von der Hand. Fühlt sich das Messer schon nach wenigen Minuten Arbeit leicht stumpf an, ist die Schneide durch die Beanspruchung leicht abgeknickt (mittlere Abbildung). Indem man das Messer kurz an einem Wetzstahl abzieht, lässt sich die Schneide schnell wieder aufrichten und das Messer schneidet wie zuvor. Nach sehr langem Gebrauch reicht bloßes Abziehen allerdings irgendwann nicht mehr. Die Schneide hat ihre Schärfe endgültig verloren, ist rund und stumpf (untere Abbildung). Das Messer braucht nun eine komplett neu aufgebaute Schneide, was nur mit einem elektrischen Messerschärfer (oder einem Schleifstein) möglich ist.

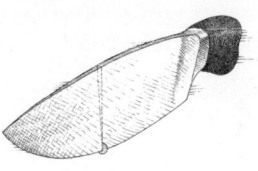

SEHR SCHARF

LEICHT STUMPF

GANZ STUMPF

LEBENSMITTELSICHERHEIT

GRUNDLAGEN

„Lebensmittelsicherheit" klingt technisch und wenig kulinarisch, und tatsächlich sind mit Lebensmitteln in einigen Fällen Risiken verbunden. Halten Sie sich an die folgenden grundlegenden Hygienemaßnahmen, um Ihre Gesundheit und die Ihrer Familie nicht unnötig zu gefährden.

ROHE UND GEKOCHTE SPEISEN VON-EINANDER GETRENNT HALTEN

Eine wichtige Grundregel der Lebensmittelsicherheit ist, dass rohe und zubereitete Lebensmittel auf keinen Fall in Kontakt miteinander kommen dürfen – vor allem nicht bei rohem Fleisch jeder Art. Geben Sie niemals fertig gekochte Speisen auf einen Teller oder ein Schneidbrett, auf dem vorher rohe Lebensmittel lagen (oder umgekehrt). Waschen Sie alle Küchengerätschaften (auch Thermometer), die mit rohen Lebensmitteln in Berührung gekommen sind, vor der Weiterverwendung gründlich ab. Durch diese einfachen Maßnahmen wird das Risiko der Keimübertragung reduziert.

„SCHUTZHÜLLE"

Geräte, die sowohl mit rohen als auch garen Lebensmitteln in Berührung kommen, wie zum Beispiel Waagen und Platten, sollte man mit einer „Schutzhülle" versehen, wie zum Beispiel mit einem Küchenbrett. Nach der Benutzung kann man diese gründlich reinigen. Beim Platieren von Fleisch und Geflügel sollten Sie das Schneidbrett danach ebenfalls besonders gründlich reinigen. Es gilt stets die Regel: Gerätschaften und Oberflächen (z. B. Küchentisch, Spüle), die mit rohen Fleischprodukten in Berührung gekommen sind, müssen Sie gründlich mit heißem Wasser und Spülmittelzusatz reinigen.

FLEISCH UND GEFLÜGEL NICHT AB-SPÜLEN

Spülen Sie rohes Fleisch und Geflügel nicht ab, damit werden potenzielle Keime nur unnötig im und ums Spülbecken verteilt. Denn beim Abwaschen können kleine Wassertropfen vom rohen Fleisch wegspritzen und werden auf Arbeitsflächen, Küchenutensilien oder auch der Kleidung verteilt. Trocknen Sie daher das Fleisch mit einem Küchenpapier und werfen Sie dieses weg!

SICHERHEIT BEIM WÜRZEN

Auch wenn Bakterien den direkten Kontakt mit Salz nicht länger als ein paar Minuten überleben (Salz entzieht den Bakterien Wasser und tötet sie ab), können sie sich am Rand der Dose oder des Streuers ansiedeln. Um derartige Verunreinigungen zu vermeiden, zermahlen wir den Pfeffer in eine kleine Schüssel und vermischen ihn darin mit Salz (1 Teil Pfeffer auf 4 Teile grobes Salz aus der Mühle bzw. 2 Teile normales Kochsalz). So können wir mit den Fingern ins Gewürz fassen, ohne uns jedes Mal die Hände waschen zu müssen, wenn wir das Fleisch berühren. Nach dem Würzen wandert die Schüssel gleich in die Spülmaschine.

BENUTZTE MARINADEN NICHT WEI-TERVERWENDEN

Beim Marinieren vermischt sich der Saft des rohen Fleischs mit der Marinade, sodass diese anschließend Bakterien enthalten kann. Wenn Sie die Marinade auch als Sauce zum fertigen Fleisch reichen möchten, stellen Sie einen Teil davon beiseite, bevor Sie das Fleisch in der restlichen Marinade einlegen.

HYGIENE FÜR DIE HÄNDE

Bei allen Arbeiten in der Küche – und das vor allem mit rohen Lebensmitteln – muss auch der persönlichen Hygiene die größte Aufmerksamkeit gewidmet werden. Waschen Sie sich daher bei Zwischenschritten in der Zubereitung immer gründlich die Hände. Vor allem wenn Sie rohes Fleisch angefasst haben, sollten Sie besonders gründlich sein und auch die Fingernägel reinigen!

DIE „KRITISCHE ZONE" VERMEIDEN

Die meisten Bakterien sind zwischen 4,5 und 60 °C am aktivsten, manche verdoppeln sich in dieser kritischen Zone gar in 20 Minuten. Die Anzahl kann ein gesundheitsgefährdendes Niveau annehmen oder Speisen verderben. Bei rohen Lebensmitteln – vor allem Fleisch und Fisch – sollte die Kühlkette so kurz wie möglich unterbrochen sein. Die folgenden Hinweise sollten Sie beachten, damit Ihr Essen nicht zu lange einer kritischen Temperatur ausgesetzt wird.

AUFTAUEN IM KÜHLSCHRANK

Lassen Sie Lebensmittel immer im Kühlschrank auftauen, nicht auf der Arbeitsplatte, wo die Umgebungstemperatur deutlich höher ist und Bakterien sich übermäßig vermehren. Legen Sie das Gefriergut dabei immer auf einen Teller oder in eine Schüssel – so wird verhindert, dass ablaufende Flüssigkeit auf andere Lebensmittel übergeht. Die meisten Lebensmittel brauchen im Kühlschrank etwa 24 Stunden, um vollständig aufzutauen. (Bei größeren Stücken wie ganzen Puten kann es weit länger dauern.)

RICHTIG ABKÜHLEN

Auch wenn es zunächst widersinnig scheinen mag – geben Sie heiße Speisen nicht gleich nach dem Garen in den Kühlschrank. Die Kühlschranktemperatur steigt dadurch stark an, wodurch sich Bakterien stärker vermehren. Lassen Sie die Speisen nach dem Garen bei Zimmertemperatur abkühlen und stellen Sie sie dann in den Kühlschrank.

ZÜGIG AUFWÄRMEN

Wenn Sie Essen aufwärmen, tun Sie dies zügig, damit der kritische Temperaturbereich möglichst schnell durchschritten wird. Saucen und Suppen vom Vortag sollten Sie kurz aufkochen lassen, Aufläufe sollten auf eine Kerntemperatur von mindestens 75 °C erhitzt werden (verwenden Sie ein Bratenthermometer zur Kontrolle).

RICHTIG KÜHLEN

Wenn es um Lebensmittelsicherheit geht, sind Thermometer unerlässliche Hilfsmittel. Mithilfe eines Kühlschrankthermometers können Sie zuverlässig feststellen, ob Ihr Kühlschrank und Ihr Gefriergerät richtig funktionieren. Prüfen Sie regelmäßig die Temperatur: Im Kühlschrank sollte sie zwischen 1,5 und 4,5 °C liegen, im Gefrierfach unter −18 °C.

Die folgende Tabelle gibt die empfohlenen Aufbewahrungstemperaturen für verschiedene Lebensmittel an. Dabei ist gut zu wissen, dass es unten im Kühlschrank über dem Gemüsefach immer am kältesten ist (prüfen Sie die Temperaturen Ihres Kühlschranks regelmäßig). Lagern Sie rohes Fleisch immer in Folie eingeschlagen im Kühlschrank und achten Sie darauf, dass es nicht über anderen Lebensmitteln liegt.

LEBENSMITTEL	TEMPERATUR
Fisch und Schalen-/Krustentiere	−1 bis 1 °C
Fleisch und Geflügel	0 bis 2 °C
Milchprodukte	2 bis 4,5 °C
Eier	3,5 bis 4,5 °C
Gemüse und sonstige Lebensmittel	4,5 bis 7 °C

RICHTIG ERWÄRMEN

Bei den im Buch angegebenen Gartemperaturen galt es stets, zwei Aspekte zu berücksichtigen: höchste Schmackhaftigkeit und Sicherheit. Meist ist es einfach, beides unter einen Hut zu bringen, wie im Fall von Huhn: Blutig gegartes Hühnchenfleisch schmeckt nun einmal weder, noch ist es sicher. Einige Ausnahmen gibt es allerdings, vor allem Hackfleisch: Wenn Sie absolut auf Nummer sicher gehen wollen, essen Sie besser keine blutig oder medium gegarten Burger.

WOLLEN SIE HIER SICHERGEHEN, GELTEN BEIM GAREN FOLGENDE KERNTEMPERATUREN:

→ Ganze Fleischteilstücke (auch vom Schwein) sollten bis zu einer Kerntemperatur von mindestens 70 bis 80 °C erhitzt werden, und das über die Dauer von 10 Minuten.

→ Hackfleisch, egal welcher Art, sollte so lange gegart werden, bis es im Kern mindestens 71 °C heiß ist, und das über die Dauer von 10 Minuten.

→ Für Geflügel (einschließlich Geflügelhackfleisch) beträgt die sichere Gartemperatur im Kern 74 °C, und das ebenfalls über die Dauer von 10 Minuten.

LITERATUR

Amendola, Joseph, and Nicole Rees. **Understanding Baking.** Hoboken, NJ: John Wiley & Sons, 2003.

Barham, Peter. **The Science of Cooking.** Berlin: Springer-Verlag, 2001.
    deutsche Fassung: Barham, Peter: Die letzten Geheimnisse der Kochkunst: Hintergründe – Rezepte – Experimente, Springer Verlag 2004.

Belitz, H.-D., Werner Grosch, and Peter Schieberle. **Food Chemistry. 4th ed.** Berlin: Springer-Verlag, 2009.
    deutsche Fassung: Belitz, H.-D., Werner Grosch und Perer Schieberle: Lehrbuch der Lebensmittelchemie, Springer Verlag 2008.

Block, Eric. Garlic and Other Alliums: **The Lore and the Science.** Cambridge: The Royal Society of Chemistry, 2010.

Brown, Amy C. **Understanding Food: Principles and Preparation. 3rd ed.** Belmont, CA: Thomson Wadsworth, 2008.

Coultate, Tom. **Food: The Chemistry of Its Components. 5th ed.** Cambridge: The Royal Society of Chemistry, 2009.

Fellows, P. J. Food Processing Technology: **Principles and Practice. 3rd ed.** Boca Raton, FL: CRC Press, 2009.

Figoni, Paula. **How Baking Works. 3rd ed.** Hoboken, NJ: John Wiley & Sons, 2011.

Igoe, Robert S. **Dictionary of Food Ingredients. 4th ed.** Gaithersburg, MD: Aspen Publishers, 2001.

Kamozawa, Aki, and H. Alexander Talbot. **Ideas in Food: Great Recipes and Why They Work.** New York: Clarkson Potter, 2010.

McClements, David Julian. **Food Emulsions: Principles, Practices, and Techniques. 2nd ed.** Boca Raton, FL: CRC Press, 2004.

McGee, Harold. **On Food and Cooking: The Science and Lore of the Kitchen.** New York: Scribner, 2004.

McWilliams, Margaret. **Foods: Experimental Perspectives. 6th ed.** Upper Saddle River, NJ: Prentice Hall, 2008.

Murano, Peter. **Understanding Food Science and Technology.** Belmont, CA: Thomson Wadsworth, 2003.

Myhrvold, Nathan, Chris Young, and Maxime Bilet. **Modernist Cuisine: The Art and Science of Cooking.** Bellevue, WA: The Cooking Lab, 2011.
    deutsche Fassung: Myhrvold, Nathan, Chris Young und Maxine Bilet: Modernist Cuisine at Home, Taschen Verlag 2013.

Nielsen, Suzanne, ed. **Food Analysis.** New York: Springer, 2010.

Owusu-Apenten, Richard. **Introduction to Food Chemistry.** Boca Raton, FL: CRC Press, 2005.

Potter, Jeff. **Cooking for Geeks: Real Science, Great Hacks, and Good Food.** Sebastapol, CA: O'Reilly Media, 2010.
    deutsche Fassung: Potter, Jeff: Kochen für Geeks, O'Reilly Verlag 2011.

Reineccius, Gary. **Flavor Chemistry and Technology. 2nd ed.** Boca Raton, FL: Taylor and Francis, 2006.

Stauffer, Clyde. **Fats and Oils.** St. Paul: Eagan Press, 1996.

This, Hervé. **Molecular Gastronomy: Exploring the Science of Flavor.** New York: Columbia University Press, 2008.

This, Hervé. **The Science of the Oven.** New York: Columbia University Press, 2009.

Varnam, Alan, and Jane Sutherland. **Meat and Meat Products: Technology, Chemistry and Microbiology.** London: Chapman & Hall, 1995.

Warriss, Paul. **Meat Science: An Introductory Text.** Oxford: CABI Publishing, 2000.

Wolke, Robert. **What Einstein Told His Cook: Kitchen Science Explained.** New York: W. W. Norton & Co., 2002.
    deutsche Fassung: Wolke, Robert: Was Einstein seinem Koch erzählte: Naturwissenschaft in der Küche, Piper Verlag 2004.

Wolke, Robert. **What Einstein Told His Cook 2: The Sequel: Further Adventures in Kitchen Science.** New York: W. W. Norton & Co., 2005.
    deutsche Fassung: Wolke, Robert: Drei Sterne für Einstein & Co.: Neues aus der Küchenwissenschaft, Piper Verlag 2007.

WISSENSCHAFTLICHE AUFSÄTZE (AUSWAHL)

FLEISCH, GEFLÜGEL UND FISCH

Bertram, H., S. Holdsworth, A. Whittaker, and H. Andersen: „Salt Diffusion and Distribution in Meat Studied by 23Na Nuclear Magnetic Resonance Imaging and Relaxometry." Journal of Agricultural and Food Chemistry 53 (2005): 7814–7818.

Casey, J., A. Crosland, and R. Patterson: „Collagen Content of Meat Carcasses of Known History." Meat Science 12 (1985): 189–203.

Cross, H., M. Stanfield, and E. Koch: „Beef Palatability as Affected by Cooking Rate and Final Temperature." Journal of Animal Science 43 (1976): 114–121.

Johnson, I. „Structure and Function of Fish Muscle: „Symposia of the Zoological Society of London 48 (1981): 71–113.

Jiang, S.-T. : „Contribution of Muscle Proteinases to Meat Tenderization." Proceedings of the National Science Council, ROC 22 (1998): 97–107.
McCrae, S., and P. Paul: „Rate of Heating as It Affects the Solubilization of Beef Muscle Collagen." Journal of Food Science 39 (1974): 18–21.

Offer, G., and J. Trinick: „On the Mechanism of Water Holding in Meat: The Swelling and Shrinking of Myofibrils." Meat Science 8 (1983): 245–281.

Oreskovich, D. C., P. J. Bechtel, F. K. McKeith, J. Novakofski, and E. J. Basgall: „Marinade pH Affects Textural Properties of Beef." Journal of Food Science 57 (1992): 305–311.

Yusop, S. M., M. G. O'Sullivan, J. F. Kerry, and J. P. Kerry: „Effect of Marinating Time and Low pH on Marinade Performance and Sensory Acceptability of Poultry Meat." Meat Science 85 (2010): 657–663.

KOCHEN MIT KÄSE UND EIERN
Bogenreif, D., and N. Olson: „Hydrolysis of ß-Casein Increases Cheddar Cheese Meltability." Milchwissenschaft 50 (1995): 678–682.

Clark, A., G. Kavanagh, and S. Ross-Murphy: „Globular Protein Gelation—Theory and Experiment (Cooking Eggs)." Food Hydrocolloids 15 (2001): 383–400.

Lomakina, K., and K. Míková: „A Study of the Factors Affecting the Foaming Properties of Egg White— a Review." Czech Journal of Food Sciences 24 (2006): 110–118.

OBST, GEMÜSE, GETREIDE UND HÜLSENFRÜCHTE
Brummell, D., u.a.: „Cell Wall Metabolism during the Development of Chilling Injury in Cold-Stored Peach Fruit: Association of Mealiness with Arrested Disassembly of Cell Wall Pectins." Journal of Experimental Botany 55 (2004): 2041–2052.

Kikuchi, K., M. Koizumi, N. Ishida, and H. Kano: „Water Uptake by Dry Beans Observed by Micro-Magnetic Resonance Imaging." Annals of Botany 98 (2006): 545–553.

McComber, D., H. Horner, M. Chamberlain, and D. Cox: „Potato Cultivar Differences Associated with Mealiness." Journal of Agricultural and Food Chemistry 42 (1994): 2433–2439.

McPherson, A., and J. Jane: „Comparison of Waxy Potato with Other Root and Tuber Starches." Carbohydrate Polymers 40 (1999): 57–70.

Micheli, F.: „Pectin Methylesterases: Cell Wall Enzymes with Important Roles in Plant Physiology." Trends in Plant Science 6 (2001): 414–419.

Stolle-Smits, T., J. Beekhuizen, C. van Dijk, A. G. J. Voragen, and K. Recourt: „Cell Wall Dissolution During Industrial Processing of Green Beans (Phaseolus vulgaris L.)." Journal of Agricultural and Food Chemistry 43 (1995): 2480–2486.

Waldron, K., M. Parker, and A. Smith: „Plant Cell Walls and Food Quality." Comprehensive Reviews in Food Science and Food Safety 2 (2003): 101–119.

BACK- UND SÜSSWAREN
Amend, T., and H.-D. Belitz: „The Formation of Dough and Gluten—A Study by Scanning Electron Microscopy." Z. Lebensm Unters Forsch 190 (1990): 401–409.

Amend, T., and H.-D. Belitz: „Gluten Formation Studied by the Transmission Electron Microscope." Z. Lebensm Unters Forsch 190 (1990): 184–193.

Campos, R., M. Ollivon, and A. Maragoni: „Molecular Composition Dynamics and Structure of Cocoa Butter." Crystal Growth & Design 10 (2010): 205–217.

Wieser, H.: „Chemistry of Gluten Proteins." Food Microbiology 24 (2007): 115–119.

ZUBEREITUNGSMETHODEN
Aguilera, J., and H. Gloria: „Determination of Oil in Fried Potato Products by Differential Scanning Calorimetry." Journal of Agricultural and Food Chemistry 45 (1997): 781–785.

Augustin, J., E. Augustin, R. L. Cutrufelli, S. R. Hagen, and C. Teitzel: „Alcohol Retention in Food Preparation." Journal of the American Dietetic Association 92 (1992): 486–488.

Saguy, I., and E. Pinthus: „Oil Uptake During Deep-Fat Frying: Factors and Mechanism." Food Technology 49 (1995): 142–150.

GESCHMACK UND AROMEN
Ashoor, S., and J. Zent: „Maillard Browning of Common Amino Acids and Sugars." Journal of Food Science 49 (1984): 1206–1207.

Kurihara, K.: „Glutamate: From Discovery as a Food Flavor to Role as a Basic Taste (Umami)." American Journal of Clinical Nutrition 90 (2009): 719S–722S.

Skurray, G., and N. Pucar: „L-Glutamic Acid Content of Fresh and Processed Food." Food Chemistry 27 (1988): 177–180.

Randall, W.: „Onion Flavor Chemistry and Factors Influencing Flavor Intensity." In Spices: Flavor Chemistry and Antioxidant Properties, S. Risch and C.-T. Ho, eds. Washington, D.C.: American Chemical Society, 1997.

REGISTER

Guy Crosby ist Doktor der organischen Chemie und arbeitet seit mehr als 30 Jahren im Lebensmittelbereich. Seit 2005 ist er wissenschaftlicher Redakteur bei „America's Test Kitchen" und „Cook's Illustrated". Er lehrt an mehreren Universitäten in den USA, u. a. in Stanford und Harvard.

America's Test Kitchen ist eine 230 qm große Küche außerhalb von Boston, in der mehrere Dutzend Testköche, Produkttester und Redakteure arbeiten – mit der Mission, die besten Rezepte für beliebte Gerichte zu entwickeln. In der gleichnamigen Kochshow oder im Magazin „Cook's Illustrated" kann man den Testern bei der Arbeit zuschauen.

IMPRESSUM

Titel der amerikanischen Originalausgabe: The science of good cooking: master 50 simple concepts to enjoy a lifetime of success in the kitchen. Der Originaltitel erschien 2012 bei Boston Common Press LP dba America's Test Kitchen, New York, USA. Die Rechte wurden vermittelt durch Mohrbooks AG Literary Agency.

© 2012 by the Editors at America's Test Kitchen
© der deutschsprachigen Ausgabe by Stiftung Warentest, Berlin, 2016

Stiftung Warentest
Lützowplatz 11–13
10785 Berlin
Telefon 0 30/26 31–0
Fax 0 30/26 31–25 25
www.test.de
email@stiftung-warentest.de

USt-IdNr.: DE136725570

Autoren: America's Test Kitchen, Guy Crosby
Übersetzung: Michael Schickenberg, Leipzig

Projektleitung: Friederike Krickel
Lektorat: Veronika Schuster
Lektoratsassistenz: Dr. Karsten Treber
Fachliche Unterstützung (deutsche Ausgabe): Prof. Dr. Jörg Hinrichs, Ina Bockholt
Korrektorat: Susanne Reinhold, Berlin

Titelentwurf, Gestaltung und Layout: Martina Römer, Berlin
Illustrationen: Michael Newhouse (Farbe), John Burgoyne (s/w)
Fotografien: Knut Koops, Berlin (Seite 35, 52, 61, 71, 87, 94, 109, 117, 136, 148, 155, 170, 179, 185, 196, 210, 221, 241, 250)
Foodstyling: Frauke Koops, Hamburg
Weitere Fotos: Joe Keller (157); Keller + Keller (102, 108); Steve Klise (32); Carl Tremblay (34, 39, 37, 41, 42, 49, 58, 63, 68, 74, 75, 80, 84, 85, 92, 96, 110, 124, 114, 115, 130, 131, 132, 146, 147, 176, 189, 194, 200, 206, 213, 218); Peter Schulte (166); alle übrigen Fotografien Daniel J. van Ackere

Produktion: Vera Göring
Verlagsherstellung: Rita Brosius (Ltg.), Susanne Beeh
Litho: bildpunkt, Berlin
Druck: Firmengruppe APPL, aprinta druck, Wemding

ISBN: 978-3-86851-430-8

Wir haben für dieses Buch 100 % Recyclingpapier und mineralölfreie Druckfarben verwendet. Stiftung Warentest druckt ausschließlich in Deutschland, weil hier hohe Umweltstandards gelten und kurze Transportwege für geringe CO_2-Emissionen sorgen. Auch die Weiterverarbeitung erfolgt ausschließlich in Deutschland.